Las lenguas de España

Las lenguas de España: castellano, catalán, vasco y gallego-portugués

William J. Entwistle

Colección
Fundamentos 30

Madrid
Ediciones ISTMO

Título original:
The Spanish Language, together with portuguese, catalan and basque
de Willian J. Entwistle.

Publicado por:
Faber & Faber Limited, de Londres,
en la colección "The Great Languages".

Traducción:
Francisco Villar.

Diseño de cubierta:
Vicente A. Serrano.

ISBN: 84-7090-018-8
Depósito Legal: M. 6.568-1995
Impreso en Lavel. Pol. Ind. Los Llanos,
C/ Gran Canaria, 12. Humanes (Madrid)

Impreso en España/*Printed in Spain*

INDICE

PROLOGO A LA SEGUNDA EDICION INGLESA

El profesor Entwistle murió en Oxford en 1952, a la edad de cincuenta y seis años. *The Spanish Language*, el segundo en orden cronológico de sus libros, se publicó en 1936; hoy, pasado más de un cuarto de siglo, sigue siendo la única obra competente sobre el tema escrita en lengua inglesa (*).

Sin embargo, estos años han constituido una etapa de notables avances en los estudios hispánicos.

Cuando Entwistle redactó *The Spanish Language*, en la década de los treinta, se encontró condicionado por el hecho de que muchas de las obras esenciales para la

(*) Tras la revisión del profesor Elcock, en 1960, también para los lectores españoles no especializados —término que en este caso abarca desde el simple curioso hasta el estudiante que se inicia en Filología hispánica— esta obra sigue siendo, a nivel introductorio, indispensable. Conviene advertir, no obstante, que el tratamiento del tema se hace desde el punto de referencia del castellano y en tanto en cuanto éste ha llegado a convertirse en la lengua *standard* de España. Las demás lenguas peninsulares se estudian fundamentalmente, aunque no de modo exclusivo, en función de este proceso de standardización y generalización. Aclaremos, finalmente, que a nuestro entender el profesor Entwistle adopta tajantemente el término «español» (referido a la lengua) incluso en contextos en que parecería preferible utilizar el de «castellano». (*N. del T.*)

comprensión de las lenguas hispánicas estaban aún por hacer. No existía un diccionario etimológico satisfactorio, y los aspectos dialectales quedaban limitados a unas pocas áreas. La primera de esas deficiencias está ahora excelentemente superada por J. Corominas con la publicación de los cuatro volúmenes de su *Diccionario crítico etimológico de la lengua castellana* (Berna, 1954-57), obra pionera de la más alta competencia y de alcance plenamente hispánico. Casi simultáneamente apareció la obra de V. García de Diego *Diccionario etimológico español e hispánico* (Madrid, 1954), menos ambicioso y falto del elemento crítico, pero de gran utilidad. En el campo de la dialectología, Entwistle tuvo acceso a las exploraciones de A. Griera, incluyendo los cuatro volúmenes de su atlas lingüístico de Cataluña aparecidos entre 1923 y 1927 (se publicó un quinto volumen, hasta la letra *F*, en 1939, antes de que la guerra pusiese a la empresa un final prematuro). No existía un atlas lingüístico completo de España, cosa que sigue faltando, si bien su ausencia ha sido parcialmente compensada por una abundante serie de monografías locales. Sobre el dialecto aragonés, al que Entwistle atribuye con razón un papel importante en la historia del hispano-romance, había una especie de «conspiración del silencio»; pero al mismo tiempo que Entwistle trabajaba en la composición de *The Spanish Language*, no menos de cuatro investigadores recorrían independientemente los pueblos y aldeas de los Pirineos reuniendo datos al respecto. Manuel Alvar hizo una síntesis de los resultados obtenidos en su obra *El dialecto aragonés* (Madrid, 1953). En lo que se refiere al dialecto leonés, Entwistle contó básicamente con la obra de Menéndez Pidal; actualmente los componentes de la escuela de Madrid, Diego Catalán y Alvaro Galmés, están preparando un importante estudio al respecto, del que ya ha aparecido publicada una parte suficiente como para avalar su alta calidad. En cuanto a los dialectos del sur de España, contaba Entwistle con escasa información; Manuel Alvar, trasladado de Zaragoza a Granada, ha emprendido la tarea y promete la inminente aparición de un atlas lingüístico de Andalucía, que puede ser una etapa hacia un atlas completo de la Península concebido sobre una base regional, como el nuevo atlas francés. Hay ya, sin embargo, dos estudios generales de dialectología hispánica: *Manual de dialectología española* (Madrid, 1946), de V. García de Diego, y *Dialectología española* (Madrid, 1960), de A. Zamora Vicente; éste se diferencia del primero en que deja de lado al gallego —por considerarlo ligado al complejo gallego-portugués— y también al catalán, y se concentra más exactamente sobre lo que es históricamente el español.

La publicación de los códices legales de los siglos XII y XIII, de los *Fueros,* especialmente en la serie *Leges Hispanicae Medii Aevi,* en Suecia, bajo la dirección de Gunnar Tilander, ha incrementado considerablemente el volumen de la prosa medieval accesible. No menos digna de atención es la colección de Tomás Navarro *Documentos lingüísticos de Aragón* (Siracusa, New York, 1957), obra original destinada a formar el volumen II de los *Documentos lingüísticos de España* (edición Menéndez Pidal). Una antología puesta al día de textos lingüísticos para estudiantes es *Textos lingüísticos del medioevo español,* de D. J. Gifford y F. W. Hodcroft (Oxford, 1959). En lo que se refiere a la historia de la pronunciación del español, Entwistle, aunque no lo menciona, disponía de la obra de H. Gavel *Essai sur l'évolution de la prononciation du castillan depuis le XIVe siècle* (París y Biarritz, 1920). Amado Alonso ha tratado de nuevo este tema, desde puntos de vista diferentes, en *De la pronunciación medieval a la moderna en español* (Madrid, 1955). La *Pronunciación española* de Tomás Navarro, reeditada varias veces, continúa siendo la obra *standard* para la lengua moderna. Amado Alonso, Dámaso Alonso, Rafael Lapesa y diversos otros han aportado estudios sobre los usos lingüísticos de autores tardíos, aunque esto quizá no tiene especial relevancia para nuestros propósitos, ya que la obra de Entwistle se refiere a la creación de las lenguas hispánicas y a su difusión más que a las subsiguientes manifestaciones literarias.

El interés por el catalán ha resurgido de una manera pujante. Contamos con una obra nueva y fundamental, *Gramática històrica catalana* (Barcelona, 1951), de A. Badía Margarit, y con una *Història de la literatura catalana* (Barcelona, 1954), de J. Ruiz i Calonja.

Los estudios de portugués también han experimentado un considerable auge. Manuel de Paiva Boléo fundó en 1947 la *Revista Portuguesa de Filología,* de rango internacional, y desde su departamento de la Universidad de Coimbra salen diversas y atinadas contribuciones. En Portugal, como en España, se ha dirigido la atención al valor cultural y lingüístico de los textos legales medievales: *A linguagem dos Foros de Castelo Rodrigo* (Lisboa, 1959) de Luis F. Lindley Cintra, contiene un examen detallado del leonés y el gallego-portugués del siglo XIII. Un estudioso brasileño, Serafim da Silva Neto, ha llegado a ser conocido desde hace unos años como la máxima autoridad en problemas del portugués con especial referencia a su propio país (*Fontes do latim vulgar,* 3.ª ed., 1965; *Manual de filología portuguesa,* 2.ª ed., 1957; *História da língua portuguesa,* 1952-57; etc. Todos de Rio de Janeiro).

Kurt Baldinger ha tratado el desarrollo peninsular como un todo en *Die Herausbildung der Sprachräume auf der Pyrennäenhalbinsel* (Berlin, 1958), con traducción española en Editorial Gredos (Madrid) titulada *La formación de los dominios lingüísticos en la península ibérica.* G. Rohlfs ha compuesto una guía crítica bibliográfica con el título de *Manual de filología hispánica* (Bogotá, 1957). Yakov Malkiel ha publicado un cierto número de estudios, de carácter principalmente léxico, en monografías y en la revista *Romance Philology,* que se edita por la Universidad de California. El *Bulletin of Hispanic Studies,* publicado en Liverpool, ha ampliado su perspectiva y se ha hecho más representativo de todos los intereses hispánicos.

Como se desprende del breve comentario anterior, el mundo hispánico ofrece un *abîme de science* del que Entwistle era plenamente consciente. Pocas semanas antes de morir me escribía en una carta: «Supongo que tras la lectura de cada libro usted no siente, como a mí me ocurre, una gran vergüenza por su ignorancia». Esta «vergüenza por su ignorancia» había constituido el acicate que le condujo, en un período de tiempo relativamente breve, a profundizar conocimientos en varias direcciones, a correrías intelectuales cuyo testimonio está presente en sus diversos libros. *The Spanish Language*, el más íntimamente ligado a su actividad de maestro, merece sin duda que le dediquemos el mejor de los recuerdos.

W. D. ELCOCK.

Hampstead, septiembre, 1960.

1
LAS LENGUAS DE LA PENINSULA IBERICA

El objeto de este libro es proporcionar una panorámica de conjunto de las *grandes* lenguas de la Península Ibérica. Pero «grande» no debemos entenderlo en un sentido estrictamente lingüístico, porque para un lingüista todas las lenguas tienen igual interés: todas contribuyen a esclarecer el conocimiento del gran fenómeno humano que es el lenguaje. Lo que no tiene igual interés es lo que cada una de ellas nos enseña: mientras que muchas, por pertenecer a las grandes familias, repiten con frecuencia fenómenos idénticos o similares, otras, sin embargo, aparecen aisladas, al margen de dichas familias, y no reiteran hechos lingüísticos apreciables en las primeras, sino que en virtud del aislamiento ofrecen al estudioso un considerable caudal de nuevos datos. A este segundo tipo pertenece el vasco, cuyas lenguas romances circundantes —el francés y el español—, empleadas por inmigrantes relativamente recientes, son ajenas a él en la misma medida. Por su antigüedad el vasco es comparable no ya con el latín, sino con el indoeuropeo y, en general, con el conjunto ancestral de las grandes familias lingüísticas; característica que atrae la atención de los más distinguidos lingüistas, pues les depara estructuras con soluciones originales y nuevas a los problemas de la comunicación humana. Pues bien, en razón de este carácter único el vasco merece el calificativo de «grande».

La «grandeza» no es, sin embargo, una cualidad lingüística, sino social e histórica. La riqueza de pensamiento y la amplitud de difusión son las que, cada una por sí solas, y aún más combinadas, confieren prestigio a las lenguas. Así, pese a estar confinada a una parte de la península helénica y a ciertas islas, la lengua de Atenas en la época de Eurípides y Platón, enriquecida con el pensamiento y el ritmo de Homero, de los líricos, de los trágicos y de los historiadores, fue tal vez la más rica y bella de cuantas habían existido antes y existirían después; sólo las conquistas de Alejandro la harían territorialmente extensa. La lengua del Imperio romano, cargada con una menor experiencia cultural, adquirió una gran influencia en su tiempo, y continúa ejerciéndola hoy en una área territorial inmensa. La importancia en extensión y en intensidad no van, pues, necesariamente unidas; el caso del bantú y del swahilí constituye una prueba más. Ahora bien, en general, el hecho de que una lengua sea utilizada en un área extensa por millones de hablantes le confiere profundidad y experiencia. Y toda lengua de rico contenido cultural tiende a propagarse a áreas extensas y llega a conocer, como el viajero Odiseo, «el pensamiento y las ciudades de numerosos hombres». El alto valor social o cultural del francés y del italiano hacen propagar su empleo dondequiera que se estimen determinados aspectos de la vida. Por su lado, el inglés, el español y el portugués poseen una importancia espacial y numérica enorme; y como consecuencia de haber cruzado los océanos y llegado a los confines de la tierra, se han enriquecido con excepcionales experiencias. Esta es la «grandeza» del español y el portugués.

Las lenguas románicas peninsulares no están lingüísticamente aisladas, como el vasco, sino que son formas peculiares adoptadas por el latín en un área determinada. Dentro del grupo latino, el español, el portugués y el catalán presentan menos innovaciones que el francés, lengua muy innovadora; no obstante, poseen una gran riqueza de pensamiento, de arte y, sobre todo, de experiencia humana. El genio de Cervantes y Camões, así como el de un inmenso número de dramaturgos, novelistas y místicos, ha calado en lo más profundo de ellas. El español y el portugués son, por su expansión y acción colonizadora, por su contacto con las razas africanas, americanas y asiáticas, las más importantes de entre las lenguas romances. De no ser por la expansión alcanzada por una y otra en el período de los grandes descubrimientos, las fronteras de la Romania hubiesen sufrido una continua retracción desde la época romana; pero España y Portugal, al descubrir el Nuevo Mundo, crearon el equilibrio entre las lenguas latinas y las germánicas, equilibrio que es el marco característico de la cultura occidental.

Esta expansión del español y el portugués se debe, sobre todo, a los grandes descubrimientos que siguieron a los de Colón en América y a los de Vasco da Gama en Calicut. Con frecuencia sus hazañas han sido consideradas fortuitas, especialmente en el caso de España, que había estado durante la Edad Media preocupada exclusivamente de sus intereses europeos. Por lo que se refiere a Portugal, no obstante, la circumnavegación de Africa fue el resultado de un plan consciente, concebido por la mente de Enrique el Navegante, llevado a cabo con obstinación y pagado con un alto precio en vidas y dinero: Colón, tal vez propenso a la exageración, estimaba en 1492 que la mitad de la población del pequeño reino peninsular había sido consumida en la aventura africana. El éxito del viaje de Vasco da Gama y la implantación de la talasocracia por Almeida y Alburquerque eran la consecuencia inmediata de una gran idea llevada a cabo con empeño. Ciertamente en el siglo XV Portugal ya no tenía enclaves islámicos en su suelo, pero uno de los motivos del Navegante fue llevar la guerra más allá del estrecho, aunque no mediante un ataque frontal, sino encerrando en un círculo la retaguardia del Islam; y también es cierto que a España en aquel tiempo le quedaba aún por eliminar el reino musulmán de Granada. Sin embargo,

Castilla ya había iniciado una expansión en dirección sudoeste con la ocupación de las islas Canarias (1402 y siguientes), de modo que cabía esperar una política expansionista más allá del estrecho. En cuanto a los reyes de Aragón, que como los de Portugal se encontraban libres de complicaciones con el Islam en su territorio, durante el siglo XIV habían extendido sus dominios a Cerdeña, Sicilia, Nápoles, Atenas y Morea, siguiendo un plan acorde con sus ambiciones en el Mediterráneo; como consecuencia, Sicilia y Nápoles mantendrían al menos una relación de familia con España hasta la unificación de Italia, ya en el siglo XIX.

Debemos establecer, por tanto, que la expansión y colonización no fueron puros accidentes fortuitos, sino rasgos característicos de la historia peninsular: la experiencia adquirida al poblar las zonas deshabitadas de la Península, tras su conquista a los moros, había proporcionado a los pueblos hispánicos una aptitud para la expansión y la colonización en la que solo tendrían como rivales modernos a los ingleses.

Determinada por las circunstancias de los grandes descubrimientos de la época, la expansión del español y el portugués a lo largo del globo se corresponde estrictamente con la parte del mundo dada a conocer en ese período. La expansión africana y asiática de los portugueses fue netamente marítima, y sólo consiguió asentamientos permanentes en islas y puertos: Cabo Verde, Guinea, Santo Tomé, Damao, Diu, Goa, Ceilán, Malaca, Macau, Ternate, Tidore, las islas de las Especias. Los asentamientos interiores, como los de los territorios de Angola y Mozambique, serían el resultado tardío de la coagulación de la dominación costera ejercida por los primeros exploradores, y se sitúan ya dentro del marco de la lucha por Africa en el siglo XIX. También los primeros asentamientos en Brasil fueron en forma de factorías y de tipo insular; y la penetración hacia el interior sólo se produjo en el siglo XVIII, en parte como resultado de un cambio de métodos (cuando la colonización dejó de ser conquista y explotación para convertirse en ocupación del suelo) y, en parte porque la selva del Amazonas convertía el Este brasileño en una especie de inmensa isla a salvo de cualquier ataque por tierra. Los portugueses penetraron hasta el extremo de dicha zona, que era donde comenzaba el área de dominación andina de España. En cuanto a España, conquistó con sus armas y su lengua la otra mitad de Sudamérica, así como el archipiélago de las Antillas (del que cedería alguna de las más pequeñas islas a Francia e Inglaterra en el siglo XVIII); reocupó, además, la América Central, México y una región, no bien definida, al norte de Río Grande —región habitada por conquistadores, misioneros y marinos—. Todavía existe en Nuevo México y Arizona un área de lengua española, hoy amenazada por el inglés; pero en épocas anteriores el español estuvo, sin duda, arraigado en un territorio mucho mayor: Florida fue española, junto con algunos enclaves costeros fortificados, más al norte; y en dirección al delta del Mississippi, la indefinida frontera ascendía bastante, hasta el punto de que llevan nombres españoles una serie de estados norteamericanos del oeste, como Nevada, Tejas, California y Oregón (?); ciudades como San Francisco, Los Angeles, Santa Fe, Sacramento; ríos como el Colorado, el Grande, el Verde, el Brazos; y montañas, islas, estrechos. Los topónimos españoles se extienden hasta los confines de Alaska.

De las lenguas peninsulares únicamente el vasco no presenta tendencia a la expansión, pero exhibe unas características de tenacidad que contribuyen a la conservación de las colonias (en el siglo XV balleneros vascos establecieron una especie de talasocracia en las aguas del Atlántico).

Determinar el número de hablantes de las lenguas de la Península no es fácil. De hecho se dan cifras considerablemente divergentes; los censos oficiales de los países de América, por ejemplo, no son siempre seguros, y seguimos ignorando con exactitud el número de aborígenes que desconocen total o parcialmente la lengua de sus conquistadores.

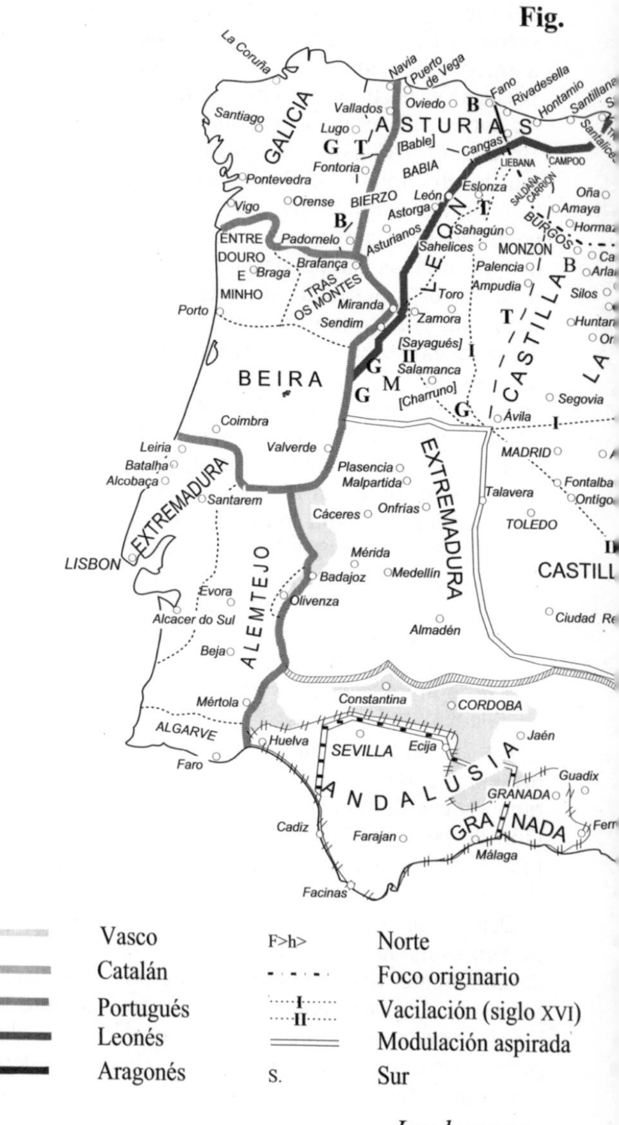

Fig.

Las lenguas

1

GASCOGNE
Auch
Toulouse
LANGUEDOC
Bayonne
Bilbao
VIZCAYA
Santelices
GUIPÚZCOA
LABOURD
NAVARRA
SOUL
BIGORRE
BÉARNE
COMMINGES
Latour de France
Fourmigueres
Corbières
Narbonne
Haro
Pamplona
Estella
Nájera
Logroño
Albelda
RIOJA
S.Millán
Tafalla
ROMANZADO
ARAGON
Benasque
Jaca
S.Juan
de la Peña
SOBRARBE
RIBAGORZA
PALLARS
ANDORRA
Sort
Puigcerdá
ROUSSILLON
Alberes
Perpignan
Elne
[Cadasqués]
Rosas
Ampurias
Huesca
Graus
Tremp
Barbastro
Gerona
ZARAGOZA
Monzón
Tamarite
S. Feliu
Lérida
Blanes
ARAGÓN
Fraga
CATALONIA
II
BARCELONA
Sitges
Tarragona
Alfombra
Teruel
Tortosa
Cuenca
Segorbe
Castellón
BALEARES
MENORCA
Sagunto
Mahón
A NUEVA
Valencia
[Apitxat]
MALLORCA
VALENCIA
Alcira
Palma
Albacete
Enguera
Játiva
Denia
MURCIA
Alicante
Sassari
Orihuela
Elche
Alghero
Murcia
Cartagena
Cagliari
Dorsoalveolar
Coronal
Ceceo
Seseo
Antiguo límite del vasco
Límite del leonés y aragonés
Colonizaciones durante la Reconquista
Gallegos G
Vascos B
Mozárabes M
Toledanos T

de España

Comenzaremos con la lengua de menor número de hablantes, el vasco, al que se le han atribuido unos 550.000, de los que aproximadamente 450.000 residen en territorio español. Pero este número disminuye. Bilbao es una ciudad que no puede ser ya considerada vascohablante, como lo era antaño, y las pérdidas se estimaban en 1951 de unos 70.000 individuos a partir del último cuarto del pasado siglo. En cuanto al catalán, es hablado aún en el Rosellón —puesto que la primitiva frontera entre Francia y la Península seguía la línea de Les Corbières, en el ángulo norte de la cadena pirenaica— y ocupa toda Cataluña y las islas Baleares, la costa valenciana y la ciudad de Alghero, en Cerdeña. Antes fue hablada en Cagliari, y en época medieval debió tener una considerable importancia oficial en toda esta isla y en Sicilia. Para el catalán se ha estimado un total de unos 6.000.000 de hablantes, incluyendo en dicha cifra los 25.400 habitantes de Alghero y los 100.000 inmigrantes que en América continúan conservando la lengua materna en el ámbito familiar. En el Rosellón su uso se enfrenta con la competencia del francés, lengua oficial y cultural, pero desde Alberes hacia el sur las personas instruidas suelen ser bilingües.

Unos 21 millones y medio de españoles tienen el castellano como lengua materna. Los demás —catalanes, gallegos y vascos— lo usan en los asuntos oficiales, y proporcionalmente pocos de ellos son los que desconocen completamente la lengua española; por consiguiente, cabe contabilizar como hablantes del español los 30.430.698 habitantes de España y las islas Canarias. Existen puntos de penetración del español en la costa de Marruecos (especialmente Tetuán, Ceuta, Melilla, Alhucemas) y en Río de Oro, Adrar, Ifni, Guinea, Annobón, Corisco y el Gran y Pequeño Elobey: al menos un millón de personas habitan estos lugares, lo cual no supone una variación esencial en el número de hispanohablantes. Por otra parte, a lo largo del litoral norteafricano y en los Balcanes (Salónica, Constantinopla, Ubsküb, Monastir, etc.) hay unos 200.000 judíos que vienen utilizando variantes antiguas del castellano desde los días de su expulsión, en 1492. En las islas Filipinas existe una literatura en castellano (prosa y verso) y unas 660.000 personas conocen la lengua, si bien el inglés crece rápidamente. Al norte de la frontera de México debe de haber entre 150.000 y 250.000 hablantes de español. El total de población estimado en México y América Central es de 62.106.791; el de las Antillas hispanohablantes (Cuba, República Dominicana, Puerto Rico), 14.170.725; el de los estados caribeños y andinos (Bolivia, Colombia, Ecuador, Perú, Venezuela), 48.453.927; el de Chile, 8.492.000; el de las repúblicas del Plata (Argentina, Paraguay, Uruguay), 25.166.503. Pero aunque el conjunto de estos americanos son gobernados en español, no todos conocen la lengua, y hay que proceder a difíciles deducciones —especialmente en lo que respecta a México, Guatemala, Ecuador, Perú, Bolivia y Paraguay— para poder elaborar un censo lingüístico exacto. En términos generales hay, como mínimo, 152.000.000 de personas que hablan el español como primera o segunda lengua, y alrededor de 100 millones más que permanecen a su sombra. Esta cifra es la más alta de entre las lenguas romances, y la más directamente comparable con la de 288 millones de hablantes del inglés.

La importancia numérica del gallego-portugués es menor, pero resulta una de las más altas de entre las lenguas romances. En Portugal continental, Madeira y Azores hay 9.500.000 hablantes, y en las tierras gallegas de España otros 2.180.000. Las posesiones portuguesas incluyen unos 14 millones de habitantes, de los cuales 12 millones y medio se encuentran en Angola y Mozambique; entre ellos deben contarse probablemente unos 300.000 hablantes de portugués. En Asia hay 1.211.507 hablantes repartidos en islas y puertos, y en Ceilán se da un cierto uso de la lengua portuguesa. En Brasil se estima que existen 90.840.000 de habitantes, cifra de la que habría que deducir un irrelevante número de indios del Amazonas no familiarizados con la lengua oficial, y algunos inmigrantes no asimilados. Así, pues, al menos 101.000.000 de personas hablan gallego, portugués o un dialecto de esta lengua, y 114 millones son gobernados en portugués.

Teniendo en cuenta que el portugués y el español son lenguas estrechamente emparentadas y mutuamente inteligibles, cabe decir que el grupo de lenguas peninsulares influye. de una manera u otra, sobre 366 millones de personas: abarca toda Sudamérica (salvo las Guayanas), América central, la mayor parte de las Antillas y diversos puntos situados a lo largo del litoral africano y el sur de Asia. Con el inglés, el ruso, el japonés y el chino, el español forma un círculo alrededor del Pacífico. Por lo demás, el español y el portugués son, con el inglés, lenguas de comercio en el sur del Atlántico; y el portugués, además, ocupa enclaves en el océano Indico. Una y otra son, pues, lenguas transoceánicas de magnitud continental.

Tan amplia expansión en el espacio y entre diferentes poblaciones se refleja en el enriquecimiento y la diversificación. Las primeras impresiones captadas en un continente recién descubierto, los exóticos animales, costumbres, ritos y hábitos políticos allí encontrados, fueron difundidos a Europa y al mundo a través de España y Portugal; en consecuencia, sus lenguas han ejercido una poderosa influencia sobre aquellas otras con las que han estado en contacto, aglutinándolas, eliminando sus estructuras o aumentando su vocabulario. Asi surgieron diversas variedades de «criollo». Así, también, es resultado claro de la experiencia lingüística peninsular el que cuando los europeos levantaron la vista para mirar más allá de su continente, las mayores enseñanzas las recibieran de España y de Portugal; e igualmente resulta de esta experiencia el hecho de que el primer catálogo científico de las lenguas del mundo lo elaborase un español, Hervás y Panduro. Pero las lenguas peninsulares no sólo reflejan las condiciones encontradas en tan vasta porción de tierras, sino que contienen pruebas evidentes de experimentos realizados en cuanto a su colonización, con situaciones sociales transitorias y equilibrios culturales incipientes, no definitivamente arraigados. Las lenguas peninsulares contienen, por decirlo así, una especie de augurios de futuro.

El grupo peninsular se encuentra delimitado no sólo por razones lingüísticas. Si el vasco se halla lingüísticamente aislado, el catalán ha sido considerado por la mayoría de los especialistas como perteneciente más bien al grupo provenzal que al español. Pero las cuatro lenguas —vasco, catalán, castellano y gallego-portugués— han vivido juntas durante siglos en un área muy definida, experimentando entre ellas una especie de simbiosis. Ofrecen soluciones similares a iguales problemas lingüísticos, y muestran una común actitud mental en sus hablantes; han sufrido las mismas experiencias y en las mismas condiciones, aunque cada una posee su propia historia. A pesar de las diferencias observables en las lenguas literarias, no cabe establecer líneas fronterizas claras entre las tres que son románicas: se solapan a lo largo de amplias zonas del territorio, excepto en el correspondiente a las más recientes expansiones (efectuadas por conquista). Así, el instinto de lo positivo y lo concreto ha sido observado tanto en el vasco como en el castellano; también las bases fonéticas de las cuatro lenguas presentan numerosas coincidencias, como, por ejemplo, el valor fricativo asignado a los signos *b, d, g,* y la tendencia general a la articulación anterior. En otros aspectos, sin embargo, el español, el gallego-portugués y el catalán ofrecen diferencias de matiz. Si consideramos al castellano como caracterizado por un sistema equilibrado de vocales y consonantes, entonces el portugués aparece con predominio de los elementos vocálicos y el catalán de los consonánticos; pero ello no impide que el portugués cuente con un rico sistema consonántico ni que el catalán posea un complejo sistema vocálico: se trata de un material básicamente idéntico, si bien sometido a tres ritmos diferentes. Romanización, invasión musulmana, grandes descubrimientos, humanismo e influencias italianas y francesas son circunstancias que han dejado huellas similares en las tres lenguas románicas, hasta el punto que sus respectivos vocabularios presentan una amplia coincidencia; e incluso el vasco ha experimentado una romanización de léxico y una especie de configuración general propia de las lenguas hispánicas. Hay, pues, una cierta coincidencia entre las lenguas peninsulares, si bien no llega hasta la identidad; la unidad nunca ha resultado lograda, y únicamente cabe hablar de hegemonías. La misma teocracia de los Felipes no supuso más que la administración conjunta de unos estados independientes.

El epicentro peninsular ha ocupado siempre la misma área, aunque el punto exacto se viera sucesivamente fijado en Córdoba, León, Burgos o Toledo. No cabe duda de que el enfoque castellano ha sido centralista, y que el de los otros pueblos ha tendido a lo periférico y divergente. Cataluña se apartó de la Meseta para fijar su atención en el Mediterráneo: recuérdense sus vínculos con Provenza, sus intervenciones en Italia, sus aspiraciones (sin duda pretéritas) a un imperio mediterráneo y al predominio comercial en dicha área; aunque, al mismo tiempo, se mantuviese como parte indivisible de la Península. En la historia portuguesa el anfiteatro de Lisboa tuvo al Atlántico como escenario, con la atención puesta en las naves de Inglaterra y en las rutas hacia la India y Brasil. Por su lado, Navarra es una tierra de montañas y cortadas *(navas);* Galicia, de rías y valles; Andalucía, de vegas, como las del Guadalquivir o el Genil, y de costas frente a Africa. Todos estos hechos e intereses divergentes han contribuido a las diferencias de vida existentes en la Península, e influido, consecuentemente, en las lenguas peninsulares; pero no resultan siempre igualmente relevantes, y la unificación del conjunto pudo ser entrevista en más de una ocasión.

La lengua es la depositaria de las experiencias humanas; en ella se almacena una especie de inventario no sólo de todo lo que es normal, sino también de lo que de hecho es meramente episódico. Por consiguiente, si fuera posible hacer un examen exahustivo de las lenguas objeto de este libro, sin duda podríamos presentar un cuadro más exacto y profundo de sus hablantes que el que se obtiene a través del estudio de sus respectivas literaturas; pero para ello necesitaríamos disponer de un método psicológico con el que no contamos. En todo caso, han podido deducirse de la lengua española pruebas del realismo, la cortesía, el estoicismo, el carácter impulsivo, etc., de sus hablantes; sin embargo, fenómenos como el «estilo cortesano» de los siglos XVI y XVII constituyen todavía hechos complejos en sí mismos. El *usted* fue sin duda, originariamente, *vuestra merced;* pero se usó tanto para cubrir una exigencia de tratamiento honorífico como para expresar un signo de deferencia hacia otras personas. Desde la Edad de Oro el *usted* ha venido perdiendo toda connotación de carácter cortesano, para convertirse en una mera formalidad trivial; además, en ciertas variedades del español de América ha llegado a adquirir un uso familiar, hasta el punto de que, para indicar respeto, se han adoptado nuevos recursos. Ahora bien, aunque el *usted* representa una experiencia común a todos los hispanos, cuando menos desde una época determinada, existen asimismo otras palabras para el tratamiento que deben considerarse excepcionales. Por otra parte, que «quijotismo» tenga el significado que ha adquirido supone el accidente insólito de haber creado un *Don Quijote* el genio de Cervantes; pero para que posea sentido la palabra «quijotizar» («desafiar a la opinión pública con la sangre fría de un *Don Quijote*») se requiere, según señala Unamuno, una cierta hostilidad a la norma general. Debemos añadir que la experiencia lingüística no es necesariamente ética; puede tener su base en hechos triviales. Así, hay ciertos elementos marineros —poco numerosos, pero bien definidos— del vocabulario de determinadas variedades del español de América (por ejemplo, *amarrar* por *atar*) que sugieren la actitud del colono que busca, todavía a bordo, su asentamiento colonial. Por consiguiente, el análisis cualitativo de las lenguas que nos ocupan ha de estar a su vez en conexión con la perspectiva histórica más amplia de su crecimiento y de las influencias que afectan a su desarrollo.

Es precisamente en el desarrollo histórico en el que vamos a detenernos, aunque de una manera sumaria. Tal tipo de estudio es definido con frecuencia como historia «externa» de la lengua, por oposición a la historia «interna» de sus sonidos, formas y construcciones; pero existen razones para rechazar dicho calificativo. El análisis por separado de los sonidos, formas y construcciones constituye un trabajo parcial, que apunta al estudio de la lengua como un todo. Y si bien esta clase de análisis resulta esencial para los lingüistas, corre el peligro de no coincidir con el punto de vista de conjunto del que debe formar parte; pues es el conjunto lo que interesa al lector en general y al estudioso de la literatura, y también el que debe llevar a establecer el sentido de las fases de desarrollo de la lengua y a la constatación de las particularidades de su estructura.

De acuerdo con las anteriores consideraciones, en esta obra vamos a seguir nuestro propio plan. En primer lugar intentaremos esbozar la situación de la Península antes de la romanización, es decir, procuraremos establecer las condiciones lingüísticas que encontraron los romanos. El vasco es una supervivencia de aquella época, ya lo consideremos como representante de un «ibero» de gran extensión, ya si partimos de una base menos amplia. Nos ocuparemos de él fundamentalmente desde el punto de vista de sus contactos con las lenguas romances sucesoras del latín.

Las lenguas romances son, en efecto, formas tomadas por el latín en diferentes áreas de la Península. Las condiciones primitivas que encontraron los romanos sólo nos interesarán, por lo que se refiere a la formación del hispano-romance, en la medida en que fueron adoptadas por el latín de Hispania. Y con el examen de la latinidad hispánica entraremos en el tema central de este libro, y dentro de él expondremos sugerencias acerca de las posibles causas de la diversificación lingüística. La primera de estas bifurcaciones es la que terminó por separar el catalán del ibero-romance; por ello el catalán ocupa un capítulo, y su estudio abarca hasta nuestros días. Los restantes capítulos se dedican al ibero-romance en sus dos principales formas: el español y el portugués. Ahora bien, como este trabajo tiene como objeto fundamental el español, muchos de los elementos comunes a ambas lenguas, e incluso comunes entre ellas y el catalán, las presentaremos bajo el título genérico de español; por ejemplo, el fuerte contingente de elementos árabes existentes en unas y otras se tratará en conexión con el mozárabe, dialecto del antiguo español. Seguiremos el surgimiento de Castilla hasta explicarnos cómo el castellano, y no el mozárabe o el leonés, se convirtieron en el español *standard,* aunque el castellano en sus fases más antiguas fuera una variante dentro de los hábitos lingüísticos comunes hispánicos. Además observaremos atentamente la *standardización* del castellano bajo la influencia de la literatura, y su enriquecimiento en diversos períodos, y destacaremos el efecto de la aventura americana sobre la lengua, así como los intercambios con otras lenguas europeas y aborígenes. En otros dos capítulos veremos cómo el gallego-portugués se separó de los dialectos centrales en una época relativamente tardía; cómo a su vez uno y otro se separaron entre sí, y cómo el portugués creó una rica literatura y mantuvo su independencia cultural; y por fin llamaremos brevemente la atención sobre los efectos que se han producido en el portugués debido a su expansión en Africa, Asia y Brasil.

Una antología que sirviera para ilustrar satisfactoriamente la diversidad de las lenguas hispánicas y de sus diferentes dialectos supondría un volumen mayor de lo que permite el presente formato; quede, pues, ese complemento a la iniciativa de los lectores. No intentaremos tampoco hacer un estudio sistemático de la fonética y la morfología, puesto que puede encontrarse en diversos textos excelentes y bien conocidos. El autor desea limitarse únicamente a aquellos hechos que adquirieron una mayor repercusión histórica, aunque al escribir ha intentado tener presentes las lenguas tal como pueden ser oídas hoy; se trata, pues, de un estudio del español moderno, del portugués moderno y del catalán moderno, si bien considerando cómo han llegado a ser como son. Tampoco es un estudio del latín vulgar de la Península; sin embargo, por otra parte, quizá sirva para llamar la atención sobre ciertos hechos del español antiguo que cabe encontrar hoy en dialectos arcaicos. Debo subrayar, finalmente, que he intentado elegir ejemplos elementales, aun corriendo el riesgo de que se me acuse de perogrullesco; pero creo que en una historia de las lenguas peninsulares la mejor prueba de acierto es que dicha historia resulte clara por sí misma.

2
PERIODO PRERROMANO

Cuando las legiones de Escipión el Africano penetraron en la Península por su extremo nordeste, para terminar incorporando a los hispanos en los dominios de Roma, se encontraron con que la tierra estaba ocupada por ciertos pueblos, algunos de los cuales eran inmigrantes, como los propios invasores. Los griegos habían establecido puertos comerciales en las costas del Este; más al sur se sabía del florecimiento de factorías fenicias; los cartagineses habían conseguido el dominio sobre toda la parte meridional y central de la Península, y se hallaban en contacto con las tribus «celtíberas», poderosas cuando actuaban unidas. Estas tribus, por el primer componente de su nombre, testimonian la presencia de los celtas, mencionados por Heródoto ya en el siglo v a. de C. En cuanto al segundo componente, «iberos», posee un valor menos definido: significa, cuando menos, «persona que habita cerca de la desembocadura del Iberus, o Ebro», y, cuando más, «los habitantes de la Península Ibérica». Una extensión intermedia del significado designaría a un grupo étnico «ibero» rodeado por otros grupos aún menos definidamente conocidos por la ciencia histórica, y quizá no «iberos»: tartesios, lusitanos, galecios, vacceos. Uno de estos segundos grupos ha perdurado hasta nuestros días en su primitivo emplazamiento, y hablando la lengua originaria: el de los vascos. Son los vascones de la época clásica, que dieron su nombre a Vizcaya, a las demás provincias vascas y a Gascuña. Hoy este ámbito se ha reducido, y su lengua ha sufrido, o se ha beneficiado, del contacto con las lenguas latinas vecinas; pero continúa siendo, fundamentalmente, un resto de la Antigüedad preclásica. La descripción de algunas de las características del vasco va a proporcionarnos el punto de apoyo para examinar la situación lingüística de la Península antes de la llegada de los romanos.

El vasco

La lengua de los vascos es conocida con el nombre de vasco o vascuence por los hispanohablantes, pero con el nombre de *éuskera* por los propios vascos. Como éstos no han conocido más unidad que la de la lengua, se han llamado a sí mismos por ese nombre: *euskalerri*, es decir, el pueblo *(herri)* que habla *éuskera* La unidad básica de la sociedad vasca es la «casa» *(etxe-a)*, y milenios de aislamiento sin ningún tipo de control literario o cultural han hecho que el vasco se subdivida en numerosos dialectos, no siempre mutuamente inteligibles, tales como los de Vizcaya, Guipúzcoa, Alta y Baja Navarra, o el labortano y el suletino. Dichos dialectos cuentan al menos con veinticinco subdialectos y con diferencias locales para cada ciudad, y a veces para cada generación de hablantes. En tales circunstancias hemos de limitarnos aquí a una descripción sumaria de la lengua.

El vasco comenzó a ser bien conocido a partir de la publicación de los poemas de Dechepare, en 1545, y del Nuevo Testamento en vasco de Leizarraga, en 1571. Además disponemos de las anotaciones medievales gracias al trabajo de Arnold von Harff, en el siglo XV; de la *Guía de Peregrinos a Compostela* del siglo XIII, y de las *Glosas Emilianenses*, del X, que muestran que la lengua vasca era entonces sustancialmente como ahora. Pero el vasco anterior al siglo X de nuestra era no puede ser sino objeto de conjeturas.

El acento vasco se diferencia del de las lenguas latinas por ser móvil; cambia de una sílaba a otra de acuerdo con la estructura de la frase y las exigencias del énfasis. Cuando una palabra se cita por separado tiende a recibir el acento en la sílaba final. En la actualidad, los hablantes de vasco han sufrido la influencia de sus vecinos, y en las provincias españolas es perceptible ya una castellanización del esquema acentuativo. En realidad, un acento con tal capacidad de desplazamiento no resulta un obstáculo para la adopción de un sistema extranjero.

El sistema vocálico del vasco es muy sencillo. Hay solamente cinco vocales, como en español, y en gran medida cuentan con el mismo valor. Las vocales *e* y *o* no se dividen en una serie abierta y otra cerrada, como en francés, italiano, catalán y portugués *(e,* ɛ, *o,* ɔ*)*, pero presentan grandes diferencias bajo la influencia de las vocales y consonantes vecinas. Así, la *e* cuenta con una gran dispersión desde la *i* hasta la *a* y parece en general más abierta que la *e* castellana. Las vocales medias, tan frecuentes en francés, no existen en vasco aparte de la *ü* del dialecto suletino, que se debe sin duda a la influencia del francés y el provenzal. No hay vocales nasalizadas, aunque se da una ligera nasalización en contacto con *n* y *m*.

El sistema consonántico coincide en gran medida con el del español. La *f* vasca es el fonema que más ha llamado la atención. Se encuentra presente en todos los dialectos, pero en ningún caso parece ser indígena. A veces se halla también en palabras de préstamo, presencia que ha sido atribuida a influencias del español o del francés. Sin embargo, las palabras románicas con *f* tienden a ser reproducidas en vasco mediante *p*, como FILU («hilo»), en vasco *piru*, circunstancia que nos lleva a pensar en una gran aversión por la *f* en el pasado; pero existen algunas palabras, sobre todo en el vasco de Francia, que aparentemente cuentan con una *f* indígena. Todo lo que podemos decir es que la adquisición de una *f* extranjera no presenta una dificultad insuperable para los vascos. No existe, en cambio, una *v* como fonema labiodental equivalente sonoro de *f*, sino que se identifica con *b* como en español. La aspirada *h* es paralela a la *f;* falta en la actualidad en los dialectos vascos de España, pero se presenta en el vasco de Francia y es empleada frecuentemente también para trascribir una pronunciación aspirada de otras consonantes, *p, t, k, l, n, r*. Existen igualmente dobletes como *erri* y *herri*, o distinciones convencionales como *aur* «niño» y *haur* «este», y el labortano cuenta también con aspiraciones como *ikhusi* «ver», *ethorri* «venir», *ekharri* «traer». Es probable que en los dialectos vascos de España existiese asimismo en época medieval una aspiración débil que daría cuenta en los siglos XIII y XIV de escrituras como *Harriaga, Harrigorria* de *(h)arri* «piedra». No es seguro que el vasco tratara la *h* como el equivalente más apropiado del latín *f*, aunque tal circunstancia no deja de ser posible.

La lengua vasca se muestra refractaria a utilizar las sordas *p, t, k* en posición inicial, con el resultado de que *p* es un fonema de pequeña frecuencia. La gutural *k* es muy usada en sufijos, alterna con *h* y puede entonces desaparecer. En los signos *b, d, g* del vasco, como en las tres lenguas románicas peninsulares, pueden representarse dos series distintas de consonantes: una oclusiva en posición inicial o trasnasal y otras consonantes [*b, d, g*], y otra fricativa en posición «débil» [ƀ đ ǥ]. Cuando se encuentran en posición final, tal como ocurre en español antiguo y en catalán, se convierten en sordas. Existen algunas consonantes fricativas y africadas, todas las cuales encuentran un paralelo en lenguas románicas. Las silbantes son tres: una cacuminal (*s*), una sonora (*z*) y la palatal *(x)* pronunciada como el fonema inglés *sh* [*š*]. Cuando la lengua efectúa un contacto momentáneo antes de la articulación de estos fonemas, pasan a las africadas *ts, tz, tx* [ŝ̂ ŝ ĉ]; el último es representado mediante *ch* en los préstamos efectuados por el español, como *Echeverria* (de *etxe*, «casa», y *berri*, «nuevo»). Una *s* inicial seguida de consonante no es tolerada en vasco; para evitar ese grupo se prefija una *e*, aunque a veces es *i*: *esker*, *ezker* (en suletino, *ixker*); cf. esp. *izquierdo*, cat. *esquerre*. Tampoco tolera la lengua una *r* inicial, a la que prefija *a* o *e*: *Erramón* por esp. *Ramón*; *errege* por *rege* (rey). Una *r* inicial resulta un fonema muy vibrante (escrita *r* ó *rr*) y origina una vocal de tránsito, como ocurre en algunas palabras del español, portugués y catalán. Existe también una fricativa débil *r* [ɹ] en palabras como *iri*, «ciudad», *ur*, «agua», etc. Esta *r* débil no está muy lejos en su articulación de *l*, y eso explica la inseguridad de qué consonante es la original en el sufijo *ra la*. Ciertos nombres de lugar antiguos presentan *ili* por *iri*. La pronunciación de *j* varía según los lugares; las provincias francesas la pronuncian como en francés y en antiguo español [ž o ĵ], pero en las provincias españolas lo normal es la pronunciación del español moderno [x]. El vasco de España, al igual que el español, rechaza la *m* en posición final en favor de la *n*.

Existen una o dos características generales en la pronunciación del vasco. Una de ellas es la facilidad para palatalizar las consonantes; no sólo *ñ* l̄, como en español *ñ*, *ll*, sino también t̄ d̄. El vasco reduce las consonantes geminadas a simples, y elimina los grupos. Típicamente vascas son las numerosas metátesis de consonantes, como *bage* = *gabe* «sin», y el intercambio de consonantes de acuerdo con ciertos esquemas de permutación como *m*, *b* en *mezpera*, esp. ant., *viespera*, VESPERE.

El vocabulario vasco da testimonio de la tenacidad con que sus hablantes se han adherido a los rasgos esenciales de su lengua frente a la presión dominante de otros pueblos de más alta civilización; tal presión fue ejercida por los celtas con anterioridad a la época romana. La influencia céltica es discutible, pero sí parece probable que el ejemplo celta ayudara a los vascos a una mejor organización de la familia (*andre*, «mujer joven»: celta, *andera*; antig. irlandés, *ainder*; antig. francés, *andier;* fr., *landier;* ingl., *andirón;* y posiblemente *aita* «padre»: ant. irl., *athir*, con la pérdida de *p* inicial típica del celta), y contribuyese con ciertos nombres de animal bien conocidos de los celtas *(h)artz* «llevar»: a. irl., *art;* galés, *arth; ork(h)atz* «corzo»: celt., *iorkos;* galés, *iwrzh; izoki* «salmón»: asturiano, *esquin;* a. irl., *eó iach;* galés, *eog* ESOX]. El vasco utiliza el sistema vigesimal: *ogéi* 20 *berrogei* 40 = 2 por 20 *irurogei laurogei.* Este hecho es comparable con fr. *quatre-vingts,* y puede ser de origen céltico. Uno de los más antiguos verbos vascos, *ekerri* «traer», puede ser de origen céltico, y también conectado a través de CARRU CARRICARE con el inglés *carry.*

Si bien los elementos célticos son escasos, la influencia latina y románica es mayor que en cualquier otra lengua que haya conservado su carácter independiente, como el germánico o el albanés, y ello confiere al léxico vasco una apariencia marcadamente románica. Casi todos los términos de la administración, de los ritos y usos cristianos, del pensamiento y la cultura, están tomados del repertorio latino. En la actualidad la invasión continúa en la lengua de las jóvenes generaciones, que eliminan los términos nativos por los equivalentes extranjeros adecuadamente adaptados a los hábitos lingüísticos vascos. Ejemplos de tales sustituciones son *seme,* «hijo»: SEMEN; *gortutz,* «cuerpo»: CORPUS; *boronte,* «frente»: FRONTE. Términos administrativos de origen latino son *lege,* «ley»: LEGE; *errege,* «rey»: REGE. De origen eclesiástico son *eliza,* «iglesia»: ECCLESIA; *gurutz,* «cruz»: CRUCE; *aphezpiku,* «obispo»: EPISCOPU; *pake, bake,* «paz»: PACE; *besta,* «fiesta»: FESTA. Palabras relativas a la educación, también de inspiración eclesiástica, son: *eskola,* «escuela»: SCHOLA; *liburu,* «libro»: LIBRU. Palabras referentes a la comunicación social, comercio, arquitectura, textiles, molienda, agricultura, vinicultura, frutas, economía doméstica, cocina, etc., son generalmente de procedencia latina o románica. Los nombres de los animales más comunes constituyen una prueba indudable de la frecuencia de estos préstamos:

a(h)ate, «ánade»: ANATE; *antzar*, «oca»: ANSERE; *asto*, «burro»: ASINU; *zamari*, «caballo» (más frecuente que la palabra vasca *zaldi)*: SAGMARIU. Todas las palabras abstractas son extranjeras al vasco: *zentsu*, «sentido»: SENSU; *borondate*, «voluntad»: VOLUNTATE; *gauza*, «cosa»: CAUSA; *arima*, «alma»: ANIMA; *asturu*, «suerte»: ASTRU; *zeru*, «cielo»: CAELU.

En vasco, el elemento latino se parece más al español o al provenzal que al francés, y resulta notable por su carácter arcaico. Entre vocales, *p, t, k* se conservan como en los valles del Alto Aragón, y las vocales no acentuadas no sufren apócope como en las lenguas romances: *aphezpiku*, EPISCOPU; fr., *évêque;* esp., *obispo;* port., *bispo*. A veces los préstamos latinos del vasco son tomados de un estrato muy antiguo, que ha mostrado poca fuerza para sobrevivir en las lenguas romances: *atxeter*, «médico»: ARCHIATER; así como *mediku, miriku*, MEDICU; *seme*, «hijo»: SEMEN; *opus*, «esfuerzo físico»: OPUS.

Al apartarnos de los fonemas y las palabras para pasar a considerar la forma que éstas toman en la construcción de las frases, nos sorprende en particular la «pasividad» del verbo. Humboldt decía que existen 216 conjugaciones vascas, y Schuchardt llegó a reunir 50.000 formas verbales; pero el trabajo de inventario aún no está concluido. Existe una coincidencia sustancial en el principio de la «pasividad» verbal, que fue formulado por Schuchardt: si *aitak maitatua da* puede ser traducido sólo por «es amado por el padre»; *aitak maitatzen du* no es «el padre lo ama», sino «él es amado por el padre». Admite que, aunque el tiempo presente sea puramente pasivo, el imperfecto resulte en parte pasivo y en parte activo. Existen además diversos otros complicados problemas. Aceptando las mismas restricciones que para el imperfecto, la teoría de la pasividad verbal implica que la distribución de las partes de un verbo vasco y de las palabras importantes fuera del verbo corresponde a la construcción pasiva en las lenguas indoeuropeas; es decir, *dut* «él es tenido por mí» consta de *d-* «él»,*-u-* el verbo propiamente dicho y *-t* «por mí». Pero la pasiva indoeuropea es producto de una inversión de los elementos de la construcción activa: en lugar del orden normal sujeto-verbo-objeto, hacemos que el objeto tome el lugar del sujeto y expresamos el sujeto adverbialmente por medio de una preposición y un nombre. De ahí que la pasiva indoeuropea dependa de la activa y sea altamente inestable; de hecho, ha sido constantemente remodelada, como en latín, lenguas romances, eslavo, alemán y escandinavo, en cada una de las cuales se ha reconstruido a partir de la activa mediante un sufijo, o a partir del participio mediante un verbo auxiliar (prefijado o sufijado). Sin embargo, en vasco no existe tal oposición entre activa y pasiva, sino simplemente una voz que denota la actividad verbal. *Dut* es traducido «él es tenido por mí», pero también «lo teng-o», en donde *lo* es marca de tercera persona y *-o* de primera; por consiguiente, equivale también a la activa española. La principal consecuencia de la teoría de la pasividad es la eliminación de los términos de sujeto y objeto, que son totalmente inadecuados tratándose del vasco. Una acción verbal afecta a su paciente y procede de un agente, mientras que el vasco ordena paciente-verbo-agente en su paradigma verbal. Nos referimos aquí a los elementos pronominales que entran a formar parte de las formas verbales. La frase puede incluir nombres que designan el paciente y el agente, y estos no adoptan necesariamente el mismo orden respecto al verbo que el que toman los elementos pronominales. Aparte del agente y del paciente, otra relación importante es la del recipiente, que corresponde a nuestro dativo. El recipiente puede aparecer también como un elemento pronominal personal en la conjugación.

Lo que se ha dicho hasta ahora se refiere al verbo transitivo, en el que una acción pasa de una parte a otra. En el verbo intransitivo, la actividad o estado procede o afecta sólo a una parte, y no es relevante la cuestión de si es agente o paciente, de si soporta o causa. En «yo vivo», «yo» no produce la vida sino en virtud de una convención gramatical; en «yo corro», «yo» produce la acción de correr, pero «yo» sólo es puesto en movimiento por la carrera. No se conoce, por consiguiente, si el sujeto de un verbo intransitivo es paciente o agente hasta que no se compara con la forma gramatical de un verbo transitivo. Entonces se descubre que, en las lenguas indoeuropeas, los elementos pronominales en un verbo intransitivo se corresponden con los del agente en el transitivo, pero que en vasco coinciden con el del paciente; a *dut* corresponde *doa*, «él va».

Así, pues, el verbo tiene sólo una voz, y el sujeto es el paciente. Si existen otras personas implicadas en la acción, son el agente y el recipiente, y están representadas por elementos pronominales que constituyen la conjugación del verbo. En las lenguas europeas, el agente generalmente forma parte de la forma verbal (por ejemplo, español *tienes*, donde *-s* indica segunda persona de singular), pero el paciente está separado gramaticalmente (por ejemplo, *lo tienes*, donde *lo* indica tercera persona de singular), aunque enclíticamente y en consecuencia forma una sola unidad acentuativa con el verbo. Existe cierta tendencia a repetir el objeto mediante un pronombre asociado con el verbo, por ejemplo *todo lo puede*, en donde *lo* repite simplemente *todo*. Esto es obligatorio en vasco. Como ocurre con el recipiente, su situación varía según los distintos tipos de acción; puede recibirla directamente, o ser interesado en ella (dativo ético), o simplemente suponérsele un cierto interés. Este empleo pertenece principalmente a las locuciones «familiares» del vasco. Se supone que el interlocutor tiene interés en todo lo que dice el hablante. El dativo recipiente se expresa mediante un infijo *-(k)i-*, en el que la *k* puede estar ausente. El recipiente ético se expresa por el infijo *-ki-* si se trata de un hombre, y *-n-* si se trata de una mujer (probablemente a partir de *ña, na,* formas abreviadas de *doña)*. Así, con tercera persona de singular paciente *d-*, tenemos:

intransitivo: 3 *doa,* «él va»;
transitivo: 1 *dut,* 2 *duk,* 3 *du,* 4 *dugu,* 5 *duzu,* 6 *dute,* «yo, tú, etc., tengo a él».

Y cambiando el paciente obtenemos:

intransitivo: 1 *noa,* 2 *(h)oa,* 3 *doa,* 4 *goaz,* 5 *zoaz,* 6 *doaz,* «yo, tú, etc., voy», mientras que las formas transitivas tienen las 36 permutaciones de paciente *n (h)-* (de *k*) *-g- z- d-* con agente *-x -t -h -gu -zu-*. A ellas podemos añadir las formas correspondientes al recipiente y ético, además de la inserción de vocales de apoyo, la elisión de consonantes, plurales en *-z-* y *-te,* y la modificación de las vocales en hiato incluyendo los temas vocálicos del verbo mismo. Por eso a partir de *euki* «tener» llegamos a *dot, jon, dabe, ditue,* etc., que no presentan aparente relación con el tema originario.

La conjugación de los tiempos de imperfecto es cosa aparte de esta explicación, puesto que son normalmente activos. El paciente no es expresado en el verbo, y el agente se añade mediante un prefijo. Una final *-n* es característica de este tiempo:

transitivo: *nekarren, hekarren, ekarren, gekarren, zekarren, ekarren,* «yo llevé, etc.»;
intransitivo: *nioan, hioan, etc.,* «yo vine, etc.»

Los modos son expresados mediante partículas, generalmente sufijadas. La negación es *ez-*, por ej., *da* «es» *ezta* «no es»; el carácter hipotético se expresa mediante *ba-*, como en *ni eroriko banintz* «si yo derribo»; la potencialidad mediante *-ke;* el gerundio, por el estilo indirecto *la;* la causa, *-lako;* la tercera persona de singular de imperativo, *b-;* el sufijo *-n* da al conjunto de la frase el valor de un adjetivo calificativo referido a un nombre, y por ese procedimiento se expresan también las oraciones de relativo. La cláusula, convertida de este modo en adjetival, es susceptible de tomar el sufijo *-a* «el». Así, el «Padrenuestro» comienza: *aita gurea, zeruetan zaudena* que puede traducirse por «Padrenuestro, tú el que está en el Cielo», y también «que estás». Este uso del artículo determinado para sustantivar frases de relativo se da también en español: *el que compra = el comprador.* También se emplean sufijos y prefijos para construir las formas no finitas del verbo: el participio pasado en *-i -n tu,* que pueden tener una *e- i-* prefijadas (*izan* «sido», *ikusi* «visto», *artu* «tomado»); el gerundio es en *-t(z)e;* forma adjetival en *-ko.*

De hecho, este carácter intrincado de la conjugación vasca afecta solamente a un pequeño grupo de antiguos verbos generalmente llamados «auxiliares». Algunos de ellos son empleados con gerundios y participios para conjugar los restantes verbos. Así, *ikusi* «visto» tiene: presente *ikusten dut,* «yo lo veo»; *ikusi dut,* «yo lo he visto»; *ikusiko dut,* «yo lo veré». Este sistema está atestiguado en el siglo X por las *Glosas Emilianenses,* siendo por consiguiente tan antiguo como nuestro más antiguo testimonio del vasco. Un estrecho parecido entre el vasco y las lenguas románicas peninsulares lo encontramos en la gran riqueza en verbos auxiliares y cuasiauxiliares, y especialmente los correspondientes a «ser» y «tener». Característicos de estas lenguas son los sutiles matices de tiempo y modo, que los auxiliares que aluden a movimiento expresan en gran medida.

Comparado con el verbo, el sustantivo vasco posee una estructura muy simple. En principio, la palabra no varía, pero añade ciertos sufijos para expresar la relación con el verbo y con otros sustantivos; en la práctica, sin embargo, estos sufijos no están todos en el mismo pie de igualdad. Algunos son largos y fácilmente separables, como *bage (gabe)* «sin» o *gana* «hacia». Otros no tienen significado ni existencia independiente, y no es seguro que la hayan poseído nunca. Esos son los más frecuentes, y se los puede organizar a modo de paradigma flexivo, que varía de acuerdo con el fonema final del tema. Así, para la ciudad de Licq tenemos:

Inerte (paciente):	*ligi;*
agente:	*ligik;*
recipiente:	*ligiri;*
instrumento:	*ligiz;*
sociativo:	*ligirekin;*
posesivo:	*ligiren;*
adjetival:	*ligiko;*
locativo:	*ligin;*
aditivo:	*ligira* (t);
abitivo:	*ligitik;*
partitivo:	*ligirik.*

El signo de plural es *-k* y también *-eta-*, que funciona como un infijo en ciertos casos oblicuos. El origen de *-eta-* es probablemente el sufijo de colectivo latino que se encuentra en ROBURETU, esp., *robledo*. Un resto de un antiguo demostrativo *-a* se utiliza a modo de artículo determinado sufijado (como en las lenguas escandinavas y en rumano).

De estos casos, únicamente los tres primeros se relacionan con la conjugación verbal, siendo los restantes o adverbiales o (en el posesivo o adjetival) relacionados con otro sustantivo a modo de adjetivo. El paciente de una acción verbal se describe propiamente como inerte, y hay a veces en las lenguas indoeuropeas una tendencia a preferir en este empleo los objetos inertes y sin vida; de ahí que los neutros indoeuropeos existiesen primariamente en acusativo y sólo posteriormente tendieran a usarse como nominativos. Por otra parte, la noción de agente es vecina a la de carácter personal, y lleva consigo en vasco y en las lenguas indoeuropeas una modificación del tema nominal: en vasco mediante *-k*, y en indoeuropeo generalmente *-s*. No hay, por consiguiente, una diferencia esencial entre el caso agente del vasco y el nominativo indoeuropeo; el signo sufijado de agente en vasco se corresponde con el elemento pronominal de sujeto sufijado en los verbos griegos o latinos.

Cuando las palabras aparecen agrupadas, los sufijos se añaden únicamente a uno de los elementos del grupo, como *aita gurea* «Padre nuestro» (*-a* «el»). El adjetivo no tiene, en consecuencia, ninguna declinación especial, y presenta únicamente la peculiaridad de expresar la «comparación de inferioridad». Decir que «A es menos que B» es simplemente el camino inverso a afirmar que «B es más que A».

Las partículas pertenecen, con frecuencia, a los estratos más antiguos de la lengua. Incluyen numerales, pronombres, algunos adverbios y conjunciones. Los números cardinales son:

1	*bat*	20	*(h)ogei*
2	*bi(ga)*	21	*(h)ogei eta bat*
3	(*h*) *iru* (*r*)	30	*ogei ta amar*
4	*lau(r)*	40	*berrogei*
5	*bost, bortz*	60	*irurogei*
6	*sei*	80	*laurogei*
7	*zazpi*	100	*e(h)un*
8	*zortzi*	1000	*mila*
9	*bederatzi*	Ordinales	1.º *len(en)go*
10	*(h)amar*		2.º *bigarren* y
11	*(h)amaika*		sucesivamente
12	*(h)amabi*		en *-garren*.

Puede observarse la estructura bigesimal. *Bat* tiene un plural *batzu* «un-os». *Lenengo* está formado mediante *len* «antes» y el sufijo adjetival *-ko*.

Los pronombres personales son 1 *ni*, 2 *(h)i*, 4 *gu*, 5 *zu*, con posesivos en *-ne*. El posesivo de tercera persona es *bere* y las formas de reflexivo relacionadas con él son *bere, burua*. El pronombre personal de tercera persona en singular y plural se sustituye con los demostrativos, que distinguen, como en español y en las otras lenguas peninsulares, tres grados de distancia a partir del sujeto hablante: *on*, «este»; *ori*, «ese»; *ar-*, «aquel». No existe pronombre relativo, de modo que esta construcción se traduce mediante la forma verbal y *-n*, como se ha dicho anteriormente. Los interrogativos son *nor, zen* «¿quién?», *zer* «¿qué?».

Existen primitivos adverbios como *(h)an*, *(h)emen*, pero la mayoría son nombres en locativo, como *aitzinean* «en la frente», «antes». *Ba* es la afirmación «sí», y sirve también como prefijo verbal de intensidad; *ez-* «no» se utiliza como prefijo verbal. *Eta ta* «y»; *ala edo* «o». En general, la función de nuestras conjunciones la cumplen prefijos y sufijos verbales, como hemos dicho más arriba.

Vasco e ibero

Los vascos ocuparon sus emplazamientos actuales en época inmemorial, aunque su territorio era notablemente más extenso. La última centuria ha conocido una amplia progresión del bilingüísmo en el área española, una castellanización de las principales ciudades y la pérdida, según estimaciones, de unos 70.000 hablantes. Las actuales fronteras sur y este pasan por Salinas, al norte de Estella y Tafalla, y desde allí en dirección noreste hasta el Aneto. Fuera de esta demarcación hay, sin embargo, numerosas topónimos vascos, como Ulliberri, Echaberri, Baigorri, Iriberri, Benagorri (que contienen *iri* «ciudad», *etxe* «casa», *bai* «río», *berri* «nuevo», *gorri* «rojo»), lo que indica una frontera que se extendía de oeste a este al sur de Estella y Tafalla, y de aquí giraba repentinamente hacia el norte hasta Pic d'Anie. Al este de la línea así establecida, en los alrededores de Navascués y Lumbier, hay una comarca tradicionalmente llamada el Romançado, lo que indica una romanización muy antigua. En el Romançado las vocales *e,o* de los topónimos vascos no se conservan, como en la región de Estella-Tafalla, sino que dan lugar a diptongos *ie, ia, ue, ua;* es decir, la romanización debe haber tenido lugar aquí mientras el proceso que produce diptongos en los dialectos hispánicos era aún activo. El área se extiende al este del Romançado hasta la frontera con Cataluña, y tenemos *Javier* (una forma de *etxe berri), Lumbier (irum berri* «ciudad nueva»), *Ligüerre Lascuarre (gorri* «rojo»), Aragüés *(ara-otz* «llanura fría»), así como híbridos del tipo de *Montiberri, Paternuy, Aquilué* (MONTE PATERNA, AQUILA más *berri oy).* Estos datos extienden la más primitiva frontera conocida en dirección este desde Tafalla a Ejea; desde ahí al norte de Huesca comprende un círculo que bordea el Isuela; otro amplio círculo lleva la línea fronteriza al norte de Barbastro y Graus, de donde desciende hacia Tamarite y finalmente toma una dirección nordeste hacia Tremp y el Valle del Noguera Pallaresa. Por este procedimiento sabemos que el área vasca comprendía todas las estribaciones del Pirineo occidental y central hasta bien entrado el período del latín vulgar. Su frontera estaba determinada por el empuje de la civilización romana desde la gran vía militar del alto Valle del Ebro, que pasaba a través de Lérida, seguía cerca de Barbastro, cruzaba Huesca y Zaragoza, de donde ascendía hacia Logroño, bifurcándose antes hacia el oeste. En el área afectada por esta vía los restos del vasco son mucho más limitados.

La frontera norte del vasco ha permanecido estacionaria en Bayona desde el siglo XII, pero anteriormente debía extenderse hasta Burdeos. Allí había también una vía de penetración que facilitaba la influencia romana: la que unía a Narbona con Tolosa y Burdeos.

Más al sur, la vía de peregrinos a Compostela fijaba los montes de Oca como límite del territorio navarro en el siglo XII, pero quizá se tratase de una estimación basada más en criterios políticos que lingüísticos. La frontera lingüística se situaba sin duda al norte del Ebro, aunque debió existir una zona de bilingüísmo de considerable extensión. Ya en el siglo X el vasco no era la lengua habitual en el monasterio de San Millán de la Cogolla, aunque la inclusión de un par de glosas vascas en las *Glosas Emilianenses* demuestra que dicha lengua era entendida por algunos de los monjes. La provincia de Alava, ahora completamente castellanizada en la lengua, fue en otro tiempo eminentemente vasca en todas sus características.

Hacia el oeste los vascos, a caballo de los montes Cantábricos, estuvieron en contacto con los cántabros, que son los antecesores de los antiguos castellanos. La conexión política y social entre ambas tribus era estrecha, resistiendo a los conquistadores romanos y oponiéndose unos y otros a los visigodos. Precisamente contra vascos y cántabros se encontraba luchando el rey Rodrigo cuando tuvo lugar la invasión musulmana el año 711. Etnicamente, vascos y cántabros parecen haber estado relacionados, y en lo que se refiere a la lengua podríamos atribuir al cántabro-vasco la sustitución de *f* por *h*, que es característica del español.

Hasta aquí hemos podido avanzar con seguridad; pero si proseguimos, veremos que la identificación del vasco con el «ibero» es ya sólo una hipótesis. El dato más seguro es el de los topónimos de época clásica y algunos de épocas más recientes, pero en ellos han tenido lugar alteraciones fonéticas que nos son imperfectamente conocidas, y los autores clásicos se muestran muy imprecisos al atribuirles el nombre genérico de «bárbaros».

Y si una etimología no es del todo evidente, existe la posibilidad de error, dada nuestra total ignorancia del vasco antes de 1545, así como de las demás lenguas que debieron hablarse en la Península Ibérica. Sin embargo, existe un cierto número de etimologías convincentes. *Araduey*, en León, es evidentemente «la tierra de las llanuras» (*ara* «llano», *-toi* «el lugar donde algo se encuentra»). El sufijo *-otz* «frío» y *-oi* «tendencia», da en español *-ues -uas* y *-ue -ui -oy* dentro de una extensa área. Los topónimos presentan frecuentemente el elemento *iri*, *ili*, *uri*, *uli*, «ciudad», como en *Iria Flavia* (Galicia) e *Iliberris* (*Elvira*, en Granada, y *Elne*, en el Rosellón). En el Rosellón se hace un uso considerable de *ur* «agua». Tales nombres indican la extensión de una lengua semejante al vasco sobre la mayor parte de la Península, aunque no puede excluirse la posibilidad de préstamos. Por otro lado hay, sobre todo en la Lusitania y la Bética, nombres de un tipo lingüístico no vasco, tales como *Baetis, Baetulo, Ulisipo, Scallabis, Saetabis, Asido,* etc. El nombre *Ilerda (Lérida;* catalán, *Lleida)* debe probablemente ser interpretado como *il-erda* «ciudad extranjera» (cf. *erdera* «lengua extranjera» por oposición a *euskera)* y da testimonio de mezclas étnicas. También existen nombres híbridos: vasco-célticos, como *Medu-briga;* vasco-latinos, como *Pompaelo, Graccuris, Iria Flavia.*

Se conservan inscripciones iberas, si bien pocas de ellas poseen una cierta extensión. Han sido transcritas con cuidado, pero no han podido ser interpretadas. En la tablilla de Alcoy, que es el texto en prosa más largo de los conservados, notamos la ausencia de *f,* de *r* inicial y de *s* en posición inicial seguida de consonante; un sistema vocálico sencillo, con ausencia de grupos consonánticos; los prefijos *i- b- ba- da-;* los sufijos *-la -ra -k -ik -n -i; iri* «ciudad», *gara* «altura», *ildu* «surco», *kide* «compañero»; una base generalmente disilábica para las raíces. Las inscripciones en monedas se rigen por fórmulas estrictas y ofrecen unas bases para la deducción de la declinación ibera. Schuchardt reconstruyó así la declinación ibera:

Caso	Ibero		Vasco	
	Singular	*Plural*	*Singular*	*Plural*
inerte	—	*c*	—	*k*
agente	*c*	*?*	*k*	*kek*
recipiente	*i e*	*ce(a)i*	*i*	*ki*
instrumento	*š s*	*ciš*	*z*	*kez*
posesivo	*n m*	*cen*	*n*	*ken*
adjetival	*co*	—	*ko*	—

Tales comparaciones serían totalmente convincentes si contaran con el apoyo de una verdadera traducción; pero como ésta no existe. los restos del ibero permanecen sin interpretación, a pesar de los paralelos flexivos indicados.

Arqueológicamente tampoco encontramos datos seguros que iluminen estos problemas, puesto que la arqueología se encuentra con problemas igualmente difíciles. En lugar de suponer una masa homogénea de habitantes en la Península Ibérica antes de las invasiones conocidas, debemos imaginar que la población se compuso con oleadas diferentes, tanto en las épocas antiguas como en las modernas: algunas oleadas de origen africano y otras europeo. La historia nos muestra oleadas alternativas de pueblos europeos (celtas), africanos (cartagineses), de nuevo europeos (romanos y germanos), de nuevo africanos (moros); debemos sospechar que en la prehistoria sucedería algo similar. Los vasco-cántabros eran probablemente elementos «indígenas», pero hay que suponer que los iberos eran invasores procedentes de Africa, étnicamente vecinos de las cábilas del Riff, que tras penetrar en la Península ocuparon el centro y el este y relegaron a los vasco-cántabros a sus montañas. Es posible que su dominación fuese vigorizada mediante la formación de «ciudades», *iri*, como sucedió con la de los celtas posteriormente, cuyos emplazamientos tan frecuentemente se denominan con palabras de las que forma parte el elemento *-briga;* los métodos y el nombre pudieron ser tomados y adoptados por elementos no iberos. En lo que se refiere a los otros habitantes de la Península, unos autores han querido ver en ellos ligures procedentes de Génova y Provenza, mientras que otros opinan que los ligures nunca llegaron a alcanzar el Rosellón. Lo único que parece lógico es suponer que a su llegada los iberos encontraron, a su vez, pueblos híbridos, de ingredientes desconocidos. Desde el punto de vista arqueológico parece más verosímil que los vascos no fueran iberos étnicamente; pero etnia y lengua son cosas independientes, y la lengua vasca puede no ser indígena.

Las especulaciones sobre el origen del vasco han tomado dos direcciones principales: unos opinan que

Fig. 2

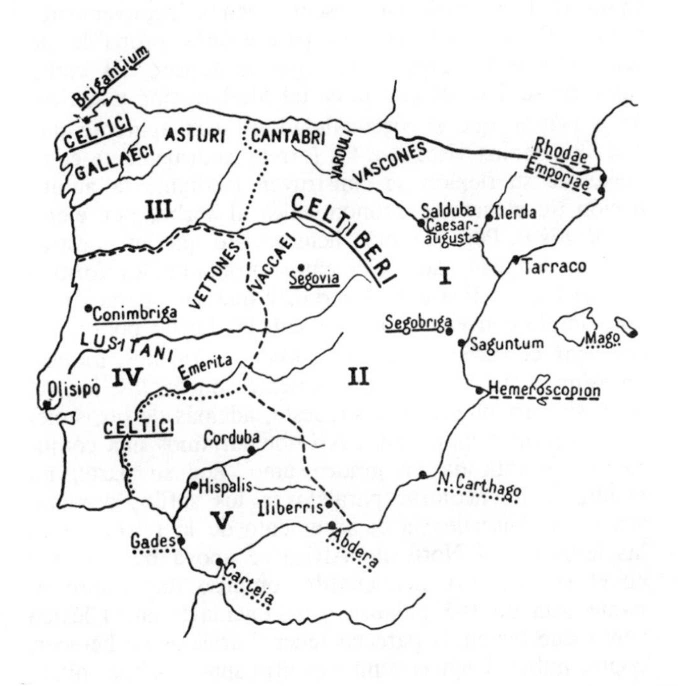

Distribución racial en la España romana

Celtas: ——; púnicos: ....; griegos: - - -

se parece a las lenguas del Norte de Africa, mientras que otros prefieren relacionarlo con las caucásicas. Sin embargo, estas dos hipótesis no se excluyen necesariamente. Aunque independiente de la raza, una lengua no puede emigrar si no es portada por sus hablantes; y de las dos hipótesis, la norafricana presenta menos inconvenientes físicos. Es también la que parece más probable de acuerdo con los argumentos que se aducen. El verbo vasco no se tiene en cuenta en tal comparación y se tiende a pensar que su originalidad es más aparente que real. Ya hemos visto que las formas enormemente complejas de su flexión se construyen mediante la aglutinación de elementos pronominales al verbo, por ejemplo *draukat*. Pero también hemos visto que en nuestras propias lenguas estos elementos pronominales forman unidad acentuativa con el verbo, y que su separación es una simple convención gramatical. De hecho podríamos conjugar el verbo *tener* como *lotengo, lotiénes, lotiéne, lotenémos*, etc., y así sucesivamente con *la, los, las, te, os*, y sin pronombre, por supuesto, además de otros elementos pronominales más. Así obtendríamos una conjugación complicada en grado sumo. Por su parte, no resulta fácil encontrar paralelos a los sufijos nominales, y en consecuencia el argumento de la relación con las lenguas del Norte de Africa se apoya básicamente en el vocabulario. Schuchardt compuso una impresionante lista de 105 palabras fundamentales en el léxico vasco que tienen, o parecen tener, paralelos en bereber, copto, nubio, lenguas semíticas africanas, cuchita, nilota y sudanés. Incluye los numerales 2, 3, 5, 6 y 7; verbos arcaicos como *joan* «ir», *eman* «dar», *artu* «tomar», *egin* «hacer», *etorri* «venir»; adjetivos como *on* «bueno», *berri* «nuevo», *otz* «frío», *andi* «grande»; partículas como *bage* «sin», *nor* «¿quién?»; y el nombre de cosas fundamentales, como sol, luna, hombre, mujer, ciudad, gente, nombre, pan, comida y las partes del cuerpo. Los argumentos en favor del parentesco caucásico se basan en *gu* «nosotros» y *zu* «vosotros», pero aquí los parecidos son más difíciles de percibir. Desgraciadamente, un escritor contemporáneo ha demostrado que por esos métodos podría probarse que también el alemán es una lengua africana o caucásica. De modo que el grado de probabilidad de estas hipótesis es verdaderamente bajo, y sólo en el caso de la tesis africana rebasa quizá el rango de una ingeniosa conjetura.

Los autores clásicos mencionaron un conjunto de palabras como peculiares de los hispanos. De ellas algunas son con toda seguridad, y otras probablemente, celtas, y las restantes no pueden ser explicadas, la mayoría de las veces, como vasco. Hübner cita: *acnua, amma, aparia, apitascus, arapennis, arrugiae, asturco, bacca, balluca, balsa, balux, barca, caelia, caetra, cantabrum, cantus, celdo, corrugus, cuscolium, dureta, gangadia, gurdus, iduma, inula, lancea, lausia, pala, palacurna, palaga, paramus, reburrus, saliunca, salpuga, sarna, segutilum, talutatium, tasconium, urium, viriae.*

En resumen: el ibero tiene, probablemente, un origen norafricano. Pero si en su vocabulario y estructura se parece tal vez notablemente al vasco, el lapso de un milenio entre sus documentos y los más antiguos textos vascos impide una identificación segura. El ibero fue usado dentro de una extensa área del centro y éste de la Península, y contribuyó, al menos con topónimos, en lo que se refiere a las regiones del oeste y del sur.

Vasco-ibero y romance peninsular

El vocabulario español presenta elementos comunes con el vasco y —en la medida en que lo conocemos— con el ibero. Pero no siempre es seguro el origen de esas palabras comunes, puesto que el romance peninsular ha propagado al vasco no solamente un amplio conjunto de latinismos, sino también algunos probables celtismos de época antigua, y, por su parte, otros elementos pueden pertenecer a lenguas desconocidas Resulta imposible determinar con exactitud lo que el español debe al ibero si lo distinguimos de los préstamos más recientes tomados del vasco. Dentro de este trasiego de vocabulario es un hecho seguro que el ibero constituyó, junto con ciertos elementos célticos, griegos y púnicos, el sustrato del latín de Hispania. Pero su influencia en la configuración del romance hispano ha sido estimada variamente. Los teóricos del sustrato creen que el latín de Hispania fue modificado en diversos aspectos importantes por los peculiares hábitos lingüísticos de los iberos, y así resultaría inevitablemente diferente del tipo de latín hablado en Francia; otros creen, en cambio, que los hábitos lingüísticos del sustrato tienen poco o ningún efecto sobre la nueva lengua aprendida. Las deficiencias lingüísticas de la «primera generación de hablantes» (suponiendo que sea posible imaginar algo tan abstracto como una generación) serían corregidas por la segunda; los niños, a su vez, serían capaces de aprender la lengua a la perfección. Como la prueba o la refutación de esta hipótesis depende de los datos obtenidos a partir de los préstamos de vocabulario, empezaremos primero por esa cuestión, por ser más simple.

La palabra más antigua atestiguada de tipo peninsular es *páramo*, que se presenta en una inscripción leonesa (CIL ii, 2.660: *quos vicit, in parami aequore)*. La palabra no es vasca, y posiblemente tampoco ibera. Puede pertenecer específicamente a la lengua de los vacceos o de los vettones, que habitaban las altas llanuras. Por otra parte, *nava* «llanura entre montañas» no aparece atestiguada por los autores antiguos, pero es universal en el romance peninsular; responde al vasco *naba*, y de acuerdo con el paisaje vasco da el nombre *Navarra*. *Vega*, port., *veiga*, responde al vasco *ibaiko*, y fue tomada antes de que se produjeran ciertos cambios latinos, como *-ai->e*. *Balsa* se presenta como nombre de una ciudad lusitana. *Ballux* y *Palacra* están atestiguadas por Plinio el Viejo, y pueden ser ambas iberas: español *Baluz Palacra(na)*, catalán *Palacra*. *Arrugiae* puede ser conectado con español *arroyo*, portugués *arróio*, y con topónimos como *Requejo, Requena*. *Sarna* se encuentra en vasco, así como en las otras lenguas peninsulares, pero debe ser céltica, e igualmente *cantus*, que Quintiliano dice ser hispana o africana (vasco *kanto (in)* «esquina, ángulo»). Así, la mayoría de los préstamos son claramente vascos, y posteriores a la romanización. Un notable grupo es el que forman las palabras en *-rro -rra:* vasco, *ezker;* español, *izquierda;* portugués, *esquerda;* catalán, *esquerra;* vasco, *bei, zekur;* español, *becerro;* portugués, *bezerro;* vasco, *txakur;* español y portugués, *cachorro;* vasco, *pizar* («fragmento»); español, *pizarra;* portugués, *piçarra;* catalán, *pissarra;* vasco, *bizar;* español y portugués, *bizarro;* vasco, *gisuarri;* español, *guijarro.* Griego *kithara* + vasco *-arra*, da en español *guitarra. Abarca* está atestiguado en el *Codex Compostellanus* (siglo XII) y se presenta como apodo de un rey de Navarra, Sancho Abarca. *Ardite* procede del vasco *ardit.* Berceo usa la palabra *çatico*, «una cierta pieza de pan»; vasco, *zati. Urraca*, usado también como nombre propio, es, probablemente, de origen vasco. Con español y portugués *zorra*, compárese vasco *zugur* «prudente». En el siglo XIV una cierta extensión del vasco se da hasta Portugal, como puede verse en el *Livro de Linhagens*, cap. IX: «*Arguriega*, que tanto quer dizer por seu linguagem de vasconço como *pedras vermelhas*» («Arguriega quiere decir en vasco piedras rojas»).

Los vascos han dado origen o popularizado un determinado número de nombres o apellidos. Así *Ximena, Jimena, Jiménez, Eiximeniç* (obsoleto *Ximeno); Sancho, Sancha, Sánchez; Iñigo, Ignacio; Xavier, Javier* (vasco *etxe-berri* «casa nueva»); *Echeverría, Mendizábal, Zumalacárregui, Arteaga, Madariaga, Lizárraga, Jáuregui, Irigoyen,* etc. Al igual que los topónimos —aparte de los citados como datos de la más antigua extensión del ibero— los nombres vascos han ido retrocediendo ante los equivalentes romanos desde los tiempos más remotos. Así, CAESAR AUGUSTA (Zaragoza) ha eliminado a *Salduba;* AUGUSTA AUSCIORUM (*Auzh)* sustituye a un más antiguo *Eliberris; Granada* a *Elvira (Iliberris).* En el mismo País Vasco se presentan dobletes.

Lo que es *Pamplona* para los hablantes de lenguas románicas (Ciudad de Pompeyo) es *Iruña* para los vascos (la ciudad de los Dioses); igualmente *Burguete* = *Auritze*, *Valcarlos* = *Lusaide*, *Bonloc* = *Lecuine*, todos en el camino francés a Compostela. En algunos casos el doblete se forma por traducción: *Roncesvalles* = *Orreaga*, «lugar de los Enebros»; *Villanueva* = *Iriberri*, «ciudad nueva».

El intercambio de préstamos entre vasco, ibero y romance parece haber sido escaso, pero antiguo. Está lejos de configurar el vocabulario del latín de Hispania. Por consiguiente, los argumentos en favor de una considerable influencia del sustrato están basados fundamentalmente en la fonética. En un caso, al menos, el vasco (o el ibero) ha modificado la pronunciación de toda Hispania: concretamente en la eliminación de *f* a continuación de la aspirada *h:* FABULARE, *hablar*. Este punto será ampliamente tratado cuando abordemos la mayor expansión del castellano sobre las otras lenguas vernáculas, puesto que este fenómeno del español es estrictamente castellano; no tuvo en absoluto lugar ni en portugués ni en catalán, así como tampoco ocurrió en mozárabe, leonés o aragonés, que ocupaban el total de la Península al sur del Duero, al oeste del Pisuerga y al este de los montes de Oca. La *h*, como veremos más adelante, fue inmigrante en Burgos y perteneció originariamente a Cantabria, la faja de tierras montañosas que se alza junto a la frontera vasca, por el oeste. Por consiguiente, este desarrollo tan característico del moderno español literario no tuvo lugar en toda el área ocupada por las tribus iberas, que aprendieron latín; en consecuencia, debe más bien considerarse vasca. Unicamente podría ser considerada ibera si los cántabros hubieran conservado una lengua ibera hasta época tardía y su latín no hubiese sido corregido por un ulterior proceso educativo. No podemos estar seguros de que simplemente no tomasen prestada esa pronunciación de sus vecinos, los vascos, desde el momento en que los datos que tenemos desaparecen en el siglo X. Se han emitido dos hipótesis para explicar este fenómeno. La una se basa en la aspiración de las iniciales en vasco (sobre todo en el vasco de Francia), que da lugar a formas como *ethorri, ekharri, ikhusi.* Aplicada a la *f*, que es una aspirada, esta aspiración causaría la desaparición del elemento labiodental: *Felipe, Hfelippo, Helizês.* Se asegura, por otra parte, que *f* no es un fonema vasco, y que el fonema más próximo es *h*. Los hablantes adultos, al imitar la *f* latina y románica, pronunciarían *h*. La premisa no es absolutamente segura y la sustitución que de hecho se produce en tiempos más recientes es no por *h*, sino por *p*. Sin embargo, la coincidencia en esta cuestión de los dialectos gascones (gasc., *hilh*, «hijo»; esp., hijo, FILIU) con el castellano, y la poca frecuencia de la *f* en vasco, hace esta tesis altamente probable. Las inscripciones iberas no presentan *f*.

En otros aspectos advertimos que el efecto del sustrato no es cambiar la lengua adquirida en ningún sentido, sino ejercer ciertas influencias en la elección de posibilidades. El vasco, por ejemplo, no tolera ni la *s* inicial ante consonante ni la *r* inicial. En el primer caso coincide con un cambio que tiene lugar en todo el área romance hasta Italia: español, *espíritu, espada;* portugués, *espirito, espada;* catalán, *esperit, espasa,* coinciden con francés, *esprit, épée;* italiano, *(i)spirito, (i)spada.* Pero la repugnancia del vasco contra *r-*, al no encontrar apoyo en romance, no ejerce influencia alguna sobre el español, aparte de uno o dos préstamos: esp., *rey;* vasco, *errege.* El vasco palataliza los fonemas *n, l, t, d.* Ello debe haber contribuido a afianzar la palatización en castellano y catalán de LL, NN, pero no ha tenido un desarrollo ulterior. Sin embargo, aquí de nuevo puede haber algunos restos fonéticos del vasco dejados solamente al castellano: castellano, *fecho, hecho,* FACTU, frente a portugués *feito* y catalán *fet*, probablemente reposa en un estadio previo **feito*, con una *t* palatalizada.

Aparte de estos detalles, poco claros por lo demás, quienes estudian a la vez ambas lenguas, español y vasco, llegan a percibir una sutil correspondencia entre ellas, aunque no pueda ser expresada en fórmulas. Existe una común actitud mental en las dos lenguas. Ambas evitan la negación y son rectilíneas, concretas. La imaginación se ejercita más en las cosas concretas que en las ideas abstractas; expresan con gran detalle las circunstancias de la acción, tales como el tiempo y la persona en el verbo, y prefieren una sola voz; son ricas en verbos auxiliares, que más bien son sentidos que lógicamente distinguidos. El vasco converge hacia el español mucho más fácilmente que cualquier otra lengua. En la pronunciación existe una amplia base común. No es que el vasco haya impuesto sus condiciones sobre quienes aprendían latín en Hispania; más bien el latín, que presentaba diversas posibilidades de tratamiento y desarrollo, suficientes para dar todas las diferentes formas de la Romania, estuvo sujeto al mismo control mental que ha atribuido sus especiales cualidades al vasco.

Celta y romance peninsular

Los invasores celtas hicieron entrar a la Península Ibérica dentro de la órbita de vastos movimientos migratorios europeos, y establecieron vínculos especialmente estrechos con la Galia. Las primeras incursiones pudieron tener lugar hacia el siglo IX a. de C. por Cataluña, pero las principales oleadas parecen haber ocurrido doscientos años más tarde, ya en el siglo VII. Fue entonces cuando los turmogidi, berones, pelendones, arévacos, lusones, belli y dittanos se lanzaron rápidamente a través de las landas y las regiones montañosas de Guipúzcoa y Alava y comenzaron a efectuar asentamientos sobre las alturas, en las cabeceras del Duero y del Tajo, donde tenían a su vista el valle del Ebro desde el oeste. En esta región los invasores conservaron su organización tribal y sus nombres; pero al sur se mezclaron con los nativos hasta formar grupos de celtíberos, que dominarían la meseta central. No es seguro que los celtas fueran numerosos; quizá constituían simplemente una aristocracia militar que configuraba al núcleo de población indígena. Habitaban en fortalezas *(-briga -dunum)*, algunas veces relacionadas con el recuerdo de victorias *(sego-* en topónimos). Los nombres de los jefes eran de tipo céltico *(Istodatios, Karaunios, Moenicaptus, Boudica)*, pero dichos nombres no han sobrevivido en las lenguas romances. Los celtas implantaron sus costumbres, como la religión, el duelo, etcétera, pero se mantuvo la lengua local para monedas, inscripciones y actividades prácticas. Se cree que la lengua celta se encontraba ya en desuso en el momento de la llegada de los romanos.

Las líneas del Duero y el Tajo marcan el avance de los celtas, de los que Herodoto cuenta, en el siglo V a. de C., que estaban asentados desde las Columnas de Hércules hasta el cabo San Vicente. Establecimientos con nombres en *-briga* acompañan el curso de estos ríos, y en Portugal encontramos algunos en posiciones fortificadas situadas entre ambos, como *Coimbra*, CONIMBRIGA. En el noroeste, grupos celtas alcanzaron el mar y se establecieron cerca de *Betanzos*, BRIGANTIUM: eran los CELTICI del promontorio de Nerio. Los GALLAECI (griego *Kallaïkoi)*, galicianos, no eran probablemente celtas, pese a la tentación de conectar su nombre con el de los *gálatas* o galos; y es dudoso que los *artabros* o *arotrebae* asentados en la misma región tuvieran alguna conexión con las tribus celtas de los *atrebates*. En el extremo sudoeste siguieron la línea del Guadiana, lo que les alejó del valle del Tajo, para convertirse en los CELTICI de Lusitania. El término «ibero» no se encuentra con estos nombres, pero no hay razón para imaginar que ello suponga una mayor pureza étnica: la organización tribal originaria no parece haber sobrevivido en el área extremo oeste de la migración celta. En la cuenca del Guadalquivir, que estaba en manos de los indígenas más civilizados, los *turduli* y *turdetani*, fueron contenidos los invasores celtas en la línea de Sierra Morena; sin embargo, parece que dominaban las minas de

Cartima, cerca de Málaga. Pero el conjunto de la costa levantina y Cataluña se vio libre de celtas, aunque el dominio de SEGOBRIGA, *Segorbe*, en el extremo de la sierra de Espadán, frente a Sagunto, les permitió pasar a zonas poco distantes del Mediterráneo. Aislados de la Galia por los vascos y los iberos de Cataluña, no parece que pudieran recibir tropas de refresco, y su sistema de alianzas, mantenido mientras extendían su esfera de influencia, fue probablemente demasiado fluctuante como para que llegaran a constituir, como opina D'Arbois de Jubainville, un «imperio céltico de Hispania».

El recuerdo de las hazañas celtas está presente en los nombres de sus plazas fuertes; pero la nomenclatura más antigua de los ríos y montañas situados en su área no es céltica, con excepción de *Deva*, en Guipúzcoa. DURIUS, *Duero*, podría ser celta, aunque es más probable que esté relacionado con *Adur* y otros ríos de nombre vasco-ibero. El elemento de mayor frecuencia es *briga*, «altura», que responde al vasco-ibero *iri ili*. *Briga* se presenta como primer elemento de BRIGANTIUM *(Betanzos)*, BRIGAECIUM, en León, y BRIGANTIA *(Bragança)*; como segundo, aparece asociado a *Amalo-*, *Ara-*, *Arco-*, *Cala-*, *Ceto-*, *Cottaeo-*, *Deo-*, *Meidu-*, *Meri-*, *Miro-*, *Nerto-*, *Nemeto-*, *Sego-*, *Tala-*, *Tongo-*, *Turo-*. La lista es mayor en los geógrafos clásicos por la atribución de carácter céltico a lugares cuyo nombre, evidentemente, no lo es, como *Acinippo Arunda* (Ronda), *Asta*, *Salpensa*, que se encuentran entre Ronda y Sevilla. Algunos nombres son híbridos, como *Mundóbriga*, *Amalóbriga*. El sufijo *-briga* fue capaz de penetrar más allá de los límites del área de dominio del pueblo a cuya lengua pertenecía; y, en general, la impresión que producen los topónimos españoles es la de supervivientes de una lengua desaparecida. En cuanto al elemento *-dunum*, es raro en el suelo peninsular, mientras que resulta frecuente en Francia. *Besalú*, de BESALDUNUM, en Cataluña, es uno de esos casos, y encuentra un paralelo en francés *Begaudun*. *Sego-* («victoria») aparece en SEGISAMO *(Samón)*, *Segovia*, *Segorbe*, SEGONTIA *(Sigüenza)*. *Deó-*

briga y *Deobrígula* recuerdan el nombre de *Deva*, «divino», y *Vindeleia* y *Contrebia*, en el centro del territorio celtibérico, son evidentemente celtas.

La lengua que penetró en la Península con estos invasores fue, según cabe presumir, la de la Galia, hasta cierto punto conocida por inscripciones. Como variantes dialectales se pueden mencionar ARAPENNIS, esp. ant., *arapende*, frente a ARAPENNIS, franc., *arpent* (medida de tierra); VIRIAE, frente a VIRIOLAE, «brazalete», y *-brigula* frente a *-briga*. La primera de ellas puede haber surgido por contaminación con vasco *ara*, «llanura»; aunque San Isidoro sugiere un cruce con ARARE. Solamente una palabra de indiscutible origen céltico resulta exclusiva de la Península: gallego-portugués, *tona;* galés, *ton;* irlandés, *tonn*. Resultan dudosas, en cambio, esp., *manteca;* port., *manteiga;* esp., *berro;* galés, *berwr;* fran., *berle* (de lat., BERULA; galo, **berura);* esp. y portugués, *parra*, que se ha pretendido germánica. Con la excepción de *tona* y *arapende* no tenemos pruebas de contactos directos entre el celta y las lenguas peninsulares posteriores. Existen, sin duda, elementos célticos, pero forman parte de la aportación latina a Hispania, y en gran medida estuvieron sometidos a las innovaciones ocurridas en la Galia. Dichas innovaciones son de diferentes épocas, datables según afecten al antiguo latín, al latín clásico, al latín vulgar, al románico occidental o al bloque galo-ibérico. Un préstamo antiguo es CARRU, esp. y port., *carro;* rumano, *car;* ital., *carro;* francés, *char*. El latín imperial y vulgar contó con palabras como BRACCAE, esp. y port., *bragas;* cat., *bragues;* rumano, *îmbrăcá ;* ital., *brache;* fran., *brayes*. Al romance occidental (es decir, excluido el rumano) pertenecen términos como esp. y port., *brío;* esp., *camino;* port., *caminho;* cat., *camí;* esp. y port., *legua*. Raramente existe en las lenguas de la Península un celtismo común con Francia que no se dé en el norte de Italia, aunque se exceptúa *berro:* esp., *alosa;* fran., *alose*.

En estas circunstancias resulta poco pertinente considerar, como postulan hipótesis bien conocidas, el elemento céltico como un substrato que hubiera dado forma al latín peninsular. Los celtas ejercieron su influjo en la Galia, y fueron solamente las consecuencias de ese influjo las que llegaron a España. En cualquier caso, España y Portugal presentan únicamente uno de los rasgos fonéticos considerados celtas; concretamente, el paso de -CT- a *-it-*, y en cast., *-ch*. El desarrollo pudo haber partido igualmente de los dialectos itálicos, y de hecho no lo encontramos totalmente concluido en el sur de España hasta el siglo XII, cuando todo contacto con los celtas había desaparecido desde hacía aproximadamente un milenio.

Sin embargo, los préstamos proporcionan valiosos datos para apreciar el cambio introducido por los celtas en la vida y costumbres de Europa. El grueso de las palabras galas mencionadas por los autores antiguos son nombres de plantas ajenas al mundo mediterráneo, como BETULLA: esp., *abedul*. Junto a ellas hay nombres de animales domésticos y salvajes: CAVALLU: esp., *caballo;* port., *cavalo;* cat., *cavall;* CATTU: esp. y port., *gato;* cat., *gat* (que puede ser de origen africano); PARAVEAEDU: esp., *palafrén;* ALAUDA: fran., *alouette;* proven., *alauza;* cat., *alosa calandria;* esp. ant., *aloa calandria* (por contaminación, esp. med., *alondra)*. En cuanto a esp. y port., *bico;* cat., *bec*, es una de las palabras que se refieren a partes del cuerpo; pero esp. ant., *camba;* cat., *cama*, aunque se pretende procedente del celta (CAMBA O GAMBA), podría derivar del griego *kampé*. El lat. PĔRNA, «jamón», da, humorísticamente, esp., *pierna;* port., *perna*, y conserva su sentido originario solamente en *pernil;* el esp. *jamón* es un préstamo del francés *jambon*. La casa celta impresionó a los latinos por su sobriedad: CAPANNA: esp., *cabaña;* port. y cat., *cabana*. De los alimentos llamó la atención la cerveza y su elaboración: CEREVISIAH: esp., *cerveza;* port., *cerveja;* catalán, *cervesa*. Entre los préstamos se encuentran también algunos nombres de vestidos: *bragas*, SAGU: español, *sayo;* port., *saio*. Dos nombres importantes de medida son esp. ant.: *arapende;* esp., *legua;* cat., *llegua;*

port., *légoa,* LEUCA. TARATRU: esp., *taladro;* port., *trado;* cat., *taladre;* y LANCEA: esp., *lanza;* port., *lança;* cat., *llança,* son instrumentos célticos de la paz y de la guerra.

En general estas palabras se parecen a las tomadas más tarde en préstamo por el español y el portugués a las lenguas amerindias. Describen la flora y la fauna de una desconocida región, contribuyendo así a aumentar el conocimiento que los conquistadores mediterráneos tenían de la naturaleza. Delatan una cultura inferior a la de los invasores, aunque éstos necesiten de algunos nombres indígenas en ciertos asuntos de especial utilidad, como vestidos, vehículos y herramientas.

Fenicios y cartagineses

Los mercaderes de Sidón comerciaron con Tarsis o Tartessos en marfil, monos y pavos reales de Marruecos, estaño de las Casitérides, y oro, plata y plomo de la Península Ibérica. Tan rica era ésta en comparación con las necesidades de la Antigüedad, que el mito de Pirene asocia primordialmente los Pirineos con el oro, y Estesicoro habla de las «raíces de plata del Guadalquivir».

El emplazamiento de Tarsis sigue sometido a hipótesis. Hacia el año 1100 a. de C. se hizo necesario trasladar la factoría de Sidón al lugar, más fácilmente defendible, de Cádiz, venerable ciudad que ha sido remodelada por sucesivas generaciones de habitantes. Su nombre ha recibido la impronta de la larga cadena de dominadores. La forma púnica *Gadir* o *Aggadir,* «lugar fortificado», aparece igualmente en Marruecos: *Agadir.* Para los griegos el lugar era conocido con el nombre de *Gadeira,* con el que se ha asociado la bíblica *Gadara.* Los romanos cambiaron su terminación: *Gades.* Los árabes trasliteraron esta palabra con *g-*, dándole sin duda el antiguo valor que aún permanece en Egipto: *Qâdis.* Sobrevino la pronunciación como *k,* y en cambio se mantuvo el vocalismo árabe, dando lugar a la forma española *Cádiz*.

Tiro sucedió a Sidón como centro comercial del mundo antiguo, y cuando por fin cayó en manos del ejército persa, Cartago pasó a ocupar su lugar en cuanto al control de las colonias púnicas del Mediterráneo occidental: *Mainacar, Abdara, Carteia,* etc. Cartago introdujo un nuevo espíritu imperial. Una «nueva Cartago», *Cartagena,* fue la capital de los dominios de Almílcar Barca, y desde ellos Aníbal marchó contra Roma. La invasión de España por Escipión, en 207 a. de C., era el primer paso hacia la ruina de Cartago, cuyo imperio en Hispania sería borrado sin dejar apenas huellas. Sólo permanecieron los nombres de algunas ciudades púnicas, especialmente *Cádiz* y CARTEIA *(qereth,* «ciudad»), que más tarde se convierte en *Algeciras* «la isla (verde)». *Cartagena, Mahón* (PORTUS MAGONIS, por el tercer hijo de Amílcar), son específicamente cartaginesas; pero BARCINO, *Barcelona,* podría ser considerada ibera (como RUSCINO, *Roussillon),* y no asociada con el nombre de los Barca. Dos palabras púnicas han pasado al romance peninsular, aunque no directamente, sino a través del latín: MAPRA, esp., port. y cat., *mapa,* y MAGALI, esp. ant., *nagüela* (cf. hebreo *mâgôr),* que también da: esp., *mallada, majada;* port., *malha, malhada;* cat., *mallada.* El nombre de Hispania ha sido conectado con una raíz SPAN y con hebreo *sâphan,* «ocultar», en el sentido de «tierra oculta, remota». Los alfabetos usados en las inscripciones iberas se atienen con más frecuencia a los modelos púnicos que a los griegos.

Los griegos

Los elementos griegos en las lenguas peninsulares, aparte de un par de topónimos, pertenecen a la herencia recibida del latín. Comerciantes y colonizadores griegos hacen aparición temprana en las costas levantinas; actúan a lo largo de la costa desde Marsella, o hacen la travesía directa desde Cumas, por el conjunto de las Baleares, hasta Hemeroscopion. El periplo de la Península fue realizado por Piteas; pero los fenicios, aliados con los etruscos, inflingieron una derrota a los marselleses en Alalia (Aleria), Córcega, en 537 a. de C., viéndose así excluidos del comercio de los estrechos y del Atlántico. Sus establecimientos españoles estuvieron en RHODE (Rosas) y EMPORION (Ampurias). *Hemeroscopion* se convierte en *Denia*. Fueron los comerciantes y geógrafos griegos quienes determinaron la forma dada a los topónimos peninsulares en la época clásica, y quienes generalizaron los términos *Iberia* e *iberi*, en el sentido más restringido de «los que habitan junto al Ebro». El alfabeto griego aparece en algunas inscripciones indígenas (p. ej., en Alcoy).

El griego ha servido al latín, como el chino al japonés, de repertorio de términos culturales en todas las épocas, y, en consecuencia, los elementos griegos en las lenguas peninsulares presentan una estratificación bien definida, en la que cabe distinguir cinco niveles principales. Los préstamos más antiguos al latín son de época preclásica y utilizan solamente vocales y consonantes propiamente latinas. Así, griego U (y) φ χ Θ son representadas por latín *u p c t;* y *c g* se intercambian frecuentemente: *porphyra*, PÚRPURA: esp. ant., *porpola;* aljamiado, *polbra;* cat., *porpra; kybernân*, GUBERNARE: español, port. y cat., *gobernar, governar; thýmon*, TUMU: esp., *tomillo; kólaphos*, *COLPU: esp. ant., *colpe;* catalán, *cop;* esp. med. y port., *golpe*, palabra que ha perdido su *-u* por mediación del francés; *kréte*, CRETA: español, port. y cat., *greda*. Mucho más amplio es el segundo estrato, el de los préstamos griegos al latín clásico. Son más abstractos y culturales, y trasliterados con la ayuda de signos alfabéticos nuevos (*x, y, z, ph, zh, th*), utilizados para representar los fonemas griegos. Dan lugar a los fonemas peninsulares *x, i, z, f, c, t*, aunque la ortografía latina persistió en Portugal hasta 1911, y aun puede encontrarse en Brasil para usos privados. Así, CYMA: esp. y port., *cima;* cat., *cim* (preclásico CUMAE);

GYPSU: esp., *yeso,* port., *gesso,* cat., *guix,* ORPHANU: esp., *huérfano,* port., *orfão;* cat., *orfe;* SCHŎLA: español, *escuela,* port. y cat., *escola.*

El tercer estrato de helenismo corresponde a los períodos del latín tardío y del romance, y contiene principalmente términos eclesiásticos caracterizados por el iotacismo, es decir, por el valor *í* de las vocales y diptongos *ê, i, y, ei, oi, yi.* La historia de *ekklēsía,* palabra más joven que la forma románica BASILICA —portugués *Baselgas* (topónimo)— es compleja en la Península. El iotacismo aparece en francés *église.* El español tiene *iglesia,* y primitivamente (siglo XII) *elguesia* y *elglesia* (1212); port., *igreja;* cat., *(e)sgleya, església.* ***Apothḗkē*** da la forma latina clásica APOTHECA, de donde esp. ant., *abdega;* port., *adega,* y esp., *bodega;* pero la forma bizantina está representada por el esp. *botica;* cat., *botiga,* palabras que son, además, semicultismos. Palabras características de esta serie son esp., *obispo;* port. *bispo;* cat., *bisbe; ángel, blasfemar, bautizar,* etc., en las que el sufijo *-izar* es equivalente al griego *-izeîn. Katà,* en *katà pénte,* «cada cinco», tiene el valor de «cada» y también *cada uno*: esp. ant., *cadayuno;* port., *cada hum;* cat., *cadascú,* y formaciones como *quiskatauui uamne,* «cada hombre» *(Glosas Emilianenses),* y *cadalguno.* El esp. ant. *magüer,* «a pesar de», probablemente procede de griego *makárie,* «pero, señor» (en tono de suave protesta).

Más específicos de la Península son los préstamos tomados del griego a través del árabe. Son generalmente bizantinos, y reemplazan o hacen competencia a otros préstamos más antiguos; otros ejemplos son *Almagest (Megíste Syntáxis,* de Ptolomeo), con el artículo árabe *al-; atramuz (thérmos); adarme (drachmé).* El quinto y último grupo de préstamos griegos es el de los términos pseudo-griegos, científicos y técnicos, que tienen una extensión internacional: *monarquía, drama, mecánica, crisis, telégrafo,* etc. Los poetas modernos se han sentido inclinados a acuñar neologismos griegos para diferenciar su estilo y dar un ritmo dactílico al verso: por ejemplo, *liróforo*, de Rubén Darío.

El acento del griego clásico era musical; el del griego moderno, el latín y las lenguas románicas es un acento intensivo. En el paso de un sistema a otro, unas veces se ha sustituido el acento musical griego por el intensivo, mientras que otras se ha ignorado la posición originaria del acento y se ha sometido la palabra a las leyes acentuativas latinas. Así tenemos *golpe, Esteban*, de acuerdo con la posición del acento griego, pero *huérfano, escuela, cuerda, cada*, por *orphanós, scholé, chordé, katá. Káthedra* da la forma española latinizada *cadera* y la forma culta *cátedra*. El sufijo griego *-eia* corresponde al latín -ĪA *-ía*, pero también se parece a -ĬA *-ia*; y de ahí surge la confusión, sobre todo en la pronunciación vulgar, como, por ejemplo, esp. portugués, *academia*, acentuando en español sobre la *e*, pero en portugués sobre la *i*. En español se escribe *período, océano*, pero se pronuncia [perjódo, oθeáno]. La tendencia barroca a adoptar finales trisílabos produce también confusiones en el acento, y no sólo en palabras griegas. Así, para las formas de Calderón *hipogrifo* «violento», los textos modernos prefieren *hipógrifo;* para las *cantigas* de Alfonso el Sabio, *cántigas;* y existen algunos vulgarismos del tipo de *intérvalo, méndigo, Itúrbide*.

3

EL LATIN DE HISPANIA

Según cuenta Camões, cuando Venus, inclinada amorosamente a proteger al pueblo portugués por sus prístinas virtudes latinas, contempla la lengua portuguesa, cree encontrarse ante el latín, por su escaso grado de corrupción:

«com pouca corrupção crê é a latina».

También Nebrija, en España, compuso la primera de las gramáticas modernas de Europa, la *Gramática de la Lengua Castellana* (1492), siguiendo las líneas de su propia gramática latina, como si de una glosa de ésta se tratara. Tales datos prueban el alto grado de latinidad de las lenguas románicas peninsulares. El latín es su única base; y las influencias del ibero y del celta sólo entran en juego en la medida en que fueron aceptadas por el latín de Hispania. Es cierto que los problemas de substrato ocupan gran parte del espacio dedicado a las investigaciones lingüísticas; pero ello no resulta una prueba de su importancia básica, sino de su gran dificultad, de la inseguridad de sus datos, de lo enrevesado de sus argumentos. En contraste con tales problemas, el latín de Hispania, el portugués y el catalán resultan lenguas diáfanas, y por ello acreedoras normalmente a una atención menor.

Debo insistir en que el latín es la base de las tres lenguas románicas peninsulares: en concreto, el latín de Hispania, tanto en su carácter de lengua unitaria como en sus diferencias locales. Algo podemos conocer de dichas diferencias a partir de las inscripciones grabadas sobre monumentos en el siglo I de nuestra era, y de los datos que nos suministran Plinio, San Isidoro y otros antiguos enciclopedistas. Sin embargo, la interpretación de dichos datos no carece de ciertos puntos oscuros. En particular hay que señalar que algunas de las más típicas características de las lenguas actuales, que vemos retroceder ante nuestra vista en todos los documentos medievales, no son testimoniadas ni en los monumentos ni en los autores antiguos. Es posible que tales autoridades mantuvieran una profunda separación del latín corrientemente hablado en la Península y que los artesanos que grababan las piedras lo hicieran con la mayor fidelidad posible a la gramática; también pudo suceder que se produjera una intensa transformación lingüística en el oscuro período que va desde la desaparición de los últimos autores de la tradición clásica, hacia el siglo VI, hasta la aparición de los primeros documentos en lenguas vernáculas, en el X. Las nuevas lenguas surgen cada una con su propio carácter, y cada una modela de forma peculiar la latinidad, previa asimilación no solamente de los elementos iberos, celtas y griegos, sino también de los bizantinos y los procedentes de los dialectos germánicos, e introduciendo considerables innovaciones fonéticas, menores en el Oeste y más abundantes y violentas en el Este a medida que nos acercamos al gran centro innovador que es la Galia. El carácter fránquico de algunos préstamos germánicos y la forma galo-romance adoptada por otras palabras de origen latino o griego (por ejemplo *tapete* y *tapiz*), son testimonios adicionales de la importancia de este foco transpirenaico de cambios lingüísticos. A su vez, algunos préstamos árabes tienen lugar todavía en época romance, antes de la total separación de las lenguas individuales, y contribuyen también a caracterizar el latín de Hispania.

Por otra parte, el latín no es sólo la base del español, el portugués y el catalán, sino que además ha seguido coexistiendo con dichas lenguas en una especie de simbiosis. La lengua de la Ley, de la Iglesia, de las escuelas, ha continuado siendo, en forma más o menos fiel a las normas clásicas, el latín, que fue capaz de detener un proceso de cambio lingüístico, de neutralizarlo mediante la reintroducción de unas formas más antiguas, o de adoptar una palabra antigua que había sido eliminada u olvidada por el uso. De ahí la gran riqueza de cultismos y semicultismos que ocupan buena parte de los diccionarios. Los primeros (cultismos) son, aparte de pequeñas alteraciones debidas a la adaptación, reconocibles directamente como palabras latinas: esp., *espíritu* (port., *espirito)*, SPIRITU; pero esp. y port., *tribu:* TRIBU se ha limitado a eliminar las desinencias casuales latinas, mientras que *espíritu* ha modificado además el grupo inicial SP-. SAECULU da la forma culta portuguesa: *século,* mientras que en español la semiculta *siglo* (esp. ant. *sieglo,* cuya forma popular debía haber sido en castellano **sejo,* cf. OCULU, *ojo).* El sentido originario de FIDE no se tiene en cuenta en la exclamación española *a la he,* en que ha experimentado su evolución fonética completa; pero la palabra latina ha mantenido su *f-* en esp. *fe,* que ha sufrido, por otros derroteros, una evolución también popular. Igualmente FIDELIS (esp., *fiel),* pero FEL (esp. *hiel);* FESTA *(fiesta),* pero INFESTU (esp., *enhiesto*). Ejemplos de regresión de una alteración fonética debida a la simbiosis con el latín son PRINCIPE (esp. ant., *princepe;* esp. med., *príncipe),* DIGNU *(dino,* en el siglo XVII), esp. med., *digno. Acto* y *auto* son dos cultismos derivados de ACTU en épocas diferentes y usados ahora con sentidos distintos. El acuñar un nuevo cultismo está en las manos de cualquier hablante medianamente instruido, y las convenciones por las que se rigen son ampliamente conocidas, si bien varían según las épocas. Ciertos sufijos juegan un papel importante en tales formaciones; así: *-ado* -ATU, *-able* -ABILE, *-idad* -ITATE, *-izar* (para verbos), etc.

Dejamos para más adelante la discusión en detalle de las diferentes fases del latín de Hispania, para abordar ahora el flujo y reflujo a diferentes intervalos del ideal clásico, y el impulso que éste da *per contra* el desarrollo de las lenguas vernáculas. La monumental obra de San Isidoro en el siglo VI representa un esfuerzo en este sentido; y en el IX, San Eulogio y Alvaro de Córdoba ponen tanto celo en cumplir con exactitud las reglas de la composición en latín como en preservar la fe. Sin embargo, hacia el siglo X, en León el latín se vio sumido en una especie de compromiso por parte de quienes manejaban los textos legales. Por la necesidad que tenían de ser entendidos, minimizaban las diferencias entre el latín y el leonés, sonorizando *-p- -t- -k- -f-* en *cingidur* (CINGITUR), *accebi* (ACCEPI), etc., suprimiendo *-g-* en *reliosis* (RELIGIOSIS), vocalizando *-l-* consonántica en *autairo* (ALTARIU), cambiando el timbre de vocales inacentuadas en *ribolo* (RIVULU), etc. En el siglo XI puso fin a este tipo de compromisos una gran oleada de influencia clásica procedente de Cluny, y el llamado Monje de Silos (h. 1109), con su tendencia al ritmo del hexámetro virgiliano, escribe en una lengua relativamente «correcta». El y otros como él, especialmente el arzobispo de Toledo Rodrigo Ximénez de Rada, del siglo XIII, iniciaron en España el período del latín escolástico e hicieron surgir un modelo demasiado exigente para el uso familiar y corriente. Para poder difundir más ampliamente las nociones generales de historia y ciencia surge la prosa castellana en el reinado de Alfonso el Sabio, y los inicios de la prosa portuguesa ven la luz una generación más tarde. Así, a la insistencia en un latín escolástico estandarizado responde un considerable avance del uso de la lengua vernácula. La lengua vernácula toma de su competidora todo el vocabulario que necesita, y adopta igualmente los recursos que le son necesarios por mor de la elegancia. En el siglo XV el último tipo de préstamos —tanto de vocabulario como de sintaxis— se hace particularmente abundante en la obra del marqués de Santillana, de Enrique de Villena y de la corte de Juan II, y alcanza un grado de verdadera congestión con el estilo de Juan de Mena, que imitó y practicó todos los recursos de los gramáticos clásicos. Con los humanistas del siglo XVI surge un nuevo estilo de composición latina. Cicerón fue el modelo, y Erasmo y Vives representan el más alto grado de imitación que se logró. La pureza del estilo podría conservarse únicamente, aseguraba el Brocense, manteniendo el latín alejado de los usos vulgares; y al mantenerlo se abrieron varios campos literarios a la lengua vernácula. Es la Edad de Oro de las literaturas española y portuguesa, que se desarrollan hasta sus límites de pensamiento y acción, mientras que el latín aparece limitado a los dramas escolares y bucólicos de los jesuitas o a la erudición técnica de los teólogos. Estamos en una época de neologismos tomados del latín clásico, generalmente con precedentes italianos, al principio por la necesidad de palabras para expresar los nuevos conceptos, pero más tarde simplemente como motivo ornamental; y de nuevo se produce un momento de crisis en este proceso de latinización de la lengua vernácula, que es conocido con el nombre de *culteranismo* o *gongorismo*. En cuanto al latín escolar de España, no rebasa el nivel alcanzado por los profesores jesuitas de los siglos XVII y XVIII, mientras que en otras partes de Europa surgía un modelo de prosa latina más exigente, con la eliminación de los compromisos de Vives y Erasmo; y esta latinidad volvió a acentuar la distancia existente entre las lenguas vernáculas y las «muertas», dando lugar a un tipo más estrictamente clásico de préstamos. El período se caracteriza por el nacimiento y la autoridad de las Academias y por las reformas académicas de la escritura, tales como la reintroducción de *-g-* en *digno*, el valor */ks/* de *x*, la conservación de *c* en *luctuoso* (pero *luto)* y la abundancia de neologismos internacionales tomados del griego mediante reglas convencionales.

Dos tendencias se enfrentan a lo largo de la historia de las relaciones entre las lenguas vernáculas y el latín: por una parte existe el deseo de utilizar el latín como un vehícuo nacional e internacional para el intercambio de ideas, como una cierta medida necesaria de compromiso con las lenguas vernáculas y los hábitos lingüísticos; por otra, la indignación de los eruditos ante tales concesiones y vulgarismos lleva de nuevo a la creación de una norma cásica, lo cual supone sacrificar la cantidad a la calidad. Tras cada reforma clásica, el latín se hace menos utilizable; las lenguas vernáculas experimentan nuevos impulsos, pero deben soportar simultáneamente una disciplina tal que va aumentando progresivamente su parecido con la lengua rival.

El testimonio de las inscripciones y de los autores clásicos

Las inscripciones peninsulares comprendidas entre el siglo I al VIII han sido examinadas bajo el punto de vista de los cambios fonéticos que presumiblemente tuvieron lugar dentro de ese período. Ofrecen la garantía de un conocimiento exacto de su cronología y localización, junto con la certeza de encontrarse aún en su forma originaria, sin las mutilaciones que siempre supone la transmisión de los textos escritos a través de copistas. Pero, sorprendentemente, es escasa la información que proporcionan. Los lapidistas de la Bética, en particular, presentan muy pocas peculiaridades lingüísticas locales, y hasta es posible que en algunas ocasiones fueran extranjeros. Los vulgarismos, únicamente abundantes en la Lusitania, son más bien los comunes a toda la Romania y no los típicamente hispánicos; e incluso no es infrecuente que se muestren contrarios a los hábitos lingüísticos posteriores de la Península. Así, AUNCULO (AVUNCULO), «tío», se relaciona con fran. *oncle*, pero no con esp. *tío*, que no aparece en las inscripciones (San Isidoro atestigua *thius* como un helenismo); SERORI (SORORI) se relaciona con fran. ant. *seror*, pero no con esp. *hermana;* la *s-* inicial seguida de consonante tiene como vocal protética *i-* más bien que *c-*, siendo en este caso un uso itálico más que peninsular, como en ISCOLASTICUS; el carácter cerrado de Ĕ ante R (TIRRA, PUIR, por TERRA, PUER) es una forma distinta de la vocal abierta del portugués y del catalán, así como del diptongo castellano; INTERANNIENSIS *(-nn-* por *-mn-)* corresponde al tratamiento peninsular *(sueño, suenno,* SOMNU), pero INETRAMICO *(-m-* por *-mn-)* responde al francés *(sommeil);* NEPOTA aparece por NEPTIS, pero no se trata de una palabra española o portuguesa, aunque aparece en catalán como *neboda,* provenzal *neboda,* veneciano *neboda,* rumano *nepoată.* Ninguna luz se aporta al problema del tratamiento F>*h,* ni sobre la evolución del grupo -CT-. Las inscripciones dan testimonio de algunos cambios comunes a toda la Romania, por las fluctuaciones en la ortografía, como la eliminación de las vocales átonas, el valor en romance de los primitivos diptongos, etc. Son notables por su betacismo (confusión de *b* y *v),* pero este fenómeno es diferente de la equivalencia de *b* y *v* en español, catalán y portugués del Norte, y posiblemente toma su punto de partida en palabras como BIBIT-VIVIT, VOBIS-BOVIS, susceptibles de sufrir asimilaciones y disimilaciones. Las vocales epentéticas toman su timbre de las vocales vecinas, como en vasco, en lugar de recibir la influencia de las consonantes contiguas, como en francés e italiano; y las consonantes sordas -P- -T- -K- aparecen frecuentemente sonorizadas (IMUDAVIT por IMMUTAVIT; SAGERDOTES por SACERDOTES), aunque no es seguro que podamos conectar dichas formas con la sonorización de las sordas intervocálicas en portugués y español (aparte el aragonés). Entre las formas de interés que aparecen atestiguadas tenemos ALIS (por ALIUS): en esp. ant., *al*; PARAMUS: esp., *páramo;* TAN MAGNUS: esp., *tamaño;* CABALLUS: esp., *caballo;* MANCIPIUS: español, *mancebo;* cat., *macip* (por MANCIPIUM); SOCRA:

esp., *suegra;* port. y cat., *sogra* (por SOCRUS); LAUSIA: esp., *losa;* COLLACTEUS: esp., *collazo;* NATUS en el sentido de «niño»; NATALES en el sentido de «linaje»; MULIER en el sentido de «esposa», reemplazando a UXOR, como en todas las lenguas romances; SUPERUM: español, *sobre,* como adverbio tendente a funcionar como preposición (QUIBUS SUPERUM PONITUR CAMERA); ALTARIUM, nuevo singular de ALTARIA y precedente de *otero.*

Plinio, Columela, Pomponio Mela y San Isidoro nos han transmitido palabras populares usadas en Hispania, pero, naturalmente, no tenían motivo para indicar cambios en la pronunciación o en la sintaxis. Tales palabras son con frecuencia términos técnicos: nombres de plantas o animales, etc. La mayoría de ellas no han dejado rastro en las lenguas románicas. El testimonio de San Isidoro de Sevilla, en el siglo VI, es el más completo e instructivo. Menciona THIUS, del que deriva: esp., *tío;* ital., *zio,* como un grecismo; ANTENATUS: esp., *alnado;* CAPANNA: esp., *cabaña;* CATENATUM: esp., *candado;* CATTUS: esp., *gato;* BURGUS, cf. *Burgos;* CAMISIA: español, *camisa;* ARGENTEUS en el sentido de «blanco»; SYMPHONIA, como un instrumento musical *(zampoña* en español); MALLEOLUS: esp., *majuelo;* cat., *mallol;* MANTUM: esp., *manto;* MERENDARE: esp., *merendar;* PLAGIA: esp., *playa;* SAIO: esp., *sayón;* SARNA: esp., *sarna;* SERRALIA O SARRALIA: esp., *cerraja,* etc. Este vocabulario contiene unos cuantos términos iberos, algunos más celtibéricos o célticos, un número considerable de palabras germánicas (ARMILAUSA, BLAVUS, BURGUS, FLASCA, HOSA, MEDUS, SAIO, etc.) y otras de origen dudoso.

Relación con el resto de la Romania

Dada la insuficiencia y limitación del testimonio de tipo monumental y literario, es en las lenguas peninsulares mismas donde debemos indagar el carácter especial de sú latinidad, y el modo cómo llegaron a desarrollar la herencia recibida. En primer lugar llaman nuestra atención un cierto número de hechos que las lenguas peninsulares presentan en común con la de las Galias, pero que se encuentran totalmente ausentes del rumano. Con arreglo a dichos criterios, los dialectos del norte de Italia, que ocupan el lugar de la Galia Cisalpina de la época clásica, concuerdan con el francés y el provenzal; por su parte, los del sur de Italia, que ocupan el emplazamiento de la Magna Grecia y los territorios adyacentes, presentan semejanzas con el rumano y con el elemento latino presente en el albanés. El italiano moderno, basado en el dialecto toscano, ha oscilado entre el romance oriental y el occidental, de forma que podemos llamarlo central.

El español, el portugués y el catalán coinciden con el francés y el provenzal en la marcada preferencia por su acento de intensidad en la penúltima sílaba, aunque, a medida que avanzamos hacia el oeste de la Península, se hace más frecuente el acento en la antepenúltima. Así, el romance occidental resulta tener un ritmo marcadamente trocaico (sujeto a ulteriores modificaciones, como en el caso del francés), mientras que el italiano y el rumano son ricos en dáctilos. Así, HOMINES da: port., *homens;* esp., *hombres* (esp. ant., *omnes);* cat., *homes;* francés, *hommes* (con una *e* primitivamente pronunciada); pero ital., *uòmini;* ruman., *oameni.* En lo referente a la declinación, el románico occidental ha eliminado el tipo PECTUS-PECTORA (con acento sobre la sílaba antepenúltima en plural); el románico oriental ha extendido considerablemente su uso. El plural de TEMPUS resulta entonces: port., *tempos;* esp., *tiempos;* cat., *temps;* rumano, *timpurĭ*; de LATUS: port. y esp., *lados;* ant. catalán, *lats;* ruman., *lăturĭ*. En románico occidental -P-, -T-, -K- entre vocales, o entre vocal y -R, se sonorizan *(b, d, g)*, y se ven entonces sometidas a ciertos cambios que conducen a veces a la eliminación; en románico oriental no se produce esa sonorización; el italiano presenta vacilaciones. Así tenemos:

	Port.	Esp.	Cat.	Prov.	Fran.	Ital.	Ruma.
RIPA	*riba*	*riba*	*riba*	*riba*	*rive*	*ripa* / *riva*	*rîpă*
VITA	*vida*	*vida*	*vida*	*vida*	*vie*	*vita*	*vită*
PATRE	*padre, pai*	*padre*	*pare*	*paire*	*père*	*padre*	—
PETRA	*pedra*	*piedra*	*pedra*	*peira*	*pierre*	*pietra*	*piatră*
PACAT	*paga*	*paga*	*paga*	*paga*	*paie*	*paga*	*pacă*
FOCU	*fogo*	*fuego*	*foc* (*)	*fuec* (*)	*feu*	*fuoco*	*foc*

En el románico occidental se ha conservado la -S de nominativo y acusativo de plural, mientras que en italiano y en el románico oriental se ha perdido. El español y portugués han usado únicamente las formas de acusativo para el plural, mientras que el provenzal y el francés antiguo utilizaron tanto el nominativo como el acusativo en singular y en plural. Así tenemos:

	Port.-Esp.	Cat.	Fr. Ant.	Fr. Med.	Ital.	Rum.
MURI	—	—	*mur*	—	*muri, mura*	*muri*
MUROS	*muros*	*murs*	*murs*	*murs*	—	—
CAPRAE	—	—	—	—	*capre*	*capre*
CAPRAS	*cabras*	*cabres*	*chievres*	*chèvres*	—	—

En la flexión verbal, aparte de la conservación de FIERI por parte del rumano y su empleo para formar la pasiva (como ocurre con ESSE en románico occidental e italiano), las lenguas románicas orientales forman su nuevo futuro con la ayuda de un auxiliar de «volición» (VELLE), como ***voĭŭ cantà***, «cantaré» («quiero cantar»), mientras que el occidental e italiano utilizan un futuro de «necesidad» (HABEO): en port., *cantarei;* español, *cantaré;* cat., *cantaré;* prov., *cantarai;* fran., *chante-*

(*) -*c* de -*g* por ensordecimiento tras la caída de -*o* final.

rai; ital., *cantarò.* La idea de necesidad aún se conserva en la fórmula port. *hei-de cantar;* esp., *he de cantar.* Las diferencias de vocabulario entre el románico occidental y el oriental son abundantes, respondiendo al prolongado aislamiento en que se vieron los rumanos, separados del Adriático por la irrupción de las tribus de eslavos del Sur. El dato más claro de este aislamiento es la presencia de germanismos en el románico occidental y de eslavismos en el oriental; y, por el contrario, la total falta de germanismos en el este y de eslavismos en el oeste. En este aspecto el italiano se muestra como una región más del románico occidental, y presenta características orientales solamente en el mayor número de sus helenismos. Así, tenemos *WERRA: esp., cat. y provenzal, *guerra;* fran., *guerre;* ital., *guerra;* pero rumano, *razboiŭ,* (cf. ruso *razboĭ*).

Esta esencial homogeneidad de la mitad occidental de la Romania aparece también en algunas características del romance peninsular, no compartidas por los dialectos castellanos. En época relativamente reciente —después del siglo XI— el castellano se impuso como lengua literaria y oficial de la región central y se convirtió en «español». Se trata de un dialecto innovador rodeado de otros más arcaizantes; y los datos de los otros dialectos del grupo español, tomados juntos con el portugués y el catalán, presentan el romance peninsular como mucho más estrechamente relacionado con el románico occidental y, en general, con las tendencias vigentes de la Romania, de lo que está el castellano-español. Es altamente característico del castellano-español, como del gascón, haber hecho de la F- inicial una aspirada *h-* y eliminado posteriormente ese fonema; en cambio, en catalán, portugués, leonés, aragonés y mozárabe la F- inicial se conserva:

FACTU, «hecho», da: cast., *hecho;* pero port. y leon., *feito;* arag., *feto, fet;* cat., *fet;* fran., *fait;* ital., *fatto.*

FABULARE da: cast., *hablar;* pero port., *falar;* fran., *fabler;* ital. ant., *favolare.*

En castellano-español la J- inicial y la G (es decir, ante E o I) desaparece, mientras que en el resto de las lenguas se conserva:

JANUARIU (JEN-) da: cast., *enero;* pero port., *janeiro;* moz., *yenair;* cat., *gener;* fran., *janvier;* ital., *gennaio.*

En romance -CL- -LI- medial han dado una palatal [λ], escrita *ll, gl,* o *lh;* en castellano-español esta palatal ha sufrido un ulterior desarrollo a [ž] y más tarde a [x] escrita *j.*

FILIA da: cast., *hija;* pero port., *filha;* leon. y arag., *filla;* cat., *filla;* fran., *fille;* ital., *figlia.*

MULIERE da: cast., *mujer;* pero port., *mulher;* leon. y arag., *muller;* cat., *muller;* fran. ant., *moillier;* ital. *moglie.*

OCULU da: cast., *ojo;* pero port., *olho;* moz., *welyo;* cat., *ull;* fran. ant., *oeil;* pero ital., *occhio.*

El grupo -CT- ha sufrido varias transformaciones: en rumano a *pt,* en italiano a *tt.* En otras lenguas occidentales ha llegado a *it,* pero en castellano ha continuado hasta producir [ĉ] *ch:* como LACTE; cast., *leche;* pero port.,moz., leon. y arag., *leite;* cat.. *llet;* fran., *lait.* En la creación de diptongos a partir de Ĕ y Ŏ acentuadas en diversas lenguas occidentales, aunque no todas han participado en la misma medida y el portugués nada en absoluto, se da una cierta coincidencia cuando el cambio tiene lugar; y en el caso en que esas vocales van ante palatal, el castellano-español se aparta de nuevo de las tendencias generales de los otros dialectos españoles. ŎCULU, citado anteriormente, ilustra bien este hecho. En castellano no se produce la diptongación en dicho caso; en cambio encontramos diptongo en mozárabe, leonés y aragonés; en francés y en provenzal *uelh* y en cat. *ull,* cuya *u* conserva los restos de un anterior diptongo a partir de Ŏ. El desarrollo de Ĕ Ŏ + palatal a diptongo constituye el caso de diptongación más ampliamente extendido, y ha sido general en todos los dialectos españoles y en catalán, pero no alcanza a Portugal, Galicia y Cantabria, primitiva morada del castellano. La creación de estos diptongos en otras posiciones (sin que de ello participen el catalán y el provenzal ni el portugués) es un rasgo común a todos los dialectos del grupo español.

Existen algunos ejemplos de coincidencias entre la Península y el románico oriental que han sido considerados a veces como pruebas de un contacto originario entre ambas zonas. El latín, desaparecido, del norte de Africa, la latinidad de Sicilia y Calabria, y el romance, perdido más recientemente, de Dalmacia, tendían sin duda un puente que cubría la distancia existente entre la Península y los Balcanes. Véase la coincidencia en la metáfora utilizada para expresar la idea de «descubrimiento, hallazgo»:

AFFLARE, «olfatear» (¿de un perro?): en port., *achar;* rum., *a aflà;*
*FAFLARE (onomatopéyico): esp., *fallar, hallar;*

en cambio,

*TROPARE, «inventar frases» (término escolar): cat., *trobar;* fran., *trouver;* de donde ital., *trovare.*

Igualmente la metáfora utilizada para expresar la «llegada» era en la Península y Rumania PLICARE, «doblar, plegar»; pero en francés, *AD-RIPA-RE, «llegar a la orilla»; rum., *plecà;* esp., *llegar;* port., *chegar;* fran., *arriver* (de ahí, ital., *arrivare).* Igualmente el español y el rumano han preferido RIVU a FLUMEN O FLUVIU: esp. y port., *río;* rum., *rîŭ;* en cambio, fran., *fleuve;* ital., *fiume.* Coinciden también en utilizar PASSERE, «gorrión», en el sentido general de «pájaro»: port., *pássaro;* esp., *pájaro;* rum., *pasere;* en cambio, cat., *ocell;* fran., *oiseau;* ital., *ucello,* de AVICELLU. Para sustituir a PULCHRU prefieren FORMOSU a BELLU: port., *formoso;* esp., *hermoso;* rum., *frumos;* en cambio, fran., *beau, bel;* ital., *bello.* REU, «demandado», ha sido extendido en español y portugués al sentido de «criminal» (reo) y aún más en rumano hasta la significación de «malo» (*rău*). QUEM se ha mantenido en port., *quem;* esp., *quien;* rum., *cine,* pero no al norte de los Pirineos; por otra parte, el español y el rumano hacen uso de demostrativos compuestos de *ACCU- con preferencia de ECCE: port. y esp., *aquí;* cat. y rum., *aci.* Pero coincidencias de este tipo no son suficientes para establecer una división entre lenguas románicas del norte y lenguas románicas del sur, como se ha pretendido. Añaden pruebas adicionales a lo que ya es, por lo demás, evidente: que el centro más activo de innovaciones de la Romania fue la Galia, en donde el francés de la *Chanson de Roland* en el siglo XI aparece ya más distante de su antepasado el latín que el español de hoy. El norte y centro de Italia permanecen más abiertos a la influencia francesa (cf. *trovare, arrivare)* que la Península, y algunas innovaciones no se establecieron en el español y portugués; ello da testimonio de un estadio más antiguo del latín hablado, que tiene lugar también en Rumanía. La eliminación del latín de Africa llevada a cabo por los vándalos y los musulmanes impide cualquier formulación, que pueda considerarse segura, sobre las características dialectales de esta región.

Dentro del latín occidental, el de España y Portugal forman un grupo homogéneo con algunas diferencias características en relación al de Francia, Provenza e incluso Cataluña. Las vocales finales en ibero-romance son *a e o;* en asturiano hay también restos de *u* en la declinación de los nombres masculinos: sing., *u,* plur., *os;* o en *dixo (dijo),* pero *xudíu* (*judío*). El románico de Galia presenta únicamente la final *a* (en francés *e* «muda»), y cuando aparece *e* es únicamente como vocal de apoyo para la articulación de un grupo consonántico difícil. Así, el cast. *hija, hijo, infante,* contrasta con: cat., *filla, fill, infant;* fran., *fille, fils enfant.* El español y el portugués coinciden también en conservar el acusativo como único caso de la declinación: *muro, muros.* El galo-romance distingue un nominativo y un caso oblicuo tanto en singular como en plural: fran. ant., nom. sing., *murs;* obli. sing., *mur;* nom. plur., *mur;* obli. pl., *murs.* En español se encuentran algunos nominativos y genitivos esporádicos, e igualmente en portugués. DEUS da: port., *Deus;* esp., *Dios,* por influencia de la liturgia;

pero en judeo-español, *el Dío,* de DEUM. *Carlos, Oliveros, Montesinos, Marcos* se deben a influencias clericales apoyadas a veces por el recuerdo de los nominativos franceses en *-s.* El genitivo se encuentra en VENERIS (DIES), esp., *viernes;* IOVIS (DIES), esp., *jueves;* MARTIS (DIES), esp., *màrtes;* mientras que *lunes* (LUNAE) y *miércoles* (MERCURII) son formaciones analógicas. Las desinencias patronímicas en *-ez* se explican mejor como debidas a influencias analógicas. Sirvieron de modelo los nombres en -ACI (RODERICUS DIDACI, *Dídaz, Díaz).* Una final paralela en -ICI- daría también lugar a *-ez* (Fernández, como si procediera de * *Fernandici,* FERNANDI). En el pronombre relativo sobrevivió tanto el nominativo *qui* como el acusativo *quem,* y en los pronombres personanes se conservaron el nominativo, acusativo y dativo: esp., *yo, me, mí;* port., *eu, me, mim.* Pero se trata de simples restos del sistema casual, sin que se pueda hablar de un uso sistemático como en galo-romance. El galo-romance desarrolló vocales intermedias *(ü œ)* que no se encuentran ni en ibero-romance ni en catalán. En la Península, las siete vocales del latín vulgar se conservan en port. y cat.: *a,* ɛ, *e, i, o,* ǫ, *u,* y en español ę ǫ, continuaron evolucionando hasta los diptongos *eo, ue.* El sistema de la pronunciación es básicamente el mismo en todas las lenguas románicas peninsulares, a pesar de ciertas diferencias secundarias. En el tratamiento del verbo, el ibero-romance redujo el número de perfectos y participios de pasado «fuertes» mucho más drásticamente que el galo-romance, ocupando en este aspecto una posición intermedia el catalán; el ibero-romance no hace uso en la conjunción de formas incoativas (-ESCER-), usados en galo-romance y catalán para regularizar el acento en la conjugación en *-ir*: esp., *florέce, florecémos;* prov., *florís, florém;* cat., *floréix, florim.* Un arcaísmo notable del ibero-romance ha sido la conservación del pluscuamperfecto en -RA, que tiene habitualmente en portugués y ocasionalmente en español sentido de pluscuamperfecto, pero utilizando para su expresión la forma del pluscuamperfecto de subjuntivo latino. En galo-romance el provenzal fue el único que conservó esa categoría y solamente para el condicional. como en catalán. En el ibero-romance es característica la presencia de palabras iberas y vascas, aunque son pocas en número y con frecuencia de difícil demostración.

La correspondencia entre el portugués y los primitivos dialectos españoles, como el mozárabe, es tan estrecha que en general presentan un carácter arcaico frente al castellano. Las innovaciones son pocas. El portugués ha intentado eliminar la *-l-* intervocálica (CAELU; port., *céu;* esp., *cielo),* y la *-n-*: OLISIPONE *(Lisboa);* BONA: port., *boa;* esp., *buena.* El proceso de desnasalización no es siempre completo, y con frecuencia se encuentra un estadio intermedio en el que la consonante nasal ha desaparecido pero la vocal precedente aparece nasalizada, como LANA, *lã.* En otros casos, la vocal se ha combinado con la pérdida de la *m* para dar un diptongo nasal: TAM BENE, *tamben* [tẽu̯bẽi̯], esp., *también.* La fuente de las vocales nasalizadas y su grado de nasalización difiere del de las vocales nasalizadas francesas. El portugués ha desarrollado la capacidad de conjugar el infinitivo para indicar la persona (el infinitivo «personal») en ocasiones en que en español se utiliza el nominativo de un pronombre personal con el infinitivo; y ha hecho un uso mayor de TENERE: port., *ter,* como auxiliar con sentido de perfecto. Fue de Portugal (de Galicia o León) de donde partió el primer impulso para la alteración de los grupos PL- CL- FL-; y el fonema portugués *ch (chama* de CLAMAT O FLAMMA; *chaga* de PLAGA) supone varios estadios de desarrollo más avanzados que esp. *llama, llaga.* Aunque no hay razón para suponer que el gallego-portugués y el español fueran originariamente una única lengua, sino que cada una desciende del latín hablado por línea directa, es evidente que se distinguieron al principio en pequeños puntos de detalle.

El catalán es verdaderamente diferente del portugués y del español literario, y su situación exacta dentro de la Romania ha sido y continúa siendo tema de debate. Algunos lingüistas pretenden que pertenece esencialmente al ibero-romance, sobre todo partiendo de la base de una primitiva zona de transición entre el español y el catalán representada por los dialectos aragoneses de los dos Nogueras. En esta región, al norte de Tamarite y Binéfar, las características españolas en los dialectos aragoneses se van trasformando gradualmente en características catalanas. Por el contrario, el corte entre el catalán del Rosellón y el provenzal de Languedoc es abrupto, y ha persistido siempre en el mismo punto fronterizo, según los datos de que disponemos Este límite está determinado por la cadena norte de los Pirineos —Corbières— que proteje la frontera medieval y probablemente coincide con antiguas divisiones étnicas. Sin embargo, si pusiéramos en columnas paralelas el catalán, el español y el provenzal, las ocasionales coincidencias entre el español y el catalán serían de sobra contrapesadas por la proporción de las coincidencias de éste con el provenzal, si bien ello puede resultar falaz. Hemos visto, por ejemplo, que el castellano-español no representa el consenso de los dialectos españoles, y que por comparación con el catalán, el aragonés resultaría un criterio más adecuado; por otro lado, el provenzal presenta un carácter tan poco unitario que el definir sus formas como «provenzal» es arbitrario. Sin embargo, resulta claro que el buen sentido lleva a aceptar una notable semejanza entre un texto provenzal y otro catalán, como por ejemplo las versiones en catalán y en la lengua de Languedoc del viaje del vizconde de Roca al purgatorio de San Patricio; a la vez que hay que aceptar que la transición del español al catalán se realiza sin cortes en la región del Pirineo. Tal fenómeno no prueba que el catalán sea una rama del ibero-romance, como tampoco la zona fronteriza similar existente entre el francés y el italiano anula las diferencias entre estas dos grandes lenguas. El término «lengua», por lo demás, no es en esta acepción exclusivamente una expresión basada en criterios lingüísticos, sino que lleva consigo elementos culturales. Una «lengua» tiene un centro cultural, con frecuencia una literatura, al menos una especie de foco de irradiación de influencias. Un dialecto posee también su centro, de forma que la diferencia entre lengua y dialecto es de grado. Hay, sin embargo, una mayor independencia en una lengua, en cuanto que radica en una verdadera capital: el catalán, desde el siglo X, ha contado como capital con Barcelona, e incluso en épocas anteriores la Marca Hispánica poseyó una cierta autonomía. La frontera cortada por Les Corbières prueba que el catalán es una lengua transpirenaica y no un dialecto del provenzal; la posesión de una cultura autónoma, de un centro lingüístico en la Península, junto con la existencia de una región fronteriza en Aragón y la suma total de sus diferencias lingüísticas, separa al catalán del iberorromance propiamente dicho, y demuestra que es una lengua independiente, de un tipo cercano al provenzal.

Las diferencias entre las tres lenguas peninsulares puede apreciarse en las siguientes versiones del *Pater noster:*

Catalán: Pare nostre, qui estau en lo cel: sia santificat lo vostre sant nom; vinga a nosaltres lo vostre sant regne; faça's, Senyor, la vostra voluntat, així en la terra com se fa en lo cel.
Lo nostre pa de cada dia donau-nos, Senyor, en lo dia d'avui; i perdonau-nos les nostres culpes, així com nosaltres perdonam a nostres deutors; i no permetau que nosaltres caigam en la temptació, ans deslliuraunos de qualsevol mal. Amén.

Español: Padre nuestro que estás en los cielos, santificado sea tu nombre. Venga tu reino. Sea hecha tu voluntad, como en el cielo, así también en la tierra.
Danos hoy nuestro pan cotidiano, y perdónanos nuestras deudas, como también nosotros perdonamos a nuestros deudores. Y no nos metas en tentación, mas líbranos del mal; porque tuyo es el reino, y el poder, y la gloria, por todos los siglos. Amén.

Portugués: Padre-nosso, que estais nos céus, santificado seja o vosso nome; venha a nós o vosso reino, seja feita a vossa vontade, assim na terra como no céu. O pão nosso de cada dia dai-nos hoje. Perdoai-nos, Senhor, as nossas dívidas, assim como nós perdoamos aos nossos devedores. Não nos deixes, Senhor, cair em tentação, mas livrai-nos de todo o mal. Amén.

Características del ibero-romance.

El romance del centro y oeste de la Península se caracteriza por una serie de rasgos que en el catalán se dan en un grado mucho menor; es notablemente conservador y tradicional. Tales rasgos son más notorios en el portugués, que posee, en algunos aspectos, una apariencia que recuerda el español antiguo. Se han producido innovaciones, pero en todas las épocas ha existido una especie de resistencia a los neologismos, traducida en la tendencia a reducirlos a nombres de cosas y a eliminarlos de la lengua al caer en desuso las cosas que expresaban; algunos neologismos han sido adjetivos relegados a estratos determinados de la lengua, como el lenguaje poético o científico. El principal centro de innovaciones en la Romania fue la Galia, y con frecuencia las innovaciones peninsulares se encuentran en conexión con precedentes franceses. La forma fránquica tomada por algunos préstamos germánicos es buena prueba de ello. Simultáneamente, el romance peninsular muestra un profundo instinto para la simplificación y la racionalización. Desde este punto de vista, el castellano es el caso más característico: los diptongos se han monoptongado, los grupos de consonantes se han simplificado, el nombre ha perdido su declinación y el verbo su conjugación «fuerte», todo ello de forma más completa que en otras partes de la Romania. Es cierto que surgieron formas de transición que resultaron más complicadas que sus originales latinos: la eliminación de las vocales inacentuadas dio lugar a nuevos grupos de consonantes, pero el genio de la lengua terminó por llegar a nuevas simplificaciones. Por otra parte, hay una especie de sentido de realismo y agilidad en el tratamiento del material lingüístico. El paradigma verbal se ha conservado con el objeto de expresar con sutiles detalles todas las circunstancias concomitantes de la acción —modo, tiempo, persona—. Numerosos auxiliares del verbo aumentan la posibilidad de modos y tiempos. La elección entre sinónimos y el rico caudal de diminutivos permite que la emotividad del hablante se vierta sobre todo el discurso. De esta manera, la forma de tratar el común material latino es lo que principalmente proporciona su carácter especial al español, portugués y catalán.

Existen interesantes arcaísmos en la latinidad de España. Aparecen restos de latín preclásico, que acaso se deban a la temprana intervención de las legiones de Escipión en Valencia y Andalucía. El adjetivo CUIUS, -A, -UM; esp., *cuyo;* port., *cujo*, no aparece en catalán o francés (cf. Virgilio *Egl.* III, I: «Dic mihi, Damoeta, cuium pecus? an Meliboei?»); CŎVA (lat. clas., CAVA): esp., *cueva;* port., *cova,* y VOCARE (lat. clás., VACARE): esp., *bogar; port., vogar* no participan en un cambio que tuvo lugar en el mismo latín. Posiblemente FACE (lat. clás., FAC): esp., *haz;* port., *faz,* es un arcaísmo. En el *Poema del Mio Cid* (h. 1140) pervive el adverbio clásico CRAS, «mañana», junto a *mañana* que es el único que hoy se conserva. Las tres lenguas conservan SEMPER: esp., *siempre;* port. *sempre;* cat., *sempre,* aunque el catalán dispone también de *tots temps,* formación nueva como el fran. *toujours,* cat. ant., *tots jorns.* El latín clásico RES, REM se encuentra: cat., *no... res,* y *sabelo toda res* de Sem Tob; esp. ant., port. ant. y cat., *ren.* Pero CAUSA es la palabra normalmente empleada; esp. y cat., *cosa;* port., *cousa;* cf. fran. *chose.*

Junto a restos latinos arcaicos y clásicos conservados en la Península cuando habían desaparecido en el resto de la Romania, se ha postulado también la existencia de huellas de dialectos itálicos distintos del latín. El nombre de la ciudad elegida por Sertorio como capital de la Hispania independiente, OSCA *(Huesca),* recuerda el nombre de los oscos del sur de Italia. Sucede también que esa zona es el foco de ciertas peculiaridades de pronunciación que encuentran paralelo en Italia meridional, tanto en la época clásica como en los tiempos modernos.

	Port.	Leon.	Cast.	Arag.	Cat.	Fran.
PALUMBA, COLUMBA	*pomba*	*palomba*	*paloma*	*paloma*	*coloma*	*palombe*
LOMBU	*lombo*	*lombo*	*lomo*	*lomo*	*llom*	*lombes*

En este cuadro hallamos que el aragonés se presenta como el centro de un tratamiento especial de -MB-, que recuerda la grafía COMMURERE por COMBURERE, encontrada en una inscripción de Ostia, y el desarrollo de COLUMBULA al napolitano *kolommre* También AMBO da en esp. ant. *amos*, siendo el moderno *ambos* una latinización. Igualmente el tratamiento de -ND- en UNDA, cat. y arag., *ona*, que no se extiende al castellano, se parece a QUANDO, *quannu* del sur de Italia, y a la ecuación entre OPERANDAM y OSCO UPSANAM. Más restringida aún es la reducción de -LD- a *l*. Tales circunstancias han sugerido la posibilidad de una colonización osca en la mencionada región, que habría modificado la latinidad de Hispania; pero aún no existe prueba directa de tal colonia, por lo cual no puede descartarse la posibilidad de que se trate de desarrollos espontáneos. Así, en inglés existe el tratamiento *plummer* de *plumber*, la forma vulgar *Lunnon* por *London* y *chillum* (en la lengua de los negros) por *children*, sin que intervenga ninguna influencia osca; y lo mismo podría ser verdad en Aragón y Cataluña.

Los nombres de parentesco presentan notables alteraciones en la Península, especialmente en el centro y oeste. Se produce un cambio general de sentido, y algunas sustituciones. «Padre» y «madre» permanecen, pero en portugués son frecuentes las formas afectivas de lenguaje infantil, en especial para «madre»: *pai, mãe*. UXOR desaparece y MULIERE, en el sentido de «esposa», ocupa su lugar, a la vez que conserva su significación de «individuo femenino de la especie humana». FRATRE y SORORE son eliminados en favor de GERMANU -A en las tres lenguas: esp., *hermano -a;* port., *irmão -ã;* cat., *germá -ana.* Igualmente NEPOS, NEPTIS (NEPOTA en una inscripción) cambia su sentido de «sobrino» por el de «nieto»: esp., *nieto -a;* port., *neto -a;* cat., *nét -a.* Con ello quedaba sin expresión propia la noción de «sobrino». El español y el portugués utilizan para ella *sobrino -a,* pero el catalán *nebot, neboda.* Por consiguiente, SOBRINU y CONSOBRINU no resultan aptos para expresar en español y portugués la noción de «primo» (cf. cat., *cosí -ina;* fran., *cousin -e)* y para ello se empleó PRIMU (HERMANU) o CONGERMANU: esp. *primo (hermano),* esp. ant., *cormano.* Este procedimiento resultaba el más sencillo, por cuanto PRIMUS no se utilizaba como ordinal al haber sido sustituido en esa función por PRIMARIU. «Tío», «tía» son mencionados por San Isidoro como un grecismo, THIU -A: esp. y port., *tío -a* (cf. ital., *zio zia;* en cambio, cat., *oncle, tia;* fran., *oncle, tante.*

Ciertos objetos de uso frecuente están sometidos a cambios de nomenclatura, como son las partes del cuerpo, animales domésticos, la casa y las labores domésticas. COR, esp. ant., *cuer;* cat. *cor,* ha dado paso a *CORATIONE: esp., *corazón;* port., *coração.* CAPU(T) sobrevive en cat., *cap;* en cambio, esp., *cabo,* «final, extremo»; y esp., *cabe,* «cerca», se conserva sólo en sentidos metafóricos. Se ha preferido *CAPITTIA (esp. ant. y port., *cabeça;* esp. mod., *cabeza);* el francés y el italiano han elegido el procedimiento de la metáfora humorística al emplear TESTA: ital., *testa;* fran., *tête,* de donde esp. ant., *testa* es un préstamo empleado en literatura. ROSTRU, «pico», ha recibido el sentido más noble de «rostro, faz»: esp., *rostro;* port., *rosto;* BARBA ha extendido su significado hasta aplicarse al «padre severo» de las representaciones teatrales, si bien no ha ido tan lejos como el rumano que ha adoptado el significado general de «hombre», «marido»: *bărbat.* Se conserva OCULU, en esp., *ojos;* port., *olho;* cat., *ull;* en cambio AURICULA, esp., *oreja;* port., *orelha;* cat., *orella;* fran., *oreille.* La pierna y la mano «derecha» se expresan mediante DEXTERA y DIRECTA; la «izquierda» es de mal agüero y está más sujeta a cambios; LAEVU no se conserva; SINISTRU aparece en español *siniestro;* port., *sestro;* cat., *sinistre;* pero, en general, se ha utilizado un préstamo del vasco *(ezker):* esp., *izquierdo;* port., *esquerdo;* cat., *esquerre*. Esp., *pierna;* port., *perna,* proceden de PERNA en un empleo humorístico. El catalán como el francés ha preferido el griego *kampé,* CAMBA, GAMBA (si es que no se trata de una palabra céltica): cat., *cama;* fran., *jambe*.

Los animales domésticos afectados por los cambios de nomenclatura han sido el caballo, el perro, el gato, la abeja y el ganado. ECUA se conserva en el romance peninsular (esp., *yegua;* port., *egua;* cat., *euga)* por no haber sufrido alteraciones fonéticas graves como fran. ant., *ive,* que en fran. mod. se sustituye por JUMENTU, *jument*. Sin embargo, el caballo da pie a diversas distinciones. En el uso general EQUU cede ante el popular CABALLU: esp., *caballo;* port., *cavalo;* cat., *cavall*. Cuando se practica la cría del caballo, como en Hispanoamérica, el uso del término *caballo* es raro, pero surgen, en cambio, una serie de palabras que hacen referencia al animal de una manera más específica, aludiendo por ejemplo a su color. Para el «mulo» se utiliza tanto MULA como MASCULU: esp., *macho*. Una palabra general para el «ganado» se adopta tras la invasión musulmana: árabe, *râ's,* «cabeza»; esp. y port., *res,* «cabeza de ganado»; por su parte, el germánico *ganar,* aplicado especialmente a la cría de ganado, da lugar al esp. *ganado;* port., *gado*. OVE cede ante el diminutivo OVICULA: esp., *oveja;* port., *ovelha;* cat., *ovella,* con un nuevo masc., *carnero*. Igualmente APE es reemplazado por APICULA: español, *abeja;* portugués, *abelha;* catalán, *abella*. El motivo puede haber sido el deseo de evitar un monosílabo, aunque AVE ha sobrevivido junto a PASSERE: esp., *pájaro;* port., *pássaro,* y a AVICELLU: cat., *ocell,* al menos en usos poéticos. FELI, «gato», ha sido reemplazado por CATTU, de origen dudoso: esp. y port., *gato*; cat., *gat*. Para «perro», CANE, permanece en esp. *can;* port., *cão;*

cat., *cà;* pero comúnmente en español ha sido reemplazado por *perro*.

Ha desaparecido DOMU, conservado solamente en compuestos: esp., *mayordomo;* cat., *majordom*. Por lo demás ha sido sustituido por CASA: esp., port. y cat., *casa,* con tendencia tardía a convertirse en una enclítica (*cas, ca*) en la lengua vulgar con el sentido de «en casa de»: *ca el cura,* «en casa del cura». La tendencia no se ha perfilado tanto, como en fran. *chez,* como para exigir la creación de una nueva palabra que exprese dicha noción; fran., *maison,* cuando fue tomada en préstamo, tenía el valor que aún conserva en esp. *mesón*. Todo lo que circunda la casa supone tareas «que han de ser hechas»: FACIENDA: esp., *hacienda;* port., *fazenda;* y a partir de ahí esta palabra pasa a significar «propiedad, fortuna», etc., de donde «bienes estatales», etc. Entre esas cosas «que han de ser hechas» por los hombres, destaca la agricultura; de ahí la especialización de LABORARE aplicada a los trabajos agrícolas: *labrar, labranza, labrador*. Para la mujer, en cambio, las *labores* fundamentales son las de costura. En relación a los objetos domésticos, esp. y port., *cama* es más frecuente que LECTU: esp., *lecho;* port., *leito,* que se prefiere, en cambio, en cat., *llit,* y fran., *lit*. La «puerta» aparece como OSTIU: *uço* (en el *Poema de Mio Cid),* pero en general aparece PORTA: esp., *puerta;* port. y cat., *porta*. La idea de «ventana» es homogeneamente expresada. El español prefiere *ventana* (hueco, agujero para el viento), ya que en las zonas cálidas el aire se desea más que la luz; el portugués tiene *janela* (diminutivo de «puerta»); por su parte designar FENESTRA da: esp. ant., *hiniestra;* port., *festra;* cat., *finestra*. Las palabras para «calle» son numerosas: port., *rua;* cast., *calle;* cat. *carrer;* y otras diversas como *camino, calzada, carretera* con sentido especializado.

La Península prefiere conservar DIES en la forma DÍA: esp., port. y cat., *día*. El catalán emplea también DIURNU: *jorn* en usos literarios (cf. fran., *jour;* ital., *giorno).* En lugar de POMA se ha preferido el nombre específico POMA MATTIANA: catalán, *poma*; francés, *pomme;* español, *manzana;* portugués, *maçã*. La palabra PARVU se estima inadecuada, aunque sobrevive en portugués: *parvo*, «tonto, bobo», y como palabra culta en español.

En cambio, la raíz *PIK o *PIT debe haber resultado expresiva de la idea de pequeñez y ha dado lugar a *PICCUINNU: esp., *pequeño;* port., *pequeno*, y *PETTITTUS: fran., cat. y prov., *petit*.

La labor de selección realizada en los verbos también contribuye a caracterizar el léxico peninsular, y en particular el ibero-romance. VELLE desaparece; *VOLERE da lugar a fran., *vouloir;* cat., *voler*, que en español sólo se encuentra en ciertas frases hechas del español antig. como *si vuel que*. En ibero-romance ocupó su lugar QUAERERE, «buscar», que da esp. y port., *querer*, que adquiere además el sentido de «amar» y el de futuridad inmediata: *Tan malo está don Tristán que a Dios quiere dar el alma*. De PREHENDERE se obtiene en fran. y cat. *p(r)endre*, mientras que en esp. y port. da *tomar*. CAPTARE OCULIS da en esp. ant. *cantar*, sustituido luego por MIRARI, *mirar*. EDERE se pierde, sobreviviendo en cambio COMEDERE; en esp. y port., *comer*. El cat. *menjar* y fran. *manger* proceden de MANDUCARE, que da en español *manjares*. OCCIDERE se conserva en cat. ant. *occir;* esp. y port., *matar* es una generalización de MACTARE, «inmolar una víctima», quizá provocada por la influencia semántica del árabe *mâta*, «ha muerto». Además de DICERE: esp., *decir;* port., *dizer;* cat., *dir*, en ibero-romance se ha utilizado FABULARE, mientras que en galo-romance PARABOLARE: esp., *hablar;* port., *falar;* fran., *parler;* cat., *parlar;* este último término se toma en préstamo en español, especializándose en el sentido despectivo de *parlar;* al contrario en fran. *hâbler* tiene sentido de «cotorrear, parlotear». IRE ha mezclado su paradigma con VADERE y AMBITARE, y en los tiempos de pasado se utiliza la raíz FU-. Esp. *hallar* y port. *achar* proceden de AFFLARE, que es originariamente «olfatear» (¿un perro de caza?); en cambio, en galo-romance, *TROPARE: fran., *trouver;* cat., *trobar*. En español se utiliza, al igual que en portugués, en el sentido de «versificar», *trobar*, «versos», *trobas*. *Troba-*

dor «poeta» desplaza en el lenguaje de la corte al más antiguo término *juglar*, y a su vez fue desplazado en el siglo XV por la palabra *poeta*, procedente de Italia, y que implicaba una alta concepción del arte.

ILLE ha dado lugar al artículo en todas las lenguas peninsulares, pero en los documentos notariales de la Baja Edad Media encontramos IPSE usado no con valor demostrativo, sino como un artículo. En el área catalana su empleo fue frecuente e hizo competencia a ILLE, y en las Islas Baleares se ha impuesto totalmente. De ILLE se obtuvo un demostrativo en composición con *ACCU- (preferido en la península a ECCE-, ECCU- del francés y el italiano): *aquel*. El romance peninsular mantiene con precisión la triple distinción espacial del latín HIC, ISTE, ILLE. Sin embargo, HIC desaparece salvo en *aquí*, *ACCU-HIC, y da lugar a formas como *agora* = HAC HORA, *hogaño* = HOC ANNO, pero PER HOC. El lugar de HIC fue ocupado por ISTE; el de ISTE por IPSE; y la serie se convierte en *este, ese, aquel*, con las variantes *aqueste, aquese* en español antiguo y clásico (cat., *aquest, aqueix, aquell)*. La misma triple distinción se impuso en los adverbios de lugar «en donde» *(aquí, ahí, allí)*, y con menor precisión en los de lugar «a donde» *(acá, allá)*. Entre otras partículas podemos citar TAM MAGNU: esp., *tamaño;* port., *tamanho;* y PER, PRO se convirtió en una preposición simple: esp. y port., *por* (cat , port. ant., *per* y *por)*, y de ahí la creación de *pora, para*. El sistema de conjunciones y preposiciones en el romance peninsular es simple. Rara vez se combinan en pares y nunca en grupos mayores como en ital., *acciochè*. Como signo del comparativo las tres lenguas utilizan MAGIS: esp., *más;* port., *mais;* cat., *més* (PLUS: en fran., *plus;* ital., *più)*. En port. ant. se usaba *chus*, y en cat. se prefería en la Edad Media *pus*.

En el tratamiento de las formas heredadas del latín, las lenguas peninsulares muestran tendencias simplificadoras y racionalizadoras. La categoría del número se reduce a la fórmula simple de singular y plural *(e) s*, que resultaba fácil por cuanto la declinación del neutro se había distribuido entre los otros dos géneros, el singular con el masculino (que en consecuencia se convierte en el género común), y el plural en -A con el femenino colectivo: LICNU, LICNA: esp., *leño, leña*. La declinación del tipo TEMPUS, TEMPORA desaparece: esp., *tiempo(s)*. En ciertos casos, el neutro de singular de este tipo se construía como un plural: esp. ant., *huebos*, OPUS; esp., *pechos*, PECTUS; cat., *temps*, TEMPUS. Simultáneamente el sistema casual se redujo sólo al acusativo: *-o -os*, *-a -as*. Restos del nominativo aparecen en DEUS: esp., *Dios;* port., *Deus* (pero judeoespañol, *el Dio*, DEUM); port., *demo, Marcos, Carlos, Oliveros*, etc. Un vocativo aparece en esp. ant.: *Santiague*, SANCTE JACOBE, y genitivos en los días de la semana: JOVIS. esp., *jueves;* MARTIS, esp., *martes;* VENERIS, esp., *viernes* (y también *lunes, miércoles* de LUNAE, MERCURII + *-es)*. Restos de ablativo se encuentran en *hogaño, agora*.

El paradigma verbal se simplificó mucho. La mayoría de los participios de pretérito fuertes desaparecieron, salvo *visto, dicho, hecho*. Algunos se conservan como adjetivos: *bienquisto* frente a *querido* (participio pretérito de *querer)*. Entre los participios de pretérito regulares, los en -UTU actuaron como tales en español medieval, pero posteriormente se han visto reducidos a la función de adjetivos. El participio de futuro en -URU, el de presente en -NTE y los gerundivos han sido eliminados también, mientras que el gerundio en -NDO se conserva. Hay unos cuantos casos en los que perduran como adjetivos: *futuro, amante, tremebundo*. Los pretéritos fuertes han sido también ampliamente reducidos, en contraste con su conservación en francés e italiano, y las formas de los verbos irregulares aparecen con frecuencia sorprendentemente regularizadas. La conjugación en -ĔRE desaparece en español y portugués, en beneficio de la conjugación en -ĒRE, que tiende a pasar a -IRE. Los paradigmas en *-er* e *-ir* presentan apenas media docena de formas diferentes entre sí. La pasiva latina se perdió como en toda el área románica. Pero el español y el portugués han manifestado una especial repugnancia a admitir la pasiva, prefiriendo dar a las formas reflexivas en *se* un uso ampliado, capaz de cubrir tanto las funciones de voz media como de pasiva. El futuro y el condicional se forman con el correspondiente infinitivo + HABEO, siendo por tanto en su origen tiempos compuestos. El español y el portugués han conservado, en cambio, el pluscuamperfecto de indicativo, tanto en sentido indicativo como condicional.

Por otra parte, el amplio desarrollo de los auxiliares del verbo ha incrementado considerablemente sus posibles matices HABERE, TENERE, ESSE (SEDERE), STARE, a los que hay que añadir *ficar* para el portugués. Cada uno de estos auxiliares tiene a su vez sinónimos: esp., *quedar, llevar, resultar, venir,* etc., y ocasionalmente también *amanecer, anochecer,* que dan lugar a frases como *amaneció muerto*. Los verbos de movimiento pueden ser usados libremente como auxiliares, como en *voy a decir;* esp. ant., *fue a dar;* cat., *va donar,* son pretéritos; y además, *acabar de; volver a,* esp. ant., *tornar a,* etc.

Causas de la diferenciación de las lenguas peninsulares.

Para explicar los cambios que se presentan en el lenguaje humano de una manera más o menos general han surgido diversas hipótesis ingeniosas, ninguna de las cuales puede decirse que sea capaz de dar cuenta de la totalidad de los hechos. Las causas que los producen son sin duda varias, y su forma de implantación es siempre compleja. Los fenómenos a explicar son tan numerosos, y los hechos de los que podemos dar personalmente testimonio tan escasos, que resulta arriesgado intentar hacer generalizaciones a partir de bases esperimentales tan insuficientes. La aparición de diferencias lingüísticas dentro de la Península ha sido explicado de diversas formas, y generalmente sobre la base de fórmulas demasiado simplificadoras de los hechos. Nosotros consideraremos todas esas causas como contribuciones parciales —aunque no en proporciones iguales— al efecto total.

La causa más abstracta y general que puede alegarse está determinada por el tiempo y el espacio. Con el trascurso del tiempo, la lengua va adquiriendo nuevas características a pesar de los esfuerzos que se hagan para mantenerla inalterable; por otra parte, dentro de un área extensa, comienza también a sufrir diversificaciones. Pero el efecto del tiempo y del espacio no es matemáticamente constante. La educación puede llegar a contrarrestar la dispersión, manteniendo una forma *standard* y restaurando las formas «correctas». Así el español de América, después de presentar síntomas de diversificación en relación con el español de Europa, parece ahora seguir un camino convergente con la lengua *standard*, debido a la influencia de la gramática, la educación, la literatura y los viajes. Lo que produce la diversificación en la Península, por lo que a tiempo y espacio se refiere, son los abundantes sistemas montañosos que cortan su superficie en diversas regiones y *patrias chicas;* cada una de ellas se convierte en centro autónomo y ofrece facilidades para el establecimiento de diferencias locales, siempre que las demás circustancias lo permitan. Igualmente, las lenguas permanecen invariables a través de considerables lapsos de tiempo, hasta el punto de que, por ejemplo, leer una obra del siglo XIII en español no requiere un especial ejercicio gramatical. Pero hay ciertas épocas en que los cambios se producen con gran rapidez, como en el siglo XVI.

El cambio se realiza por la imitación imperfecta que de una generación anterior hace la generación más joven; he aquí otra de las causas aducidas, y que resulta demasiado abstracta. Las generaciones no están tan rígidamente delimitadas, sino que coexisten simultáneamente. No es cierto, pues, que la imitación sea imperfecta ni que el cambio sea una imperfección. Por el contrario, a veces introducimos cambios con el propósito de mejorar. En épocas de guerra se produce una rápida acuñación de palabras nuevas o se aceptan préstamos, debido a la rápida y violenta sucesión de experiencias nuevas.

Tal ocurrió con los términos indios que adquirieron cierto uso en inglés durante la última guerra mundial, y los términos militares italianos que invadieron el español durante la Edad de Oro. El hecho de que podamos constatar que son las languas con una mayor carga intelectual (inglés, francés, chino) las que presentan mayor rapidez en los cambios, es una prueba de que las alteraciones lingüísticas no son debidas únicamente a imperfecciones.

La teoría del substrato resulta también insuficiente para dar cuenta de los hechos, e igualmente es excesivamente abstracta. Se supone que cuando una nación o tribu aprende una nueva lengua —en nuestro caso, cuando los «iberos» aprendieron el latín— lo hace con las imperfecciones en la articulación inherentes al aprendizaje lingüístico de los adultos, y continúa con sus hábitos de pronunciación, vocabulario y sintáxis. De lo dicho anteriormente puede deducir el lector con claridad que somos incapaces de precisar cuáles eran los hábitos lingüísticos de los «iberos» o de definir en qué proporción se encontraban éstos dentro del conjunto de la población de la Península. La teoría del substrato ha tenido una gran aceptación, a pesar de que dicho substrato es prácticamente desconocido. En lo que se refiere al español de Hispanoamérica, tenemos abundantes datos sobre el tipo de lengua que se implantó y sobre los hábitos lingüísticos de diferentes substratos; pero veremos que su influencia es limitada y menos efectiva que la de una lengua externa como el francés. La noción es demasiado abstracta: una tribu no va a la escuela *en bloque,* sino en tanto que individuos, con diferentes edades y en momentos distintos. Los errores de los hablantes adultos no son los mismos que los de los individuos más jóvenes que aprenden la lengua, ni duran más allá del momento en que el error se subsana. Jóvenes y adultos están sometidos a la presión de la educación, que tiende a imponer la norma lingüística; sólo en circunstancias especiales los hábitos tribales consiguen sobrevivir. La comunicación con los centros culturales puede resultar interrumpida o dificultada, y la influencia de la educación contrarrestada y, asimismo, algunas peculiaridades pueden convertirse, por influencia militar o feudal, en una especie de *chiboletes*. Es posible que algunas o todas esas circunstancias se hayan combinado para lograr el cambio de la F latina en *h* en la región de Cantabria; después, el prestigio castellano impondría la *h* en todo el mundo hispanohablante.

Los límites tribales pueden haber ejercido una influencia ulterior si se han conservado por las organizaciones posteriores. Aunque los romanos no tuvieron plena conciencia de ello, no fue infrecuente la coincidencia entre la frontera tribal, la *diócesis* y la *provincia;* y los obispados medievales también reproducen antiguas unidades. Cada una de dichas unidades tiene su capital o núcleo, y ejercen la más poderosa influencia en los fenómenos de conservación e innovación mientras permanecen sin alterar; de ahí la importancia de los obispados en la determinación de las variantes del romance: el de Elne, que mantiene las fronteras entre el catalán del Rosellón frente al de Narbona; o el de Astorga, que es el baluarte del leonés occidental y que ha hecho que la ciudad portuguesa de Miranda do Douro, al estar incluida en él, sea hispanohablante. Las fronteras de los reinos son con frecuencia más arbitrarias, y no siempre coinciden con las fronteras lingüísticas.

Las circunstancias de la romanización debieron ejercer un poderoso influjo en la formación de las lenguas posteriores, pero resulta difícil establecer los detalles concretos. Nuestros conocimientos de esas circunstancias son muy escasos, y no podemos precisar con exactitud los cambios que de hecho tuvieron lugar. Las calzadas del Imperio jugaron un importante papel; hacían posible que los hablantes de latín se trasladaran de una ciudad a otra, imponían un cierto grado de latinidad en las comunidades afectadas por sus viajes y establecían en los márgenes de dichas calzadas fajas de terreno en las que se empleaba la lengua latina. Así, la gran calzada que unía Tarragona con el Ebro, a través de Lérida y Huesca, fue la principal causa de la romanización de Aragón, a la vez que confinó el vasco a las montañas. Las fechas de la llegada y retirada de las legiones son, sin duda, significativas. Gracias a su temprano arribo a España (207 a. C.) implantaron unas palabras del latín de Plauto (CUIUS, COVA, VOCARE) que no fueron llevadas a la Galia por César. La distancia de Roma y una cierta semiindependencia cultural de la Bética, aseguró su existencia cuando la moda cambió en la capital. Pero la temprana llegada de las legiones a España explica unicamente una parte mínima de la latinidad de Hispania. La lengua en su conjunto fue la *koiné* del Imperio, si bien a partir de una época mucho más tardía que la de Escipión *el Africano*. La retirada de las legiones supuso la ruptura de la unidad formal del Imperio en el siglo V, e hizo la comunicación más difícil. Se produjo el aislamiento de los antepasados de los rumanos y los sardos. En cambio, en España la caída del Imperio no significó una ruptura tan tajante. El rey visigodo adoptó el papel de regente en nombre del Imperio. Los visigodos tenían intereses en Francia y relaciones de familia con el norte de Italia. Uno de sus monarcas defendió la civilización frente a Atila en Châlons. La Iglesia española adoptó con gran fervor la fe romana, como protesta contra sus dominadores arrianos. Y el comercio internacional siguió funcionando. El aislamiento sobreviene en España únicamente con la invasión árabe-bereber de 711 d. de C., que encierra a los cristianos del sur (mozárabes) dentro de un Estado musulmán en guerra con la cristiandad y provoca el estancamiento del romance meridional. Confina en el norte a una resistencia fragmentaria y empobrecida, imposibilita un control cultural y reduce a la cristiandad a un cierto número de pequeños núcleos.

Se ha supuesto que los romanos que llegaban a la Península no hablaban siempre el latín de los círculos literarios; algunos eran sin duda oscos y umbros. El nombre de Huesca (OSCA) y su preeminencia como capital de España en otros tiempos ha suscitado la teoría de que en dicha ciudad hubo un foco de colonización osca. Los datos lingüísticos (solución de MB como *m*, ND como *n*, etc.) han sido ya mencionados; pero las premisas de la argumentación no son seguras. Por otra parte, se ha sugerido que Cataluña fue una provincia pacífica, igual que la Narbonense, destinada especialmente al asentamiento de los legionarios licenciados. Estos *coloni* hablarían un latín campamenteño, y en consecuencia el latín de Cataluña habría llevado en sí mismo el germen de mayores cambios que el del resto de la Península. El latín de España y Portugal, por otro lado, debió ser enseñado fundamentalmente bajo la influencia de las grandes escuelas de retórica de la Bética; este latín era PINGUIS en opinión de algunos italianos, pero con los Séneca y Lucano se implantó una nueva moda en la capital. Durante un período no bien determinado de la época imperial, no cabe duda que una élite urbana vivió como reducida minoría, en un medio formado por campesinos y plebeyos no latinizados. Los cántabros fueron por fin pacificados en la época de Augusto, aunque no sojuzgados ni por Roma ni posteriormente por los visigodos, por lo cual consiguieron mantener también su independencia lingüística. Cuando, por fin, fue latinizada la masa de la población española, el latín que aprendieron los hispanos debía conservar todavía la estructura gramatical y el vocabulario de escuela. De una forma semejante, el español de América es especialmente conservador cuando se trata de la lengua de una minoría aristocrática que vive entre masas no hispanohablantes, como en el caso de México y Perú; en cambio, aparece más alterado en los países donde fue la lengua general, como en Chile y Argentina.

Las condiciones en que se desarrolló la reconquista hicieron avanzar aún más la desintegración de las lenguas peninsulares. El catalán no debe su existencia a la Marca Hispánica carolingia, en el sentido de ser un dialecto galo-romance que se implantara en la Península. Al sur de Les Corbières, era peninsular, y sus peculiaridades se retrotraen al siglo VI en lo esencial. Pero el hecho de que la independencia en el noreste se debiera a la influencia francesa acentuó, sin duda, todo lo que el catalán tiene en común con el provenzal y la lengua de Languedoc, hasta que la separación definitiva en 1213 llevó a que se produjera una acentuación de los alementos peninsulares. Igualmente, la oscilación del centro de gravedad de la zona norte desde Santiago y Oviedo hasta Castilla, sirvió para dar prestigio alternativamente a una u otra de las formas lingüísticas del español del norte. Las innovaciones que afectaron a PL-, CL-, FL-, se extendieron hasta Castilla con la primera hegemonía de León, pero las relativas a -L-, -N- entre vocales repercutieron solamente en el portugués y en el gallego. Cuando el cambio ultimamente citado comenzaba a tener vigencia, Castilla era ya capaz de imponer los dialectalismos castellanos en el área este de León. La invasión musulmana no consiguió dislocar las poblaciones del norte, por lo cual se implanta una continuidad lingüística que va de Galicia a Cataluña al abrigo de las montañas: únicamente en dichas regiones encontramos zonas fronterizas en las que una lengua comienza a adquirir paulatinamente las características de otra. En cambio, el territorio que fue conquistado a los moros y en el que se produjeron asentamientos —tras previa devastación— de pobladores procedentes del norte, presenta rasgos lingüísticos bien delimitados, y, según los casos, se trata de gallego-portugués, de leonés-castellano-aragonés o de catalán. Por eso desde el Duero y Tamarite hacia el sur los varios criterios de división se congregan a modo de líneas fronterizas definidas, sin dialectos intermedios.

La historia de los diversos Estados peninsulares ha llevado consigo ulteriores modificaciones en las lenguas respectivas, acentuando sus diferencias. Los grandes cambios efectuados por el español en el siglo XVI se vieron favorecidos por la importancia de las capitales castellanas de España, mientras que en Portugal se conservaban los rasgos fonéticos peninsulares antiguos. El español y el portugués adquirieron en el Nuevo Mundo nuevas diferencias por préstamos debidos a las diferentes tribus aborígenes. El estilo de Camões en Portugal y el de Cervantes y Calderón establecieron, para las dos lenguas parientes, criterios de elegancia ligeramente distintos. En relación con los más recientes préstamos de tipo técnico, el brasileño y el argentino no han tomado siempre los términos de la misma fuente que el español o el portugués. La tendencia a la diversificación persiste, pero está sometida al control de la tradición, es corregida por la educación y rechazada en favor de la *koiné* que utiliza el comercio y la comunicación. Si no existieran esos medios de corrección, como sucedía en los días de la dominación musulmana, las tendencias innovadoras actuarían sin reparos, y la unidad ibero-románica se derrumbaría.

El elemento germánico en el romance peninsular.

Una de las primeras tribus germánicas que se pusieron en movimiento (y una de las más ilustres por sus empresas) fue la de los godos, cuya rama occidental —la de los visigodos— comenzó a irrumpir en España a partir del año 412, al mando de Ataulfo, sucesor de Alarico. Su poder se centraba en Provenza, mientras que la Península se encontraba bajo el control desordenado de los suevos, alanos y vándalos que habían franqueado la frontera en el año 407. Los vándalos presionaban en las ricas tierras del valle del Guadalquivir, y poco después se embarcaron en dirección a Africa: allí devastaron las provincias romanas de Mauritania, Tingitana y Africa, y al mando de Geserico tomaron la misma Roma; pero su poder fue debilitado por los generales de Justiniano, y aniquilado por los bereberes y los árabes en el siglo VII. Los alanos jugaron un papel mínimo en la construcción de la España moderna. Los suevos se concentraron en el noroeste, y allí fueron sometidos al creciente poder de los visigodos, tras una guerra larga y penosa en los años 456-470. A parte de estos invasores, la influencia germánica se ejerció dilatadamente a través de las fronteras del Rin y del Danubio, y por medio de los germanos enrolados en las legiones.

Las huellas de los invasores no son abundantes. Los vándalos legaron probablemente su nombre a la región andaluza, el *Al-Andalus* de los historiadores musulmanes. La pérdida de la *w-* inicial es sorprendente, por cuanto no sólo el sonido, sino también la letra, existían en árabe. Dozy sugirió que los vándalos se embarcaron para Africa en Tarifa, conocida durante algún tiempo como el PORTUS WANDALORUM, hasta que se le cambió el nombre en honor del invasor Tarîfa (710); y de Tarifa se extendería el nombre por las tierras adyacentes hasta llegar a sustituir la denominación anterior, BAETICA. *Andalíes*, cerca de Huesca, puede ser otra hucila dejada por los vándalos. El nombre de los alanos permanece en el *Puerto del Alano* (Huesca), *Villalán* (Valladolid) y quizá *Catalonia* (*Goth-Alan-ia*). El nombre de los suevos se encuentra frecuentemente en el noroeste, en los topónimos, juntamente con el de los godos y el de los romanos. Tal circunstancia sugiere que no se trata del reino suevo del siglo V, sino del período de intensiva colonización del siglo VIII, originada por el desplazamiento de los germanos desde el sur y el centro. *Suevos* aparece cuatro veces en Coruña: *Suegos* en Lugo, *Puerto de Sueve* en Oviedo; y el elemento *Sab-*, *Sav-* o *Jab-* aparece en *Agro de Savili, Sabin, Sabegode, Villasabariego, Jabariz, Jabalde, Saboy*, etc. Estos nombres encuentran un paralelo, a base de GOTHI, GOTHA, GOTHONES, etc., en Galicia, norte de Portugal y el noroeste en general, con nombres de ciudad como *Goda, La Goda* (cerca de Barcelona), *Gudín, Gude, Godos, Gotones*. A veces, el nombre del jefe que realizó el asentamiento de la comunidad se ha conservado: Baldo, Bertranda, Eza, Andulfo, Adalsindo, Nando; y otros dan lugar a nombres de ciudad como *Villabalde* (Lugo), *Vilabertrán* (Gerona), *Villeza* (León), *Castro Adalsindo* (Lérida), *Casaldoufe* (Viana do Castelo), *Casanande* (Coruña). Los nombres puramente germánicos no son frecuentes, por ejemplo los en *-ing,* tan corrientes en Inglaterra y suroeste de Francia: *Soenga(s)* (de Suninga con la final romanizada); también aparece *Villa Albarenga.* Generalmente dichos nombres presentan sustantivos comunes latinos como *villa, casa,* y desinencias causales latinas como *Casale, Andulfi (Sacaldoufe);* VILLA IN CAMPOS GOTORUM (Villatoro), o casos romances como VILLA DE *AGIZA (*Villeza*), *Casal dos Godeis;* o formas de derivación romances como *Godinho, Godinhaços.* Sin embargo, estos topónimos no demuestran una gran influencia de los dialectos germánicos, sino que más bien son una prueba de cómo el sentimiento de casta sobrevive a la lengua. Las costumbres godas permanecen como un distintivo de la casta militar hasta época tan tardía como la del *Poema del Cid* (1140), e incluso posteriormente, así como el nombre, que subsiste en expresiones como *sangre de los godos, alcurnia goda,* y en el término irónico *los godos* aplicado por los revolucionarios americanos a las tropas reales en 1810-26.

Nombres comunes que comporten señales dialectales son escasos. Gal., *lobio;* gal., *laverca,* y port. ant., *trigar,* suelen darse como palabras tomadas del suevo **laubja,* **lâwerka* y **thrīhan.* El gótico poseía, en cambio, tres vocales *(a, i, u),* pero tal sistema vocálico no es característico de las palabras germánicas en las lenguas peninsulares, a parte de los nombres de persona: *Ramiro* (RANIMIRUS), *Fernando* (FRĬTHUNANDUS), *Elvira* (GAILIVIRÔ), *Fruela, Gondomil* (MIR, «más»), *Gondomar* (MARH, «caballo»), *Alfonso* (ILDIFUNSUS), etc. (en que la *e* y la *o* son vocales románicas). Con estos nombres se introduce en español el sufijo gótico *-ila,* y la declinación en *-n: Cintila, Cintillan.* De hecho los nombres de varón españoles son o godos o nombres de santos; los de mujeres son en la actualidad, generalmente, invocaciones a la Virgen. El código legal gótico, en latín, contiene algunos términos góticos: *gardingus* (alto oficial de palacio), *astualdus* (dado como una glosa del anterior), *comes scanciarum* (escanciador), *thiufadus* (jefe de una unidad de mil hombres), el cual presenta una confusión entre *thusundi-* y *thiu-*, «esclavo». La terminología jurídica es, en cambio, característicamente latina.

Hablando en términos generales, los elementos germánicos en el romance peninsular son palabras germánicas anteriores a la división dialectal del germánico, tomadas por los soldados o comerciantes del Imperio, o términos técnicos de la guerra y la caballería aportados por el francés, y con forma fránquica. Lo bélico ocupa un lugar preeminente en este vocabulario: *guerra* y sus derivados; *Burgos, Burgo de Osma* con el género masculino del griego *pyrgos; tregua, yelmo, espuela, espolon(ada), banda, robar, rapar,* etc. En port. ant., *elmo,* representa el got. *hĭlms*, mientras que en esp. med., *yelmo* corresponde al francés *hiaume,* en franco *hĕlm* (ę de Ĭ, pero ę, *ie* de Ĕ); en español la forma fránquica ha eliminado la gótica, que en cambio se mantiene en portugués. Un término legal es en esp. y port., *lastar*. Port., *estala;* esp. y port., *estanca,* y posiblemente esp., port. y cat., *parra* (si es que no se trata de vasco o celta), describen la humilde casa germánica en comparación con la arquitectura romana; y en esp., *rueca;* en port. y cat., *roca,* así como en esp., *huesa,* port. ant., *osa,* aluden a los trabajos manuales. La forma española *rueca* supone una ǫ, siendo así que **rukka* debería dar **rŏcca* y da en esp. **roca* cuando esperaríamos **rueca.* Es probable, por consiguiente, que **rukka* y **rŏcca* se interfirieran recíprocamente.

Las palabras que indican sentimientos son también frecuentes dentro del elemento germánico presente en el español y sus lenguas hermanas. Esp. y port., *bramar;* esp., *orgullo;* port., *orgulho;* cat., *orgull,* derivan del franco **orgôli;* esp. ant., *fonta (Cid),* representa mediante *f-* la aspirada inicial del francés *honte,* y del franco *haunitha*. Además del lat. TRADITIONE (esp., *traición)* se sentía la necesidad de una palabra que comportara como connotación su reproche, **at-leweins,* en port., *aleive; *at-lēweis,* en esp., *aleve* (de donde *alevoso, alevosía).* Igualmente la palabra esp., y port., *rico,* cat., *ric*, pertenece al mundo caballeresco y se ha tomado a través del provenzal *ric*. En el pasaje del *Cid*,

«creçiendo au en riqueza myo Çid el de Biuar»

el contexto indica que se refiere no sólo a su botín sino también a su comitiva; y en *El Conde Lucanor*, de Don Juan Manuel, la riqueza se considera como el medio de estar rodeado de un grupo de partidarios y poder recompensarlos, y así de resistir a la agresión o emprender la ofensiva contra un rival. Las palabras que expresan los colores están sujetas a cambios, cuando el hablante procura encontrar términos más exactos. Esp., *blanco;* port., *branco;* y *bruno* (del ital. *bruno*, y éste del fran. *brun*), *blondo*, cat., *blau*, son palabras de este género.

El gótico ha proporcionado el sufijo *-ila* y la declinación *-a -ane*, como en esp. ant., *Wamba, Wambán*. Otros sufijos son *-engo*, como *abadengo, realengo; -aldo* en *heraldo* (siendo *faraute* tomado del francés); *-ardo* en *gallardo, bastardo*. El sustantivo *guisa*, empleado con adjetivos femeninos, por ejemplo *fiera guisa*, hizo la competencia a *mente (fiera miente)* en español medieval para expresar adverbios de modo. En español clásico y moderno se ha eliminado la doble posibilidad a favor de las formas en *mente*, y la palabra *guisa* sobrevive en *guisar*. No ha existido influencia sintáctica del germánico sobre el español, portugués o catalán. Los casos de coincidencia entre formas latinas y germánicas son en esp., port. y cat., *gastar*, del latín VASTARE, con la inicial de *wost-;* y esp., *compañón (compañero, compañía);* cat., *companyó;* port. ant., *companhão*, son palabras emparentadas, que tienen su punto de partida en CUM - PANE, calcado sobre *ga-hlaibs*, «compañero, partícipe del pan». Otro término de tipo social es en esp. *(a)gasajar;* port., *agasalhar;* got., *gasalha*. En esp., *avispa*, del lat. VESPA no presenta influencia del germ. *wespa*, como el fran. *guêpe*.

4

EL CATALAN

Al evolucionar hacia el romance, en el latín hablado en la Península se abren dos fisuras que determinarán la escisión de las lenguas catalana y portuguesa. La fisura más notable es la que separa el catalán del español; y de ahí surge si el catalán ha de ser considerado al margen del ibero-romance. De hecho presenta una gran semejanza con los dialectos de Provenza y Languedoc, hasta el punto de que sus hablantes pueden entenderse entre sí; y durante los dos primeros siglos de literatura catalana, el *lemosí* —una adaptación del provenzal— se utilizó como lengua para la poesía. Los estudiosos han emitido tres puntos de vista distintos: el catalán es una forma del galo-romance —una especie de prolongación del provenzal—; el catalán es una forma del ibero-romance; el catalán es una lengua independiente.

Resulta prácticamente imposible ofrecer una definición estrictamente lingüística del término «lengua». La lengua es la expresión de una comunidad que posee una cultura con ciertas pretensiones de permanencia. También de un dialecto suele decirse que posee un centro geográfico de irradiación y que se encuentra asociado a algún tipo de organización social; pero, al mismo tiempo, se halla en relación de evidente dependencia respecto de algún gran centro lingüístico. El rasgo característico de una lengua es su gravitación en torno a un centro cultural; de ahí que, al aplicar dicho criterio, el catalán resulta evidentemente una lengua. Su capital es Barcelona. En Barcelona, durante la Edad Media, los reyes de Aragón, que eran Condes de Barcelona, establecieron sus cancillerías y gobernaron un imperio mediterráneo; disponían de una lengua nacional que se convirtió en portavoz de una literatura interesante, tanto en prosa como en verso. Dicha literatura, así como la sociedad a la que servía de expresión, se estableció con independencia tanto de Provenza como de Castilla, y presenta cualidades que no se encuentran en ninguna de sus dos vecinas. El catalán, cuando se eclipsó en el siglo XVI, continuó como lengua madre de los catalanes y como vehículo de la enseñanza religiosa. Barcelona ha sido siempre la capital, y a veces una capital rebelde con relación al centro. La literatura catalana resurgió en el siglo XIX, para expresar primero las aspiraciones regionales y pasar después a manifestar aspiraciones nacionales o de autonomía. Desde el punto de vista social e histórico, no cabe duda de que el catalán es una lengua independiente, hermana del español, el provenzal o el italiano.

El catalán y sus vecinos.

Se han utilizado dos métodos para el estudio de esta lengua en relación con sus vecinas: una comparación global de todas ellas, y un análisis de las condiciones existentes en la frontera lingüística. Ambos procedimientos resultan instructivos. El primero proporciona un balance total de coincidencias y diferencias; el segundo nos dice cuál es la naturaleza de la separación.

Cuando se compara el catalán con el español y el provenzal, es preciso, sin embargo, proceder con cautela.

El provenzal, ni en su época medieval ni en los tiempos modernos, ha recibido una unificación suficiente como para permitir la comparación con el catalán literario, y es necesario asegurarse, en cada ocasión, de que la palabra citada como provenzal es ampliamente usada en Provenza, así como de que pertenece a una época correlativa a la del catalán con que se compara. Por otra parte, el provenzal no es el único testimonio del galo-romance, por lo que hay que recurrir también a los datos del francés antes de intentar clasificar al catalán. Por ejemplo, el catalán y el provenzal difieren del español en que conservan la Ĕ y Ŏ tónicas sin diptongar, como PEDE: cat., *peu;* prov., *pe;* MOLA: cat. y prov., *mola,* frente a español *pie, muela.* El francés tiene por su parte *pied, meule,* y el portugués *pé, mó.* De ahí se concluye que el tratamiento de estas vocales breves tónicas no es una de las diferencias entre el galo-romance y el ibero-romance. Dentro de la Península, por otro lado, tendríamos razón para afirmar que el castellano, que se ha convertido en la lengua literaria, difiere en diversos aspectos importantes de la antigua *koiné* española, y, por consiguiente, no es adecuado para representar al ibero-romance. Nada hay que caracterice tanto al español moderno como el desarrollo de F a *h,* hasta el punto de poder oponer el esp. *hormiga* al cat. y prov. *formiga.* En cambio, la antigua *koiné* empleaba *f,* que se encuentra aún en leonés occidental y en aragonés, así como en gallego-portugués; de suerte que, para la comparación con el catalán, deberemos emplear no *hormiga,* sino el esp. ant., *formiga.* Esta *koiné,* representada en pequeña medida por ciertos términos no-castellanos que continuaron utilizándose en documentos medievales, la mayoría de las veces hay que reconstruirla por comparación entre leonés, aragonés y los restos del dialecto mozárabe de Al-Andalus; y cuando se utiliza para la comparación con el catalán, las diferencias entre las dos lenguas resultan menores. Es necesario recordar también que la *koiné* nunca fue sistematizada por una tradición literaria, y que, en consecuencia, hay que prestar la debida atención a las variantes aragonesas sobre la forma común. Cuando reparamos en dichas variantes se percibe que el español, a través del aragonés, se desliza imperceptiblemente hacia el catalán occidental. Por el lado de Provenza, el dialecto gascón merece también nuestra atención, puesto que es un vecino del catalán y se habla en la actualidad en suelo español, en el Valle de Arán, en las cercanías de Viella. En esta región, volviendo al tratamiento de F, encontramos *urmiga* y no el prov. *formiga.*

Si comparamos el español y el catalán nos damos cuenta enseguida de una diferencia en la forma y acentuación de las palabras. Ambas lenguas cuentan con la fuerte tendencia de todo el románico occidental a eliminar las vocales inacentuadas que caen entre una sílaba acentuada y otra cualquiera, pero el catalán ha ido más lejos que el castellano en la implantación de dicha tendencia, y en tal aspecto coincide con el francés y el provenzal. Sin embargo, aun mantiene un número considerable de proparoxítonos como *llàgrima, rònega, mànega;* y en algunos casos, cuando se ha perdido una *-o* final, encontramos troqueos como *espàrrec, orfe, cànem,* que equivalen al esp. *espárrago, huérfano, cáñamo.* En esta insistencia en el rito trocaico, las formas catalanas son un puente entre la Galia, epicentro de esa tendencia, y el oeste. El español admite una mayor cantidad de finales trisilábicos, y el portugués aún más; el catalán, sin embargo, va más lejos al convertir algunos troqueos en yambos por la pérdida de una vocal final inacentuada que no sea la *a.* En este aspecto coincide enteramente con el provenzal, y más remotamente con el francés, que conserva el recuerdo de la *-a* en forma de *-e* muda. El catalán, el provenzal y el francés eliminan las vocales finales *-e -o,* aparte de usar una *-e* muda como vocal de apoyo para la articulación de grupos de consonantes finales que resultan difíciles. El español conserva las tres vocales; -A: esp., *piedra;* cat., *pedra;* prov., *peira;* fran., *pierre;* -E: esp., *siete;* cat. y prov., *set;* fran., *sept;* -O: esp., *ocho;* cat., *vuit;* prov., *uech;* fran., *huit;* -E: esp., *padre,* conservada como vocal de apoyo para el grupo *dr-* > *-ir -r:* cat., *pare;* prov., *paire;* fran., *père.* Gracias a la *-a* final y a la vocal de apoyo *-e,* el catalán combina el ritmo trocaico con el yámbico, mientras que el francés es característicamente yámbico y el español trocaico. El catalán está más cerca del francés en estas formas, pero representa una transición, que continúa a través de los dialectos españoles. En aragonés, la vocal *-e* unas veces se pierde y otras se conserva, por ejemplo los adverbios se forman en *-ment;* y en castellano *-l -n -r -d -s -z* aparecen normalmente como finales, con la pérdida de *e-* originaria: *sal, ten, dar, dad, cortés, paz.* En castellano antiguo dicha vocal caía con más frecuencia, concretamente tras fricativa, como en *nuef, noch, Lop,* por *nueve, noche, Lope.* La vocal fue restaurada como consecuencia de una reacción ocurrida en el siglo XIII, apoyada por las formas de plural de los nombres *(es)* y las vocales preservadas por los paradigmas verbales (por ejemplo, 3.ª de plur. *tienen,* que ayudó a restaurar *tiene* a partir de *tien).* La pérdida o conservación de la *-e* es, por consiguiente, en español menos notable que la conservación de *-o,* que resulta mucho más regular; pero ocasionalmente la *-o* se pierde en aragonés *fei* y también *feito, feto;* esp., *hecho,* FACTU; y el antiguo dialecto mozárabe mostraba una clara tendencia a la pérdida de esta vocal final *(Montiel, Pascual = Vascuel, Sanchol, Royal, Reberter).* Una vez más el portugués es más conservador que el español, como atestigua *parede,* esp., *pared; dai* (de *dade),* esp., *dad,* y la *-e* de murmullo que puede oírse tras la *-r* de los infinitivos portugueses. Por ello queremos hablar una vez más de una tendencia a un cierto cambio, que tiene a Francia como su centro de irradiación y que va perdiendo fuerza gradualmente a medida que atraviesa la Península Ibérica, en la secuencia catalán - aragonés-(castellano) español - leonés - portugués. Al contrario que el español o el portugués, el catalán forma el plural de los nombres en *-a* mediante *-es,* e igualmente en el verbo *-a -en: casa, cases; ama, amen.*

Esta formación se presenta en el asturiano de Oviedo y en ciertos núcleos al oeste de León.

Las vocales acentuadas han sufrido algunos cambios característicos. El hecho más notable es que el catalán no coincide con el provenzal y el francés al modificar *ll* en [y]: LUNA: fran., *lune;* proven., *luna* [*v*]*;* cat., *lluna* [*u*]*;* esp., *luna;* port., *lua.* La frontera lingüística de este fenómeno está establecida de una forma tajante en el Rosellón, donde coincide de una manera igualmente abrupta con un cierto número de otras coracterísticas que distinguen el catalán del provenzal. En relación con estos fenómenos, la frontera peninsular pasa indudablemente junto a Les Corbières, al norte de Perpiñán, donde se encontraba también la frontera política durante la Edad Media. En cambio, por lo que se refiere al tratamiento de Ĕ y Ŏ acentuadas, no existen unas fronteras tan rígidas. En este caso el catalán y el provenzal coinciden en no efectuar la diptongación, salvo ante palatal: OCTO: cat., *vuit;* prov., *uech;* NOCTE: cat., *nit;* prov., *nuech;* PECTUS: cat., *pits;* prov., *pieitz.* En los ejemplos citados la *i* catalana procede de la reducción de un triptongo *-iei-*. Todos los demás casos presentan los monoptongos *e o:* cat., *pedra, pont, mola, ben,* etc. El parentesco del catalán y el provenzal resulta claro a este respecto, pero es más difícil hacer inferencias relativas a la agrupación de las lenguas romances. El francés es una lengua que diptonga: *pierre, bien, meule, huit, nuit, poitrine,* pero *pont, sept;* y el portugués no tiene ninguno de esos diptongos: *pedra, bem, mó, oito, noite, peito, ponte, sete.* En España el diptongo se presenta en todos los casos, excepto en un centro de resistencia en Granada y la Lusitania, donde se prefirieron las vocales. En castellano, la vocal no diptonga ante palatal: *noche, tenga, poyo;* leonés y aragonés: *nueite, tienga, pueyo.* En consecuencia, no resulta posible utilizar el tratamiento de estas vocales para caracterizar ni el galo-romance ni el ibero-romance, ni para considerar su funcionamiento en castellano como característico de todo el español. La única afirmación que puede hacerse, a parte de la asociación del catalán y el provenzal, es que estas regiones se encuentran en el centro de una vasta zona que dip-tonga la Ĕ, Ŏ ante palatal, y que incluye Francia y la mayor parte de España, junto con el norte de Italia. En la periferia de este movimiento se encuentra Cantabria (la cuna de Castilla, junto a la frontera vasca), Galicia, Portugal, Lusitania y Granada. Respecto al tratamiento de AU en CAUSA: prov., *cauza* (fran., *chose); cat.*, *cosa;* esp., *cosa;* port., *cousa,* y AI (por ejemplo en AREA, *aira):* en prov., *eira;* cat. y esp.,, *era;* port., *eira,* observamos una marcada tendencia en el catalán y el español oriental (incluyendo el castellano) a simplificar esos diptongos, frente a un desarrollo más lento en Provenza y el oeste español (León, territorios mozárabes, Galicia, Portugal).

De la misma manera, el sistema consonántico catalán presenta tendencias hacia las soluciones adoptadas por el provenzal, sin llegar a una ruptura con la tradición del romance peninsular. Un cierto número de divergencias han sido motivadas por el especial desarrollo del castellano dentro de los dialectos españoles; así, el cat., *formiga, gener, vuit, faixa, ull, fill, filla,* donde se adoptan soluciones para F- J- -CT- -SCI- C'L- -LI- que se vuelven a encontrar en la mayor parte de la Romania y en el consensus de los dialectos españoles, mientras que el castellano presenta soluciones divergentes: *hormiga, enero, ocho, hacinas, ojo, hijo, hija.* Un ejemplo de coincidencia con las otras lenguas peninsulares y de discrepancia con el provenzal es la pronunciación de *b d g* en posición «débil», es decir, no en inicial, ni protegida por una *n* precedente (o *l* para *d).* En tales casos, el provenzal pronuncia consonantes oclusivas [*b, d, g*], pero el catalán y las otras lenguas peninsulares utilizan la serie fricativa [ƀ đ ǥ] muy próxima a las oclusivas, y que, en pronunciación enfática, pasa a oclusiva. Sin embargo, en catalán hay un uso mucho mayor de las oclusivas, y las fricativas deben ser modernas. En el tratamiento de -NN- y -LL-, el catalán se parece a los dialectos españoles del grupo ibero-romance, al palatizar la nasal [ɲ] y la lateral [λ]: DAMNU, *dannu;* cat., *dany;*

ANNU, *any;* CABALLU, *cavall,* como en esp., *daño, año, caballo.* Prov., *dan, an,* y port., *dano, ano* no palatalizan; mientras que -LLD da: prov., *l ll,* y port., *l:* prov., *estela, sella;* port., *estrêla, sela.* En algunos casos la correspondencia está restringida a una considerable porción del área española. Las que afectan al aragonés y al español oriental son las más interesantes. -ND-, -MB- se asimilan en *n, m:* en cat., *ona, coloma;* UNDA, COLUMBA. El aragonés posee ambas asimilaciones, y ha extendido el paso -MB- *m* hasta el castellano y el español *(paloma, lomo),* de modo que la conversión del grupo *-mb-* no comienza hasta el leonés *(palomba),* de donde continúa a través de Galicia y Portugal *(pomba)* y, por otra parte, prov., *onda, palomba.* En este caso, el catalán participa de una innovación del español oriental, del mismo modo que la temprana reducción de AI a *e,* que también caracteriza al catalán y aragonés. En el tratamiento de los grupos iniciales PL-, CL-, FL-, que en estas regiones se conservan como *pl-, cl-, fl-,* el catalán ha participado con el mozárabe y el aragonés en la resistencia al cambio que tuvo como centro de irradiación el noroeste (Galicia y León) y que afectó al castellano: *llama, llamar, llaga,* de FLAMMA, CLAMARE, PLAGA.

La *ll-* inicial se presenta en catalán como efecto de la palatización de L-; así, LUNA, *lluna.* Esta palabra y otras similares han llevado a la deducción falsa de que el catalán poseyó la vocal galo-romance Ü, y que el desarrollo hasta *lluna* pasaría por un estadio *lüna,* idéntico al provenzal. Tal conclusión no puede mantenerse a la vista del hecho de que *ll-* se presenta con todas las vocales, y no solamente con *u,* como *llarg* de LARGU. Prov., *luna;* esp., *luna;* port., *lua,* tienen todos *l* frente al catalán *ll;* sin embargo, el fenómeno no es exclusivamente catalán, sino que se advierte también en los dialectos de Asturias, y hay datos para pensar que el cambio tuvo lugar asimismo en Al-Andalus, donde *yengua* de LINGUA implica un estadio intermedio **llengua.* La palatización de la *l-* inicial aparece entonces como un fenómeno que acontece esporádicamente en todo el romance peninsular: ALTERU da *altre* en catalán, con una velar [ł]; en provenzal aparece como *autre* con [u̯]; en portugués *outro,* originariamente y en el norte de Portugal[ou̯], pero pronunciado ahora [ọ] en el sur de dicho país [ọ́trŭ]; en español surge *otro.* Así, el catalán representa el estadio más antiguo de un desarrollo que termina en esp. *otro* en ibero-romance, y en fran. *autre* [ọtʀ] en galo romance. El retraso de este cambio se produce en ciertas palabras españolas que han permanecido con *lt-* como *salto, alto,* etc. Igualmente en MULTU: cat., *molt* [mɔłt]; prov., *mout.* El catalán se muestra conservador en comparación con el provenzal; en cambio el ibero-romance ha palatalizado esa L en lugar de velarizarla: port. y leon., *muito;* esp., *mucho* de **muĭto*). El grupo interior -TR- da: cat., *r;* esp., *dr;* prov., *ir: pare, padre, paire.* En este caso, el catalán difiere tanto del español como del provenzal, pero tal vez más del provenzal. En español vulgar se encuentra *pare, mare,* por pérdida de la fricativa [đ], al igual que esp. ant. *Pero* = *Pedro;* de modo que es posible que las formas catalanas se produjeran por el mismo camino, sin pasar a través del estadio *ir* como en prov. *paire* y en fran. *père.* La *r* final no se pronuncia en catalán oriental ni en provenzal, pero tampoco en aragonés y en andaluz, aunque se conserva en español (castellano y leonés) y en portugués: cat., *muller, mullers* [*muʎé muʎés*], arag., *mullé, mullés,* frente al esp. *mujer, mujeres.*

Hay algunos hechos que son más característicamente catalanes, tales como el tratamiento de -C-, -D- intervocálicas, y -C', D-, B y -N finales. VICINU, AUDIRE da: catalán *veí, oír,* frente al provenzal *vezí, auzir.* Los equivalentes españoles son *vecino* (esp. ant., *vezino), oír;* de esta forma únicamente la eliminación de -C- resulta exclusiva de Cataluña, mientras que ambos criterios separan al catalán del provenzal. BREVE, CRUCE, PEDE pasan en catalán a *breu, creu, peu.* En español, *breve* se debe a la retención de la vocal final, perdida en catalán, mientras que en aragonés encontramos *breu,* al igual que en provenzal. En consecuencia, este criterio no sirve para distinguir al catalán de los dialectos españoles. *Creu, peu* son, en cambio, claramente diferentes del esp. *cruz, pié;* prov., *crutz, pe*. En el siglo XII, PLACET, FECIT, CRUCE estaban representados en cat. por *platz, fet, crod,* que muestran que la evolución a *-u* no se había completado, y que, por cosiguiente, el criterio de -Ć > *-u* es relativamente moderno. El desarrollo de -D a *-u* es una característica antigua del catalán. En lo que se refiere a la -N final, el provenzal y el catalán coinciden en eliminar la nasal (BENE, *bé;* BONU, *bò;* PANE, *pa)* que, por el contrario, se mantiene en todos los dialectos españoles; se diferencia, en cambio, en el plural, donde el catalán restaura la nasal *(bens, bons, pans).*

Si examinamos las formas de las palabras, encontramos la misma semejanza que veíamos a propósito de los sonidos, e igualmente la misma imposibilidad de trazar una frontera clara entre los dialectos españoles. La pérdida de las vocales finales induce a un considerable parecido entre los paradigmas catalanes y provenzales; pero en 2.ª de plural, -TIS *-t's* da: prov., *-tz;* cat., *-u* *(tenetz, teniu).* Esta *-u* es relativamente reciente en catalán, y aparece en competencia con *-ts* en la lengua antigua, que se extiende dentro del área española en Aragón, donde aún encontramos *tenez*. Es característico del catalán el haber conservado la tercera conjugación latina en -ĔRE, que permanece también en galo-romance, mientras que en ibero-romance ha sido invadida por la segunda en todas las lenguas (cat., *conèixer;* esp., *conocer;* port., *conhecér,* COGNOSCĔRE); también se asemeja al francés y al provenzal en el uso del sufijo incoativo -ESC- para conjugar los verbos en *-ir,* de modo que el acento cae siempre sobre la terminación *(serveixo, -eixes, eix, -im, -iu, -eixen).* En ibero-romance este elemento pierde su valor incoativo, y se utiliza para formar verbos nuevos en *-ecer (amanecer, rejuvenecer, florecer).* El catalán utiliza el participio pretérito en -UTU *(crescut, tingut)* tan libremente como el francés y el provenzal; en español medieval también existía, pero desapareció durante la Edad Media en favor de -ITU *(crecido, tenido).*

El catalán construye su participio pretérito sobre el tema de pretérito; en cambio el español sobre el de presente (cat., *tenir/tinguí/tingut; haver/haguí/hagut;* esp., *tener/tenido, haber/habido).* Tal modalidad se extiende, más allá de la frontera, dentro del aragonés, donde encontramos *tuvido, supido,* etc., de *tener, saber,* vía *tuve, supe.*

Entre los pronombres, el uso de *jo, tu,* tras una preposición es también habitual en aragonés, en el que el posesivo de tercera de plural procede, como en catalán, de ILLORUM: arag., *lur-es;* cat., *llur-s* (esp., *a mí, a ti; su-s).* El uso de *qui* como un nominativo era frecuente en español antiguo, y continúa en aragonés, donde también encontramos el femenino de *cual* como *cuala:* cf. cat., *quina.* El catalán ha desarrollado una rica serie de negaciones reforzadas *(no... pas, punt, mica, gota, gens, gaire, res, cosa, cap,* etc.); la misma tendencia se dio en español medieval, pero después fue contenida. El comparativo se formaba en antiguo catalán mediante *pus,* que ha cedido ante *més (lo pus bell catalanesc del mon).* Aunque el provenzal y el francés han preferido PLUS y el español y portugués MAGIS, el primero no era desconocido en el ibero-romance según el testimonio de port. ant. *chus.* Un hecho notable del ibero-romance presente en catalán es la ausencia de declinación, frente a los dos casos existentes en francés antiguo y provenzal.

En lo que se refiere al vocabulario, el catalán presenta una inclinación mucho más decidida hacia las otras lenguas peninsulares, como es natural, ya que el vocabulario ha surgido de las experiencias comunes en la organización y en la historia. La semejanza entre las formas catalanas y las provenzales es tan grande que no es siempre posible distinguir si una palabra es nativa o si se trata de un préstamo; y a veces hay en catalán una considerable dosis de francés y provenzal. La contribución provenzal alcanza su punto culminante en los diccionarios medievales compuestos para ayuda de los poetas catalanes: *causen, cresén, ausir, auçir, tesaur, lays,* etc. Los castellanismos son frecuentes en la actualidad y penetraron en la lengua en fecha verdaderamente antigua;

son muy numerosos en las crónicas de Jaime el Conquistador, que están a la cabeza de las grandes historias catalanas. El parecido con las lenguas peninsulares no es debido, sin embargo, solamente a este tipo de préstamos, sino también a la íntima semejanza que nace de las experiencias comunes: la presencia de palabras iberas, el mismo tipo de elementos celtas y germanos, la abundancia de arabismos y el paralelismo general entre los préstamos catalanes y españoles tomados del latín en tiempos modernos.

El estudio de las características de estas lenguas vecinas se ha efectuado también en la frontera entre ellas: tanto entre el catalán y el provenzal en el Rosellón, como entre el catalán y el aragonés en Ribagorza. El principal rasgo distintivo entre el catalán y el provenzal es sin duda el tratamiento de lat. U, MURU: prov., *mür;* cat.,*mur,* fenómeno que coincide en la misma área con otra serie de diferencias, hasta el punto de constituir una frontera bien definida:

Prov.: *mür, früit, pieitz, febrier, uech, fuelha, paire, peira, auzir, genre, onda, vezí, tenetz, car, causa, auca, pretz, patz, crutz, pe;*

Cat.: *mur, fruit, pits, febrer, vuit, fulla, pare, pedra, oir, gendre, ona, veí, teniu, carn, cosa, oca, preu, deu, pau, creu, peu.*

La línea de demarcación de dichos fenómenos parte del límite de Andorra, justo al norte de L'Hospitalet, y se extiende hacia el este pasando entre Querigut y Fourmiguères hasta el sur de Latour de France, llamada así significativamente; luego se dirige hacia el noreste hasta el macizo de Perillou, y a continuación hacia el sureste hasta dividir Etang de Leucate, o de Salses. La misma frontera delimita por el norte la difusión de una serie de palabras catalanas muy conocidas, tales como *ben, cabells, trencar, ganivet, mantega, aviat, carnicer, ballar, dona, dia, casa, sabater, esmorzar, cara, metge, germana, hortolà, nou, sempre,* etc.

Fig. 3

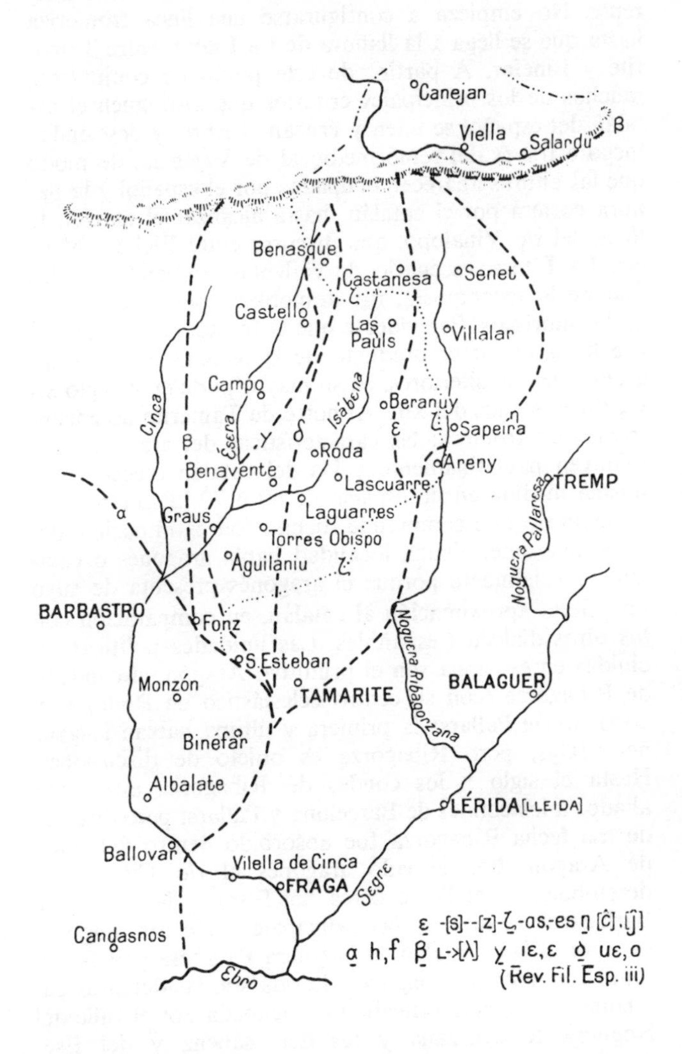

La frontera del catalán

Por el lado del español la situación es totalmente diferente. No empieza a configurarse una línea fronteriza hasta que se llega a la llanura de La Litera, entre Tamarite y Binéfar. A partir de este punto de conjunción, muchos de los principales criterios que distinguen el catalán del español se unen y cruzan el Ebro, y descienden luego a través del reino medieval de Valencia, de modo que las alturas aparecen ocupadas por el español y la llanura costera por el catalán, hasta alcanzar el mar en la línea del río Vinalopó, que discurre entre Elche y Murcia. La Litera, escenario de violentas contiendas en los días de la reconquista, fue despoblada por la expulsión de los moriscos. Es evidente que la frontera desde Tamarite hacia el sur es producto de la reconquista y de los asentamientos ulteriores, en su mayor parte en el siglo XII y primeros años del XIII. Al norte de Tamarite no encontramos tal frontera; las características del aragonés disminuyen paulatinamente y las del catalán crecen en la misma medida en un espacio de 60 ó 70 kilómetros. En el territorio que comprende dicha zona es imposible decir si una determinada localidad habla aragonés o catalán, especialmente porque el aragonés presenta de suyo una cierta aproximación al catalán, en comparación con los otros dialectos españoles. Las unidades políticas incluidas en esa zona son el primitivo Aragón, el condado de Ribagorza (con su centro eclesiástico en Roda) y el condado de Pallars; la primera y última hablan lenguas no mixtas, pero Ribagorza es objeto de discusiones. Hasta el siglo X los condes de Ribagorza estuvieron aliados a los condes de Barcelona y Pallars; pero después de esa fecha Ribagorza fue absorbido dentro del reino de Aragón. Por el lado aragonés el río Cinca, que desemboca en el Segre cerca del Ebro, y la ciudad de Barbastro constituyen las principales defensas aragonesas; por el lado catalán, el Noguera Pallaresa y el Segre, junto con Tremp, Balaguer y Lérida son las defensas catalanas. La zona intermedia está ocupada por el valle del Noguera Ribagorzana y los del Isábena y del Esera. En esta región cada fenómeno lingüístico tiene su propia frontera; aquí citaremos algunos de los más significativos.

El cambio castellano de F a *h* se dio en la región de Barbastro, y determina una línea fronteriza que pasa entre Monzón y Fonz, Binéfar y Tamarite, Albalate y Fraga. Como tal cambio, sin embargo, no es característico del aragonés, no hay frontera a este respecto entre el catalán y los dialectos del alto Aragón al norte de Barbastro. La primera frontera de este tipo se encuentra en la oposición de *luna* / *lluna* en una línea que discurre entre el Cinca y el Esera, y desciende hasta Fonz. Por encima del Esera aparece *ll* en todas partes: Benasque, Castelló, Campo y Graus. La línea central de división está marcada por el tratamiento de Ŏ y Ĕ. El curso medio de Eslera (Campo y Castelló) y Fonz presentan diptongos en ambos casos *(ue, ie)*; y además Benasque, Benavente, Torres y Aguilaniu cuentan con el diptongo *ie*, que marca una línea de separación entre los valles del Esera y el Isábena. La línea extremo-oriental es la caracterizada por el ensordecimiento de las silbantes en el siglo XVI. Por este proceso, esp. ant., *-s-* [*z*] cambia a [*s*], y [ž] pasa a [š]. En el caso de JUNIPERU, JUVENEM, etc., el aragonés ha desarrollado [ĉ] a partir de la articulación africada de esp. ant. [ĵ], que se presenta como alternativa posible. Las fronteras a este respecto son las correspondientes a la articulación [*s*] y [*z*] de *s* en *casa, rosa, camisa,* etc. y [ĉ] y [ž] para *chinebro*/*ginebre, choben* / *jove,* etc. Tales líneas fronterizas se separan después de dejar el Valle de Arán y los Pirineos para pasar por ambas orillas del alto Noguera Ribagorzana, que es cruzado en dirección occidental por [ĉ] : [ž] entre Sopeira y Areny. Después de dichos cambios de dirección se reúnen y van hacia el sur hasta Tamarite, que a estos efectos pertenece al aragonés *(joven > choben,* ECCLESIA, *lazlesyo).* Otras líneas cabalgan sobre las anteriores hasta formar un complicado conjunto: por ejemplo, la antítesis del plural de los nombres en *-a (casas: cases)* comienza en Benasque, toma hacia el este hasta el Noguera Ribagorzana y sigue su orilla occidental desde

Villalar hasta Sopeira, cruzando el cauce durante un trecho en Areny, para torcer luego violentamente hacia el oeste en dirección a Fonz, cerca del cual gira en dirección sudeste hacia la conjunción de las fronteras lingüísticas entre Binéfar y Tamarite. Los criterios analizados constituyen, juntos, una frontera bastante definida, y su efecto total es importante en el cambio que se produce, en la naturaleza de la lengua, de español a catalán; pero no se resuelven en un corte brusco, como veíamos que ocurre en la frontera del Rosellón.

Orígenes y expansión del catalán.

Los datos anteriores demuestran que entre el Rosellón y el Languedoc existía una frontera lingüística que no fue franqueada. El Rosellón, por consiguiente, toma su lengua de un centro establecido al sur de dicha línea, tal como Ruscino, la colonia romana; o Elna, la sede de un obispado medieval; o Perpiñán, la capital administrativa. En su extremidad este, la línea está marcada por la vertiente norte de los Pirineos, abandona el núcleo central de la cordillera en Andorra, y toma la dirección estenoreste detrás de Les Corbières. La frontera lingüística discurre no a lo largo de dichas crestas, sino más bien siguiendo las laderas meridionales. Finalmente, está determinada por el macizo de Perillou, para desembocar luego hacia el mar a través del obstáculo que supone la laguna de Salses. Esta era la frontera que separaba la Galia de Iberia en tiempos pasados; los cerretoni ocuparon la Cerdaña, y los sordones, asentados en Illiberis y Ruscino, se extendieron hasta Salses en el Rosellón; ambos pueblos, puros o mezclados, pertenecían al conjunto ibérico. Parece que hubo algunas inflitraciones de tribus célticas en dicha región; bajo los romanos estaba excluida del territorio de la colonia de Narbo Martius, y la división se correspondía exactamente con la existente entre los obispados de Narbona y Elna (Vingrau pertenece a Narbona, pero había pertenecido a Elna hasta 1359). La frontera se mantuvo como límite del reino de Aragón durante la Edad Media, y fue únicamente en 1659 cuando el límite francés se adelantó hasta más acá del Rosellón hasta lindar con el sur de los Pirineos. Por lo que afecta a nuestra investigación, sin embargo, se parte de la suposición de que el español se extiende hasta Les Corbières, y que el catalán es, geográficamente, una lengua peninsular.

Esta región formó parte de la Marca Hispánica bajo los emperadores carolingios, y acogió a los *hispani* que huían hacia el norte empujados por la invasión musulmana. Es dudoso precisar quiénes eran, e igualmente difícil determinar el emplazamiento de los *loca erema*, aunque quizá fuese en zonas al sur de Gerona y Barcelona. Es inadmisible suponer que el noreste hispano fue abandonado por sus habitantes y que los francos hubieron de repoblarlo; sin embargo, la inclusión de dicha región en la Marca Hispánica contribuyó a la asociación de Cataluña con Provenza, y sentó las bases de la intervención catalana en el sureste de Francia hasta 1213 (Muret). Los intereses comunes de Provenza y Cataluña fueron incorporados en los dominios visigodos por Ataúlfo y sus sucesores antes de conquistar toda Hispania. Fue sin duda bajo el Imperio romano cuando se estrecharon las relaciones comerciales y coloniales entre la Tarraconense y la Narbonense, que debieron recibir en común una considerable influencia de los legionarios licenciados.

Por el lado de España, hemos de admitir la continua presencia de dialectos catalanes junto al aragonés, según se desprende de la existencia evidente de una zona de transición paulatina en Ribagorza. Este paso gradual de una lengua a otra hace que el catalán forme parte de la franja lingüística que discurre a lo largo de los Pirineos y el sistema cantábrico; en toda esa zona no hay cambrios bruscos, sino una serie de transiciones en las que pasamos a través del aragonés. el castellano y el asturleonés, antes de alcanzar Galicia. Sin embargo, tales transiciones no prueban la identidad del catalán con los dialectos del grupo español, al igual que una transición semejante entre el francés y el italiano tampoco prueba la identidad de esas dos lenguas. Por el contrario, la suma total de los cambios efectuados en la región fronteriza de Ribagorza sitúa al catalán más cerca del provenzal que del español. Solo tenemos datos de la existencia permanente del catalán en los valles que se extienden al sur de los Pirineos. Cómo se expandió más al sur, no podemos determinarlo con absoluta seguridad. Es claro que en Valencia existía un dialecto mozárabe en el que Ĕ Ŏ pasaron a *ie, ue* o *ua*, y en Baleares la *-o* final se conservó hasta después de la reconquista cristiana. Pero también Tarragona y Barcelona (TARRACONE, BARCINONE) presentan huellas mozárabes en la *-a* final, de tal manera que en el siglo VIII debemos excluir varias de las principales ciudades catalanas. En el oeste, la primitiva frontera descendía hasta Tamarite, y adelantaba la línea que unió el catalán y el aragonés con la reconquista, a expensas del mozárabe. Barbastro y Lérida eran ciudades mozárabes. La primitiva sede del catalán se halla, por consiguiente, limitada a las altas regiones del norte de la zona y a las tierras comprendidas entre las dos líneas de los Pirineos.

Los condes de Barcelona fueron dejando paulatinamente de reconocer su dependencia del Imperio franco, aunque aun eran mencionados por los moros y por los cristianos de España como francos. Una frontera *contra Hispaniam* se estableció en época temprana en el Llobregat, que fluye al sur de Barcelona, o más exactamente en la zona del Penedès, donde Castellví de la Carca y Sant Vicenç de Calders se consideraban puestos fronterizos en el siglo XI. Dicha frontera separaba la antigua de la nueva Cataluña, y la actual línea fronteriza entre el catalán oriental y el occidental está algo menos avanzada. El catalán oriental tiene por capitales Perpiñán *(Perpinyà)*, Vich, Gerona (*Girona*) y Barcelona; los principales centros occidentales son Urgell, Lérida (*Lleida*) y Tarragona, entre los que Lérida fue la capital de toda Cataluña en el aspecto educacional y Tarragona en el eclesiástico. El catalán oriental tiende a abrir su sonido *e;* y *a, e* átonas pasan a [ɐ] [ə] según las circunstancias, mientras que *o* átona pasa a [*u*]. El catalán occidental distingue *a* de *e.* Esta última modalidad lingüística es muy importante, puesto que los documentos más antiguos, las *Homilies d'Organyà,* proceden del oeste. La diferencia dialectal fue observada por Pujades, autor de la *Cronica Universal del Principat de Catalunya* (1609). Existen algunos subdialectos de cada grupo. Los dialectos orientales incluyen el catalán del Rosellón y la lengua provenzalizada de Capcir, el ampurdanés (donde el artículo *es, sa,* aparece en Salat) y el barcelonés. La región de Tarragona puede considerarse de transición. En ella la *b* y *v* se distinguen, aunque se confunden en Tarragona capital, y en Reus los rasgos occidentales son muy acusados. Los dialectos occidentales incluyen el catalán de Andorra, el de Pallars, el de parte de Ribagorza, los elementos lexicales catalanes en el gascón del Valle de Arán y la lengua de Tortosa, la cual posee formas de transición entre el catalán y el valenciano.

En el bajo curso del Ebro estaba establecida una importante frontera militar en Burriana, al sur de Castellón de la Plana. Ahí fue donde el Cid dispuso sus avanzadas contra Valencia (1094), de modo que pudiera tener sus espaldas guardadas por Cataluña, de donde podía conseguir libremente apoyo; y fue desde Burriana que tuvo lugar la conquista definitiva de Valencia por Jaime el Conquistador en 1238. El avance catalán prosiguió sobre Alicante, y en 1263-66 Jaime se adueñó de toda Murcia, que sin embargo cedió a Castilla. Por lo que respecta a Orihuela, Elche, Guardamar, Alicante, Cartagena y la ciudad de Murcia, Muntaner afirma que sus habitantes eran verdaderos catalanes y hablaban catalán perfectamente. No obstante, dicha lengua se replegó hasta la frontera noreste de la provincia, donde aún persiste en Elche y a lo largo del Vinalopó. Al norte de Elche y Alicante, el catalán no ocupa totalmente las provincias de Valencia y Castellón, sino solo la llanura costera. Las tierras altas fueron colonizadas por elementos aragoneses, cuyo dialecto quedó eliminado por la invasión del castellano. El tipo de catalán importado fue el occidental; pero experimentaría después modificaciones locales en las tres regiones de Valencia, Castellón y Alicante.

El catalán oriental se extendió a ultramar. Primero ocupó las Baleares, en 1229, originando el *mallorquí*. En las Baleares se confunden *a* y *e* tónicas, como en el manuscrito Grail (*aqast, crau,* etc., por *aquest, creu*) y aún más las átonas (*sanyor, avangelis, pravare* por *senyor, evangelis, prevere*). En la misma región encontramos el artículo arcaico *es, sa* de IPSE, que hizo la competencia a *lo, la* de ILLE en toda Cataluña antes de 1200. Dicho artículo se encuentra fosilizado en topónimos y en nombres de persona, como *Sacasa, Descoll;* se presenta además en algunas zonas del continente como en Salat, así como en Provenza y Cerdeña. El *mallorquí* ha desempeñado un papel importante en la reconstrucción del catalán literario realizada en el siglo XIX.

Más allá, en el Mediterráneo, los reyes de Aragón extendieron su dominio sobre Cerdeña, Sicilia, Nápoles y, durante un cierto período, indirectamente sobre Morea; pero ello no supuso la conquista lingüística, salvo en Cerdeña. Los habitantes de Cagliari fueron expulsados de su ciudad por Pere del Punyalet y reemplazados por colonos catalanes; y el uso oficial de la lengua se conservó hasta el siglo XVI, cuando cedió ante el castellano en el continente. El español, de hecho, no desplazó al catalán en la isla; pero la competencia de ambas lenguas terminó por minar sus fuerzas respectivas y facilitar el triunfo del italiano. En la actualidad, únicamente en la localidad de Alghero es hablado el catalán por unos 12.000 habitantes, en una modalidad arcaica que da testimonio de haber detenido su desarrollo. La colonia tomó el nombre de *Barcelona;* se estableció en 1355, y se mantuvo durante algún tiempo como un coto cerrado para catalanes y aragoneses, hasta el punto que en el año 1478 se llegó a prohibir la inmigración a extranjeros, incluidos los habitantes de Córcega y Cerdeña. La lengua de Alghero ha sufrido reducida influencia del español y del italiano, siendo en cambio considerable la de la lengua de la vecina Cerdeña, tanto en el léxico como en la sintaxis.

El catalán literario medieval.

El desarrollo del catalán en el período medieval incluye una serie de cambios fonéticos que son el producto de los conflictos entre los dialectos, y un esfuerzo tendente hacia la emancipación del provenzal y su estabilización como lengua de cultura. Las *Homilies d'Organyà* nos dan la medida de la lengua en el siglo XII antes de la aparición de los grandes documentos literarios, y puede considerarse el tipo de catalán *standard*, preliterario. En este período el artículo *es, sa* de IPSE se presenta frecuentemente. En los documentos del siglo XIII aparece algunas veces (se trata en la mayoría de las ocasiones de documente de tipo legal); más corrientes son en cambio *el, lo, la, les, los*. Y en el siglo XIV desaparece. También hasta el siglo XIII continúa apareciendo la *-n* en los documentos: *cordoan* (cat. med., *sabater), pan, raon, son*. El siglo XIV trae consigo otro par de cambios: se palataliza la *l-* inicial en *ll-*, en palabras como *lletra, lladre, dilluns, llegir;* y algunos finales en [ŝ] se vocalizan en [*u*]. La -ć final da *creu, veu, plau, feu*, a partir de las formas preliterarias *crod, crou, vots, vou, platz, fet*, presentando simultáneamente un cambio de la *-o* anterior a la *-u*. Dicho cambio adquiere especial importancia en la segunda de plural de los verbos, que hacia la mitad del siglo XIV cambia de *-ts* a *-u*. Aparecen formas en *-u* antes de 1400: *haveu, rebeu, guardeu,* junto a *siats, avisats;* y entre ese momento y 1450 se convierte en la forma mayoritaria: *sou, voleu, sperau, vullau, teniu,* etc.; pero aun se encuentra esporádicamente *havets, certificats, hoiats*. El cambio puede haber sido facilitado por el deseo de no confundir el masculino plural del participio pretérito de estas formas personales del verbo: *fets, guardats,* de *feu, guardeu*. Las desinencias *-ats -ets* se encuentran aún en Benasque, en la frontera con Aragón; y en Peralta, Fonz y Graus tenemos la forma correspondiente al aragonés oriental *-z* en *cantaz, portaz*. Fue en el siglo XV cuando se dejó de pronunciar la *-r* final en las palabras acentuadas en la última sílaba y en todos los infinitivos. La *-r* se conserva en la ortografía oficial, pero no siempre sirve para evitar hiato.

En primer lugar fue la *langue d'oc* la que sirvió a Cataluña como lengua literaria. Los catalanes adoptaron el arte de los trovadores algo más tarde que sus vecinos del sudeste de Francia, y con una modalidad más didáctica. Experimentaban cierta dificultad en impedir que penetraran las particularidades de la lengua propia en sus composiciones, y para ayuda de los versificadores se compusieron las primitivas gramáticas provenzales de Raimón Vidal y Jofre Foixa. Supuestamente *standardizada* sobre el dialecto de Limoges, aunque más parecida en la realidad al de Toulouse, esta lengua convencional fue conocida con el nombre de *lemosí;* y el principal empeño de la literatura nacional fue eliminar su preponderancia. Para conseguirlo, los catalanes necesitaron de la energía incansable de Raimón Lull y de los cuatro grandes cronistas del siglo XIV. Lull comenzó como trovador, pero tras su conversión renunció a los artificios literarios y aspiró a la sinceridad de lenguaje y pensamiento. Sus poemas están aún marcados por la tradición dentro de la que al principio trabajó, en la que la unidad entre el catalán y el provenzal era demasiado íntima como para desligarlos de un solo golpe; pero sus grandes obras en prosa son ya un modelo de *pla catalanesc*. Cuando Raimón Llull moría, en 1315, comenzaban las cuatro grandes crónicas. El tercero y más vigoroso de los cronistas, Raimón Muntaner, fue un entusiasta partidario de la lengua nacional, aunque todavía adoptara para sus versos la forma provenzalizada. Rara vez menciona la lengua sin hacer uso de algún calificativo encomiástico, como *lo plus bell catalanesc del mon*. La crónica de Pere del Punyalet es el cuarto ejemplo de esta lengua en desarrollo; pero dicho rey hizo aún más por ella a través de su cancillería: en esta época prácticamente todos los documentos fueron redactados en la lengua vernácula. El genio epistolar de Pere cubrió todos los aspectos de la vida catalana; al mismo tiempo fue orador, cuyos discursos se conservan como modelo de elocuencia persuasiva. Otros grandes oradores –el cardenal Margarit, Martí l'Humà y Vicent Ferrer— contribuyeron a fijar en la memoria de todos los hombres las formas de la expresión cultural aceptadas en catalán. El momento crucial aparece reflejado en las vicisitudes que experimenta la obra de Bernat Metge, cuyo primer trabajo, *Llibre de Fortuna e Prudència* (1381), aún presenta una lengua provenzalizada; su segunda obra (una traducción de *Griseldis* de Petrarca, 1388) utiliza ya el catalán, pero todavía con una estructura medieval; mientras que la tercera (*Lo Somni*, 1398) está ya afectada por el humanismo y es el modelo más puro de la prosa catalana (*).

Con la desaparición de Metge, el centro de interés se trasladó a Valencia. La Casa de Barcelona se acercaba a su fin, y con el acceso del príncipe de Castilla, Fernando de Antequera, en 1412, cobra importancia la parte aragonesa del reino, hasta entonces postergada. Alfonso el Magnánimo, sucesor de Fernando, trasladó la sede de su gobierno a Nápoles, donde el *Cancionero de Stúñiga* (1458) presenta al catalán como igual al aragonés en las preferencias de la corte. Los grandes escritores del siglo XV son todos valencianos. Los dos poetas, Jordi de Sant Jordi y Auiziás March, que escriben bajo la evidente dependencia de Arnaut Daniel y los trovadores más filosóficos, emplean una lengua provenzalizada, así como también el *Diccionari de rims*. En riqueza de lenguaje y pensamiento, el catalán alcanza su cenit con March. Joan Martorell, autor de *Tirant lo Blanc*, escribió su obra en *vulgar valenciano*, al igual que Jaume Roig su *Llibre de les Dones*. Y así, cuando se unieron las coronas de Castilla y Aragón en 1474 y el catalán iba a sufrir el impacto de la literatura castellana y su inva-

(*) (*Cf.* A. Par, *Sintaxi catalana*, Halle, 1923.)

sión cultural, la lengua había perdido ya el sólido apoyo político y literario que le había proporcionado la Casa de Barcelona.

El resurgimiento del catalán y el valenciano.

Hemos indicado ya que con la Casa de Trastamara se produce una considerable disminución de la actividad cultural catalana en la capital; después, con la unión de las dos coronas, el catalán se hace cada vez más local, y el español se convierte en una lengua susceptible de una audiencia amplia y apta para el manejo de los asuntos nacionales. En el siglo XVI el catalán se utiliza solamente en usos muy limitados, y en el XVII tiende a desaparecer también en dicho empleo. La lengua sobrevivió fuera de las ciudades como *patois*, y fueron los clérigos quienes más la emplearon, obedeciendo a la norma de predicar siempre en la lengua vernácula de los feligreses. En las ciudades, en cambio, surgió una población bilingüe, con el catalán como lengua materna y familiar, y con el español como lengua literaria y de la administración. Inevitablemente el español pasó a ejercer una notable influencia sobre la lengua local, influencia cuyo comienzo se remonta al siglo XIV. La primera persona de singular del presente de indicativo del verbo adoptó la *-o: porto, perdo, dormo, serveixo,* por *port, perd, dorm, servesc.* El pronombre de cortesía esp. *usted* da lugar al cat. *vosté.* En el XIX, al resurgir la lengua, reaccionó, como es natural, contra los castellanismos flagrantes; sin embargo, los que proceden de la enseñanza bilingüe de las personas cultas han contribuido a su enriquecimiento. Los americanismos del siglo XVI son tan frecuentes en catalán como en castellano, y los latinismos utilizados con fines literarios sólo necesitan ser catalanizados para pasar al uso común. Tales hechos no indican tanto una deuda al castellano como la prueba de una común herencia cultural; pero acentúan la semejanza en el léxico de ambas lenguas, en especial el utilizado por la prensa.

En la lengua han ocurrido además otros cambios que no son debidos a la influencia del castellano. El presente de subjuntivo tiende a preferir formas en *-i: porti, perdi, dormi, serveixi*, por *port, perda, dorma, servesca*. En catalán literario moderno no aparecen imperfectos en *-iva*. Las formas concurrentes en el pretérito se eliminan, con tendencias a la simplificación de los paradigmas de los verbos fuertes: de entre *paregué/parech, plagué/plach* sólo se conserva *paregué, plagué*. El artículo masculino es *el, els*, desplazando a *lo, los*.

La reconstrucción del catalán ha sido una tarea del siglo XIX, que se ha cumplido en varias etapas. La fecha inicial es la de la gramática catalana de Pau Ballot, publicada en 1814, que contiene un ferviente elogio de la lengua, aunque no pasa de ser una gramática conversacional. Torres Amat, al catalogar los monumentos literios medievales, demostró que el catalán había sido algo más que un *patois* en la Edad Media. La fuerte corriente de cosmopolitismo en boga durante la Edad de la Razón comenzaba a menguar, y el interés por las épocas pasadas, junto con el naciente romanticismo, destacaban la importancia de la inspiración local. Pero como el catalán tenía solo un rango local, la generación de Cabanyes y Piferrer procuró dar color catalán a las obras que escribían para la literatura española, aportando elementos y tradiciones regionales que así pasaban, por tanto, en la medida de lo posible, a la lengua de la cultura. El esfuerzo no resultó muy afortunado, ya que no logró superar la incompatibilidad interna de ambas lenguas, y ni agradó a Hermosilla y los críticos de Madrid, ni consiguió expresar adecuadamente la verdad local.

En 1833 Aribau lanzó su oda *A ma pàtria*, que a la vez que evocaba los inolvidables paisajes de Cataluña expresaba un sentimiento de amor filial a la lengua:

En llemosí sonà lo meu primer vagit,
quan del mugró matern la dolça llet bevia,
en llemosí al Senyor pregava cada dia,
y càntics llemosins somiava cada nit.

Aribau no continuó en esa línea, sino que se dedicó a la erudición literaria en español. Así, todo el mérito, excepto el de la formulación, es sin duda de Rubió y la generación de los neotrovadores, quienes se esforzaron en repetir las condiciones de la lírica provenzal en Cataluña, y en 1859 crearon los juegos florales de Barcelona. El resurgimiento fue ganando importancia, pero adolecía en su punto de partida de un mal planteamiento: el catalán en la Edad Media no era *lemosí,* sino *pla catalanesc;* y se hizo preciso repetir el proceso de emancipación del provenzal. Ello ocurrió mediante el descubrimiento de lo que realmente era el catalán: Milà i Fontanals sacó a luz la antigua literatura con su meritorio magisterio; Marian Aguiló recorrió el país en busca de canciones populares, registró sus palabras, y proporcionó abundantes expresiones de su Mallorca natal; y Jacinto Verdaguer, cura de aldea y auténtico poeta, cantó el verdadero genio de la lengua. En 1880 el proceso de recatalanización se había completado: solo quedaba por precisar exactamente hasta qué punto podía emplearse esta lengua. Maragall, Carner y otros demostraron que es capaz de estilos verdaderamente variados de verso lírico; Guimerà la usó para el drama, discursos y cartas; Prat de la Riba construyó con ella el credo del nacionalismo catalán; y el Institut d'Estudis Catalàns la utilizó para la prosa científica. Con el régimen autónomo aprobado bajo la II República el catalán pasó a una situación de diarquía con el castellano en Cataluña.

El papel jugado por los mallorquines en la recreación de la lengua literaria ha sido muy importante. En las colecciones de *rondalles* conservan sus características locales, pero en usos literarios se adaptan al catalán *standard* tal como fuera definido por Pompeu Fabra *. El caso de Valencia es diferente. La lengua se separó de la órbita de Barcelona, y la región disfrutó siempre de una cierta independencia local. Como derivada del catalán occidental, la lengua valenciana distingue *a* y *e* inacentuadas, mientras que el catalán las confunde; esas vocales

(*) *Gramàtica Catalana,* 1918.

conservan su timbre, como también da *o* átona (que pasa a *u* en catalán). Fuera de la ciudad, la *b* es bilabial y la *v* labiodental; los gramáticos valencianos insisten en esta distinción que, por el contrario, ha sido abandonada por sus colegas de Barcelona. En la ciudad se emplea más bien la articulación *apitxat*, es decir, la tendencia del español a transformar las silbantes sonoras en sordas: las consonantes afectadas son *-s-*, *tz*, *j*, *tj;* en cat. [z ẑ ž ĵ]. Se convierten en [s ŝ ĉ ĉ] y equivalen entonces a *-ss-* *ts* *x* (inicial o tras consonante) *tx:* *casa* [*kása*], *dotze* [dóŝe], *juny* [ĉuɲ], *pitjor* [piĉór], *xop* [ĉop], *arxiu* [arĉíu], *calaix* [kalaiš]. La confusión que surge de estos cambios afecta a la rima de los poetas valencianos, hasta el punto de que algunas de ellas resultan inadmisibles en Barcelona; pero los gramáticos se esfuerzan en imponer la pronunciación ortográfica, y la lengua de la gente instruida tiende a parecerse al catalán *standard*, con ciertas vacilaciones. Del mismo modo, el resurgimiento literario del valenciano, que comenzó con Teodoro Llorente, ha seguido una evolución independiente.

5
EL SURGIMIENTO DEL CASTELLANO

La invasión musulmana, en 711, rompió la unidad del reino visigodo, y situó todo el sur y centro de la Península bajo el control de una cultura extranjera. Se concentraron dos focos de resistencia que amenazaban el dominio musulmán: *Jalîkîya,* o Galicia, y *Al-Afranj,* o los francos y catalanes; pero estaban también los *baškuneš,* que no se habían sometido ni a los godos ni a los francos. *Jalîkîya* cubría el norte de España; después, en el curso de los siglos, la fuerza principal de la resistencia cristiana se desplazó gradualmente de Galicia y Asturias a León, de León a Castilla la Vieja y, finalmente, de Castilla la Vieja a Toledo y el Tajo (1085). La sucesión de estos hechos se encuentra reflejada, en la lengua, con el acceso del castellano a la hegemonía, hasta el punto que castellano y español se convierten en sinónimos con el apoyo de las cancillerías y de la floreciente literatura vernácula (siglos XII y XIII). El período se abre con un estadio de unidad lingüística fecundador de cambios, al que podemos llamar «la plataforma visigoda». Pero sin duda los cambios lingüísticos se cumplieron más lentamente que los dinásticos, y durante el siglo VIII debió haber, dejando aparte el área catalana, una considerable unidad de lengua. Tras la invasión, los españoles del sur y el centro no renunciaron, como se ha supuesto alguna vez, a su lengua romance, que continuó siendo la lengua del mercado, de todas las mujeres y de la comunicación no oficial; por su parte, el árabe estaba limitado a la administración, la literatura y las familias de alto rango que se consideraban descendientes del invasor. En pocas palabras, las relaciones entre el árabe y el romance en Al-Andalus debió ser similar a la existente entre el castellano y el guaraní en la República del Paraguay. Este español del sur, o mozárabe, permaneció en las capitales visigodas y las grandes ciudades, heredando el desarrollo visigótico del latín hablado; pero quedó estancado, profundamente deudor del árabe en su vocabulario y al abrigo de las oleadas de cambios, hasta el punto de presentar una apariencia profundamente arcaica.

La lengua moderna española se formó en el norte, y siguió los avatares de la Reconquista. Al principio aparece bajo la tutela de León, donde los *magni reges* e *imperatores* se esforzaron en restaurar la imagen de la monarquía visigoda con ayuda de Galicia y de los mozárabes situados entre el Duero y el Tajo La lengua mantiene entonces un difícil compromiso entre el conservadurismo de los súbditos gallegos y las tendencias innovadoras de los castellanos, entre la herencia latina y las deudas al árabe contraídas por los mozárabes. Las salvajes incursiones de Al-Manṣûr a finales del siglo x debilitaron el poder de los *imperatores* leoneses, pero dejaron a Castilla relativamente ilesa.

En Castilla se estaba desarrollando un tipo de lengua radicalmente innovadora, que llevaba a sus lógicas consecuencias los cambios ya iniciados en la época de unidad. Esta lengua, basada en el intenso sentimiento nacional de Castilla la Vieja, se extiende junto con el poder de sus condes, invade el este de León y presiona hacia el sur y el sudoeste, dentro de los límites de la Lusitania. Los grandes poemas épicos de los siglos XI y XII habituaron a todos a oír su acento y a considerarlo adecuado para la narrativa y otros usos literarios; y cuando en el siglo XIII Toledo fue sometida no por León, sino por Castilla, el castellano, con ciertos compromisos, se convirtió en la lengua de las cancillerías de España y de la gran prosa literaria. En los documentos literarios continúan apareciendo trazas de otros dialectos que delatan los orígenes del autor, pero siempre hay formas que revelan un compromiso con el castellano. Esto es verdad también para las obras literarias aragonesas: si en cierta medida el reino de Aragón puso la lengua propia al abrigo al ser aceptada por su cancillería y utilizada en obras literarias de considerable magnitud, ocurre que estas obras presentan, unas más y otras menos, castellanismos, junto con elementos catalanes, presagiando así la extinción del aragonés literario que tendría lugar en el siglo XVI. Por otro lado, el castellano cerró al leonés su paso hacia Toledo y el sur de Extremadura, de donde descendió a todo lo largo del frente hacia Andalucía, dando lugar al andaluz moderno.

Sobre un substrato mozárabe y entre el leonés y el aragonés, sus rivales, el castellano introduce una cuña de innovaciones, dando lugar al moderno castellano *standard*, que difiere considerablemente del consensus de los dialectos españoles. Cuando el leonés, el aragonés y el mozárabe coinciden en algún fenómeno, resulta posible referir esa característica a la lengua anterior al momento de la diversificación, a la forma común existente al final de la era visigoda. Pero junto a las innovaciones, el castellano ha hecho prosperar ciertos elementos que tenía en común con el leonés frente al aragonés o con el aragonés frente al leonés; y en tales casos la tendencia se prolonga hacia el este o hacia el oeste para incluir al catalán o al gallego-portugués. Por medio de estos datos llegamos a conocer las tendencias que favorecían la división del romance español antes del surgimiento de los dialectos como tales, y aprendemos a distinguir dos núcleos que se solapan en el área cántabra, que es donde surgió el castellano: el del noroeste, que pivota sobre Galicia y León, y el del nordeste, que pivota sobre Cataluña y Aragón. Ambos núcleos son zonas extremas de las provincias romanas Asturica y Tarraconensis. Una tercera provincia romana, Lusitania, permanece más en penumbra, debido a su conservadurismo.

Los cambios comunes a todo el romance occidental, que son de la competencia de los estudiosos del latín vulgar, tuvieron lugar antes de la disgregación de los dialectos españoles; pero no de una manera igual en toda el área. Excepto, quizá, en Asturias y en las antiguas glosas de la Rioja, donde hay restos de -U final, las vocales finales latinas se han visto reducidas a tres: *a, e, o*. En Cataluña, sin embargo, esta tendencia ha continuado avanzando hasta eliminar también las dos últimas; y en los dialectos nororientales la *-e* final sufrió la amenaza de la eliminación. En castellano antiguo se perdía en posición final en el singular, pero se conservaba en plural *-es;* a partir de ahí se restauró su presencia en el singular desde el siglo XII *(noch, noches* pasó a *noche, noches).* Tras *l, m, n, r, d, j, s, x, z* la *-e* continúa faltando en singular y estando presente en plural. Las vocales tónicas E, O tienden a diptongar en el área del centro y del norte, incluidas Asturias, León, Castilla, Aragón, Toledo, casi toda Andalucía, Valencia y Baleares. En gallego-portugués no se presenta esa tendencia, y en catalán, como en provenzal, solamente en la vecindad de una consonante palatalizada (ŎC'LU: catalán, *ull;* NŎCTE: cat., *nit;* LĔCTU: cat., *llit;* prov., *uelh, nuech, liech).* El castellano difiere de las tendencias comunes del español precisamente en no diptongar en contacto con palatal *(ojo, noche, lecho).* La Lusitania no favorece la diptongación, y a este rasgo arcaico une el de conservar las vocales intertónicas en nombres como *Mérida* (EMERITA) y *Mértola*. También en la Bética, y especialmente en Granada, se hizo resistencia a la diptongación. En toda la Península los sufijos -ARIU, -ERIU, -ORIU, -ASIU sufrieron una metátesis que los redujo a la forma *-airo, -eiro, -oiro, -eiso,* como base de ulteriores evoluciones, por separado, en español, portugués y catalán. En el nordeste (Cataluña y Aragón) existía la tendencia a reducir los diptongos AI, AU, a vocales simples; y Cantabria probablemente no tenía F.

Entre los cambios consonánticos debemos hacer observar que la tendencia a sonorizar las oclusivas sordas intervocálicas y en posición débil (-P-, -T-, -K-) es característica del noroeste. En gallego-portugués y leonés *-b-*, *-d-*, *g-* aparecen ya en documentos latinos (por ejemplo, *cingidur* por CINGITUR); y se extiende hasta Castilla, donde hay huellas de vacilación en el estadio más antiguo de la lengua. En aragonés antiguo y en mozárabe *-p-*, *-t-*, *-k-* intervocálicas son todavía frecuentes, especialmente en los sufijos -ATU, -ATA (por ejemplo: mozár., *boyaṭa*, siglo IX), e incluso se introducían en lugar de oclusivas latinas (p. ejemplo: mozár., *Qórṭuba*, CORDUBA). Toda la Península contó también con la articulación cacuminal de *s* [ś], completamente distinta de la de *ç*, producida al levantar la punta de la lengua a los alvéolos. A los árabes les sonaba como *sh* ingesa [š] y la trascribían con *shîn*, utilizando *sîn* como el equivalente de *ç* [š]. La pérdida de esta articulación en Andalucía y en portugués meridional es un desarrollo tardío. La *ç* (C latina ante vocales anteriores) evolucionó en las lenguas peninsulares hasta ser articulada bien como una africada [ŝ], bien como una fricativa [s]; e igualmente *j* (lat., J, DI̯, G ante vocales anteriores) se desarrolló hacia la africada [ĵ] o la fricativa [j], trascrita por medio del *jîm* árabe. El proceso ulterior de ambos sonidos es peculiar del castellano, y marca el tránsito de la forma medieval de la lengua a la forma moderna. El grupo -CT- queda detenido en su evolución en mozárabe en *-ḥt-*, mientras que los restantes dialectos españoles coinciden con el catalán, portugués y románico occidental en llevar la evolución hasta *-it-*, a partir del cual el castellano *-ch-* es una evolución ulterior por un proceso de palatalización. Todas las lenguas peninsulares coinciden —también en esta ocasión se da acuerdo con el románico occidental— en representar los grupos -CL- y -LI- por una *l* palatal [λ]; y en las lenguas del centro y del este (español y catalán, pero no gallego-portugués) las consonantes dobles -LL- y -NN- se articulaban con tal tensión de la lengua sobre el paladar que terminaron por pasar a palatales. En principio de palabra, L- presenta tendencia esporádica a palatalizar *(ll-)*, incluso con anterioridad a la disgregación dialectal, circunstancia que explica su presencia en Asturias y Cataluña, junto con algunos casos de mozárabe, pero no en castellano ni en gallego-portugués. Típicamente noroccidental es la tendencia a palatalizar la L en los grupos iniciales PL-, CL-, FL-. Estos cambios no descienden hasta el mozárabe del sur, pero llegan tan al este que alcanzan Aragón, donde se encuentran formas como *pll-* en competencia con *pl-*, etc., apoyadas estas últimas no sólo por el latín, sino también por el catalán. En castellano, la palatal *ll* ha logrado eliminar la *p, c, f* inicial (PLAGA, *llaga;* CLAMAT, *llama;* FLAMA, *llama);* por su parte, en leonés y en gallego-portugués un juego más complicado de cambios fonéticos ha dado lugar a [ŝ] [ĉ] y [š] (port., *chaga, chama, chama).* Cerrando sílaba, la L latina tiene como norma un timbre velar aún conservado en portugués y catalán, aunque no en español. Esta velar [ł] aproximó su articulación a la de una *u* y dio origen a diptongos en *au* procedentes de *al* + consonante.

Entre las fuerzas que debemos suponer actuaron con anterioridad a la separación de las lenguas se encuentran las tendentes a la simplificación de las conjugaciones y las declinaciones. El catalán comparte con el español y el portugués el rasgo de haber reducido la declinación latina al acusativo singular y plural; y a este respecto se diferencia del francés y del provenzal. Se da también una fuerte tendencia a racionalizar los paradigmas verbales mediante la eliminación de los participios de pretérito irregulares; pero mientras el catalán los construye sobre el tema de pretérito *(venir, vinguí, vingut)*, el español y el portugués parten del tema de presente (español: *venir, vine, venido).* El catalán no comparte, en cambio, la tendencia a reducir el número de conjugaciones que caracteriza al español y portugués en todos sus dialectos, y que debe ser por ello considerada de época predialectal. La eliminación de la tercera conjugación -ERE por identificación con -ERE fue, sin duda, completada entonces; y se ha iniciado la tendencia ulterior, sobre todo por parte de los dialectos españoles, a transferir los verbos en *-er* al tipo en *-ir*:

Los dialectos mozárabes

La invasión musulmana dominó la Península tan rápidamente que no debieron producirse amplios desplazamientos de población. Una pequeña tropa de aproximadamente doce mil bereberes destruyó las huestes del rey Rodrigo y logró apoderarse de las grandes ciudades de Sevilla, Córdoba, Orihuela y Toledo antes de que el generalísimo Mûṣâ ibn Nuṣair pusiera pie en el país. El primer intento de asentamientos se produciría mucho más tarde, cuando los contingentes de Damasco se establecieron en Granada; e incluso entonces dejaron de lado las ciudades, llevados de su tendencia hacia las tiendas y la vida del campo. Bien es verdad que un cierto número de godos, ya fuera por sentirse estrechamente vinculados al régimen anterior ya por su deseo de libertad, huyeron hacia el norte, y establecieron algunas colonias en Galicia y Asturias; pero la mayoría, incluídas las clases dominantes, permaneció en sus tierras del sur. La viuda de don Rodrigo contrajo matrimonio con un hijo de Mûṣâ, y parece que permanecieron en Córdoba rodriguistas en número suficiente como para formar una facción. Los hijos de Witiza, por otro lado, se unieron a los invasores con vistas a conservar sus 3.000 fincas, y su jefe, Ardabasto, llegó a ser conde de Córdoba y uno de los hombres más poderosos del emirato; sus hijas se casaron con miembros de la aristocracia árabe. En Murcia, Teodomiro se rindió a los invasores con la condición de conservar la provincia; y en Zaragoza, Badajoz y Toledo la historia de los años siguientes se hizo en gran medida por españoles renegados. En lo que se refiere a los hispano-romanos, no tenían motivos especiales para sentirse descontentos con el cambio de dominadores: la prolongada controversia arriana había avivado en ellos el sentimiento de antagonismo hacia los godos, adición al natural desprecio de los romanos hacia los germanos. Ese era el elemento humano constitutivo de las grandes ciudades; en cuanto al campo, había abundancia de espacio, tanto para poseedores como para invasores. Los peninsulares tenían sus propios obispos *(çaet almatran)*. El proselitismo islámico apenas se hacía sentir: afectaba a los intereses del Estado, puesto que eximía a los conversos del pago de tributos. Los invadidos eran gobernados por sus propias leyes y condes, y utilizaban su propia lengua.

El establecimiento de la supremacía de la cultura árabe se produjo no sin ciertas dificultades, y mediante una especie de segunda conquista en el período comprendido entre 850 y 932. El emirato, fundado por Abd-al-Raḥmân I y consolidado por Ḥakam I, pasó a manos de soberanos que gustaban más del arte y la ostentación que del poder, y la marea de la sedición subió pujante. La primera protesta que concierne a nuestro tema fue, sin embargo, cultural y religiosa; es el movimiento conocido como de los «mártires cordobeses», limitado a la capital y encabezado por San Eulogio y por Alvaro de Córdoba. La historia es bien conocida. Una cierta Flora, considerada mora por serlo su hermano, pero de hecho cristiana, fue denunciada por este hermano, un fanático, al caíd. La única pena legal era la muerte. El caíd hizo todo lo que estaba en sus manos para que se retirara la acusación y olvidar así la apostasía; pero el hermano insistió. Flora sufrió martirio por su fe, siendo mantenida en su firme actitud por San Eulogio. De este suceso concluyó San Eulogio que el martirio era meritorio en sí mismo, y que debía ser provocado como prueba de fe. En una verdadera orgía, los fanáticos se lanzaron a blasfemar contra el Profeta, a pesar de los esfuerzos del obispo de Córdoba para disuadirlos y de los del caíd para ignorar la provocación. Pero la secuencia

FIG. 4

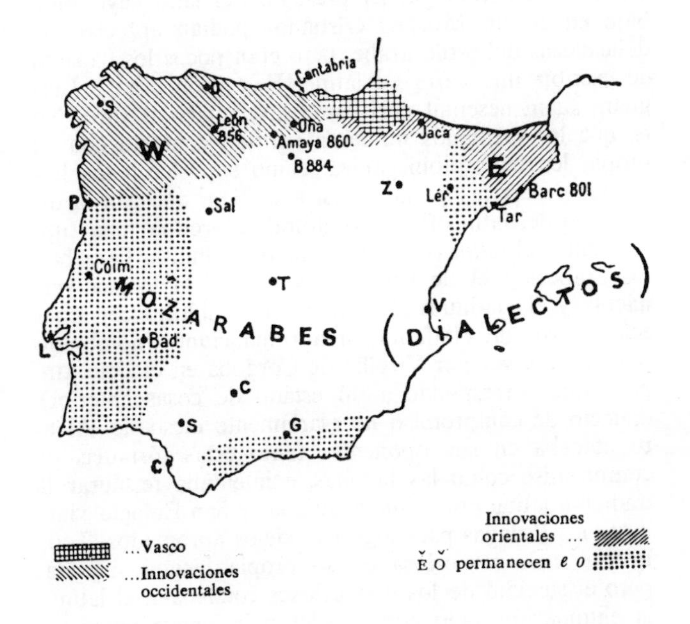

El romance peninsular después de la época visigoda (hacia 860)

de suicidios llevó las reformas a un punto muerto por la pérdida de sus principales partidarios, hasta que Eulogio sufrió en su propia persona el martirio al que había alentado a tantos otros.

La ruina provocada por tal celo religioso arrastró consigo la disolución de un Renacimiento latino dependiente, en última instancia, del que había tenido lugar en la corte carolingia. El prestigio del latín cayó muy bajo en el sur. Muchos cristianos podían apreciar las delicadezas del estilo árabe, pero eran pocos los capaces de escribir una carta en latín. «Heu proh dolor! Linguam suam nesciunt christiani», exclamaba Alvaro. No es que los cristianos hubieran perdido contacto con su propia lengua protohispánica, como supusieron los lingüistas de épocas pasadas; es, más bien, que con la disolución del latín oficial y cultural se produjo una ruptura entre el *latinî* corriente (o *ajamî*, como lo llamaban los árabes) y el de tipo clásico. Entre la lengua vernácula y el «latinum obscurum» se estableció con fines eclesiásticos un «latinum circa romancium» (nombrado por primera vez por Virgilio de Córdoba en el siglo XIII, pero que corresponde a un estado de cosas anterior), dialecto de compromiso necesariamente inestable. Alvaro atacaba en sus oponentes tanto estas fórmulas de compromiso como las herejías, e intentaba restaurar la tradición latina pura y más antigua; y San Eulogio viajó hasta los Pirineos para lograr modelos apropiados. Toda Iglesia suele ser celosa de su propia lengua sagrada; pero el suicidio de los más celosos condenaba el latín a la eliminación. Sólo permanecieron la lengua vernácula y el uso cultural del árabe. La primera no era utilizada en la literatura, aunque fue sin duda vehículo de la lírica y de cuentos orales, y los Cánones de la Iglesia se tradujeron en 1049 al árabe para garantizar su conservación.

La lengua vernácula permanecía intacta, y tuvo una segunda oportunidad con la rebelión de los renegados, en los últimos años del siglo IX. Durante el largo y desastroso reinado del emir 'Abd-Allâh (888-912), la ciudad fue rodeada por círculos concéntricos de rebeldes, el más poderoso de los cuales era el de los cristianos renegados de Ibn Marwân, de Badajoz. El 15 de abril de 891 el intrépido caudillo Ibn Hafsûn avanzó hacia el castillo de Polei (Aguilar), casi a la vista de la ciudad, y obligó al sultán a combatir. El cordobés se aproximó con tan poco ánimo que el jefe español exclamó: «Ahora tenemos que habérnoslas con un rebaño», usando la palabra *boyaṭa*. Sin embargo, los hechos iban a demostrar lo contrario. Fue duramente derrotado, y hubo de retirarse a su plaza fuerte de Bobastro, donde se las ingenió para defenderse durante el resto de su vida. Su poder se debilitó ulteriormente al volver a la fe cristiana, circunstancia que lo privaba de la confianza de los renegados. Aunque murió en 917, la insurrección en la serranía de Ronda no concluyó hasta que su hermano Argentea (cristiano con nombre español) fue capturado y ejecutado en 932.

El período que siguió fue de total sometimiento al poder central musulmán y a la cultura árabe. Los árabes de raza nada ganaron con el restablecimiento del orden; por el contrario, la aristocracia árabe fue sistemáticamente diezmada, y el Estado subsistió apoyado en los mercenarios, que eran españoles del norte y eslavos. El prestigio se identificó cada vez más con los triunfos militares, hasta que bajo Al-Manṣûr tales triunfos se buscaban sin proyecto alguno de consolidación política: las incursiones y las victorias constituían la única finalidad de la acción política. Los príncipes cristianos fueron tributarios de la corte de Abd-al-Raḥmân III, Ḥakam II y Hishâm II; y las hijas de esos príncipes conocieron los harenes de los califas. Pero, entre tanto, el norte cristiano crecía en fuerza y población, y se preparaba para el gran avance del siglo XI. En la brillante capital musulmana comenzaron a sentirse afanes literarios. Ḥakam II reunió una enorme biblioteca de 400.000 volúmenes, estudiados durante sus largos años de heredero del trono. Inspiró a grandes historiadores, como Ibn Ḥayyân, y a estudiosos de la tradición, como

Al Khushanî (Aljoxaní). Fueron surgiendo escuelas de filosofía, a pesar de ser severamente reprimidas por Al-Manṣûr, que quería lograr el favor de los ortodoxos. La literatura carecía aún del brillo que habría de alcanzar en las cortes de los reyezuelos de la primera mitad del siglo XI, pero había logrado ya una neta superioridad sobre su rival latina.

La lengua vernácula continuó indemne. Era la lengua de todas las mujeres. Para permitir a éstas el acceso a los tribunales de la capital, un caíd galante llevaba las causas en *latinî*. En los harenes de los ricos, e incluso en el del propio califa, se preferían las esclavas cristianas, y particularmente las de Jalîkîya (Galicia, León y Castilla); práctica que se mantuvo hasta la caída de Granada (recuérdese, p. ej., la famosa sultana doña Isabel de Solís). Los califas y los miembros de la clase alta eran bilingües, con el español como lengua materna. Tenemos noticia de que eran capaces de componer versos con rimas españolas, y el *Diwân* de Ibn Quzmân (1160) emplea coletillas españolas, así como formas de versos (el *zejel* y la *muwaššaha)* adoptadas en la época del primer califa por Mugaddam de Cabra a partir de los modelos románicos. El árabe era la lengua oficial, pero quienes no ocupaban puestos oficiales no veían especial inconveniente en no aprenderlo. Bajo Abd-al-Raḥmân II, el padre del influyente eunuco Naṣr no hablaba más que romance. El árabe era la lengua del Corán y de la religión; pero Yenair (JANUARIUS) de Córdoba, hablante de romance, llegó a ser tan famoso por su virtud y ortodoxia que su testimonio fue aceptado sin controversia como equivalente de un documento legal: se admitió oficialmente que, por tratarse de un asceta, su ignorancia del árabe no era obstáculo para la santidad. Personas de pura ascendencia cristiana fueron candidatos a puestos oficiales, y los nombres cristianos se conservaron con frecuencia (*Vicente, Comes,* ben *Antonian,* Ibn *Montiel,* etc.), tanto entre las clases bajas de la capital como en calidad de apelativos de la familia real (*Sanchol, Royol;* cast., *Sanchuelo, Rojue-*

lo). Los españoles de territorio árabe se opusieron vigorosamente a la adopción del turbante y la seda, e Ibn Khaldûn hace observar su identidad en apariencia, vestido y costumbres, con los gallegos del norte.

Nuestro conocimiento de la lengua usada por estos españoles proviene de anécdotas fortuitas, como las narradas en la *Historia de los Jueces de Córdoba,* de Al-Khusanî, donde encontramos algunos relatos instructivos y los nombres de personas de habla romance. Los topónimos se conservan gracias a los geógrafos, especialmente Al-Idrîsî, mientras que Ibn Jubair proporciona fechas de acuerdo con ambos calendarios, el musulmán y el cristiano. Los escritores de lírica popular árabe, el *zejel* y la *muwaššaha,* adoptaron los principios del verso romance y citan palabras de la lengua vernácula. Esto es frecuente en el *Divân* de Ibn Quzmân (su nombre es el español *Guzmán),* que en el poema 82 escribe:

> *albâ albê êš ḍa luǧ anûna ḍîyeh*
> *(Alba, alba es de luz en un día)*

Por otra parte, los médicos y botánicos que salían al campo a recoger sus plantas y hierbas curativas, se encontraban en zonas donde el árabe era desconocido y necesitaban saber el nombre español de las mismas, y en algunas ocasiones hasta la designación local si se daban variantes dialectales; de ahí la conservación del nombre de las plantas en tratados de botánica como el de Ibn-al-Baitar. Finalmente, existen glosarios: el de Leyden del siglo XI editado por Seybold, y otro valenciano del XIII. En cuanto a nuestro conocimiento del árabe de España, parte principalmente del *Vocabulista in aravigo,* de fray Pedro de Alcalá (1505), que refleja tanto las peculiaridades de su pronunciación como los elementos aceptados del romance circundante. El dialecto que trascribe es el de Granada, y presenta algunos rasgos de evolución tardía.

Las guerras del siglo X y principios del XI fueron sostenidas entre españoles separados por cultura y lealtades, aunque sin los extremismos del fanatismo religioso. La victoria castellana y la conquista de Toledo en 1085 obligó a los del sur a una dolorosa elección entre raza y religión: podrían haberse colocado bajo la hegemonía de los reyezuelos de Sevilla, como tributarios de Alfonso VI, pero la crueldad y rapacidad de este último, y los discursos de elementos fanáticos les llevaron a llamar en su auxilio a las hordas de bereberes aliados. Estos aliados, los almoravides, contuvieron el avance cristiano y colocaron a Castilla a la defensiva; pero su eficacia fue aún mayor en suprimir las libertades de los españoles del sur, tanto musulmanes como cristianos. Los mozárabes cristianos se encontraron en posición particularmente desdichada por ser sospechosos de intrigas. Fue en apoyo de estos que el Cid organizó la campaña de Valencia (1094-99); pero abandonaron en bloque la ciudad en 1101, dejándola vacía a los generales bereberes. La guerra cobraba un aspecto más intensamente religioso. Incluso los judíos se hicieron sospechosos para la siguiente dinastía almohade; su gran escuela de Lucena fue disuelta en 1146, y llevaron sus estudios a Toledo, Barcelona y Languedoc, para provecho de los científicos cristianos. En 1126 estalló una revuelta en Granada, apoyada por Alfonso el Batallador, y, al fracasar, 10.000 de los revoltosos hubieron de seguir al ejército aragonés en su retirada. Finalmente, San Fernando llevó un ejército combinado de Castilla y León al valle del Guadalquivir, apoderándose de Córdoba en 1236 y de Sevilla en 1248. Alfonso X alcanzó el mar en Cádiz en 1264. Y los moros perderían ya toda esperanza de desquite tras la gran victoria cristiana del río Salado en 1340.

Como resultado de estos triunfos el poder musulmán quedó limitado al estado vasallo de Granada, donde adquirió un tono más religioso y arabizante. Pero incluso en esta quintaesencia de la civilización árabe, de entre 200.000 habitantes originarios sólo se encontraban 500 que no fuesen hijos o nietos de cristianos. Existían personas bilingües, moros latinados, que especulaban con ese conocimiento hasta el punto de tomar la palabra *ladino* el significado de «astuto». Por otro lado, hay huellas de sentimientos moros en el cancionero español, ya que la presencia de amplios grupos de mozárabes en los reinos del norte había modificado profundamente la cultura española, y el dialecto mismo sobreviviría en documentos notariales incluso después del surgimiento de la literatura castellana. Tales documentos son especialmente frecuentes en Toledo.

De igual modo que la reconquista avanzó hacia el sur, las lenguas de los conquistadores —gallego, castellano y catalán— invadieron territorios anteriormente ocupados por el mozárabe, creando áreas de influencia claramente delimitadas (conquistas). Unas fronteras netamente trazadas reemplazaron a las zonas de transición propias de las regiones en que se había producido una evolución ininterrumpida. Por consiguiente, podremos establecer los límites originarios del mozárabe si conocemos los puntos en que las fronteras lingüísticas dejan de ser zonas de transición para convertirse en puntos de cambios bruscos de lengua, y si conocemos, además, los datos sobre su población en la alta Edad Media. El sur de Portugal observamos que no hablaba portugués: *Mértola* tiene *-l-* intervocálica, contrariamente al uso portugués; Lisboa, también contrariamente al uso portugués, tiene *-n-* entre vocales (en esp. ant., *Lisbona;* fran., *Lisbonne;* ingl., *Lisbon,* como en árabe *Al-Ašbûna;* Coimbra es la *Conimbre* de Froissart). Ambas ciudades tenían una importante población mozárabe, y la última fue repoblada por un mozárabe, el conde Sisnando; una y otra se han acomodado en época tardía al portugués (esp. *Lisboa* está tomado del portugués; Ayala (h. 1407) escribe *Lisbona,* pero en cambio *Coimbra).* Por otra parte, *Gaia,* en la desembocadura del Duero, es la antigua *Cale* —de donde *Portugal* (PORTUS CALE)— y pertenece al área del gallego-portugués. La frontera mozárabe comenzaba entonces junto a la desembocadura del Duero, siguiendo el curso del río tierra adentro, de modo que quedaban dentro de zona mozárabe ciudades importantes como Salamanca, Zamora y Toledo, o *Tulaitula.* Alcalá de Henares, Guadalajara y Calatayud eran baluartes moros contra Castilla. Zaragoza o *Saragusta* pertencía también a la zona mozárabe, que alcanzaba el mar en la frontera entre Valencia y Cataluña y, más allá, abarcaba las islas Baleares. El punto en el que se produce el cambio de tipo de frontera lingüística es Tamarite. Valencia es la cuna de Banu Montiel (MONTĔLLU), que presenta la diptongación española, y del personaje llamado Ibn Pascual *(Ibn Baškuwâl)*, que sería más conocido como *Ibn Vascuel*, con el diptongo *-ue-* de los diminutivos españoles. El *Repartiment de Mallorca* resulta notable por los nombres en *-o* (por consiguiente españoles, no catalanes) existentes en el momento de la pacificación de la isla, pese a que las vocales finales, excepto *-a*, son eliminadas con frecuencia en mozárabe. Ello pudo ser debido a la influencia árabe sobre la ortografía, puesto que esas palabras son mencionadas por autores que estaban habituados a nombres masculinos terminados en consonante; y probablemente la influencia alcanzó también a la lengua hablada. Así, existen vacilaciones: *mayo, bênâto = penado, bâdhu = vado, mâ riquêri = me requiere*, y *Montiel, Yenair, Bizent = Vicente, mars = marzo*. El geógrafo Ibn Jubair (1187) resulta instructivo, por ser nativo de Valencia, del período comprendido entre la retirada del Cid y las campañas de Jaime el Conquistador: utiliza fechas del calendario romano para corregir el cómputo de la Hégira, y omite la *-o* final (por ejemplo, *mars)*, mientras que usa los diptongos *-ai- -ei-*, que son característicos del catalán y reducidos desde época temprana a *-e- -o-:* así *yenair:* cat., *gener; febrair*: cat., *febrer*.

En esa amplia zona había variantes locales. Las autoridades en materia de mozárabe nos hablan de diferencias léxicas en la frontera noreste. En Zaragoza, la «verónica» (bot.) se decía *bentrónica;* en cambio, en Levante se decía *bentónica*. En Valencia se empleaba *táparaš*, no alcaparras; en Córdoba, una especie semejante era conocida como *borocán*. Estas y una o dos palabras más deben su conservación principalmente a los botánicos buscadores de plantas, pero no nos arrojan demasiada luz sobre diferencias de mayor importancia entre los dialectos mozárabes. Podemos deducirlas a partir de los topónimos, particularmente de los que emplean el sufijo de diminutivo -ĔLLU y -ŎLA. En toda la región central y oriental estos sufijos tienden a diptongar, aunque con excepciones, mientras que en la costa meridional y en Sierra Nevada permanecen con vocales (por ejemplo, *Ferreirola)*, al igual que, en Portugal, en el Alemtejo, el Algarve y el valle del bajo Guadiana. Por este procedimiento nos percatamos de que en el oeste y en el sur había dialectos especialmente conservadores.

Las vocales tónicas Ĕ y Ŏ permanecen como *e o* en zonas especialmente conservadoras o bajo influencias especiales (tales como las que afectan al nombre de una ciudad importante); pero, hablando en términos generales, dan diptongos en todas circunstancias. Estos diptongos no son siempre los mismos, sino que se da una vacilación entre *ia* (de donde también *a)* e *ie* para Ĕ, y *wa, we* para Ŏ. Ĕ da *massonêlla* en Córdoba, *Lopel* como diminutivo de *Lope, ben* BĔNE, *rikêri = requiere* en Córdoba hacia 1160, *Mérida*, EMĔRITA; también *šahamialla* (dudoso) y *šaḥamiella; Cazalla* y *Castalla*, CASTĔLLA; *Ibn Qardiel, ešpatiella, aǰetiella*, esp., *acedilla*, etc. Las formas en *-ia-* no son fácilmente demostrables, puesto que el árabe no distingue de hecho entre *a* y *e*, aunque nuestros autores utilizan frecuentemente *â* para indicar *e* en español, y ésta era la pronunciación moghrebî de *â*. Los topónimos en -ĔLLU dan *-iel* en Valencia, Zaragoza, La Mancha, Murcia y el valle del Guadalquivir, pero *-el* en Portugal y Granada-Málaga *(Maurel, Moradel)*. En el caso de Ŏ tónica hay verdadera resistencia al diptongo, que sin embargo era normal en las mismas regiones indicadas para Ĕ: *Orihuela* en Murcia; *Teruel, Cuenca, Caracuey;* en el alto Guadiana, *Huelva*, ŎNOBA; pero no se encuentra en el Algarve, ni en Granada *(Ferreirola, Albuñol)*, y en Córdoba hay resistencia esporádica. Ibn Quzmân de Córdoba (hacia 1160) escribe *bûn, bono* por «bueno», y existen apelativos como *Sanchol (Sanchuelo), Royol (Rojuelo)*. Por otra parte, Valencia parece haber favorecido la diptongación: *Vascuel, Mauchuel*. Es difícil determinar, a partir de las grafías árabes, si en un caso determinado tenemos *we* o *wa*, y son frecuentes las vacilaciones entre esas formas y *o*: *puerco, porco; laḥtairuela, laitarola*. Los diptongos no eran impedidos por la presencia de una palatal, como en castellano: *Caracuey* -ŎI, *welyo negro*, ŎCULU NIGRU, cast., *ojo negro* (especie de ortiga).

En lo que se refiere a vocales átonas, el rasgo más característico del mozárabe es la facilidad con que se perdían *-e* y *-o* finales, tal vez por influencia de hábitos lingüísticos árabes. Ibn Quzmân mantiene las vocales finales en *katîbu* = *ca(p)tivo*, *waštâṭo* = *gastado*, *roṭonṭo* = *redondo*, *mâ rikêri* = *me requiere*, *dunuˣti* = *de noche;* pero las elimina en *bûn* = *bueno*, *baštiṭ* = *bastido*, *ešt* =*este*, *masqûl* = *masculo*, etc. Igualmente falta en los topónimos y en los nombres de meses.

Los diptongos AI, AU permanecen como tales. La forma del primero no puede deducirse de la escritura árabe, pero Pedro de Alcalá muestra que todavía tras la caída de Granada era ocasionalmente *ai*. Sin duda también aparece *ei*, como en *atarey* = *ataré* (de Ibn Quzmân) y en *Ferreirola* (Granada). Para *au* existen medios de diferenciación en la grafía árabe, y parece claro que coexistieron dos posibilidades en el sur hasta la caída de Granada; así, esp. *losa* aparece como *lauša* en el vocabulario del siglo XIII, y *Laujar* (como topónimo). En Valencia tenemos el *Banu Mauchuel*, y en Sevilla, en el siglo X, el *Banu Mourgâṭ*, MAURECATU. Es en el estadio *ei*, *ou* donde el mozárabe se parece más estrechamente al gallego-portugués, en una relación de gran arcaísmo. *Ei* es aún un diptongo en portugués; en cambio *ou* es bien una vocal cerrada [ọ], o bien sufre disimilación en *oi*: *cousa, coisa; ouro, oiro;* esp., *cosa, oro*. Algunos ejemplos mozárabes son: AI *pandair* = *pandero; šemtair* = *sendero; baika, baiga, bega* = *vega; lahtaira*, y topónimos como *Poqueira, Junqueiro*, etc.; de AU los ejemplos ya citados; la final -AGINE da *-ain* en mozárabe, y en castellano *-én: plantain*, cast., *llantén*.

En el tratamiento de las consonantes el mozárabe resulta también muy conservador. No participa del cambio noroccidental de los grupos iniciales PL-, CL-, FL- a palatales que tuvo lugar en Galicia, Portugal, León y Castilla, y en cierta medida también en Aragón. A este respecto coincide con el catalán: PLANTAGINE, moz., *plantain;* cat., *plantatge*. El mozárabe y las lenguas y dialectos peninsulares, excepto el castellano, conserva J-, Ǵ- inicial: JANUARIU, moz., *yenair;* cast., *enero;* cat., *gener;* port., *janeiro*. El valor fonético era [j], reflejado en los topónimos *Yunquera* y *Tayunquera*, pero también ocasionalmente [ĵ], palatal sonora africada, como Junquera (esp. med., [x]; cast., [š]; gall., [s]; cat. y port. [ž]). La L inicial se palatalizaba esporádicamente en el sur, como en otras zonas de la Península (leonés occidental y dialectos bables de Asturias, aragonés oriental y catalán). LINGUA BUBULA aparece en Ibn Kholkhol como *yengua buba (y-* de *ll-* de *l-)*. F se conserva como en toda la Romania, salvo en el castellano y el gascón: *furn Buriel* (en Córdoba); castellano, *horno*.

Entre los sonidos en posición interior, el grupo -CT- presenta un gran arcaísmo en mozárabe. La solución general de este grupo es *-it*, como en todo el románico occidental (a la peculiaridad del castellano a este respecto ya hemos aludido): *leitejînos*, arag. mod., *lechecinos; leitûqas;* cast., *lechugas; leiterola;* todos de LACTE-. Por otra parte, tenemos el grupo -CT- preservado en *oktûbar* (Ibn Júbair), que Pedro de Alcalá escribe *ogtubar*, posiblemente para representar que la C no era totalmente oclusiva, como no lo es en español moderno. Esta fricativa velar sorda se convierte en una laringal aspirada *ḥ* en *truḥta* (Al-Kazwînî) de TRUCTA, o x en *dunu*^{x}*ti* (Ibn Quzmân) = *de noche;* en *la*^{x}*taira* = *cuajaleche* (Ibn Kholkhol); y en *la*^{x}*tairuela* equivalente de *leiterola*. Así, el mozárabe atestigua todos los estadios a través de los que el cambio ha tenido lugar en romance, comenzando por la articulación no totalmente oclusiva de C y terminando en la palatal semivocálica. -CL- y -IL- en posición interior pasan a *-ll-* [λ] en mozárabe, como en románico occidental, y de ahí a *-y-* o incluso a [ž]. ŏCULU da *welyo; follar*, cast., *hojaldre; konelyo*, cast., *conejo*. Esta es la pronunciación utilizada por los mozárabes de Toledo en el siglo XIII: *fillo, mulleres;* cast., *hijo, mujeres*. Pero *konĵair* presenta [ĵ] derivada de [j] y esta de [λ], como en argentino moderno; y *Dar-al-viejo* es debido a una etimología popular de *Dar-al-belyo* en donde [λ] ha pasado a [ž] pareciéndose a la pronunciación de *j* castellana. En PACE AUGUSTI, Badajoz, tenemos el estadio **bašayoš*, con disimilación de las dos [š]; en port., *Badalhouce* y moz., *batalyûs* la [λ] es una hipercorrección de *y*. La oposición entre el uso mozárabe y el castellano a este respecto era sentida por el autor de *Poema del Cid*, un mozárabe de la región de Medinaceli, cuando escribió *Cujera* por *Cullera* y *Castejón* por *Castellón*.

El mozárabe coincide con los dialectos orientales de la Península frente al bloque noroccidental, y preserva algunas oclusivas sordas intervocálicas. La final de participio -ATU se da regularmente como *-ato*, y otros ejemplos como *Garnâṭa* o *Agarnâṭa* por *Granada; ṭoṭo* por *todo; boyaṭa = manada de bueyes; retonto* por *redondo*. A veces la sorda se reintroduce por hipercorreción, como *Qorṭuba*, CŏRDUBA. También aparece la forma sonorizada, como AQUA, *agua;* AQUILA, *águila* (con *ghain*). -F- presentaba tendencia a pasar a fricativa sonora representada por *u: prouiciscor*, PROFICISCOR; *reuocilo*, REFOCILO; y junto a ello, ultracorrecciones como *referendus* por REVERENDUS.

Las silbantes incluían [ĵ, ž], escritas con *jîm*, una *s* cacuminal, y *ç, z*. El *jîm* árabe se corresponde con el *gimel* hebreo, y se usó al principio para representar la *g*. Entonces Galicia era *Jalîkîya* y el TAGUS *Tâjo* o *Têjo*. En este último caso la G latina ha sido desplazada por la *j* árabe *(Tajo)*. La cacuminal [ś] y su correspondiente sonora sonaban a los oídos árabes como palatales del tipo [š, ž], y se representaron mediante *shîn*. En Sicilia la *s* no era del mismo tipo, y así Ibn Jubair escribe *Siqilîya* y *Sarqûsa* (Sicilia y Siracusa), con *s*, pero *šetember* (septiembre) (cf. *Šaflûdî* por *Cefalu*, indicando la palatal pero no la africación). En palabras como esp., *jabón;* esp. ant., *xabon,* SAPONE, la palatal es debida a la interferencia árabe con la *s* española, e igualmente la *ch* de *albérchigo,* PERISCU. Los sonidos *ç, z,* se oponían a la *s* cacuminal por ser silbantes, pronunciadas con la punta de la lengua dirigida no hacia los alvéolos ni hacia el paladar duro, sino detrás de los dientes inferiores. Se asemejaban así a *s* o *z,* y eran trascritas por medio de *sîn* o *zâi* según se tratara de sorda o de sonora: *mars* = *marzo, Bizent* por *Vicente* en Al-Khushanî (no *Jacinto,* como supuso Dozy). Si la parte anterior de la lengua llega a tocar los dientes momentáneamente en la articulación de esa *s,* resulta una africada del tipo de *ts, dz,* [ŝ ẑ], representables mediante *jîm.* Así, en Ibn Quzmân, *bīj* = *pez,* PISCE; *lūj* = *luz,* LUCE. Por este procedimien- el dialecto mozárabe podía transformar ST latina en *ts* y *ç:* CAESARAUGUSTA, arag., *Saraqûsṭa;* esp. ant., *Çaragoça;* ASTIGI, esp. *Ecija.* La P existía en mozárabe, pero no tenía representación en el alfabeto árabe, siendo posible trascribirla únicamente mediante *b* y en posición intervocálica mediante *bb* para indicar el carácter sordo; de ahí, sin duda, por influencia oficial, la *b* en *Beja,* en *Badajoz* PACE- y en *alberchigo* PERSICU. *Beja* también representa la pronunciación moghrebî [e] de la *â* larga habitualmente utilizada para trascribir la *a* tónica románica.

El dialecto mozárabe se conservó en Toledo entre los habitantes de las seis parroquias mozárabes a lo largo de los siglos XII y XIII, en que aparecen formas locales en competencia con el uso predominante del castellano de la cancillería; y a los nombres de personas y de lugares mencionados en los documentos se añaden fórmulas breves de respeto. La historia subsiguiente del mozárabe es oscura. Indudablemente, tiene lugar una sustitución. Los andaluces pasan a hablar un dialecto del castellano, los valencianos del catalán, los habitantes del Algarve del portugués, los moriscos se expresarán en aragonés hasta su expulsión. ¿Fue eliminado el mozárabe por ser en general semejante a una versión arcaizante y anticuada de cada uno de los dialectos triunfantes? ¿Hubo algún tipo de compromiso? Y si lo hubo ¿cómo se realizó? ¿En qué medida es el andaluz deudor del mozárabe, si es que lo es en alguna? La respuesta a tales preguntas hay que diferirla hasta que el andaluz sea adecuadamente examinado. Sin embargo, destacaremos que en la región de Toledo el español literario no era idénco al castellano antiguo, sino que efectuó un cierto compromiso con el leonés. Tal compromiso pudo haberse dado también con el mozárabe: la gran influencia de personas mozárabes en los círculos literarios de Alfonso el Sabio y de don Juan Manuel sugiere que dichas personas pudieron influir en la configuración del español literario *standard*.

El árabe de España

El árabe corriente de Al-Andalus se parece estrechamente al actual del Africa occidental, especialmente al de Marruecos; pero contaba con una serie de rasgos que impiden su identificación con los dialectos supervivientes. Según se desprende de la descripción de Pedro de Alcalá, de 1505, el dialecto de Granada era mucho más moderno que el que sirvió para suministrar al español sus numerosos préstamos. Esto resulta particularmente llamativo en lo que se refiere al proceso conocido con el nombre de *imâla:* el paso de *â* a *i*. Pedro de Alcalá testimonia acerca del último estadio, pero los datos de los préstamos apuntan a un estadio intermedio *e*, y además hay algunos casos con *a*. Es de señalar que arab. *th*, *dh*, continuaron teniendo la pronunciación]Θd[, aunque estén representadas en los préstamos por *t*, *d*. La aspiración suave no existía en Al-Andalus, y la fuerte *'ain* tendía a pasar a *h* o *a*, o a desaparecer. Como la *s* del árabe era dorsoalveolar, se la consideró equivalente de esp. *ç* pero no de esp. *s* [*ś*], que se trascribió con el signo de árabe *š*.

La conquista tuvo lugar en el primer siglo de la Hégira, y la lengua que portaban los vencedores contaba con algunos rasgos, arcaicos, que más tarde desaparecieron; lo cual es especialmente destacable en relación con la letra *jîm*. Descrita como una gutural por los gramáticos árabes y equivalente al hebreo *gimel*, esta letra tuvo al principio el valor de [g], y como tal su utilizó en la trascripción de topónimos: GALLAECIA, *Jalîkîya;* TAGU, esp. *Tajo*, port. *Tejo;* PACE, *Bâjja;* etc. Más tarde el *jîm* se convirtió en una palatal fricativa o africada [ĵ, ž], y el equivalente de esp. *g* fue el *ghain;* en algunos casos el nuevo valor influyó en la forma española de la palabra, como en *Tajo, Beja*, pero en otras no ha tenido consecuencias, como en *Galicia*. Otra pronunciación primitiva fue el valor [g] dado al *qâf;* también aparece sobre todo en topónimos: GADES, *Qâdis;* CAESARAUGUSTA, *Saraqusṭa*. El valor posterior fue el de una velar [k], y los resultados diferentes en *Cádiz* y *Zaragoza* indican que el cambio afectó a veces, pero no siempre, a las palabras indígenas. El árabe peninsular era igualmente arcaico en lo que se refiere a las letras enfáticas *ḍâd* y *ṭâ*. En relación con la primera, el amplio contacto de la lengua con el paladar duro hizo que los gramáticos la describieran como un sonido de naturaleza lateral; era una especie de *d* con ciertas características de *l*, y en consecuencia se representaba en romance mediante *ld:* árab., *al-qâḍî;* esp., *alcalde*. En cuanto a la segunda, la articulación enfática llevaba consigo una vibración parcial de las cuerdas vocales; era una *t* sorda, pero parcialmente parecida a una *d*. Así pudo utilizarse para transcribir la *d* del romance sin implicar necesariamente que ese sonido fuera sordo (*Córdoba:* árab., *Qòrṭuba; roṭonṭo = redondo*); al mismo tiempo, era preferido para transcribir la *t* románica, como si su carácter enfático facilitase la aclimatación de las palabras extranjeras.

En el caso de las guturales aspiradas, el cambio que hay que hacer constar tuvo lugar en las lenguas romances. En los primeros momentos únicamente la *k* era utilizable para indicar el carácter gutural de tales sonidos, dejando en cambio sin notar la aspiración; de ahí que algunos topónimos y nombres comunes representen las aspiradas guturales árabes mediante *c*. Más tarde, a partir del siglo XI, y sobre todo desde finales del XII, el desarrollo de la aspirada castellana *h* y su correspondencia con la *f* de los otros dialectos hizo que las aspiradas árabes se representaran mediante *f* en portugués y en catalán, y mediante *f*, *h* en castellano.

El elemento árabe en el español

Fueron los mozárabes, esos hispanohablantes sometidos al dominio musulmán, quienes facilitaron la entrada en el español de un vocabulario árabe considerable. Necesitaban para su propio uso un amplio número de palabras —que adaptaban a las normas romances— relativas a la administración y la organización de la sociedad, al comercio y la industria, en parte para designar realidades nuevas y en parte porque la lengua burocrática era el árabe. Unicamente tomaron en préstamo nombres de cosas; y las huellas árabes en la sintaxis son mínimas. No existía comunidad espiritual. Como contribución eficaz a la formación de palabras sólo podemos aducir el sufijo *-i: jabalí, Alfonsí*, etc. Las bases fonéticas de las lenguas también eran completamente distintas, por lo que fue precisamente en la sustitución de sonidos, que se exigía para la adaptación al romance, donde los mozárabes ejercieron su influencia. Los árabes bilingües *(moros latinados)*, y más aún los judíos, debieron asimismo contribuir. Estos últimos han dejado poco de su propia lengua al español y lenguas hermanas; únicamente ciertos términos litúrgicos se han hecho internacionales, como *Tora, Talmud, Gehena, taled*, y en traducción griega *filacteria*. Pero los judíos españoles contribuyeron a la cultura y al prestigio del árabe, y escribieron importantes obras filosóficas que sólo posteriormente se traducirían al hebreo. Bien es verdad que cuando fueron expulsados de territorio musulmán, en el siglo XII, llevaban consigo una cultura propia que iba a originar una serie de realizaciones en lengua hebrea durante la Edad Media y el Renacimiento; pero fundamentalmente se dedicaron a la traducción de la filosofía árabe para usos de escuela, y a prácticas de medicina basados en los tratados greco-árabes. Los judíos han de situarse, en consecuencia, entre los usuarios y traductores del árabe; ahora bien, no eran lo suficientemente numerosos ni contaban con el suficiente prestigio como para refrendar el paso de palabras árabes al español, el portugués y el catalán. Esa sería tarea de los mozárabes.

La labor de adaptación abarca el tratamiento de los finales de palabras árabes, la interpretación de las consonantes difíciles y la solución de los grupos de consonantes que repugnaban al romance. En lo que respecta a los finales, sólo los nombres merecen nuestra atención, ya que los verbos tomados en préstamo presentan simplemente las terminaciones propias del romance. La *nunación* no era utilizada en la lengua coloquial, y no ha dejado huellas en los préstamos al español. El femenino terminaba normalmente en *-a*, ofreciendo una fácil analogía con los femeninos españoles en *-a*. La tendencia a considerar femeninas las ciudades hizo que los nombres de varias de ellas que terminaban en *-e* pasaran a *-a* a través del mozárabe y del árabe: BARCINONE, *Baršalûna, Barcelona;* ASTIGI, *Istiji, Ecija;* OLISPONE, *Al-Ašbûna, Lisboa;* HISPALI, *Išbilîya, Sevilla;* ILIBERI, *Ilbîra, Elvira* (cerca de Granada). En TOLETU, *Toledo*, no ha ejercido ninguna influencia el doblete árabe *Ṭulaiṭula*. SCIPIONE, *Chipiona*, debe su inicial y final a esa influencia. Sin embargo, la desinencia de femenino era de hecho *-at*, y la *-t* hace acto de presencia en ciertos compuestos, como *qal'at Ayyûb, Calatayud*.

Los nombres masculinos árabes terminan habitualmente en consonante, algunas de las cuales son inadmisibles en romance. En este aspecto la labor de adaptación hubo de operarse a fondo, y la sustitución de sonidos resultó un hecho normal. Y o bien se sustituía la consonante inadmisible por otra corriente en ibero-romance *(Ayyûb, -ayud; al-'aqrâb;* esp., *alacrán;* portugués, *alacram, alacrão)*, o bien una *-e* adicional allanaba la dificultad (*al-xayyât, alfayate,* port., *alfaiate; al-duff,* esp. y port. *adufe).* Una *-o* aparece en *albérchigo,* árabe, *al-firsiq,* PERSICU, que es en realidad una palabra romance; y en *alhóndiga,* cat. ant., *alfóndech;* port., *alfândega;* árab., *al-fundaq,* y otras similares, se ha producido simplemente un cambio de género. El plural de los masculinos se expresa generalmente mediante un cambio en su vocalismo. Los préstamos al romance pudieron hacerse tanto a partir del singular como del plural; por ejemplo, *adarme* a partir del plural *al-darâhim,* y no del singular *al-dirham.*

En los préstamos medievales era costumbre tomar también el artículo como parte de la palabra, asimilándose a la inicial cuando se asimilaba en árabe (*t, th, d, dh, s, š, z, l, n, r).* No se usa el artículo cuando un substantivo va delante de otro en relación de genitivo: *qal'at Ayyûb,* «el castillo de Job» (no *al-qal'a).* Esta construcción está representada en español por *Calatayud;* y por esp. ant., *zavazoke:* árab., *sâḥib al-sûq* «superintendente de mercado»; esp. ant., *zalmedina:* árab., *ṣâhib-al-medîna,* «intendente de la ciudad», etc.

En el interior de las palabras también se presentaban sonidos y combinaciones desagradables a los oídos romances. Una *l* añadida a una *d* tiene el efecto de reproducir el elemento enfático de *ḍ,* así como de obligar a una articulación oclusiva de *d:* esp., *aldea;* port., *aldeia;* cat., *aldea;* árab., *al-daï'a* (pronun. *aḍ-ḍ-);* esp., *alcalde;* árab., *al-qâḍî.* Las numerosas guturales aspiradas del árabe ofrecían una mayor dificultad, y eran representadas por guturales *(c, g),* por aspiradas *(h, f)* o ignoradas. Hay que hacer observar, en particular, que no se produjo contacto entre la moderna gutural aspirada *j* y la interdental *z* del castellano y los sonidos árabes del mismo valor. La primera nunca fue representada por *j,* y la última solamente mediante *t* en español medieval, portugués y catalán. El *shîn* árabe correspondía a español, port. y cat., *x,* y a la *s* cacuminal; con el resultado de que ciertas S latinas se transformaron en *x* a través de la interferencia árabe. El *jîm* [*ǰ, ž*] se corresponde adecuadamente con la *j* romance.

Los grupos de consonantes son especialmente frecuentes en árabe occidental, al que pertenecía la lengua de Al-Andalus. Las vocales acentuadas eran reforzadas y las átonas se convertían en vocales de murmullo. En los préstamos al romance esos sonidos se transforman en vocales plenas, pero no siempre son las originales del árabe. Así, *-quivir* en Guadalquivir es en árab. *kabîr*, «grande», y en moghr., *kbîr*. En otros casos el grupo pertenece a todo el árabe: *qaṣr* da esp. *alcázar;* portugués, *alcaçar* y *alcácer(e); Ibn* pasa a *Aben* (en patronímicos), «hijo». En árabe *standard*, en posición inicial no se dan grupos de consonantes y los del romance son representados en árabe escrito con un *alif* inicial *(Al-Afranj*, «los francos), o con una vocal apentética *(Garnâṭa* por *Granada*).

Si confeccionamos una lista de arabismos representativos del español y lenguas hermanas, repararemos en que son casi siembre nombres de objetos o instituciones relacionados con un cierto estadio de cultura. El intercambio profundo entre estas dos lenguas es raro, a pesar de haber convivido durante ochocientos años. Esp., *he* en *hete, he aquí* (esp. ant., *afe, fe, ahe, he, e)*, es el árabe *hâ* (pronunciado *he* en Al-Andalus) usado igualmente con pronombres y simples adverbios de lugar: *hâka, hâhunâka.* El prefijo *a-*, cuando se presenta, es probablemente debido a la analogía con la *a-* de otros demostrativos: *aquí, acá, aquel,* etc. *Yâ*, «oh» (vocativo), aparece en la lengua épica: *ya Cid*. En obras moriscas aparece también *ye: ye Saad; ye mi Alà. Hamihala* en el siglo XII *(Auto de los Reyes Magos)* es una interjección no explicada, que tal vez introduce la palabra *Allâh*, aunque algunos la han tomado por un nombre propio acompañado por la exclamación «ha». En *ojalá*, español ant. y port., *oxalá*, encontramos el árab. *wa šâ' Allâh*, «si Dios quiere». El árab. *ḥatta*, da esp. ant., *fata;* portugués, *até, té;* y bajo la influencia de *FACIA, esp.. *facia, ha-*

cia, se convierte en esp. mod., *hasta,* medieval, *fasta.* Hay también un puñado de verbos, como *alifar, ahorrar,* etc.

La organización musulmana sorprendió por su novedad y eficacia en el arte de la guerra. En lugar de las unidades pesadas de jinetes utilizaban caballería ligera, que rompía las líneas fingiendo retirada y, de repente, se volvía, lanzándose contra sus perseguidores: el método *al-karr w-al-farr,* o retirada y contraataque. De ahí que el rey moro grite en una balada *alcarria, moros, alcarria.* La retaguardia mora *(zaga,* árab., *sâqa)* era tan importante como la vanguardia cristiana *(delantera);* según Fernão Lopes, la expedición del conde de Cambridge en 1381 introdujo un nuevo sistema táctico junto con los términos de *avanguarda* y *retaguarda.* Las campañas moras eran razzias (esp. y port., *algara;* árab.,*al-ġâra)* que se efectuaban en medio del tumulto (esp. y port., *algarada;* cat. ant., *algarrada;* árab., *al-' arrāda)* en el momento del ataque, acentuado por los tambores y trompetas de agudo sonido *(atambores, añafiles,* árab., *alnafîr);* dichas razzias eran precedidas por un movimiento de reunión de la tropa *(alarde,* árab., *al-' arḍ)* y conducidas por *adalides* (árab., *al-dalîl).* Había jinetes *(alférez,* árab., *al-fâris)* y escaramuceros (cat., *almogàver;* árab., *al-muġâwar),* entre cuyos pertrechos hay que destacar la cimitarra *(alfanje,* árab., *al-xcnjar),* la *adarga* (árab., *al-darqa),* la *alforja* (árab., *al-xurj).* La organización de las fortalezas moras era también importante; los *alcázares* (árab., *al-qaṣr)* y *alcazabas* (árab., *al-qasaba),* eran gobernados por *alcaides* (árab., *al-qaîd),* y protegidos por *almenas* y *adarves* (árab., *al-man'* y *al-darb).* Para hacer frente a las represalias vigilaban desde las *atalayas* (árab., *al-ṭalâ' iḥ)* o desde fortalezas avanzadas *(Alcalá* en topónimos, árab., *al-qal'a).* Una complicada organización cuasi monástica se revela a través de palabras como esp. ant., *arrobda, Arrábita, almorávides* (árabe, *murâbiṭûna),* etc., que proporcionó modelos a las órdenes cristianas de Calatrava, Alcántara, etc.

La cabeza del Estado, tanto en la guerra como en la paz, era el califa, emir o *Miramamolín* (árab., *amîr al-*

mu'minîn), que disponía de la colaboración de sus *alguaciles* (árab., *al-wazîr)*. La primera autoridad ciudadana era el *alcalde* (árab., *al-qâḍî*, «juez»), y existían varios responsables de las diversas actividades, como el *zalmedina* (árab., *ṣâḥib al-madîna)*, un cargo que continuó en la administración aragonesa; el *zavazoke* (árabe, *ṣâḥib al-sûq*, «jefe de mercado»); el *almojarife* (árabe, *al-mušrif)*; el *almotacén* (árab., *al-muhtasib)*. La plaza del mercado, o *zoco (Zocodover*, árab., *sūq al-dawwār)*, la *aduana* (que da también moderno *diván*, árab., *al-dîwân)*, la *dársena* (árab., *dâr sana'a al-baḥr*, «casa de trabajos marinos») y el *almacén* (árab., *al-maxzan)* constituían importantes actividades. Y la administración exigía una clasificación precisa de las comunidades en el interior de las ciudades *(Medina* en topónimos): *arrabal* (árab., *al-rabad)*, *aldea* (árab., *alḍai'a)*, *aduar* (árab., *al-dawwār)*, *distritos* (árab., *balad* en *Vélez-Málaga*, *al-ḥauz* en *Alfoz de Lara)*.

Una minuciosa escala de pesos, medidas y monedas facilitaba el importante comercio de las ciudades del sur. Las medidas para áridos eran, en especial las más frecuentes, *quintales, arrobas, almudes, cahices, fanegas, maquilas*. El *quilate* (árab., *qîrâṭ)* medía el oro y las piedras preciosas; el *adarme* y *azumbre*, los líquidos. La acuñación almorávide, *maravedí*, sirvió durante largo tiempo como base de la acuñación en el norte. La clasificación de los comerciantes de las ciudades revela que la división del trabajo estaba bastante avanzada. Había los sastres *(alfaiate*, en esp. ant. y port.; árab., *al-xayyâṭ)*, los *alfareros* (árab., *al-faxxâr)*, los *albarderos* (de *albarda*, árab., *al-barda'a)*, los *herradores (albéitar*, árab., *al-baiṭar)*, los *barberos (alfajeme*, árab., *al-ḥajjâm)*, los *albañiles (al-bannî)* y los *arquitectos (alarife*, árab., *al-'arîf)*. La elegancia y confort de las casas era grande; estaban construidas de *adobes* (árab., *al-ṭûb)*, con frecuencia adornadas con *azulejos* (de *azul*, árab., *lâzuward*, «lapis lázuli»); tenían *azoteas* (árab., *al-suṭaiḥa)*, *alcobas* (árab., *al-qubba)* y *zaguanes* (árab., *saṭwan),* y acondicionamiento sanitario mediante *alcantarillas.* Los músicos árabes suministraron al español una considerable lista de instrumentos, tanto árabes como griegos arabizados, suficiente para componer la mitad de la orquesta medieval: *laúd, rabel, tímpano, tambor, timbal, trompeta,* etc.

El Estado se apoyaba en la agricultura, y ésta dependía del abastecimiento de agua. El agua se embalsaba y utilizaba con una habilidad que ha caído después en desuso. La huerta valenciana es hoy una muestra del aspecto que presentaba Al-Andalus en cuanto a cultivos y vegetación. Existían nombres para varios tipos de aprovisionamiento de aguas: *albufera* o *albuera (al-buḥair), alberca (al-birka), aljibe* o *aljube* (*al-jubb*). El agua era conducida por canales *(azuda;* árab., *al-sudd)* y elevada con *norias* (árab., *nâ'ûra).* El *arroz* (árab., *al-ruzz)* y el *aceite* (árab., *al-zait),* junto con la aceituna *(al-zaitûn),* constituían la principal cosecha del sur, así como la *naranja (nâranj),* el *albaricoque (al-barqûq)* y el *albérchigo.* Hay que añadir la *acelga (al-silq),* la *algarroba* (árab., *al-ẋarruba)* y el *altramuz* (árab., *al-tarmus).* Los nombres de estos productos no son siempre exclusivamente árabes: *albaricoque* y *albérchigo* proceden del latín; *altramuz* y *acelga,* del griego; *albérchigo,* PERSICU, significa «fruto de Persia», y persa es el origen de *naranja* y *algarroba.* El árabe de España fue más importante como transmisor que como creador.

Esta posición mediadora del árabe resulta evidente en la importante contribución científica que legó a Europa. En la esfera de la ciencia matemática, la aritmética fue más conocida con el nombre de *algorismo,* a partir del gran matemático *Al-Khwarismî;* y junto con los números «árabes» (en realidad, un antiguo alfabeto indio) vino la *cifra* (árab., *ṣifr),* que hizo posible el cálculo rápido. Igualmente *álgebra (al-jabr),* y su símbolo básico *x* (árab., *šai;* esp., *xei* = «cosa»). En la mezcla de ciencia y seudociencia que era la astronomía y la astrología entraron numerosos términos árabes que hemos heredado *(zenit, nadir, teodolito)* y que hoy resultan de uso internacional. Algunas de las estrellas más brillantes son llamadas con nombres árabes, mientras que el de otras, además del de las constelaciones, siguen siendo latinos. Junto a Sirio, Capella, Arcturo, tenemos en todas las lenguas de Europa *Aldebarán, Algol, Betelgeuse, Alkor*.

La toponimia fue rebautizada en gran medida por el árabe. La palabra árabe *Wâḍî*, «río», aparece en Guadalquivir, «el gran río»; en *Guadiana*, «el río Ana»; en *Guadalete*, «el río Lethe»; en *Guadalajara*, «el río del lugar pedregoso» *(al-ḥajjâra)*; en *Guadalaviar*, «el río blanco» *(al-abyad)*; en *Guadarrama*, «el río de arena» *(al-ramla)*. ACCI dio *Iš*, de donde *Wâdî-Iš:* Guadix. *El* nombre de la ciudad de Guadalajara era para los geógrafos árabes *Medînat al-ḍâḥiya*, «la ciudad fronteriza». Esta palabra árabe *medîna* resulta también frecuente: *Medinaceli (Sâlim*, «de Selim»); *Medina Sidonia; Medina del Campo*. Otros nombres poseen significado militar, como *Alcalá* (árab., *qal'a*, «castillo, fortaleza»), o también árab., *iṣn*, «castillo» (raro), en Iznalloz. *Gibraltar* y *Gibralfaro* tienen *jabal*, «altura, cerro»: «cerro de Tariq» y «cerro del faro», respectivamente. La *Albufera* de Valencia está basado en *al-buḥair*, «la laguna», y *Algeciras*, en *al-jazîrat al-xaḍrâ*, «la isla verde», que sustituyó el nombre antiguo, *Carteya*. El famoso puente romano sobre el Tajo da lugar a *Alcántara*, «el puente»: *Valencia de Alcántara*, nombre emparentado con otros puentes y acueductos. Especialmente frecuentes en la región de Granada son *Alhambra (al-ḥamrâ*, «la roja»), *Generalife (janna(t) al-'arîf*, «el jardín del arquitecto»), etc. La granadina *Vivarrambla* significa «puerta del camino arenoso», y las *Ramblas* de Barcelona contienen la misma palabra. A la *Puerta de Visagra* de Toledo se la llama puerta dos veces, ya que *vi-* significa *puerta* (la palabra árabe *Bāb*, «puerta», se pronunciaba con *imāla* [bīb].

La influencia árabe alcanzó su apogeo en el siglo X, cuando el elemento mozárabe de la población leonesa llevaba el peso de la cultura en este reino. Los documentos de la época contienen palabras que han sido recogidas por los diccionarios modernos, pero presentan otras (como *zavazoke* o *alhajara)* que iban a desaparecer antes de que se compusieran las primeras obras importantes de la literatura castellana, o que serían eliminadas a lo largo del siglo XVI. La primacía del castellano sobre el leonés supuso un rudo golpe para las innovaciones árabes. La lengua española volvía la espalda al árabe, e iba a buscar inspiración en el francés y el latín. El vocabulario árabe continuó su decadencia, y en la actualidad constituye la parte menos utilizada del léxico; los nombres de las cosas cambian con el tiempo. *Sastre* ha reemplazado al árabe *alfayate;* el *visir* se ha convertido en un tipo de policía *(alguacil)* —si bien las modernas fuerzas de policía utilizan nombres latinos—; el *alférez* («jinete, caballero»), que había actuado como condestable en el siglo XI, aparece en el XVI como una especie de lugarteniente de su *capitán,* para ceder paso, más tarde, al *teniente.* En vista de ello resulta sorprendente que conservemos nombres árabes para funciones y cosas tan frecuentes como *alcalde, alcaide, arroz, laúd, cifra, cenit, x,* etc. En todo caso se ha recorrido un largo camino desde el siglo X, en que *Gite,* «mi señor» (el *Cid* Ruy Díaz es el último de estos señores), dio el patronímico *Gitez.* Se decía también *Mafumetez.* Y había cristianos que se llamaban *Zeit diaconus* o *Abdalla presbyter.*

Asturiano-leonés

El dialecto mozárabe, privado del prestigio literario y administrativo, continuó en una situación de desarrollo limitado; y la hegemonía, dentro del español, correspondió a Galicia y León durante los primeros siglos de la Reconquista. Galicia, que era a los ojos de los árabes el enemigo más poderoso, dio nacimiento al gallego y más adelante al portugués —lengua rica en vocales de sutiles matices y adaptada a las necesidades de su talante lírico—. En León se desarrolló el dialecto asturiano-leonés, o mejor, los dialectos, ya que éstos nunca alcanzaron la unificación, sino que cuando más se llegó a una serie de fórmulas de compromiso oficiales. Esta especie de vía intermedia entre las diferentes formas de lengua podría haber dado expresión a la reunión de la cristiandad hispana en un Estado heredero de la unidad del reino visigodo; pero tal *koiné* no pudo prosperar, a falta de una cancillería y de una literatura vernácula. El latín era la lengua de los pocos hombres de letras —en su mayoría mozárabes— que compilaban crónicas en León; y era también el latín, popularizado, el lenguaje de la ley.

Aunque bajo Pelayo la sublevación cristiana hizo su primera irrupción en el área de Gijón, prendió con mayor brío en las montañas occidentales de Cantabria. Desde allí, hacia 750, Alfonso I devastó tierras de Portugal y León hasta el Duero, dando así un respiro a las colonias de godos y suevos refugiados en Galicia y Asturias. La capital se estableció en Cangas de Onís y a continuación en Oviedo. En Oviedo Alfonso II experimentó la influencia del prestigio y las victorias de Carlomagno; posiblemente se casó con una princesa franca y se convirtió en una especie de rey-cliente del emperador. Estas relaciones serían tan tergiversadas por las leyendas épicas de los siglos siguientes que resulta difícil hacer afirmaciones concretas. En todo caso, la reputación de pusilanimidad del rey no debe tenerse en cuenta, ya que parece haber sido precisamente Alfonso II el primero que soñó con un imperio español. Fue *magnus rex;* es decir, aunque rey de León al modo que otros lo eran de las distintas áreas de la Península, sólo él se consideraba sucesor de quienes habían gobernado España desde Toledo. La idea prosperó bajo sus herederos, y si Alfonso III el Grande fue aún *magnus rex,* adoptó por sí mismo el título más sonoro de *imperator;* y tras el simulacro de haber encontrado en Vizeu la tumba del último de los reyes godos, estableció de forma inequívoca su pretensión a la hegemonía de España. Y aunque un imperio de toda España sólo se vislumbraba todavía de una manera vaga, se asoció al acto de la coronación en León el complicado ceremonial establecido por Alfonso VII en 1135. Sin embargo, por esa época la sede del poder se había trasladado ya a Castilla, y las pretensiones de León quedaron paulatinamente olvidadas. Este «imperio» no era incompatible con la independencia local. Representaba el derecho de hablar de la defensa e intereses de España como de un todo; y se refleja en la literatura posterior por la circunstancia de que las crónicas portuguesas y catalanas medievales se limitan a los acontecimientos de ámbito local, mientras que el castellano se reserva la tarea de recopilar las crónicas generales.

En Oviedo se había levantado una iglesia metropolitana de bella fábrica; pero resultó situada demasiado al norte para las conveniencias de gobierno cuando la marcha de la conquista y colonización descendió hacia el sur, sobre León. La zona desierta creada por Alfonso I sólo podía conservarse si era efectivamente ocupada; pero para los reyes de León constituía un problema el mantener el equilibrio entre la cantidad de territorio a poblar y los pobladores disponibles. De ahí que desde el norte de León partieran sucesivas oleadas, aunque con intervalos para la recuperación demográfica, de colonizadores.

El primer avance importante fue llevado a cabo por Ordoño I (850-66), que ocupó el tercio norte de este área: Tuy, junto al Miño; Astorga; la ciudad de León, y Amaya, en el norte de Castilla. Las tres últimas poblaciones controlaban la gran ruta que cruza el norte de la Península desde Roncesvalles a Santiago, bordeando la Cantabria meridional. Se llamaron hombres de todas partes para poblar esta zona, y los colonos establecidos pueden identificarse por los topónimos: *Toldaos* (mozárabes toledanos, en Galicia), *Toldanos* (en León); *Villagallegos, Castellanos, Báscones* (Oviedo y cerca de Amaya), *Vascois* (en el Sil, en Galicia). La ocupación del norte de Portugal y de la región central de

León la llevó a cabo el sucesor de Ordoño, Alfonso III (866-914), a pesar de haber sufrido diversas invasiones árabes de considerable importancia. Sus plazas fuertes eran Lamego, Vizeu e incluso Coimbra, en Portugal; Toro y Zamora, para guardar la línea del Duero (que amuralló con la ayuda de los mozárabes); Dueñas, Simancas y Burgos (884). Esta última colonización tendría importantes consecuencias para España. De modo inmediato constituía una rectificación de la gran ruta transversal, que resultaba demasiado incómoda por discurrir tan al norte, por Amaya; a la larga aseguraba la hegemonía del castellano. En lugar de ocupar la antigua Cantabria o Bardulia, el castellano se extendió a la meseta y a la cuenca del alto Duero. Burgos se convertiría después en un nuevo centro de difusión, y habría de cobrar importancia por el carácter resuelto de sus habitantes y por el prestigio de la gran épica castellana; pero en los siglos IX y X no era más que un territorio dependiente de León.

Los topónimos que marcan los desplazamientos de población ocurridos en este segundo movimiento expansivo incluyen las denominaciones generales de *gallegos, castellanos, asturianos,* aunque también a veces proporcionan una información más detallada. Hubo *navianos,* procedentes de Navia (en el límite de Asturias y Galicia) y *bercianos,* del Bierzo (al noroeste de Astorga). En San Ciprián de Sanabria existe un islote lingüístico en el que la vocal final *-a* átona permanece, pero cuando va seguida de consonante pasa a *-e-: tu cantes, nosotros cantabemos, cases.* Dicho cambio se produce regularmente en catalán, pero en español está restringido al asturiano de Oviedo, de donde puede deducirse una colonización de oriundos de Oviedo en San Ciprián. En cuanto a los colonos mozárabes, trajeron consigo su cultura, sus nombres árabes y la abundancia de préstamos de su vocabulario, modificando así profundamente el español de León.

Ordoño II convirtió a León en capital, siendo él el primer rey allí enterrado (923). También fue Ordoño II el primer soberano en adoptar medidas para reducir el poder de Castilla; se apoderó de cuatro condes castellanos en una entrevista que tuvo lugar en Carrión, dándoles muerte en la capital. Su hijo Ramiro II (931-950) estableció colonias leonesas en el Duero y pobló la cuenca del Tormes; Ledesma, Salamanca, Los Baños y Peña Ausende eran sus principales plazas fuertes en esta región. La mezcla de población se revela en los nombres de lugares: *Gallegos, Galleguillos, Mozárbitos, Mozárvez, Huerta de Mozarbitos, Castellanos;* y de nuevo encontramos un islote lingüístico que remonta a elementos de Oviedo, esta vez en El Payo (al sur de Ciudad Rodrigo). Los componentes de la población salmantina permanecieron nominalmente diferenciados como *linajes de Salamanca: castellanos, toreses, portogaleses, mazárabes*. Hoy día todavía subsiste el rito mozárabe en la catedral salmantina.

Las ampliaciones territoriales de Ramiro, logradas a pesar de la abrumadora superioridad del califa Abd-al-Raḥmân III, no impidieron que el reino quedase debilitado por las razzias de Al-Manṣûr: Los Baños cayó en manos de los árabes en 977; la ciudad de León fue saqueada dos veces (981 y 988), y en 988 los dos grandes centros religiosos leoneses, Eslonza y Sahagún, fueron asolados. El punto culminante de estos ataques lo señala el saco de Compostela en 997, cuando las campanas fueron transportadas a Córdoba a hombros de esclavos cristianos. Tras la muerte de Al Manṣûr, los leoneses se aplicaron a reparar sus pérdidas, quedando remozada la ciudad en 1020. Pero las heridas eran demasiado profundas, y los condes de Castilla aprovecharon la relativa inmunidad que les proporcionaban estos acontecimientos para declararse independientes y convertirse en serios rivales de los *magni reges*. Durante un tiempo Castilla estuvo ligada a Navarra, pero recuperó su independencia, ahora con el rango de reino, bajo Fernando I, astuto monarca que extendió además su soberanía al reino de León en 1037. Cuando en el lecho de muerte repartió sus posesiones, asignó Castilla a su hijo mayor y León al segundo. Tras rebelarse contra esta división, Sancho II asestó dos severas derrotas a los leoneses en Llantada y Golpejera, aclarando, sin dejar lugar a dudas, quién disponía de la superioridad de la fuerza; y aunque el reino de León recobraría un teórico prestigio bajo Alfonso VI, sucesor en el trono de su hermano, Toledo cayó en manos de Castilla en 1085. Alfonso VII adoptó el título de «emperador» en la ciudad de León el año 1135; pero a partir de entonces incluso ese rasgo de deferencia hacia León fue eliminado. Ambos reinos se separaron bajo Alfonso VIII y Alfonso IX, extendiéndose entonces el de León, en estrecha cuña, hacia Extremadura; pero los castellanos fueron los principales artífices de la gran campaña de las Navas de Tolosa en 1212. Bajo Fernando II y Alfonso X, unidas ya finalmente las dos coronas, la cancillería real patrocinó resueltamente la forma castellana de la lengua española.

La situación lingüística de León refleja su política. El leonés es una lengua de compromiso con todos sus vecinos: gallegos, castellanos y mozárabes. La influencia gallega resulta más acusada en el oeste, donde la diócesis de Astorga sirvió como centro de un dialecto occidental predominante en los primeros años de la monarquía. Las influencias castellanas son fuertes en los condados de Liébana, Carrión y Saldaña, que constituyen, junto con el gran monasterio de Sahagún, el área dialectal del leonés oriental. Y a través del leonés oriental las formas castellanas presionaron sobre el centro de León durante los siglos XI y XII; actualmente ocupan todo el área. La cooperación mozárabe en algunos asentamientos importantes supuso la utilización en gran medida del vocabulario árabe. En el norte, los dialectos asturianos, al abrigo de los montes cantábricos y cada vez más apartados de los proyectos imperiales de León, continuaron su desarrollo ininterrumpido a partir de la base común latina; y estos dialectos configuran hoy la región más diferenciada de los hablantes de dialectos españoles.

El leonés se aparta del castellano por su vacilación en

el tratamiento, mediante la diptongación, de Ĕ, Ŏ tónicas y la monoptongación de AI, AU; por su conformidad con lo usual en romance y en particular con los otros dialectos españoles, y por su desarrollo (en común con el gallego-portugués) de las consonantes sordas en posición débil y de los grupos iniciales PL-, CL-, FL-. Las vocales Ĕ, Ŏ se han conservado en topónimos y palabras de cultura, perdurando las últimas hasta el siglo XIII: por ejemplo, *in illo mallolo* (León, 1061); cast., *majuelo*. Cuando triunfa, el diptongo no resulta impedido, como en castellano, por la presencia de una palatal: FŎVEU da *Fueyo, Los Fueyos* en Asturias, pero da *Hoyo, Hoyos* en Castilla; HŎDIE da *uuoy;* cast., *hoy*, y también *uuey;* ARRŎGIU da *arruoyo;* cast., *arroyo*. Los diptongos surgen mediante alargamiento de las vocales (*ee, oo*) y la ulterior diferenciación de las partes, de modo que el primer elemento se hace más cerrado que el segundo (*ẹę ọǫ* > *ie, uo*). La acentuación de estos diptongos en leonés occidental es cuestión en la que discrepan los más expertos investigadores: algunos opinan que el acento puede recaer sobre el diptongo entero o bien sobre una de sus partes (tanto *íe, úo,* como *ié, uó*), mientras que otros mantienen que el primer elemento se convierte en una especie de semivocal incapaz de llevar el acento. El diptongo *ie* se convierte en *ia, uo,* al pronunciar su segundo elemento aún más abierto; *uo,* por una disimilación del mismo tipo, da *ua* y también *ue* (con un estadio intermedio probable *uə*). Todos estos diptongos se encuentran en leonés: HŎDIE, *uuoy, uuey;* HŎRTOS *vortos,* cast., *huertos;* MŎRTE *muarte,* cast., *muerte;* NŎSTRU, *nuastro,* cast., *nuestro;* ĔST, *ye, ya;* CASTĔLLA, *Castella, Castiella, Castilla;* PĔDE *pia, pie*. En el *Fuero Juzgo*, del siglo XIII, encontramos *voaltas, oabras, encuantra;* y además el diptongo sobrevive en Cangas de Tineo y otros puntos de Asturias: SŎMNU, *suaño, sueño. Ampudia,* FŎNTEPUTIDA, supone *fuan(te)*. Los primeros pasos en castellano eran, pues, vacilantes, pero se alcanzó el estadio final *ie, ue* con más rapidez que en León.

Los diptongos latinos AI, AU se estancan en leonés, el

cual presenta una evolución que se detiene característicamente en el estadio *ei- ou: karreira, obtorgare: carrera, otorgar*. La simplificación de estos diptongos se debe a un impulso que parte de la región de Tarragona y que fue aceptado en castellano a través del aragonés, pero que no logró afectar al leonés ni al gallego-portugués. De la misma forma, el leonés coincide con el gallego-portugués en conservar el grupo -MB- (PALOMBA: port., *pomba;* leon., *palonba;* cast., *paloma)* frente al impulso hacia la simplificación en *-m-* que parte del este. Los casos anteriores muestran también coincidencia entre el leonés y el mozárabe (aún más conservador). El leonés mantiene —como todas las lenguas romances con excepción del castellano y el gascón— la F- latina, desarrolla -LI- y -CL- a *-ll-*, preserva J-, Ǵ- iniciales ante vocales delanteras (como *y-*) y convierte en *-it-* el grupo -CT-. En este último caso se presenta una buena oportunidad de detectar la intrusión de las formas castellanas en leonés: PACTARE, leon., etc., *peitar;* cast., *pechar*. Las formas en *-ch-* se introdujeron primero en el leonés oriental, pero encontramos *pechar* ya en el centro de León, en Eslonza, en 1173, y *Fontecha* en la ciudad de León en 1136. En el siglo siguiente las formas en *-it-* se habían convertido en un rasgo característico del leonés occidental. Como el aragonés, el leonés usa ocasionalmente formas acentuadas de ĔS, ĔST; *yes, ye;* y llevó a cabo palatalizaciones de L- inicial que ocurren esporádicamente en el conjunto de la Península, pero no en gallego-portugués ni en castellano.

El leonés innova en dos aspectos. En primer lugar, como el portugués, tiene una fuerte tendencia a convertir -P-, -T-, -K- intervocálicas en *-b-, -d-, -g-*, rasgo introducido ya en el latín popularizado de los documentos notariales, donde, por ejemplo, encontramos CINGITUR escrito CINGIDUR; en cuanto a la otra innovación, que afecta a los grupos iniciales PL-, CL-, FL-, la abordaremos más detenidamente al estudiar la formación del gallego-portugués. El estadio alcanzado por el leonés medieval fue [š]: CLAUSA, *xosa;* FLAVINU, *Xainiz*.

En leonés occidental moderno el fonema que representa esos grupos iniciales es [ŝ], dental africada, como en CLAVE, *tsabe*. Se corresponde con el asturiano central (y con el español) *llave;* ecuación similar se produce entre asturiano central *lluna* y asturiano occidental *tsuna*, aunque el punto de partida aquí es L- en LUNA, esp., *luna*.

Los dialectos navarro-aragoneses

Las formas navarro-aragonesas eran habladas en una faja territorial que iba desde el alto Ebro hasta las fronteras de Cataluña, abarcando la Rioja, Navarra, Aragón propiamente dicho, Sobrarbe y Ribagorza. Esta región no conoció la unidad política hasta su absorción final por la Monarquía española, y cada una de las partes que la componía estuvo asociada políticamente con áreas de lengua distinta: Navarra con las provincias vascas y Aragón con la zona hablante de catalán. Hasta el siglo XVI, sin embargo, el navarro-aragonés, apoyado por las cancillerías de Pamplona y Zaragoza, no se vio sometido directamente a la hegemonía del castellano. En la alta Edad Media la modalidad riojana del castellano era usual en los monasterios de San Millán de la Cogolla, en la Rioja, y de Santo Domingo de Silos, en Castilla. Gracias a la gran relevancia cultural de estos dos centros, el riojano resulta muy importante para el estudioso del primitivo español y de los orígenes del castellano.

El navarro-aragonés, como el leonés, es una supervivencia de ese *consensus* de los dialectos españoles que fue la plataforma visigótica, y que está representada muy de cerca por el mozárabe; contiene ciertas peculiaridades nororientales, pero en general coincide con los demás dialectos, frente al castellano, en una serie de rasgos que podemos resumir así: F- inicial: FILIU, *fillo;* cast., *hijo;* conservación de J- y Ġ- iniciales: MEA GERMANA, *mea iermana;* cast., *mi (h)ermana;* JACTAT, *geitat;* cast., *echa*. La L- inicial se palataliza, lo que ocurre regularmente en aragonés al principio de palabra y al principio de sílaba, por ejemplo: *Uilla, Carlli.* En ribagorzano moderno la L palataliza incluso en grupos: *pllaza, dobllar.* La palatalización en inicial es también un rasgo del catalán, de modo que esta tendencia se manifiesta más en el noreste que en el oeste y en el sur. El grupo -CT- cambia a *-it-:* JACTAT, *geitat;* FACTU, *feitu;* cast., *echa, hecho.* El mismo cambio experimenta el grupo -LT- en MULTU; arag., port. y leon., *muito;* castellano, *mucho.* La *-ch-* castellana invade, sin embargo, los documentos aragoneses primitivos, y la forma *mucho* es normal en el siglo XV. Al lado de *feito,* el aragonés conoció *feto* en el siglo X, así como en la actualidad. Los grupos -CL-, -LI- dan *-ll-* (frecuentemente escritos *yl* o *yll*): FILIU, *fillo;* cast., *hijo;* SPĔCULU *spillu (Glosas Emilianenses);* cast., *espejo;* COLLECTURA, *collitura (Glosas Silenses);* CONCĬLIU, *conceillo;* cast., *concejo.*

Una de las características que diferencian el navarro-aragonés del leonés es la conservación de los grupos iniciales PL-, CL-, FL-, en lo que coincide con el catalán y el mozárabe. El aragonés y el catalán conservan también -P-, -T-, -K- en posición débil, y particularmente entre vocales, con mucha mayor libertad que los dialectos noroccidentales: CAPUT, *capot;* esp., *cabo;* *CAPĬTTIA, *capeças;* esp. ant., *cabeças;* TOTA VOLUNTATE, *tuto bolumtate* (1062); LORICA, *lorika* (1090). Tales palabras, conservadas en documentos legales, pueden estar indebidamente influenciadas por la tradición latina; pero aún existe un área situada al norte de Huesca, en Sobrarbe, y, más allá de la frontera, en el Béarn y Bigorre, donde las sordas intervocálicas se conservan: AQUILA, *álica;* esp., *águila; capeza; marito,* esp., *marido; Nocito (Nocedo),* etc. Esta tendencia conservadora se hace notar también en mozárabe.

El catalán y el navarro-aragonés innovan al reducir -MB- a *-m-*, -ND- a *-n-*, y al simplificar los diptongos AI, AU en *e o.* La última es una modificación que se introdujo también en el castellano, dándose una primitiva vacilación en los documentos de Oña; y, a través del castellano, ha pasado a ser la norma en español: TER-

TIARIU, *terzero; trastorné (Glos. Em.); semdero, matera* (1044); AUCTORICARE, *otorekare* (autorizar) (1061). El castellano y el aragonés completaron la evolución de AU a *o* hacia el siglo XI. Las vocales E, O tónicas diptongan en todas circunstancias en aragonés como en leonés, siendo varios los diptongos posibles resultantes: *ie, ia; uo, ua, ue*. La simplificación de los grupos consonánticos mencionados es, sin embargo, un rasgo notable del noreste español, y ha sido asociado con la teoría de un asentamiento osco en las cercanías de Huesca, que resulta poco verosímil, como ya hemos indicado. En Ribagorza, en 913, tenemos: «*concamiamus* nostram terram... in locum ubi dicitur *Intramas* Aquas» (cf. *cambiar, ambas)*. Esta mutación no parece haberse producido en la Rioja, donde *-mb-* caracteriza la lengua de Berceo y los documentos de la región; en cambio, presionó sobre Castilla, donde *concamiationem* aparece en 972. La asimilación del grupo -ND- es más limitada. Tanto *nd* como *n* se encuentran en documentos medievales aragoneses: *quando, quano; Galindo, Galino;* SPŎNDA, *espuenda;* catalán, *espona, illa spuenna, super illa sponna, spuanna* (S. Juan de Peña, 1062-85). Un número limitado de ejemplos se encuentran en castellano y en leonés oriental.

El navarro-aragonés utilizaba tanto formas acentuadas como átonas de ĔS,ĔST, como hace el leonés; y *ye* ET puede incluso indicar algún tipo de acentuación sintáctica de la conjunción. La tercera persona de plural del pretérito adoptó la *o* del singular: cast., *compró, compraron;* arag., *comparoron* (1062). El rasgo anterior se extiende a los dialectos leoneses y aragoneses modernos, pero no está ampliamente testimoniado en documentos antiguos. La presencia del dativo del pronombre *li- lis,* y del posesivo *lur, lures,* es digno de atención en aragonés, y en Berceo ayuda a confirmar otros nominativos pronominales en *-i,* como *elli;* cast., *el.* En las formas del artículo hay una considerable vacilación en aragonés y en leonés: *el* en competencia con *lo, ela, elos,* asimilación con *con* y *en (enna, conna,* etc.), y en Sobrarbe *ero, era.* Junto a ILLE se da un uso esporádico de IPSE en toda el área española como forma posible del artículo: *super ipsa via, de ipso porto.* Usado en esta forma, sin embargo, IPSE conserva su forma latina, y no es una palabra romance. Rasgo singular del navarro-aragonés es la tendencia a repetir los tratamientos honoríficos, sobre todo delante de nombres de mujer o de clérigo: *dueño, dueño Cristo.*

El reino de Aragón surgió, un tanto casualmente, por una donación de Sancho el Grande de Navarra: cedió el valle del río Aragón a su hijo bastardo Ramiro. Ramiro se esforzó en conservar la independencia frente a Castilla, y sus sucesores dieron mayor consistencia al reino con la incorporación del poderoso estado musulmán de Zaragoza. Posteriormente los reyes de Aragón traspasaron el título y el prestigio de su reino a los condes de Barcelona en la unión de Aragón con Cataluña, y también fue la política catalana la que jugó la baza más importante en dicha unión. Pero permanecieron bien diferenciadas la cancillería de Zaragoza, las Cortes y las costumbres aragonesas en relación con el resto del Estado. En cuanto a la lengua, logró mantener el uso oficial y general hasta que sobrevino su final anegación por el castellano. Al este de Aragón propiamente dicho se encuentran los dos condados de Sobrarbe y Ribagorza; este último, dividido en dos por el río Noguera Ribagorzana, es una zona de transición entre el español y el catalán. En el oeste, los rasgos catalanes comienzan a aparecer en la región del Cinca y el Esera, la línea media de demarcación es el Noguera Ribagorzana y la transición se ha completado cuando alcanzamos el Noguera Pallaresa y el condado de Pallars, hablante ya de catalán. Estas fluctuaciones lingüísticas corresponden a una primitiva ambigüedad política de la región, que solamente se asoció a los avatares de sus vecinos occidentales en el siglo X.

En el otro extremo del territorio navarro-aragonés se encuentran las comarcas de la alta y la baja Rioja. La alta Rioja estuvo estrechamente asociada a Castilla la Vieja; la baja Rioja, situada a lo largo del Ebro, en las proximidades de Nájera y Logroño, era tierra disputada entre Castilla y Navarra. En el siglo X la frontera con Castilla se encontraba en los montes de Oca, famosos en la épica cuando los poetas se refieren a la falta de espacio de la primitiva Castilla. Durante los siglos XI y XII se disputó la posesión de dicha zona, pero quedó incorporada definitivamente a Castilla en 1176; a partir de entonces experimentó una rápida castellanización. Lo que hace interesante esta área de transición es la importancia de sus centros religiosos: Albelda y Santa María de Nájera inspiran crónicas latinas; San Millán de la Cogolla y su avanzada en Castilla, Santo Domingo de Silos, suministran los primeros documentos en lengua vernácula, las *Glosas Emilianenses,* en el siglo X, y las *Glosas Silenses,* en el XI. Silos está de hecho situada en Castilla, pero sus tradiciones eran riojanas, lo cual no fue obstáculo para mover a los castellanos a visitar dicho monasterio. Sin Millán fue también cuna de Berceo, el más antiguo poeta de importancia en publicar bajo su propio nombre, cuya lengua presenta aún rasgos de su propio dialecto: *elli,* esp., *él; li,* esp., *le; soltóllilas,* español, *soltóselas.* Que la lengua de las *Glosas* no es la castellana puede verse en formas como las siguientes: *spillu, muitu, feito, geitat, aflarat, aplecat, ies, iet, uemne, faca, ayutorio, lueco, collitura, adduitos;* cast., *espejo, mucho, hecho, echa, hallara, allega, es, hombre, haga, ayuda, luego, cogedura, ducho.*

El surgimiento del castellano

Fue entre tales competidores como se alzó el castellano con la supremacía y se transformó en el español *standard*. Surgió en la antigua Cantabria, región situada en las montañas cercanas a Santander, en las proximidades del área vasca. Esta región de Santander (Asturias de Santillana, de Trasmiera), más Campóo y el extremo norte de la actual provincia de Burgos, constituían la primitiva Castilla, Bardulia o Castilla la Vieja. Su larga y azarosa historia iba a proporcionar una cierta unidad a esta zona. Bajo la República romana, Cantabria, junto con la Astúrica y el País Vasco, no había sido sojuzgada, permaneciendo marginada del resto de Hispania; sólo cayó el 19 a. C. ante las legiones de Augusto. Gallaecia, la Astúrica y el área cántabra fueron absorbidos, con la parte este de la Península, para constituir la España Citerior, quedando así separadas de la Lusitania y la Bética, que formaban la España Ulterior; pero en la reorganización de Diocleciano la antigua Cantabria pasó a formar parte del convento de Clunia, resultando, por tanto, segregada de las que en el futuro serían las regiones leonesa y navarro-aragonesa. Cuando los visigodos sucedieron a los romanos en España, Cantabria formó, junto con el País Vasco, una región no sometida, y fue en dicha región donde Rodrigo llevó a cabo su última campaña. No formaba parte del reino nuevo de Galicia ni de la región occidental de Asturias. La llegada de los musulmanes hizo que se mantuviera la situación existente durante el período visigodo; Cantabria permaneció independiente bajo su «duque» Pelayo, y asestó el primer revés a los invasores islámicos en Covadonga. La subsiguiente historia de la Reconquista tendería a ligar a Cantabria con sus vecinos occidentales, dado que el peso fundamental recaía en los primeros momentos en Galicia y León. Un rey leonés, Ordoño I, hizo que aquellos montañeses llegasen hasta el borde de la meseta al ocupar la plaza fuerte de Amaya en 860; otro soberano leonés, Alfonso III, les dio Burgos en 884. Burgos, sobre el Arlanzón, ocupa el centro de un sistema fluvial al norte del Duero, y llegaría a convertirse, con el tiempo, en un importante centro de propagación de castellanismos en la meseta situada al este del Pisuerga, en la frontera con León. El avance siguiente, alrededor de 912, fue en dirección sudeste, hacia Alfoz de Lara, convirtiendo entonces la línea del Duero en frontera desde Simancas a Osma. En 914 se cruzó el río y la expansión castellana adquirió la dirección sudoeste: Sepúlveda cayó en 946, y la frontera pasó a ser el Cea. En la centuria siguiente se cruzó esta línea, y Segovia y Avila cayeron ante las armas castellanas. Con la última ciudad, Castilla se apoderaba de una región perteneciente a la antigua Lusitania, región que constituyó durante algún tiempo tierra fronteriza sin asentamientos (Extremadura del Duero); por fin fue colonizada en 1088.

Las sucesivas expansiones territoriales irían asociadas con el prestigio de ciertos monasterios. Castilla la Vieja tuvo Oña como centro cultural, y hoy los documentos de este monasterio constituyen autoridad por lo que se refiere al castellano más antiguo, o cántabro. Cuando Burgos fue reconquistada cobraron importancia dos nuevos monasterios: San Pedro de Cardeña y San Pedro de Arlanza, ambos asociados con los héroes y la épica; el primero, con el Cid; el segundo, con el conde Fernán González y la independencia de Castilla. En Alfoz de Lara el gran centro monástico fue Santo Domingo de Silos, que, sin embargo, no pertenece lingüísticamente a esta zona, como ya hemos visto; pero allí se compuso la épica más trágica y, probablemente, más antigua. La supremacía lingüística de Burgos no se vio, sin embargo, afectada por la adición de este territorio ni por los asentamientos en Extremadura del Duero; y desde Burgos continuarían irradiándose las oleadas innovadoras sobre el resto de España, hasta que con la conquista de Toledo ésta quedó sometida a dichas innovaciones, para convertirse después en la norma de la lengua correcta a los ojos de los españoles de la Edad de Oro. La supremacía de Castilla continuó imponiéndose lingüísticamente como consecuencia de la supremacía política; pero como el incremento del área de lengua castellana tendría lugar bajo la tutela de una literatura española en desarrollo, su estudio debemos hacerlo en el capítulo siguiente; ahora sólo señalaremos los rasgos del castellano en su fase preliteraria.

Ya hemos dicho que el primer centro de irradiación del castellano fue Castilla la Vieja, y que la documentación que de esa etapa tenemos procede fundamentalmente del monasterio de Oña. En dichos documentos

FIG. 5

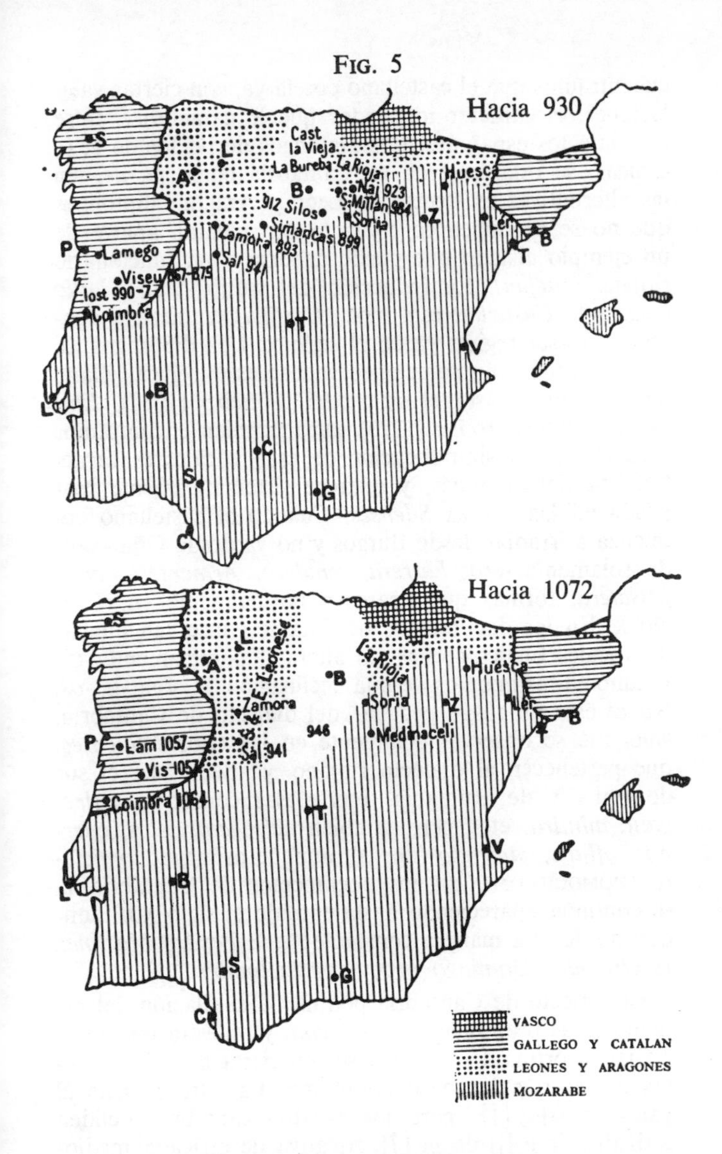

La expansión del castellano

encontramos que el castellano poseía ya, con ciertas vacilaciones, el carácter innovador que le caracteriza entre los dialectos españoles. Los diptongos derivados de E, O, tónicas, se establecieron en Cantabria como *ie, ue,* sin las alternativas existentes en León y Aragón; diptongos que no se producen en contacto con palatal, aparte de un ejemplo aislado que puede deberse a un funcionario riojano *(cuejan).* La reducción del sufijo *-iello* a *-illo* (esp. ant., *Castiella;* esp. mod., *Castilla)* empieza a aparecer en esta región ya en el siglo X. Los diptongos AI, AU, presentan aún soluciones vacilantes en el castellano de Cantabria hasta el siglo XII: *Tinteiro* (1017), *Emdeira* (1090), *Ferreira* (1173), pero también encontramos *hera* (975). La simplificación de esas vocales es característica del aragonés, y aparece sistemáticamente realizada en las *Glosas Silenses.* Cuando el castellano comienza a irradiar desde Burgos y no ya desde Oña -ARIU da solamente *-ero: karrera, semdero, Armentero, eras, fossatera,* formas que aparecen normalmente en el siglo X. En los documentos de Oña se conservan huellas de vocales finales átonas sin alterar (concretamente -U), y también testimonios de una declinación -U, -OS; *-u, -os.* No es éste un rasgo peculiar del dialecto de Cantabria, sino que se observa igualmente en las *Glosas Silenses,* que pertenecen al dialecto riojano, y además en el sur de Italia y de Rumania. Las glosas conservan *nafregatu, mintiru,* etc., pero también *nafregatos, elos, cuerpos, aflitos, sapiendo* (de -O), aunque asimismo *omiciero* (HOMOCIDIUM). En los documentos de Cantabria la *-u* continúa apareciendo hasta entrado el siglo XIII, aunque no de una manera constante: *don Peydro Martínez el Orejudu, Domingo Moçu, de lu lombo.*

El dialecto de Cantabria permite la similación del artículo a las preposiciones *en* y *con,* y muestra tendencia a fijar la ortografía sobre bases en cierta medida distintas de las que luego se adoptaron. La letra *g* tiene el valor de [j] y [ĵ], pero los escribas cántabros tienden a distinguir *g* [j] de *gg* [ĵ], fricativa de africada mediopalatal. No disponían de medio mejor para transcribir la sorda mediopalatal africada que el emplear el signo de sonora *gg* [ĉ]: de ahí *Naggara (Nájera), bieggo (viejo), figgos (hijos),* y *Sanggez (Sánchez), contradiggo (contradicho).* Este dialecto usa libremente los dos antiguos sufijos -ĔCCU y -ŎCCU: *kannariekas, illa Monneka, pedruecos, pennueco.* La primera extensión de este sufijo aparece en topónimos: *Muñeca* y variantes en Palencia, Soria, León y Oviedo; *Palomeque, Manzaneque,* en territorio mozárabe.

En la región cántabra fue además endémica la pérdida de la F-. En los topónimos aparece como *h* aspirada o muda, lo que se debió sin duda a la asociación especialmente estrecha entre cántabros y vascos. Aparecen igualmente las otras diferencias observables respecto a la práctica común de los dialectos españoles: -CL-, -LI- pasan a *j* (escrito *gg),* -CT- a *ch* (escrito *gg);* se pierden J- y Ǵ- iniciales, etc.

La lengua de Burgos estuvo caracterizada por llevar a término los pocos cambios en los que la lengua de Cantabria se mostraba aún vacilante, debido, en parte, a la proximidad del aragonés a través del vecino riojano. Así, los diptongos *ie, ue* quedaron definitivamente fijados, y -ARIU dio de forma exclusiva *-ero.* El grupo -MB- tiende, bajo influencia aragonesa, a *-m-: lomo,* LOMBU (leon., *lombo;* cánt., *de lu lombo), amos (ambos* es un latinismo tardío) AMBO; *paloma,* PALUMBA, etc. Las letras *g* y *j* aparecen para [ĵ] como en español posterior.

No es posible descubrir las particularidades dialectales del castellano sudoriental o sudoccidental; por una parte, la pérdida de la *Leyenda de los Infantes de Lara* nos priva de uno de los textos más prometedores, y por otra, el clero se encontraba bajo la influencia de Silos. Más allá de esta frontera, hacia el sur, *El Poema del Cid* muestra a un mozárabe de Medinaceli componiendo en la lengua de Burgos con un uso vacilante de *ll* y *j.* El prestigio de Burgos se estableció firmemente gracias a los grandes ciclos de gesta antes de la definitiva colonización del sudoeste, donde teóricamente, al menos en Avila, cabría esperar la presencia de algunos de los rasgos arcaicos típicos de la Lusitania.

El cambio de dirección en la reconquista operado en 912-14 continuó en los siglos posteriores, y finalmente, al rebasar Toledo, aisló al leonés de la zona sur de la Península. El castellano se extendió entonces en abanico en una extensa área, a expensas del leonés; pero ejerció además su presión hacia el oeste, contra sus mismos vecinos. Los condados orientales de Liébana, Saldaña y Carrión, que actuaron con los condes castellanos contra la autoridad de los soberanos de León, presentan una temprana castellanización. Unos años más tarde, el campo de batalla lingüístico se trasladaba al centro del reino de León. Cada rasgo castellano tenía su propio foco originario y un área específica de expansión, que llegaba hasta donde era detenido por la resistencia del leonés occidental, apoyado por el gallego-portugués. El rasgo más antiguo y activo es la simplificación de AI, AU en *e, o,* y el desarrollo de -CT- a *-ch-* a través de *-it-* en palabras como *pechar, lecho,* que se establecen en la zona central de León hacia la mitad del siglo XII. El grupo M, N dio en castellano *-mn-* > *-mr-* > *-mbr-:* LUMINOSU, *lumbroso;* NOMINATU, *nombrado;* -UMINE, *firmedumbre* (la palabra HOMINE, *hombre,* no es utilizable, pues debido a la ortografía medieval castellana resulta un arcaísmo en *-mn-* o *-m̃-*).

En el siglo XIII este cambio presenta 86 ejemplos en el leonés oriental, frente a sólo 16 en el leonés central. Las cifras prueban que ese cambio había penetrado en la comarca oriental de León en el siglo XI o XII, y que ya se usaba corrientemente en Sahagún en el siglo XIII, al mismo tiempo que se iba extendiendo hacia el centro.

Con la propagación del castellano dialectal por el noreste en la primera mitad del siglo X, -ARIU-, *-ero* (frente a *-air-* y *-eir-)* aumenta a 50 ejemplos, pasando a 65 en la segunda mitad del siglo. En el siglo siguiente (XI) en cincuenta años aumenta a 85, y *-air-* va desapareciendo; y en la segunda mitad llega a 86, para alcanzar en los comienzos del XII la cifra de 88. La alternativa de eliminar *-air-* convirtiéndose en *-er-* encontró su apoyo en el prestigio adquirido por el castellano.

6

EL ESPAÑOL

El año 1140 —en que probablemente se compuso el *Poema del Cid*, uno de los documentos literarios españoles más antiguos que se conservan— se suele tomar como punto de referencia para marcar una época en la historia de la lengua. Hasta esa fecha el castellano había continuado la ascensión desde sus modestos orígenes como dialecto sin importancia, hablado junto a la frontera del vasco, hasta una posición de hegemonía política y cultural sobre el centro y el oeste de la Península. En la centuria posterior a 1140, sin embargo, siguió sufriendo la competencia del leonés y el aragonés dentro de los dialectos españoles y, en un marco más amplio, la del portugués y el catalán. Pero las circunstancias de esa competencia se modifican profundamente gracias a un renovado impulso hacia una *standardización* administrativa y literaria. Al reemplazar al latín en la cancillería de Toledo, el castellano va adquiriendo cada vez una mayor fijación, y al sustituirlo como lengua de la literatura española se hace más rico, flexible y elevado. Deja de ser un dialecto victorioso, para convertirse en «el español». Los intereses centrífugos de Portugal y Cataluña llevan a crear otras lenguas de cultura (portugués y catalán), pero no quedan inmunes a la intrusión del español. Y la vida del leonés y aragonés se hizo cada vez más precaria, hasta que abandonaron sus capitales y se vieron relegados a los valles y montañas alejados de los focos de irradiación de la cultura española.

Durante el reinado de Alfonso VI, en la segunda mitad del siglo XI, comenzaron a operar varios factores que contribuyeron a la *standardización*. La conquista de Toledo, en 1085, capital visigoda y símbolo de la unidad española, es de suma importancia. Esta ciudad, aunque cayó en manos de un rey de tendencias leonesas, pasó a depender de la nación castellana. Alfonso adoptó medidas conducentes a dar coherencia a sus dominios y a unirlos a las tradiciones europeas. Reemplazó el misal mozárabe por el romano y las minúsculas visigodas por las carolingias. Las primeras pueden leerse en las *Glosas* preliterarias de Silos y San Millán de la Cogolla con sus *e* y *a* características, tan abiertas que llegan al extremo de parecerse a *u*. Ciertos nobles de talante conservador, como el Cid Ruy Díaz, continuaron utilizando la antigua escritura, pero el uso de las cancillerías terminó por confirmar la nueva. No hay por qué suponer que el cambio de escritura fuese suficiente para hacer olvidar una hipotética literatura de los siglos X y principios del XI; en cambio sí debió contribuir a un intercambio intelectual entre Francia y España. La influencia francesa se hace, pues, importante, simultáneamente con la apertura de la etapa literaria, y tiene su expresión en la pacífica penetración de los monjes de Cluny, en el nombramiento de franceses como obispos y condes en los dominios de Alfonso, en peregrinaciones a Santiago de Compostela a lo largo de la ruta francesa, en cruzadas como las de Barbastro y Las Navas, en los nuevos modelos de estilo latino y en el aprecio popular por la poesía épica. De la escritura antigua sobrevivieron ciertos usos. La *z* visigoda se escribía frecuentemente con un amplio rizo en la barra superior: *z*. Ulteriormente se exageró aún más y dio lugar a la *ç* española, adoptada en Francia en el siglo XVI como *cédille* francesa.

Fijación de la ortografía

La literatura y las cancillerías necesitaban que se adoptara una especie de uniformidad en la escritura de la lengua oficial. Presiones en ese sentido se advierten en los documentos oficiales del período preliterario, en el que, por ejemplo, los nombres de persona y los topónimos y algunos términos necesarios presentaban dificultades de escritura que no se podían resolver con la sola ayuda de los precedentes latinos. Como resultado de dichas presiones, en el siglo XII se produjo un acrecentamiento de la uniformidad en el uso de los escribas de Castilla. Las muy variadas formas experimentales dadas a los sonidos no latinos comenzaron ya a reducirse a un número limitado, aunque no coincidieran con las que finalmente serían adoptadas en el siglo siguiente (por ejemplo, *gg*, como en *Sanggiz*, fue preferida por diversos escribas a la *ch*, que por fin se adoptó). En el siglo XIII la escritura española fue regularizada, por la práctica de la cancillería de Toledo, sobre una base castellana, pero con una notable concesión a dicha ciudad en la utilización de *f* allí donde el castellano empleaba la *h* aspirada. El sistema así adoptado resultó casi perfectamente fonético, y con los ulteriores reajustes que se practicaron en los siglos XVI y XIX ha permanecido siendo una verdadera representación de los sonidos de la lengua española. Las escrituras portuguesa y catalana evolucionaron de una manera paralela a la española, aunque la primera hizo grandes concesiones a los prejuicios etimológicos, y la segunda, como resultado de la gran complejidad de sus sonidos, experimentaría ulteriores modificaciones.

El problema que se planteaba a los escribas era el de encontrar equivalentes satisfactorios para los sonidos no existentes en latín. Los que la lengua había adoptado de éste conservaban su representación latina. El alfabeto, sin embargo, excedía las necesidades del latín, a la vez que resultaba insuficiente para las del romance. Podían darse valores nuevos a las letras latinas superfluas hasta que todas resultaran útiles, y los sonidos aún excedentes cabía simbolizarlos mediante signos diacríticos (como en *ç)* o mediante combinaciones de letras. El latín presentaba dobletes de *i, u* en la forma de *j, v*. Dichos dobletes permanecieron a lo largo de la Edad Media, pero con una tendencia creciente a reservar *i, u* para la función vocálica y *j, v* para la consonántica. El latín tardío carecía de aspiradas; su *h* era puramente convencional y, entre otros usos, había servido para representar sonidos griegos en las combinaciones *ph, th, ch, rh*. Esa costumbre se reveló de gran importancia en romance. Tanto la *y* como la *z* latinas servían también para representar sonidos griegos. La primera había perdido, sin embargo, su valor característico en latín y se había convertido prácticamente en una tercera forma de representar *i;* la segunda llegó a coincidir con los derivados romances de *i̯, di*. Las letras *c, g* representaban dos sonidos: [k, g] ante vocales posteriores *a, o, u*, y [ŝ, ĵ] ante vocales anteriores *e, i*. Para el valor [ŝ] de *c* se disponía de la posibilidad de *ç* de origen visigodo, estableciendo así una antítesis entre *c* [k] y *ç* [ŝ, y más tarde θ], que nunca llegó a ser obligatoria. Por otro lado, el doble valor de esas letras forzaba a los escribas españoles a encontrar nuevos procedimientos para representar los sonidos [*k, g*] ante *e, i*. Pero la influencia germánica, así como la griega, había modificado el alfabeto latino antes de que los escribas españoles se enfrentasen con el problema. La aspirada, que no existía en latín tardío, reapareció como *h* en las palabras germánicas. La *w* germánica se correspondía con *u* y *v* latinas, pero resultaba un sonido más tenso: de ahí que se escribiera *vv* o *uu*, de donde resultó *w;* pero con más frecuencia los hablantes de romance imitaron ese sonido prefijando a la *u* una *g* fricativa, de donde *gu*. Gracias a las palabras germánicas, la letra *k*, sin aceptación en latín, adquirió un uso limitado, especialmente cuando se empleaba para escribir nombres germánicos, como *Karllos*.

Los nuevos sonidos que más reclamaban la atención de los escribas para su transcripción eran [*k, g*] delante de vocales anteriores; los nuevos valores fricativos de *b, d, g;* algunas palatales fricativas y africadas [ĉ,ĵ,ŝ,ẑ; en la serie africada; š,ž,r̄,λ,ɲ en la fricativa; y también *s, z*]. En relación con *b, d, g,* las dos articulaciones, fricativa y oclusiva, estaban estrechamente relacionadas en las lenguas peninsulares, y la distinción entre ellas se ignoraba salvo en lo que se refiere a la primera, para la cual *v* ofrecía una solución conveniente en orden a marcar la diferencia: *bever* (BIBERE), *bivir* (VIVERE). Esta alternativa surgió del hecho de que en el iberolatín el valor de *b* y de *v* consonántica era idéntico Para los otros sonidos, la experiencia llegó a descubrir un número considerable de soluciones equivalentes, que fueron gradualmente reducidas a las fórmulas generalizadas. Resultaba posible dar a las letras latinas superfluas nuevos valores, sobre todo cuando el valor romance había surgido por evolución a partir de otro latino. Así *x* [*ks*] se hace en español, portugués y catalán equivalente de [*š*] con la ayuda de ejemplos, como *dixo,* de DIXIT. Con la evolución de [*š*] a [χ], en español *x,* dio paso a *j* desde el siglo XVIII, y ha recobrado, bajo influencia académica, su antiguo valor de [*ks*]. El valor latino influye también en portugués y catalán, donde el sonido [*š*] sobrevive, y hace que se escriba en catalán no *x,* sino *ix.* En España, allí donde existieron aspiradas, fue *h* el signo que se utilizó; pero como *h* castellana corresponde a *f* de Toledo y de León, también se utilizó *f* como equivalente convencional de las aspiradas francesas o árabes, asimismo susceptibles de no ser pronunciadas.

En algunos casos, cuando existían las variantes sorda y sonora de un sonido era posible usar una letra antigua en ambos sentidos. La G- seguida de *e, i* tenía el valor de [ĵ], que es el equivalente sonoro de la sorda [ĉ]. Encontramos *g* por [ĉ], por ejemplo, en *ni de nog ni de dia* (por el más tardío *noche).* A veces se recurría a la escritura geminada para paliar la insuficiencia de un signo con valor doble: así *Sanggiz* por *Sánchez* [ĉ]. Esta costumbre de escritura geminada la emplearon también los árabes y moriscos, y adoptó la forma del *tashdîd* diacrítico; por ejemplo, *b* sirvió para transcribir la *b* española, pero con frecuencia aparece *bb* por *p*. La escritura geminada proporciona una solución para los varios valores de *s*. En posición inicial y final esta letra era sorda [*s*]; entre vocales podía ser sonora [*z*] o sorda [*s*]. El español medieval, junto con el portugués y el catalán, representaban la primera mediante *s* y la segunda mediante *ss*, dejando la letra *z* para que sirviese de correlato sonoro a la sorda *ç*. Así, *rosa*, pero *passar*. La letra *r* tiene más de un valor en las lenguas peninsulares: por una parte es una fricativa o vibrante con una sola vibración; por otra, una vibrante tensa con varias vibraciones. Para el primer caso se utiliza *r* y para el segundo *rr: pero, perro*. En posición inicial o tras *n*, la *r* es siempre del segundo tipo, y el español moderno economiza el signo *(rosa, honra)*. El español medieval procedía a veces igual, pero otras empleaba también en esos casos *rr (rrosa, honrra)*, o bien usaba la mayúscula como una letra adicional del alfabeto *(Rosa, honRa)*. La geminación se utilizó también en el español a partir del siglo XIII para representar los nuevos sonidos palatales [ʎ ɲ]: *Castiella, sennor*. La *Ñ* es una mera variante gráfica de *nn*.

Se lograron combinaciones de letras haciendo uso de *h*, de los equivalentes románicos *i, j, y, g*, de la *u* consonántica y ocasionalmente de *t* y *l*. Entre todas esas letras la más utilizada es *h*, ya que al no tener valor en sí misma puede imaginarse que añade cualquier matiz a otra. Añadida a *c, g*, una *h* confirma su valor de [*k, g*] ante *e, i*. Este es el uso generalizado en italiano *(chérico, ghetto)*. Se da en *-ch* final del catalán, ya abolido, y en *achesta strela (Auto de los Reyes Magos)*. Pero la misma *h* puede dar un valor africado a *c* en *noche* (en portugués *ch* representó [ĉ] hasta la mitad del siglo XVIII, mientras que ahora es [*š*]). También se utilizó *h* para indicar la palatalización de *l* y *n*, y tal uso ha continuado en provenzal y portugués *(molher, lenho)*.

Para las palatizaciones, sin embargo, resultaban de gran utilidad las diversas variantes de *y*; es una semiconsonante palatal, que sometida a un análisis elemental puede parecer que da el matiz palatal en palabras como *Antonio, demonio*. El oído puede tener la impresión de que percibe dicha semiconsonante antes o después del elemento al que acompaña, aunque en realidad se trata de un sonido simultáneo que forma un único fonema. La tensión de esas consonantes sugiere el empleo de la geminación; y las variantes de *y* incluyen *i, j, y*, y la *g* romance en ciertas condiciones. Ello daba lugar a un amplio campo de experimentación. El sonido [ʎ], además de las simbolizaciones *ll, lh*, ya indicadas, cuenta con las variantes *yl, ly, lly, yll, il*, etc., *jl*, etc., *gl, gli*, etcétera. Los escribas aragoneses y navarros tendían a preferir *yl* o *yll* (*Payllas* por *Pallars*). El español eligió *ll*, y otro tanto hizo el catalán. El portugués y el provenzal prefirieron *lh*; el francés, *ill* (*mille, fille, juillet*); el italiano, *gli* (*figlio, foglia, moglie*). En los documentos españoles de los siglos XI y XII encontramos formas como *strela, Castieilla, obellgas* (cast., *ovejas*), e incluso grafías complejas, como *igl, lig*, que indican la ambigüedad inherente a las combinaciones de letras. La misma libertad de experimentación se aplicó a la nasal palatal [ɲ], para la que se emplean las fórmulas *sennor, senior, banios, vergoina, kastango, compagni, senigor, pungno, domgna*, etc. Una vez más las lenguas romances hacían elecciones diversas: esp., *señor;* port., *senhor;* cat., *dany;* navarr.-arag., *daynno;* fran., *vigne;* ital., *gnaffe;* etc. La silbante palatal [š] presentaba una vacilación similar: *Xemeniz, coixu, Scemeno, escieret, eleisco, quessa, eiso, Kaissal*. Las lenguas peninsulares prefirieron *x* o *ix*, a pesar de la competencia del valor latino [*ks*]; el italiano eligió *sci: lasciare*.

La semivocal *u* pertenece a la clase de las vocales posteriores, imponiendo a las guturales *c, g* precedentes la calidad de velares [*k, g*]. Al perder su pronunciación peculiar, se convierte en un recurso para indicar la pronunciación [*k, g*] ante vocales *e, i*, lo cual se hacía necesario por el hecho de que *ch* era una africada. Para [*k*] se podía hacer uso de una letra superflua del alfabeto latino, que se encontraba siempre en compañía de *u*, concretamente *q*: *qu* equivale a [*k*] delante de *e*, *i* en *busqué, quiero*, etc., pero a [*kw*] en esp. ant. y port.: *quando*. En el caso de [*g*] no se podía disponer de tal recurso, de modo que *gu* es [*g*] en *guerra*, pero [*gw*] en *averiguar*. El español medieval no encuentra especial inconveniente en que *qu, gu* tengan dos valores cada uno, pero la ortografía moderna ha preferido escribir [*kw*] siempre como *cu*, y [*gw*] como *gu* ante vocales posteriores, pero *gü* ante vocales anteriores: *cuando, averigüé*.

El uso de una *t* convencional para marcar la tensión en ciertas palatales es característico del catalán, en el que [ĉ] es *tx*, [ĵ] *tj*, [ŝ] *ts*, [ẑ] *tz*, y [λ] *tll*: cat. *despatx, mitja, Prats, esclavitzar, batlle*. Las letras enfáticas árabes *ḍ ṭ*, etc. comportaban una tensión que en español se indicaba con una *l* como prefijo, que sin embargo conservaba su valor: *alcalde*, árab. *al-qâḍî*.

En el siglo XII la escritura española va aproximándose cada vez más a una norma fija que contrasta con la libertad de grafía de los documentos de Oña. El *Auto de los Reyes Magos* presenta un espíritu latinizante, y limita su elección a unas pocas alternativas. En la *Disputa del alma y el cuerpo* sólo se pueden detectar algunas irregularidades: *leio (leito* o *lecho?), nog (noche), festir*. La función de la cancillería de Toledo fue, por consiguiente, la de completar una tarea ya emprendida, realizando una elección final entre las alternativas disponibles, y otorgando validez oficial a esa elección en un amplio número de documentos oficiales y en las compilaciones literarias. No había existido hasta ese momento oposición al principio fonético en la escritura, ni una tradición condicionante. El resultado fue que la ortografía del español medieval es una descripción fidedigna de la lengua tal como era hablada en los círculos culturales de Toledo hacia el año 1275. Esa representación gráfica se hace defectuosa hacia finales del siglo XV en varios aspectos, especialmente en la conservación de *f* en los casos en que una aspirada era ya la común en la lengua, y en algunos detalles de la pronunciación de *b*. En la *Gramática* de Nebrija (1492) y en su *Ortografía* (1517), la escritura se hace todavía en consonancia con la lengua. Nebrija se enfrentó también con la dificultad innata que surge al representar sonidos simples mediante combinaciones de letras, por lo cual propuso la utilización de signos de unión: *muchos, dexar, provecho;* pero su recomendación fue abandonada. Reafirmó el principio fonético de que la lengua debe escribirse como se pronuncia; y lo mismo hizo el poeta Herrera al evitar el uso de la *h* sin función, para marcar con ella el hiato y la unión entre el artículo y el nombre o el adjetivo que se sigue.

Por esta época, sin embargo, las exigencias de la tradición eran ya mayores, y los humanistas habían comenzado a insistir en la etimología. Juan de Valdés (1536) se permite ser ecléctico en diversos detalles. Fue en los siglos XVI y XVII cuando se produjeron cambios que afectaban considerablemente a la pronunciación *x, j, g, ç, z, s, -ss-* medievales, y como no se realizó un reajuste adecuado, la ortografía española presentaba diversas anomalías cuando la Academia de la Lengua comenzó a adoptar un control oficial de la lengua en el siglo XVIII. Sucesivas normas terminaron por arreglar la situación: *X* es oficialmente [*ks*] (1815); *c, g* continúan teniendo un doble valor, pero se definen en concreto las circunstancias en que ello es posible; se dictan las reglas correspondientes respecto a *z j; ss* desaparece; el acento ortográfico queda bien regulado con unas sencillas normas.[7] Una vez más la escritura española ofrece una cuidadosa representación del *español correcto,* aunque resulta convencional en relación con la pronunciación de numerosos españoles e hispanoamericanos.

El catalán ha sido regularizado en el presente siglo. En portugués, la influencia de la etimología ha sido grande, sobre todo en palabras eruditas como *philosophia,* y el esfuerzo por generalizar una escritura sobre base fonética, unido al nombre de Gonçalves Viana, puede considerarse todavía en progreso. Las normas de escritura portuguesa han sido más personales que las de sus lenguas hermanas, pero en un manuscrito como la copia de la *Crónica de João I* del British Museum (Add. MS. 20946) los hábitos del escriba son tan satisfactoriamente fonéticos como los de Alfonso X o Nebrija en España.

La expansión del castellano

La baja Edad Media fue testigo de la culminación del proceso que había comenzado en los siglos XI y XII, por el que «castellano» y «español» se hacen términos sinónimos. El castellano, originariamente un dialecto asentado junto a la frontera del vasco y más radical que la lengua de la mayoría de los hablantes de otros dialectos «españoles», se fue abriendo en abanico en dirección sur y suroeste hasta alcanzar los límites del portugués y el catalán en la línea media de la Península, avanzando luego más hacia el sur, como único responsable de las variedades del andaluz y del hispanoamericano. De esta forma, el castellano corta al leonés y al aragonés el paso hacia el sur, impidiendo su ulterior desarrollo; y al mismo tiempo ejerce una vigorosa presión lateral que termina por eliminar al aragonés de la llanura del Ebro, y al leonés de León oriental, central y meridional hasta confinarlo en las montañas de Astorga y de la zona cantábrica. La presión no sólo fue ejercida por el castellano como lengua total, favorecida por las cancillerías y las canciones de gesta, sino también por cada uno de los castellanismos en particular. Cada fenómeno tiene su propia historia de implantación y extensión, diferente a la de cualquier otro, pero que contribuye en cada caso al resultado final.

De estos fenómenos, el que presentó más resistencia fue la sustitución de *f* por *h*. En este aspecto se diferencia del catalán y del portugués en la Península, y de todas las demás lenguas románicas; el paso de F a *h* es, pues, un rasgo distintivo del español. Además, originariamente no era común a todos los dialectos españoles, sino únicamente propio del castellano. En los documenlos literarios la *f* se escribe continuadamente a lo largo de la Edad Media, y no se da vacilación alguna hasta llegar a los manuscritos del siglo XIV. En el siglo siguiente, la vacilación entre *f* y *h* demuestra que, en realidad, se pronunciaba como una aspirada; y el hecho de que *h* marque el hiato en los versos de Garcilaso de la Vega, Luis de León, Ercilla y Herrera prueba la existencia de esta aspirada en español hasta el año 1580. En la generación de Lope de Vega, la aspiración se debilita o se pierde, y resulta desconocida ya para Calderón. En el dialecto andaluz, en extremeño y en los dialectos de Hispanoamérica que coinciden con el andaluz, la conservación de la aspirada es un rasgo destacable, representado en los préstamos al español de *j* en *jándalo* (cf. *andaluz), jamelgo,* FAMELICU, *juerga* (cast., *huelga).*

Este paso de F a *h* ha sido con frecuencia mal interpretado. Entre los lingüistas existen dos escuelas de pensamiento. Algunos subrayan el hecho de que en vasco (y aparentemente también en ibero), así como en los dialectos gascones de Francia, falta la *f*. Opinan que la *f* labiodental faltaba ya en el substrato ibero, y que no llegó a ser aceptada por los iberos que aprendieron latín. En tal hipótesis, la *f* de los manuscritos no reprentaría una labiodental *f* sino simplemente un sonido con un cierto matiz de aspiración, que pudiera ser la bilabial fricativa aspidada [Φ]. Un caso especial sería el de los grupos *fr-, fu- (frente, fuente)* en los que, o bien el sonido labial era protegido por la *r* o *u* siguiente, o bien fue restaurado por una mayor familiaridad con el latín. Otros lingüístas rechazan esta explicación y afirman que la aparición de la aspirada en español se debió a una evolución fonética ocurrida en el siglo XIV, a la que no puede atribuirse ningún condicionamiento étnico. Pero ambas interpretaciones pueden considerarse falsas, ya que se apoyan en una mala interpretación básica: que el español evolucionó de una manera uniforme en toda el área. De hecho no fue así. El punto de partida se encuentra en la zona de Cantabria comprendida entre las montañas que van de Santander a La Bureba, cerca del límite con el País Vasco. Como quiera que carecemos de muestras del español anteriores a las *Glosas Emilianenses* del siglo X, no podemos determinar si la *f* existió alguna vez en esa región, cuya romanización fue muy tardía. El fenómeno puede ser o no ser ibero, pero desde luego debe ponerse en relación con la falta de una labiodental genuinamente vasca, y se produce por los intercambios u orígenes comunes entre los vascos y los cántabros. Los topónimos y los documentos de Oña muestran con claridad que la aspirada era habitual en esta zona en el siglo XI: *Hormazuela, Hormaza, Las Hormazas, hayuela* (Oña 1057), *Rehoyo* (1151), así como *Refoyo* (1188). La aspiración era sin duda débil, como indica su temprana supresión: *Ormatia* (1106), *Ornilla* (1105), *Ormazola, Ormaza*. Con toda claridad se ve que el foco de ambas innovaciones fue el mismo, con un intervalo de medio siglo o más entre ellas. Ejemplos verdaderamente antiguos son *Assur, Hanniz* (Oña 944), y *Anni, Obecoz* (Covarrubias 972). En los documentos de Burgos son raras las formas con *h*, o incluso en el siglo XIII. Existe uno de 1224 que tiene *Forniellos (Hornillos)*, pero *Ormaza*. Por otra parte, en la alta y baja Rioja, muy ligadas a la frontera vasca, la *h* es frecuente, concretamente en Berceo: *herropeados* (también *erropeas* en un manuscrito del siglo XIV), *Henar (Cid: Fenares), hazanna, rehyertas*. La localización originaria y la primitiva extensión pueden estudiarse en los topónimos correspondientes a SANCTU FELICE O ECCLESIA SANCTI FELICIS. Dichos nombres proporcionan la pista de tres posibles desarrollos: 1.°, la *f* da pronto una aspirada y desaparece, el grupo *nt* se conserva por sus condiciones favorables, y se obtiene como resultado el tipo *Santelices;* 2.°, la *f* se mantiene, el grupo *nt* pierde su *t* y se hace *nf*, que se asimila en *ff* y luego pasa a *f;* la *f* resultante se convierte en aspirada o se pierde derivando en el tipo *Sahelices* (cf. *Sahagún*, SANCTI FACUNDI); 3.°, la *f* se conserva: *San Felices, San Fiz, Safiz*. El primer tipo se encuentra en

FIG. 6

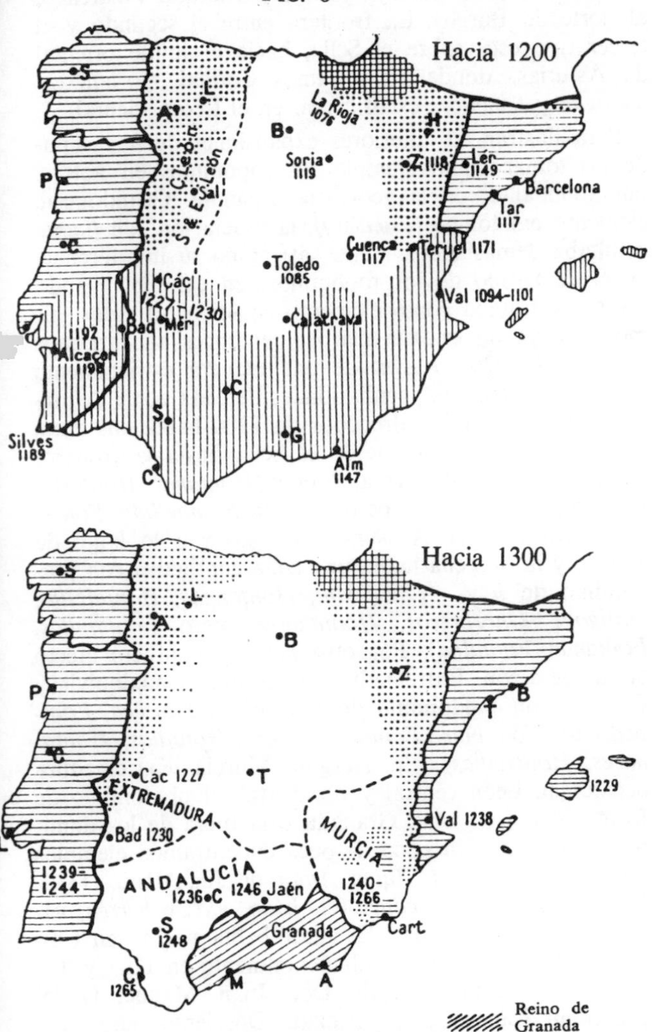

La expansión del castellano

dos topónimos de Vizcaya y en el partido de Villarcayo, al norte de Burgos. La frontera entre el segundo y el tercer tipo está sobre el Sella, hacia el límite oriental de Asturias, donde encontramos Cofiñal, CONFINALE. *Sahagún* y *Sahelices* están cerca, en el León oriental.

Para ilustrar las ulteriores expansiones de *h* y - podemos tomar como ejemplo los topónimos en FONTE, tan abundantes en la geografía española. Cuando este elemento era tónico *(Fuen(te))*, la asociación con *fuente* resultaba demasiado evidente, así como su interferencia en el desarrollo de los topónimos; en cambio, cuando FONT- se trataba como elemento enclítico, su valor etimológico ya no era tan claro, y entonces encontramos *Fon-*, *Hon-*, *On-* o *Am-* de una manera estrictamente concordante con las peculiaridades de cada zona. A juzgar por éste criterio, alrededor de 1300 había una zona sin *f*, que se extendía desde el Sella hasta la frontera vasca y desde Santander a Burgos *(Hontanar, Hontoria, Hontamio, Hontanada,* pero también *Fombellida, Fontecha, Fontasquesa)*. Al sur de Burgos y a lo largo de Toledo y la Mancha había una zona conflictiva con predominio de *h* y - *(Ampudia, Hontangas, Hontalbilla, Ontígola, Oncebreros, Hontanares,* pero *Fontanillas, Fontanar, Fontalba)*. Por otro lado, el conflicto afectó el sur de León, Extremadura, valle del Guadalquivir y Cuenca, con predominio de *f (Fonfría, Fonseca, Fompedrada, Fontanar, Fontanilla,* pero *Hontillas, Hontanares, Hontecillas)*. En Aragón, Murcia, Extremadura occidental, León central y occidental, el predominio de formas con *f* es total. Granada caía fuera de los dominios cristianos. Un poco después encontramos ejemplos de *h* en el *Libro de Buen Amor* de Juan Ruiz (1330-1343): *Henares, hadedura* (cf. *hado*, FATU); *herrén*, FARRAGINE; *hosco*, FUSCU. El autor había nacido en Castilla la Nueva y vivió fundamentalmente en Hita y Toledo. Los manuscritos de Don Juan Manuel (1325) presentan *halcón, hazer*, FACERE. Doscientos años más tarde *h* y - lograron imponerse en toda la región central de España. Castilla la Vieja, desde Cantabria al

Guadarrama, perdió la aspiración, y este fenómeno invadió el valle del Esla, en el León central, y la cuenca del alto Ebro. En el sur de León (con Salamanca) y Castilla la Nueva (con Toledo) persistió la aspiración de la *h*, que fue perdiendo progresivamente fuerza en la mitad este del área (Talavera, Madrid, Cuenca, Albacete). La aspirada se conservó, y se conserva hasta nuestros días, en Extremadura y Andalucía. Granada pertenece a esta área del sur de España, pero sus topónimos son notables por su arcaísmo tanto en relación con la *f* como en lo que respecta al tratamiento de las vocales y diptongos: *Farfán, Las Fontanillas, Funes, Fornes, Ferreirola, Febeire, Castil de Ferro.* En el obispado de Astorga, al oeste del valle del Esla; en Asturias, al oeste del Sella; y en Aragón, al noreste de Huesca y Monzón, la antigua *f* aragonesa y leonesa sobrevive, como también en Galicia, Portugal y Cataluña, fuera ya de los límites del español.

La expansión del castellano puede igualmente ilustrarse por los diversos rasgos que Cantabria ha impuesto al español *standard*, como el sufijo *-illo*, la pérdida de J-, Ǵ- en posición inicial (ante *e, i)*, la evolución de *ch* y *-j-* en ciertos casos, etc.

El punto de partida del sufijo *-illo* es lat. vulg., -ĚLLU. La Ě tónica da en español *ie*, pero en el siglo X, y tal vez ya en el IX, aparecen casos de *-illo* en Castilla la Vieja, como *Uallilio, Castillo* (Cardeña 921, copia de 1085). En el siglo XII dichas formas son atestiguadas por los documentos de Oña en el partido de Villadiego y la Rioja *(Uozilla, Asprilla, Calaforilla)*, pero en Burgos y en Aguilar de Campoo *-iello* e *-illo* son igualmente frecuentes. Al norte de Aguilar y al sur de Burgos (especialmente en Toledo) y al oeste, en León, hay solamente *-iello* o el moz. *-iel*. En el siglo XIII la situación cambia drásticamente por la adopción de *-illo* en Burgos *(Castilla, Terradillos, Francillos)* como forma predominante; y desde Burgos se expande la innovación, mientras que en las zonas del norte hay una reacción en favor de *-iello*. Confinada en dicho siglo a Castilla (todavía no se encuentra en Osma), la forma *-illo* cruza la frontera dialectal en el siglo XIV, y comienza enseguida a aparecer en Toledo *(Johanillo,* 1349) en medio de la forma predominante *-iellos*. En el siglo XV *-illo* es ya normal en Valladolid, Segovia y Avila, y al final de ese período elimina a *-iello* de la literatura. No resultan fáciles de explicar ciertos casos tempranos de *-illo* en Aragón *(Guasilgu,* 1055; *Fontilgas,* ahora *Fontellas,* 1083). Probablemente se deben a un sufijo -ĪCULU variante de -ICULU, por lo cual son irrelevantes para la cuestión que tratamos. En nombres comunes, *-iello* se usa en Aragón durante los siglos XIII y XIV, apareciendo *-illo* en el XV: *escopilla* (1427), *ramillya,* pero *castiello* en 1446. Estrechamente asociadas con el cambio de *-iello* a *-illo* se encuentran ciertas palabras en *-sp-*, como *avispa, níspero, víspera,* que presentaban un diptongo, y también *siglo,* de *sieglo*.

Por una extensa área de difusión se extiende la pérdida de J-, Ǵ-, y la reducción de C'L, G'L, LI a *j*. Nos encontramos con este cambio en toda Castilla la Vieja y de Asturias a Santander, en la Rioja (sector occidental), en el este de León hasta Sahagún, y en el sur de León (Salamanca). Tal extensión se logró ya en el siglo XI, y el fenómeno tuvo por frontera sur las crestas del Guadarrama, quedando excluidas Toledo, Madrid y Medinaceli (la cuna del autor del *Mío Cid)*. En León central y occidental (León ciudad, Eslonza, etc) y en Aragón (incluida la Rioja en su parte baja, y también el Monasterio de Silos, avanzadilla en tierra castellana), J-, Ǵ- se conservan y C'L, G'L, LI captan la forma panhispánica *-ll-*. En el siglo XIII el castellano ejerce tal influencia sobre los dialectos circundantes que comienzan a aparecer vacilaciones. En los documentos del gran monasterio de Sahagún, a lo largo de dicho siglo, se da un aumento considerable de *-j-* procedente de CL, GL LI. Estos grupos originaron en primer lugar la palatal lateral [λ] panhispánica, después la palatal fricativa [j], y de ahí una silbante palatal fricativa [ž] o africada [ĵ]. Los tres sonidos mencionados coexisten en la pronunciación de *ll* en español moderno, en que, por ejemplo, *caballero* se pronuncia [kaƀaλéro] en español *standard*, [kaƀajéro]en el habla vulgar y en el sur, y[kaƀažéro]por [kaƀaĵéro]en el Plata, con lo que la *j* castellana procedente de los grupos antes citados es el punto final de una evolución fonética que tiene en la fricativa palatal su punto medio. La inestabilidad de esta última sirvió principalmente para facilitar la transición. Así en Sahagún, en el período 1150-1274, aparecen un 50 % de grafías que implican [λ]; pero bajan a un 10 % entre 1275 y 1300. En el mismo período, aquellas en que interviene la fricativa palatal [j] pasan de un 35 % a un 18 %, aumentando en cambio en la misma proporción *j* [ž] o [ĵ]. El cambio es tan repentino gracias a los hábitos conservadores de los escribas.

El castellanismo que ocupa un área más extensa es *ch* < CT, ULT, como en *hecho*, FACTU; *leche*, LACTE; *noche*, NOCTE; *mucho*, MULTU. De nuevo se trata de un ejemplo de la disposición castellana a llevar un proceso de cambio hasta sus últimas consecuencias lógicas. La solución común a los dialectos españoles, e incluso al romance, es *it*, como en port. *feito, leite, noite, muito*. En aragonés, y en mayor grado en catalán, la semivocal modifica la vocal precedente, eliminando el diptongo (cat. *fet, llet, nit* pero *molt*). En castellano la semivocal modificaba la consonante siguiente, llevándola a la misma posición palatal[ť], lo cual producía una africada[ĉ]. Ya en el siglo XI [ĉ] era normal en Castilla: *manegga* (1090), *fegga* (1191), *Fregas (Frachela), Cadreggas*. En el siglo XII la grafía *ch* se impone sobre las demás formas alternativas: *derecho, barbecho, prouecho*, etc. En el mismo siglo es fácil detectar la pronunciación [ĉ] en grafías de Toledo, Burgos, Osma, Cuenca, etc., a través de las cuales se prueba que, al comenzar el período histórico, dicha pronunciación cubría ambas Castillas. A partir de la frontera sur, en Medinaceli y Molina, las formas en *ch* entraron en competencia con *it*: *peyte, itare* pero *leycho, echenli* (*Fuero de Medinaceli*, 1125); *peyta, feyta*, pero *dichos, fechos* (Molina, siglo XIII). Ciertas palabras tienen más fuerza expansiva que otras, como *fecho*, y especialmente *mucho*, que prácticamente elimina la forma genuinamente aragonesa de los documentos literarios de dicha región. La invasión en León tuvo lugar en dos etapas principales, correspondientes al León oriental y central. Los condados orientales, acostumbrados a intrigar junto a los castellanos contra León, presentan [ĉ] bien establecida en el siglo XI: *Fonte tega* por *Fontecha*, FONT- TACTA (Sahagún, 1079), *peccet* por *peche*, 1096; *Frachela*, 1118. *Peccet* aparece en Eslonza, en la zona central de León, en 1173. En la capital, *Fontecha* aparece atestiguado en 1136. Aunque la zona central de León fue conquistada por este castellanismo más tardíamente que la oriental, es posible que la conservación de *it* en los documentos oficiales de la época fuese un arcaísmo apoyado por el prestigio de Galicia, ya que la mayoría de los dialectos asturianos tienen *ch*. La solución *it* se ha conservado hasta la actualidad solamente en las zonas limítrofes con el área gallego-portuguesa, al oeste de Oviedo, en Cangas de Onís, Astorga y Zamora.

Un área semejante estuvo ocupada por otro castellanismo del español *standard* a saber, SCI̯ > *ç*: FASCIA, cast., *haça*, *haza*, *Hazas*, *Hacinas*, pero port., *faixa*, *faxa*; cat., *faixa*; leon., *faxa*; arag., *faxa*; moz., *faša*.

Castilla impone sus elecciones

En los ejemplos precendentes hemos visto cómo el espíritu emprendedor de Castilla impuso al español las formas más lógicas y desarrolladas. No menos importante es su papel en la elección o eliminación de los hábitos lingüísticos restringidos originariamente a esta o aquella porción de la Península: es su adopción por parte del castellano la que les da validez universal.

Entre estos casos es de destacar el tratamiento de Ĕ Ŏ tónicas y de los diptongos AI, AU. En lo que a Ĕ Ŏ se refiere, las lenguas y dialectos peninsulares se encuentran divididos por tendencias conflictivas que se retrotraen, como mínimo, al período visigótico. Tarraconensis, Gallaecia, Lusitania y la región de Granada presentaron una fuerte resistencia a la aceptación de los diptongos, que irradia desde sus capitales Tarraco, Bracara, Emerita, Corduba e Hispalis. Por una oposición similar, el catalán no diptonga (excepto bajo la influencia de una palatal, como en provenzal: *ull*, ŏC'LU; *nit*, NŎCTE, por simplificación de *u̯ei̯*), ni tampoco el gallego-portugués (*olho, noite*). Las otras provincias se encuentran en el área española y por ello entran en conflicto con lo habitual en todo el norte (león. y arag., *uello, nueite*). El castellano no pertenece a esta región y ejerció su influencia en la historia del diptongo por tres caminos: aceptó los diptongos *ie, ue* en la mayoría de los casos, asegurando así su aceptación en español; llevó el proceso de simplificación hasta sus consecuencias lógicas eliminando las formas alternativas *ia, ua, uo;* y no realizó la diptongación Ĕ Ŏ ante palatal (*ojo, noche*). El motivo de este inesperado rasgo arcaico no se conoce con precisión. Como quiera que la diptongación ante palatal se da no sólo en los otros dialectos españoles sino también en francés (*oeil, nuit*), provenzal y catalán, que no diptongan en otras circunstancias, parece que estamos ante el tipo más antiguo de diptongación. Cantabria, por otro lado, era un país de romanización relativamente tardía. En cuanto a la forma precisa de los diptongos, el leonés y el aragonés alternan entre las diversas posibilidades en la mayoría de sus más antiguos documentos, y una forma como *ua* se ha conservado hasta nuestros días en topónimos aragoneses: *Lascuarre*. La pronunciación *uo* se encuentra en el *Auto de los Reyes Magos*, el *Poema de Mio Cid* y la *Disputa del Alma*, los tres documentos más antiguos de la literatura española, pero ninguno de ellos pertenece al área castellana de Burgos; la primera es obra de un mozárabe toledano, la segunda de un mozárabe de Medinaceli y la tercera procede del norte arcaizante (Oña).

En el caso del diptongo latino AI, fueron el catalán y el aragonés los que primero llevaron a cabo la monoptongación, de modo que -ARIU, por ejemplo, da *-er(o)*. El castellano del siglo XI presenta el estadio intermedio *ei* en *karreira*, pero en la centuria siguiente dichas formas están localizadas en el norte, y particularmente en la provincia de Santander, mientras que en el castellano de Burgos la vocal *e* tiende a imponerse. Ello contrasta con la prolongada vacilación en la zona central de León, y la conservación hasta nuestros días de *ei* en leonés occidental y gallego-portugués. Igualmente AU > *o* fue un cambio efectuado primero en el este de la Península, pero generalizado a través del castellano.

Entre los desarrollos consonánticos que han sido influenciados por el castellano se encuentra L- inicial; PL-, CL, FL- iniciales, y el grupo -MB-.

La L- inicial se pronunciaba con una tensión mayor que en posición interior o final, y comportaba una colocación de la lengua más pegada al paladar. La exageración de dicha posición hizo que el sonido se transformara, en ciertas zonas de la Península, en una palatal [λ] capaz de una ulterior transformación en [j] o [ŝ]. La palatal lateral se impuso en catalán (LARICU, *llarg;* LUNA, *lluna,* etc.), en Asturias *(lluna, tsuna)* y esporádicamente en el sur (moz., *yengua* de **llengua,* LINGUA); el gallego y el portugués mantienen la articulación dental *(lingoa, lua).* El hecho de que el castellano tampoco participe de este cambio hace que no haya sido adoptado en español *standard*.

Por otro lado, el castellano presentaba parcialmente, en el oeste, la tendencia a alterar la pronunciación de una sorda inicial cuando iba seguida por *l* (PL-, CL-, FL-). El tratamiento de las sonoras iniciales de la misma serie es más variable, por lo cual podemos prescindir de su estudio. El centro de la actividad innovadora, por lo que a la pronunciación de las sordas iniciales se refiere, está en León o Galicia, mientras que las zonas conservadoras quedan lejos, en el este (catalán), o en el sur (mozárabe). En estas regiones se mantuvieron sin alteración los grupos latinos: cat., *pla, clamar, flama,* PLANU, CLAMARE, FLAMMA; moz., *plantain,* PLANTACINE. En gallego y portugués, el proceso tuvo como resultado *ch* (una palatal fricativa o africada); en leonés antiguo dio *x* [š], y en leonés occidental moderno da *ts* [ŝ]. La influencia del castellano en este caso ha consistido en detener la evolución en un cierto estadio. El primer paso puede haber sido una articulación prolongada de *l*, dando *pll-, cll-, fll-*, como en la actualidad (aunque quizás por otros motivos) en Ribagorza. Después, esa *ll* cobró consistencia a expensas de la consonante inicial, que desapareció, dando cast., *llano, llamar, llama.* El castellano impuso, pues, esta solución en el español *standard,* mientras que el proceso continuó su curso en el noroeste, que era su centro de innovación.

Un rasgo oriental (catalán y aragonés), introducido en el resto de España gracias a su adopción por parte del castellano, es la simplificación de -MB- en *-m-* en PALUMBA, *paloma;* LOMBU, *lomo.* En cambio, el castellano no llegó a adoptar la evolución paralela del grupo -ND- a *-n-* en DEMANDARE, cat. y arag., *damanar.* El español cuenta, por tanto, con *demandar.*

Hay algunos casos en los que el dialecto castellano ha impuesto su voluntad al castellano «correcto». En general ha sido un dialecto enérgicamente innovador, que llevó la evolución hasta sus últimas consecuencias. Unas veces sus preferencias se inclinaban por las innovaciones orientales y otras por las occidentales, convirtiéndolas en válidas para todo el país. Más raramente, el castellano se opuso a un cambio, o incluso inició cualquier reacción contra una forma que ya integraba los hábitos lingüísticos de la mayoría de los hablantes de español. En todas las ocasiones ha manifestado una energía y resolución semejantes a las que desplegó para hacerse con la hegemonía de la Península. La suma total de las actividades del castellano constituye el carácter peculiar del español entre todas las lenguas descendientes del latín.

Las lenguas literarias

El nacimiento de una literatura vernácula actuó sobre los numerosos dialectos preliterarios españoles, definiendo con creciente claridad la lengua literaria y relegando las demás a usos subordinados. En la alta Edad Media Galicia experimentó un progreso cultural más rápido que las devastadas llanuras centrales, y dispuso de una capital espiritual en la que se rendía culto al Apóstol Santiago. Los reyes de León y de León-Castilla, desde Alfonso VII hasta Alfonso X, se educaron con frecuencia en Galicia y debieron sentir una natural simpatía por la dulce lengua gallega. Es seguro, al menos, que favorecieron su empleo en los siglos XII y XIII, como única lengua para la poesía lírica, tanto cortesana como tradicional. Las *Cantigas de Santa María*, de Alfonso X, son expresión de dicha preferencia por lo que se refiere a la poesía religiosa, mientras que los *Cancioneiros*, que se suponen editados por el conde Pedro de Barcelos, la demuestran en el terreno de la poesía profana. Estos últimos contienen no sólo dos estratos de poemas cortesanos basados en los modelos provenzales, sino también las inimitables cantigas de amigo en versos paralelísticos, como los de los Salmos, con sus resonancias deliberadamente infantiles. Por otro lado, al menos desde la mitad del siglo XI, el profundo sentimiento nacional de Castilla hizo nacer los poemas épicos de los infantes de Lara, los condes castellanos y el Cid Ruy Díaz. El castellano era de rigor para estos poemas narrativos, hasta el punto de que el autor mozárabe del *Poema de Mío Cid* escribió en castellano, con apenas pequeños deslices que delatan su dialecto nativo (*Gujera* por *Cullera*, *Castejón* por *Castellón*, que son casos de ultracorrección). A la vez los castellanos, los sevillanos e incluso un italiano adoptaron el gallego para la poesía lírica cortesana; se produjo una especie de especialización de los dialectos por géneros literarios, como la que tuvo lugar con el jónico y el dórico en Grecia. Ello no quiere decir que no se cantaran canciones en castellano. En realidad, los datos de la literatura posterior indican que ya había surgido una forma típicamente castellana (el *villancico)*; pero, en general, la lírica castellana carecía de estímulo oficial y literario.

Como resultado de la amplia labor de Alfonso X se abrió paso un nuevo tipo de literatura, concretamente la prosa. Extensas historias, tratados científicos y legales, libros de normas de conducta y, finalmente, novelas comenzaron a aparecer en provecho del castellano, dialecto dominante. El gallego, por el contrario, no cultivó la prosa, con la excepción de la traducción de la *Crónica Troyana de Leomarte* (1373). La antítesis quedaba ahoda establecida entre el empleo del gallego para la lírica cortesana y del castellano para la épica y la prosa. Pero el siglo XIV y la primera parte del XV presentan ya casos de lírica en lengua castellana. En primer lugar, en su obra predominantemente narrativa *Libro de Buen Amor* (1330-1343), Juan Ruiz ofrecía serranillas, canciones de mendigos y estudiantes, himnos a la Virgen y versos goliárdicos en castellano, con tal variedad de metros y de estilo que demostraba una vigorosa independencia del gallego y de la escuela provenzalizante. El *Cancionero de Baena* (1445) ofrece pruebas del paso del gallego al castellano en la evolución de la que fue protagonista Alfonso Alvarez de Villasandino, uno de los poetas de la generación que comenzó componiendo a la manera gallega y terminó adoptando el castellano. La generación posterior, encabezada por Micer Francisco Imperial, autor de un importante poema sobre el nacimiento de Juan II (1405), olvidó el gallego y pasó a ejercer una nueva propaganda en favor de los modelos italianos. De la misma manera, mientras que el abuelo del marqués de Santillana (1398-1458) había escrito sus canciones en gallego, el propio marqués utilizó esa lengua a modo de breves experiencias, componiendo, sin embargo, el grueso de su obra en castellano. La deserción de los poetas castellanos supuso el eclipse del gallego para fines literarios, hasta que fue resucitado por Rosalía de Castro como literatura regional, junto a Pondal y Curros Enríquez, a mediados del siglo XIX.

De esta manera se terminaba con la existencia de un sistema de dos lenguas literarias. Y al mismo tiempo se dieron pasos decisivos hacia la definitiva cristalización del propio castellano. Los poemas narrativos de la primera parte del siglo XIII muestran una independencia dialectal considerable. Sobre una base de castellano, Berceo utiliza formas de su dialecto de transición riojano: el *Libro de Apolonio* es marcadamente aragonés, y *Tres Reis d'Orient* está próximo al catalán. Por otro lado, el *Libro de Alexandre* y las leyendas del Santo Grial, de principios del siglo XIV, junto con la *Disputa de Elena y María,* tienen un evidente carácter leonés. Hacia mediados del siglo XIII la cancillería de Toledo comenzó a influir en la lengua literaria, y los usos lingüísticos toledanos son incorporados en la *Primera Crónica General,* la *Grande e General Estoria,* las *Siete Partidas* y otras obras. Se trata, sin duda, de castellano; pero no del dialecto de Burgos. No se admite la aspirada burgalesa, las numerosas formas contractas del *Poema de Mío Cid* desaparecen gradualmente, y los círculos literarios se preocupan por la creación de un vocabulario adecuado y de formas elegantes de expresión. El esmero con que Alfonso X cuidó el estilo de estas obras, aunque no podamos establecer los detalles, revistió una gran importancia para la lengua española. Se inaugura el *español correcto* (por usar un término moderno) —castellano, con ciertas concesiones al leonés y muchas al latín—, que ya con Don Juan Manuel (*Conde Lucanor,* año 1325) aparece virtualmente como la moderna lengua literaria, así como en otras obras. Restos dialectales pueden encontrarse todavía en el *Poema de Alfonso Onceno* y en Clemente Sánchez de Vercial, si bien en número decreciente.

Hacia el siglo XVI el español *standard* se encuentra ya sólidamente establecido. Sólo quedaban por aclarar ciertas pequeñas controversias. Los dos legisladores más influyentes —Nebrija para la gramática en general y Herrera para la lengua poética— fueron andaluces. Juan de Valdés (1536) y «Prete Jacopín» discutieron su autoridad reivindicando las exigencias de la sociedad culta toledana en el establecimiento del español *standard*. Ambas partes coincidieron en admirar el equilibrio del estilo de Garcilaso como una norma práctica de la lengua, y cuando por fin la capital se trasladó a Madrid (1560), los hombres de letras se reunieron y rápidamente se allanaron las diferencias, sobre todo a través de la *comedia*, que sirvió a la vez como teatro y como una especie de periodismo de la época.

Si la unión de León y Castilla en un solo reino había determinado la desaparición del leonés del campo de la cultura, la historia del aragonés es, en términos generales, semejante, aunque con pequeñas diferencias. Zaragoza fue la capital de un reino que hablaba otra variedad de español, y su cancillería no se vio forzada a seguir las normas de Toledo; ni fue tampoco controlada por las cancillerías de Barcelona, Valencia y Mallorca, que hablaban catalán. El latín cedió de una forma gradual, en los documentos oficiales, ante el aragonés, que fue normalizado en cierta medida para usos oficiales y literarios. Pueden encontrarse ejemplos de este tipo de aragonés en el gran *corpus* de Juan Fernández de Heredia (muerto en 1396), en su gran *Crónica de los Conquiridores*, en las traducciones de Marco Polo, Hayton y Mondeville y en el *Tristán de Leonís*. Todas estas obras presentan compromisos con el castellano en mayor o menor medida (por ejemplo, la palabra *mucho* aparece normalmente con su *-ch-* castellana). Al faltarle el apoyo de las tres cuartas partes del reino de Aragón, el aragonés no tenía ya espacio suficiente para desarrollar su propia tradición, y con la unión de Castilla y Aragón en 1479 desaparece este convencional dialecto literario en favor del castellano. Sin embargo, a los escritores aragoneses les queda una cierta actitud mental peculiar. Los Argensola y Gracián son más austeros en el manejo del idioma y del estilo que sus contemporáneos nacidos castellanos; una escrupulosa corrección, junto con la brevedad y la concisión, son tal vez en ellos los síntomas de una lengua adquirida con autodisciplina.

El uso del español *standard* rebasó las fronteras de la propia lengua. En el este, tras la incorporación del aragonés, inició el asalto contra el catalán. La posición de este último había sido considerablemente debilitada con el acceso en 1412 de una dinastía española: en lugar del vigoroso estímulo recibido de parte de Jaime I, Pere el Gran y Pere del Punyalet, los Trastamara mostraron inclinación hacia sus súbditos hablantes de aragonés, que ocupan una parte considerable del *Cancionero de Estuñiga* (1458), representativo de las preferencias del círculo napolitano de Alfonso el Magnánimo. El catalán se había emancipado del provenzal gracias a las cuatro grandes crónicas y a Raimón Llull. En manos de Bernat Metge y en sus *Somni* (1398), el dialecto literario recibió una firme estructuración para la prosa. Pero en las desfavorables condiciones del siglo XV no se utilizó mucho la lengua así organizada; y cuando sufrió el impacto del castellano hay que imaginar que ya había iniciado su declive cultural, a pesar del brillo individual de los poetas valencianos Jordi de Sant Jordi, Auzias March y Jaume Roig. En el siglo XVI, el catalán se ve limitado a funciones regionales, mientras que el español es la lengua de todos cuantos desean contar con un amplio auditorio. La figura típica de esta actitud es Boscán, el amigo y compañero de Garcilaso de la Vega, y el cofundador de la prosodia moderna española, que pese a haber nacido en Barcelona prefirió deliberadamente la lengua de toda España. La serie de obras que trataban sobre historias locales y temas similares se hizo progresivamente más escasa a lo largo de dicho siglo, y en los dos siguientes el catalán era ya poco más que un dialecto hablado que conservaban los campesinos, el clero en sus sermones y alguna lírica popular. Seguía siendo, sin embargo, la lengua materna de catalanes, valencianos y mallorquines, que evitaban su total asimilación al castellano. La escuela castellanista de Barcelona realizó en el siglo XIX un poderoso esfuerzo, de inspiración romántica, en el que destacan los nombres de Cabanyes, Piferrer, Balaguer y Milà. Deseaban expresar en castellano los pensamientos de inspiración local y los ritmos en ellos innatos; pero el esfuerzo resultaba demasiado arduo. Por un lado, los críticos castellanos, como Hermosilla, rehusaron aceptar los difíciles ritmos de Cabanyes; por otro, la lírica popular espontánea y las leyendas locales quedaban inevitablemente falseadas al trasponerlas a una lengua extranjera. Como el compromiso era insatisfactorio, no quedaban más que dos alternativas: o la sumisión al castellano o la resurrección del catalán como lengua literaria. Se siguió el segundo camino. Los Juegos Florales de Barcelona (1859 y ss.) estimularon el interés general, si bien en una lengua convencionalmente trovadoresca. Jacinto Verdaguer emprendió la tarea de reunir un catalán genuino, que recogía de labios de los campesinos, y compuso con él épica y lírica de indudable inspiración; Marian Aguiló restauró el vocabulario conservado en baladas medievales y en la literatura en general; Joan Maragall completó la labor forjando un instrumento adecuado para el verso y la prosa; y Carner y López-Picó lograron ritmos hábiles y profundidad de pensamiento. El hecho de que, ya en el antiguo reino, Metge hubiera alcanzado una norma de lengua literaria *standard* facilitaba la restauración. El catalán es en la actualidad una lengua apta para la poesía, la prosa artística, la ciencia y el periodismo; pero el español es en Cataluña la lengua de intercambio con el resto de España.

El portugués sufrió también el impacto del castellano. Es evidente que el estrecho parentesco entre uno y otro hizo que el enfrentamiento fuese más familiar, y que lo podamos calificar de guerra civil de lenguas. Idéntico al gallego en un principio, el portugués literario comenzó con la rica serie de poesías populares y cortesanas de los *cancioneiros*. En el *Livro de Linhagens* (hacia 1350), atribuido al conde de Barcelos, el material es con frecuencia español, pero la lengua se presenta como el primer especimen del portugués literario, que recibiría un ulterior desarrollo en la prosa de Fernão Lopes y en el estilo más académico de Zurara, los dos grandes cronistas del siglo XV. El portugués adquirió, a partir de entonces, consistencia y tradición.

Sin embargo, su posición como lengua literaria se veía amenazada por el prestigio del castellano, y los últimos años del siglo XV y primeros del XVI atestiguan una profunda crisis, hasta el punto de que el condestable Pedro de Portugal componía sus obras en castellano, lengua que, por otra parte, era la favorita de la corte de Manuel el Afortunado († 1525). Es mucho el espacio que ocupa el castellano en el *Cancioneiro de Resende* (1516), que refleja las preferencias cortesanas en materia de poesía lírica. También ostenta un puesto predominante en las farsas de Gil Vicente, escritas entre 1502 y 1538, aunque en ellas su uso presenta ciertas diferencias. El español de Gil Vicente es de hecho un español adaptado a las normas de Lisboa y expresa los términos en los que únicamente podía aspirar el español a suplantar al portugués en Portugal. El infinitivo personal resultaba demasiado empleado en su propia lengua como para poder omitirlo de su español: *para seres loado*. Esta lengua aparece llena de *lusismos*, como *mor*, esp., *mayor; crego, crigo*, esp., *clérigo; frecha*, español, *flecha; genojos*, esp., *hinojos; estea*, esp., *esté; sentio*, esp., *sintió; igreja*, esp., *iglesia*. Para algunos de ellos podía encontrar justificación en el dialecto de León y para otros invocar precedentes españoles, aunque de épocas anteriores, como para *aína, cadaldia, hecistes, defensión*, etc. En ocasiones cae en ultracorrecciones, como *plado*, esp., *prado* (puesto que port. *branco* corresponde a esp. *blanco); siendas*, esp., *sendas; enhadar*, esp.; *enfadar; cierca*, esp., *cerca; nos*, esp., *nosotros*. Usa una sola silbante, mientras el español tiene dos, y así rima *romance* con *vanse*, y escribe *aseche, altesa, sociego, resar*. Las vocales no son siempre las del castellano *standard*. Por influencia del port. *deusa*, escribe *diesa*, esp., *diosa;* y se permite rimar *corte* con *muerte*. Así, tiende a imponerse en Lisboa un español modificado, del mismo modo que los poetas escoceses medievales utilizaban un inglés especial («inglis»). Su prestigio, sin embargo, cambió a lo largo de la vida del propio poeta. El castellano es para él la lengua general. Lo utiliza para todo lo que no es específicamente portugués, como en la *Comedia de Rubena* o en las obras basadas en novelas de caballería *(Dom Duardos, Amadís de Gaula)*. Es la lengua de los personajes serios: reyes, ángeles, dioses, héroes una vez despojados de su humilde disfraz, personas de importancia bíblica o alegórica, etcétera; el portugués, en cambio, es la lengua de los campesinos, mozos de mulas, brujas, demonios y figuras cómicas. Pero en las últimas farsas vicentinas el portugués recupera terreno. Es la lengua de «Lusitania» y también de «Fame» en las comedias de ese mismo nombre, y el *Auto da Alma* (1508) está ya escrito totalmente en portugués.

Gil Vicente es el último gran autor medieval de Portugal. La nueva generación de humanistas (Sá de Miranda, Ferreira, Camões, Diogo Bernardes, Barros, Agostinho da Cruz) dieron un enorme impulso a la lengua nacional, y crearon la literatura clásica portuguesa, que con *Os Lusíadas* (1572) alcanzaría una gloria imperecedera. Estos poetas, sin embargo, con la única excepción de Ferreira, versificaron también en el español de Portugal, menos alejado del de España que el de Gil Vicente. Dejaron la puerta abierta a la reintroducción del castellano resultante de la unión de las dos coronas (1580-1640), al monopolio castellano sobre el teatro y al cambio de actitudes estéticas implicado en el *gongorismo* y el *conceptismo*. Los primeros años del siglo XVII serían testigos de una nueva crisis en el uso del portugués. Faria e Sousa comentó *Os Lusíadas* en español; Francisco Manuel de Melo escribió obras menores en portugués, pero prefirió una proyección más amplia para su *Historia de los movimientos, separación y guerra de Cataluña* (1645). D. João de Bragança empleó el español para rebelarse contra España, y en esa misma lengua escribió su tratado de música. Pero en la última parte de este período sobrevino el declive del prestigio político de España y el rápido ascenso de Francia. Los ojos de Portugal se volvieron a este último país. El español parecía no desempeñar ya funciones internacionales. Los mediocres poetas del siglo XVIII adoptaron una actitud resuelta en lo que se refiere a no utilizar más que el portugués con fines literarios, por lo cual el español dejó de jugar papel alguno en Portugal. El talento de Bocage, seguido por la más elevada inspiración de Garret y Herculano en el XIX, y finalmente los escritores modernos han encontrado en el portugués el único medio de expresar los más profundos sentimientos, si bien la gran semejanza entre ambas lenguas ha permitido que Portugal pueda seguir los movimientos literarios ocurridos en España. En la regeneración del portugués hay que destacar la penetrante influencia de Camões: Bocage fue su discípulo, Garret su cantor épico, los historiadores se han inspirado en sus escenas de *pathos*, esfuerzos heroicos y desgracias. Es sobre todo como «la lengua de Camões», guardián de una tradición común demasiado valiosa para que caiga en el olvido, por lo que el portugués resulta capaz de unir espiritualmente a Portugal con Brasil, su república hija.

El judeo-español

Si queremos obtener una idea de lo que era el español anterior a los grandes cambios de la Edad de Oro basta con recurrir a los dialectos judíos dispersos sobre los Balcanes, desde Constantinopla a Bosnia, y en la orilla norte de Africa. Los judíos abandonaron la Península Ibérica en dos oleadas principales. La primera fue la diáspora de 1492 y 1496, cuando fueron brutalmente expulsados de España por los Reyes Católicos y de Portugal por Manuel el Afortunado (tras unos pocos años de fingida hospitalidad). Los emigrantes eran principalmente hombres de clase humilde; los ricos, condicionados por sus propiedades, aceptaron con frecuencia la alternativa de la conversión, y el acoso que sobre ellos ejerció la Inquisición hizo que sus hijos perdieran la tradición cultual de sus padres. Sin embargo, una tercera generación sintió curiosidad por conocer su fe, y sin renunciar abiertamente al cristianismo se dedicó a un intenso estudio del Pentateuco. Tras liquidar en secreto sus bienes, muchos se embarcaron en pequeños grupos rumbo a países en los que pudieran vivir en libertad y volver abiertamente al judaísmo. Inglaterra no les abrió sus puertas, y después de una breve estancia en Hamburgo negociaron un acuerdo con las autoridades civiles de Amsterdam, que codiciaban sus capitales. Así, la sinagoga judía se estableció en dicha ciudad, donde se enriqueció con la prosperidad comercial de Holanda. Invitada por Cronwell a radicarse en Inglaterra, la comunidad sefardí tomó parte en el crecimiento del desarrollo mercantil del país, y muy especialmente en la marcha de los negocios de la East India Company. La segunda diáspora tuvo mayores consecuencias culturales, pero no ofrece un interés lingüístico inmediato para nosotros. Acompañó, y quizá en cierto modo causó, la prosperidad económica de Holanda e Inglaterra. Los judíos de esta ola contribuyeron al prestigio de la literatura española en el extranjero; tradujeron al holandés y otras lenguas algunos de los mayores éxitos en la novela y el drama; contaron con poetas de alto rango, como Pinto Delgado, cantor de *Ester*, y el autor dramático Enríquez Gómez; asimismo, y dentro del conflicto entre la tradición aškenazi y una interpretación racional de la Ley, surgieron obras de controversia como las de Uriel da Costa y la filosofía de Spinoza. La pérdida del hebreo en esas comunidades dejó al español en situación de lengua de la liturgia, mientras que para fines prácticos se adoptaron el inglés, el holandés u otras lenguas nacionales.

La primera diáspora es menos relevante desde un punto de vista cultural, pero produjo la supervivencia del español medieval en un estado de hibernación. Los refugiados acudieron con sus escasos bienes a Orán y otras partes de Africa, donde fueron de nuevo despojados; pero en Italia la Casa de Este los admitió en Ferrara, y allí disfrutaron de una tolerancia parcial. Tal circunstancia fue suficiente para crear las condiciones favorables en orden a un cierto desarrollo literario, como testimonia la *Biblia* de Ferrara en español y el sombrío libro *Consolação às tribulações de Israel,* de Samuel Usque, en portugués. Como quiera que los sultanes turcos les ofrecieran condiciones más atractivas, la emigración continuó hacia el este hasta Constantinopla. Allí establecieron sus imprentas, y la primera obra impresa en Turquía, en 1547, parece haber sido el *Pentateuco*. La obra más importante para nosotros es el *Libro intitulado regimento de la vida* (1564), de Almosnino. Está compuesto en español preclásico casi puro, conocido como *ladino* para distinguirlo del *español* o *žudío* (en Bosnia *ĵidi̯ó*) del habla corriente. La conexión con España no se perdió por completo de repente. Leyeron el *Amadís de Gaula,* y algunas nuevas baladas, como la de la muerte del Duque de Gandía (1496), se llegaron a añadir al repertorio de las *cantaderas*. El alfabeto normalmente empleado por los judeo-españoles, que sigue actualmente en uso, es una adaptación del hebreo (caracteres Raši), que implica el empleo de puntos para indicar las letras dobles, *ly* por *ll, aleph* inicial, sonidos de transición de las vocales *i, u* expresamente marcados como *y, w*. Un signo diacrítico sobre una letra es suficiente en orden a crear un nuevo símbolo para un sonido español no existente en hebreo, por ejemplo sobre *gimel,* para indicar *j,ǵ* [ž ĵ], y *ch* [ĉ], o sobre *pe* por *f,* o sobre *beth* y *daleth* por *b, d* fricativas. Dicha transcripción estaba ya en uso entre los judíos de España durante los siglos XIV y XV, pero su empleo por Almosnino da una medida exacta de los cambios fonéticos ocurridos hasta su época.

No es de suponer que el español de los judíos residentes en la Península fuera totalmente uniforme en sí mismo, ni idéntico al de sus vecinos cristianos. El poema moral de Sem Tob (1350) es un acervo de metáforas e imágenes diferentes al de sus contemporáneos, inspiradas por sus lecturas del Talmud; pero quizá el texto más satisfactorio sea el de las *Coplas de Yoçef*, fragmentariamente conservadas, editadas por el doctor González Llubera. En ellas se encuentra el característico *el Dio*, mientras que los cristianos usaban *Dios*, palabras que demuestran una tradición literaria diferente *(Aibto* por *Egipto)*; la forma hebrea de los nombres *(Yoçef, Yiṣḥak*, etc.); arcaísmos como *horro* (también en Juan Ruiz), esp., *libre*, y ciertas peculiaridades en la forma del verso. Por otro lado, incluso tras la dispersión, sabemos de diferencias regionales conservadas por las sinagogas separadas de Castilla, Aragón y Portugal, y hasta de otras que tomaron el nombre de las ciudades de procedencia: *sinagogas cordubesas, lisboetas*, etc. De todo ello se desprende que la base común de los dialectos existentes es una *koiné* establecida a partir del momento de la dispersión, dentro de la cual se han originado nuevas diefrencias correspondientes a la localización de los hablantes en Constantinopla, Salónica, Skoplje, Monastir, Orán o Constantina. Esta *koiné* absorbió al judeo-portugués y también a otras lenguas de origen diverso, como el turco, el griego o el italiano; y tal absorción se realizó a costa de numerosas concesiones, sobre todo en el terreno del vocabulario.

La diferenciación entre la lengua hablada y la escrita ha llegado a ser considerable. La lengua escrita conserva casi toda la riqueza del español preclásico, tal como aparece en el *Amadís* y en *La Celestina*, mientras que la lengua hablada se ha empobrecido gravemente. Así, las palabras de la serie *varón, macho, embra, niño* se conservan en *ladino*, pero no en *žudío*. Hombres ardientemente amantes de la ciudad, los judíos de los Balcanes dan a la palabra *árbol* una significación genérica, sin distinguir diversos tipos de árboles, y diferencian únicamente entre *pašaru* (aves de presa) y *pašariku* (aves cantoras); para indicar las distintas especies han de recurrir a préstamos de las lenguas circundantes, como el turco, el serbocroata, etc. Cuando en las canciones se presentan palabras españolas éstas se entienden, pero resultan anticuadas. Sin embargo, viajeros antiguos daban testimonio de que la lengua hablada era tan correcta como la lengua de España. Del mismo modo se han producido evoluciones de los sonidos españoles. Evidentemente, *ll* emigró como una palatal lateral, escrita *ly*, mientras que en la lengua coloquial se tiene ahora *y*, aunque escrito *ly* *'elyỵa* pronunciado *eỵa* (esp., *ella*). Casos de *yeísmo*, así como vulgarismos antiguos, se dan en el fragmento de Cambridge de Sem Tob, que sin duda emigraron junto al correcto uso de *ll* y gradualmente ocuparon su lugar. En Almosnino *f* se ha convertido en una *h* aspirada: *hilo, hižo, hallar, hasta*, distinta de la *h* muda de *hombre*, etc., que él escribe *ombre, onra, aber*. La lengua coloquial es rica en sonidos por contar con la *f* dialectal y portuguesa, la antigua aspirada castellana y la moderna pérdida de la aspiración: *ferir, fierro, forka, fuir, forro; huente, huero, huerte; avlar, avla* (esp., *habla*).

Las silbantes coinciden con la serie del castellano antiguo. La sorda [*s*] se distingue de la sonora [*z*], que se presenta cuando *-s-* cae entre vocales o ante una consonante sonora en el interior de una palabra. Para esta distinción la escritura Raši hace uso de *sin* [*s*] y *zayin* [*z*]: *Roza, firmoza, mozotrus, haza*, esp., *Rosa, hermosa, nosotros, casa*, pero *pasar, asar, guesu*, por esp. *passar, assar, huesso*. Las mismas letras (*sin* y *zayin*) y pronunciaciones ([*s*] [*z*]) sirven para distinguir *ç, z* de español ant. *kavesa, sinko, cenar, amenazar, vizinu, siniza*, por esp., *cabeza, cinco, cenar, amenazar, vecino, ceniza*. Estos sonidos *s, z* son dorsoalveolares, es decir, que se pronuncian con la punta de la lengua sobre los dientes bajos y con un estrecho paso de aire entre la parte posterior de la lengua y los alveolos; en cambio, *s, z* española eran cacuminales, es decir, pronunciadas con la punta de la lengua levantada, para producir fricción sobre los alvéolos. Tal pronunciación se ha perdido en judeoespañol, pero quedan huellas en la frecuente confusión entre [s, z] y [š ž], o *s, z* y *x, ž*. Así encontramos *buškar, čamuškar, moška, piškadu*, e incluso *seš, kantáš, tenés*, por *buscar, chamuscar, mosca, pescado, seis, cantáis, tenéis*. La pronunciación [ž] también se da para la antigua [z] en los dialectos de Bosnia y Constantinopla: *ondzi, dodze, dodzena*, etc., por *once, doce, docena;* asimismo *mandziya, podzada*, por *mancilla, posada*, haciendo uso de la [ẑ] de los compuestos de DECEM, en los que está justificada históricamente. De la misma manera el judeoespañol continúa realizando la antigua distinción entre *x, j ǵ* [š ž] mediante el *shin* y el *gimel* modificado en la escritura, y mediante [š ž] en la lengua hablada. El sonido [ẑ] es vecino de la palatal fricativa *y* [*j*] y de la correspondiente africada [ĵ], como en español *mayo, cónyuge*. Así, en la lengua hablada la distinción gravita entre [*š*] para la antigua *x*, y [ž j ĵ] para la antigua *j, ǵ*, e *y:* X, *bruša šabón lešos*; Y, *ja, jazer, jerba, jugo, ajer, ajudar, lej, rej;* africada, *ĵemir, ĵarra, ĵeneroso, ĵidió, ánĵel, monĵe*; J, *ižo* (esp., *hijo*, FILIU).

Un curioso arcaísmo del judeo-español es la distinción entre *b* oclusiva y fricativa, distinción con que contaba el castellano medieval y que incluso fue llevada al Nuevo Mundo en época bastante reciente, a mediados del siglo XVI, como demuestran los préstamos mapuches. Diferencia *boka, bien*, de *vinu, vela, vengar*, y *barva, bever* (esp. mod., *barba, beber)*. Tales arcaísmos coinciden con la lengua descrita por Nebrija en 1492, a la que también pertenecen palabras como *ansí, ainda* (español, *todavía); arrivar* (esp. med., *llegar);* y *namorado, konortar, bevienda, barragán*, etc.

En el curso de su desarrollo los dialectos judeoespañoles han adquirido numerosas peculiaridades, de las que citaremos solamente algunas que tienen un significado más general. Naturalmente, presentan judaísmos. El más notable es *el Dio* por *Dios*. En la *Tragedia Josefina* (1535?), Miguel de Carvajal pone en boca de José y de los personajes buenos la palabra *Dios*, mientras que sus hermanos dicen *el Dio*. Por motivos religiosos evitaron el nombre de *domingo*, «día del Señor», para designar el primer día de la semana, que se nombra, en cambio, como *alxad* (árab., *al-aḥad*, «el primero»). La sinagoga y la escuela aportaron su contribución al léxico: *desmazalado*, «de mala suerte», de *mazal*, «destino» (heb., *mazzal*, «planetas, signos del zodíaco»), que también usó Cervantes como sinónimo de *malhadado; malsín*, «calumniador», que los cristianos españoles empleaban desde el siglo XIII en el sentido de «causante de daño, de perjuicio»; *mišelikar* (cf. portugués, *mexericar)*. La relación de esas palabras no es segura, y la etimología puede ser lat. MISCERE, o heb., *m'ṣîrâh*, «denuncia» (yiddish, *mesirá)*. Se toma la precaución de evitar las palabras de mal augurio o malsonantes mediante eufemismos, como *blanco* «carbón», eludiendo la palabra «negro»; y las imprecaciones, por motivos idénticos, toman la forma de bendiciones irónicas. Se utilizan términos hebreos para expresar cualidades morales, por resultar más exactas o mejor sentidas que las españolas: *anáav*, «humilde»; *xénef*, «adulador»; la *xenoza*, «mujer agraciada»; *un biento* o *un gabayí*, «un hombre orgulloso». Los nombres de varón son estrictamente bíblicos; los de mujer son españoles y significan con frecuencia cualidades: *Firmoza, Estreya, Vida, Señora, Palomba, Grasia.* Los apellidos son también españoles: *Alkalay, Kabilyo, Kalderón, Montiya, Kavesón, Perera, Maestro, Pinto.* Las razas circundantes reciben nombres convencionales, como «filisteos» o «malekitas», términos que expresan diferentes grados de aversión.

La lengua coloquial ha continuado perdiendo terreno. El abandono de la mayor parte de su vocabulario referente a la naturaleza es suplida con la adopción de préstamos de sus vecinos, según piden las circunstancias. El hecho de que los judíos sean bilingües hace que dichos préstamos resulten realmente numerosos y que se produzcan cruces evidentemente complicados, a los cuales hay que atribuir la diferencia entre el léxico de un lugar cualquiera y el de otro cercano. Así, la *libélula* recibe entre los judíos búlgaros el nombre de *kaƀayiku*, a causa de la forma nativa *konce*, posiblemente ayudada por rumano *calul, dracului;* en Brusa, la *comadreja* es *nobiizika*, bien sea para traducir el turco *gelinĝik* o el gr. mod. νυμφίτσα (en Bulgaria se llama *patrona de kaza*).

No siempre puede determinarse con exactitud el origen de una palabra en medio de tan variadas direcciones en los préstamos: *trandáfila,* «rosa», puede deberse simplemente al gr. τριαντάφυλλο o a haber intervenido también el rum. *trandafir*. La palabra *meldar* ha reemplazado al esp. *leer*, probablemente debido al griego μελετᾶν «preocuparse por, meditar», aplicada a la manera concreta con que se leen los textos sagrados. Dicha palabra aparece en boca de un rabino en el siglo XV, en la *Danza de la Muerte*.

Los intereses de Venecia en las costas del Adriático han desarrollado una serie de términos italianos entre los judíos de Bosnia, a la vez que la influencia del francés ha ido en aumento a causa de su valor internacional en Levante. Las escuelas creadas por la Alliance Israélite han intentado convertirse en centros de propagación del francés, lo cual ha llevado consigo un empobrecimiento proporcional del elemento español. Posteriormente, el exasperado nacionalismo que dejó como legado la Guerra Mundial ha dado muestras de hostilidad hacia ese español minoritario. Los turcos lo reconocían como una de las lenguas de su Imperio, en el que los judíos no eran sino un pueblo más entre tantos otros; pero tras la fragmentación de ese Imperio, los estados resultantes reconocieron únicamente sus propias nacionalidades y sus lenguas oficiales, que se impusieron como únicas para la enseñanza, con lo cual las minorías lingüísticas han llegado a debilitarse.

Desarrollo fonético en la Edad de Oro

La *Gramática de la Lengua Castellana* (1492), de Antonio de Nebrija, hace un resumen de la lengua en un momento de relativa estabilidad, cuando ya se ha llevado a término el conjunto de sus cambios medievales pero todavía no se han puesto en marcha las importantes transformaciones que se producirán a lo largo de los siglos XVI y XVII. Esa fecha es también el punto de partida de los dialectos judeo-españoles tal como son hablados actualmente en Salónica. Skoplje, Orán, etc., y que nos han conservado en gran medida las condiciones lingüísticas del español medieval. Dichos dialectos no han tomado parte ni en el ennoblecimiento del vocabulario y del estilo ni en los cambios fonéticos que se produjeron a lo largo de la Edad de Oro. Uno de dichos cambios hemos tenido ya ocasión de comentarlo. En la *Gramática* y en la *Orthographia* (1517), de Nebrija, la F latina ha dado ya paso a la *h* castellana en español *standard;* es «la boz que comúnmente succedio ala *f* latina», a la vez que servía en otras dos ocasiones como signo convencional. Identifica esta *h* como una gutural del tipo de la *h* árabe y hebrea al decir: «nos otros la pronunciamos hiriendo en la garganta». Pero mientras que Nebrija, un andaluz que escribió en Salamanca y León, aspiraba esa *h,* se daba ya una fuerte tendencia en Castilla la Vieja hacia su desaparición, que fue invadiendo la lengua *standard* a lo largo del siglo, hasta que se hizo universal en 1580. La *h* sirve para evitar la sinalefa en los versos de Luis de León (Salamanca, hacia 1578), Alonso de Ercilla (Toledo, hacia 1578) y Herrera (Sevilla, 1582), que se cuida muy bien de indicar la pronunciación mediante la escritura; pero en la poesía de Lope de Vega (Madrid, 1585 y ss.) tiene rara vez esa función.

La lengua medieval distinguía dos valores de *b, d, g*: uno fricativo y otro oclusivo. El valor fricativo procede de lat. B, D, G, y el oclusivo de lat. P, T, K. Para el primero de esos casos se habilitó un recurso ortográfico, sirviendo *v* (o *u)* para el valor fricativo. Uno y otro valor estaban íntimamente relacionados entre sí, como lo están aún en la actualidad, de modo que la fricativa se convierte en oclusiva en posición inicial absoluta y tras nasal. Así VIVERE da *bivir;* CAPRA, *cabra;* DEBET, *deve.* A lo largo del siglo XVI estos sonidos pasaron a formar una serie simple, invariablemente oclusiva en posición fuerte e invariablemente fricativa en posición débil. Las letras *b* y *v* continuaron en uso, aunque ya no indicaban ninguna diferencia fonética; y su empleo ha sido regulado después por la Academia respondiendo más o menos a criterios etimológicos. La distinción medieval entre dichos sonidos acompañó a los conquistadores al Nuevo Mundo. En el sur de Chile, donde la conquista empezó en la segunda mitad del siglo XVI, los indios araucanos distinguieron entre [*b*] de P en NAPOS, *nabos,* y *estribo,* y por otra parte [ƀ] de CABALLU, *caballo,* y FABAS, *habas,* empleando signos diferentes: *napur, irtipu,* pero *cahuallu, aghuas.* En mapuche se distinguía solamente entre oclusivas, sordas y fricativas sonoras, de modo que la distinción española entre la oclusiva y la fricativa se interpretó en dicha lengua como distinción entre sorda y sonora. Los préstamos aracuanos no indican la diferencia paralela existente en *d, g.* A partir de la situación de fricativas, ambos sonidos tienden a desaparecer en posición débil: TEPIDU, *tibio;* AUDIRE, *oír;* LEGALE, *leal.* En el siglo XV, la *d* < T en la segunda persona de plural de los verbos resultó también afectada. En el tercer cuarto del siglo XIV la desinencia *-edes* dio *-ées* y *-és,* y *sodes* derivó en *soes.* En el siglo XV *amais, amaes, amás; soes, sois, sos; quereis, querés, decís,* estaban sólidamente establecidos frente a *amades, sodes, queredes, decides* del siglo XIII. La *-d-* se mantuvo, sin embargo, cuando el acento no recaía sobre la vocal inmediatamente precedente, de modo que Cervantes, Lope de Vega, Tirso de Molina y Quevedo preferían escribir *amábades, haríades, amásedes.* Villegas (1618) ignora también esa *d,* y se encuentran ejemplos de su pérdida ya en 1555. En el imperativo -ATE -ETE -ITE, *-ade -ede -ide,* dejó de aparecer una *d* intervocálica por pérdida de la vocal final *e,* de modo que *d* permanece en *amad, quered, decid,* y únicamente desaparece cuando esa *d* se presenta en posición intervocálica, como en *amaos* (por *amados),* etc.

En las lenguas vernáculas modernas todas las *d, g* intervocálicas tienden a ser eliminadas, y el español *standard* ha aceptado ya prácticamente la innovación en el caso del grupo *-ado.* En palabras como *prado, lado,* *amado, hallado* la pronunciación [ađo] es enfática y retórica y [*ao, au̯*] es la normal en la conversación, mientras que la forma *standard* [ađo], es decir, con una fricativa muy relajada, es una fórmula de compromiso. En la lengua vulgar *-ada, -ido, -ida* pierden también la *d* (por ejemplo, *ná* por *nada),* e igualmente desaparecen otras *d* intervocálicas (por ejemplo, *esnúo* por *desnudo),* mientras que *g* se pierde no sólo ante *u (awa* por *agua),* sino de una manera general *(miaja* por *migaja).*

La lengua medieval se distinguía por la riqueza en palatales y silbantes dentales, que se han visto reducidas en número y dispersadas en el espacio en la lengua moderna. Junto a *ch,* cuyo valor se ha mantenido constante, el español medieval tenía *s, -ss-,* [ś] *-s-* [ź], *ç* [ŝ s], *z* [ẑ z], *x* [š] *j g*, [ĵ ž]: así *passar* [*s*] pero *rosa, casa* [*z*]*; çarça, çebada,* pero *hazer; dixo,* pero *fijo, hijo, gente.* En la Edad de Oro se abrieron camino dos cambios: el primero redujo esas silbantes sordas y sonoras a una sola serie de silbantes sordas [ś ŝ š]; el segundo cambio desplazó a las silbantes sordas [ŝ š] a una articulación interdental y velar [θ, x]. Existe una buena cantidad de datos sobre la naturaleza de esos sonidos en el siglo XVI y principios del XVII —los suficientes como para situar el segundo cambio en la tercera década de este último— pero el testimonio de los autores resulta complicado por falta de signos fonéticos precisos, y sin duda también por el hecho de que durante un considerable lapso de tiempo pudieron coexistir ambas series de valores según fueran las diferentes partes de España y la clase de los hablantes. Los datos de los dialectos arcaizantes modernos son asimismo interesantes para nuestro estudio (los dialectos de Enguera, Malpartida de Plasencia, Bragança en Portugal, judeo-español), pero también ellos muestran alteraciones de la situación medieval.

El valor medieval de esas letras puede inferirse en cierta medida de la etimología. Cuando se trata de palabras de origen latino, cabe deducir una línea probable de desarrollo desde los sonidos latinos hasta los del español moderno; cuando son palabras francesas, germánicas o árabes, cabe una comparación con los sistemas fonéticos de esas lenguas. Así, *s*, *ss* eran silbantes cacuminales (como en moderno español *standard*, pero no como en andaluz). Los autores árabes, al transcribir los topónimos españoles, identificaron esos fonemas no con el *sîn* o el *ṣâd*, sino con el *šîn*, [*š*], que se articulaba en un punto ligeramente posterior del paladar: *Sbilîya*, *Al-Ašbûna*, *Saqunda* por *Sevilla*, *Lisboa*, *Secunda*. Así, gracias al paso por el árabe, SAPONE da *xabon*. En el portugués de Bragança se mantiene aún una distinción entre [ś ź] y [*s*, *z*]. El nahuatl tomó el esp. *señora* como *xenola*, y el mapuche tiene *chumpiru*, esp., *sombrero*. La pronunciación cacuminal de *s* (y de *z* cuando sobrevive) se encuentra en toda la banda que va desde el norte de Portugal a Cataluña. En el portugués meridional (incluida la lengua *standard* de Lisboa), en el español del extremo sur, en judeoespañol y en la mayor parte del español de América, la cacuminal ha llegado a coincidir con una dorsoalveolar [*s*], que es frecuente en francés e inglés. En lo que se refiere a la distinción entre la sonora y la sorda, Nebrija distingue *s* de *ss* entre vocales, al igual que *r* de *rr*, y recomienda «si suenan apretadas doblar se han en medio de la palabra». El judeoespañol diferencia *pasar*, *guesu*, *asar* de *Roza*, *Firmoza*, *mozotrus* (esp., *nosotros)* y *kaza*, usando *zayin* para las últimas en las trascripciones hebreas. Pero solamente *s* viajó al Nuevo Mundo según el testimonio de los préstamos del mapuche: *curtisia*, *coltesia* (*cortesía*), *casun* (*hacer caso)*. Juan de Valdés en 1535 da reglas arbitrarias para escribir *s* o *ss*, prefiriendo *ss*, en los finales *-issimo -esso -essa*, pero añade: «generalmente pongo dos eses quando la pronunciación ha de ser espessa, y donde no lo es pongo una sola». A mediados del siglo XVI, *-s-* y *-ss-* no riman entre sí, y en 1582 el carácter sordo de *-s-* se indica explícitamente. Herrera (1582) escribe *-ss-* entre vocales, prescindiendo de su origen, con la única excepción de *peso* y *oso*.

Más difícil es precisar la pronunciación medieval de *ç*, *z*. En español moderno tienen el valor de [θ], y en el dialecto extremeño de Malpartida de Plasencia son [θ ð]: *crecel* [*kreθél*], *jadel* [ȟaðél] por *crecer, hacer*. En Andalucía, entre los judeo-españoles y en la mayor parte de Hispanoamérica, e igualmente en portugués y catalán, han coincidido con la dorseoalveolar *s* (y *z*, donde existen las sonoras). La C (ante *e, i*) latina se pronunciaba como [*k*] y debe haber evolucionado a español [θ] según el siguiente esquema:

	velar	prevelar	palatal	dental	interdental
oclusiva	[k].........	[c]			
africada			...[ĉ].........	[ŝ].........	[θ̂]?
fricativa				[s].........	[θ]

Una africada interdental no resulta un sonido estable, y hay que considerarlo como la fuente de la interdental fricativa española, de manera que se conecte esta última más bien con [ŝ] que con [s]. El grupo latino TI̯ da también *ç, z* (según las circunstancias) e indica una pronunciación análoga a [t], es decir [ŝ]. En aragonés, *-ç* se corresponde con el catalán *-ts* en la segunda persona de plural de los verbos: *cantaç*, cat. ant., *cantats;* cat. mod., *canteu*. En mozárabe, lat. ST daba *ç: Çaragoça*, CAESARAUGUSTA (arab., *Saraqusṭa; Ecija*, ISTIGI) sin duda por metátesis. Por otro lado, *ç* se corresponde con *sîn* y *ṣâd* árabes, es decir, con [*s*]: *açucar*, arab., *as-sukr; çaga*, arab., *sâka; açalá*, arab.,*as-salâ;* y *z* es el equivalente regular de *z* árabe. En consecuencia resulta que *ç, z* tienen el valor de africadas [ŝ ẑ] y además, bien en distribución geográfica o en posición débil, el valor fricativo [s, z]. En ambos casos las consonantes eran dentales, de modo que no se identificaban como sonidos emparentados con la interdental árabe *thâ*.

Entre Nebrija (1492) y Minsheu (1623) se usa con frecuencia otro alfabeto para fijar la pronunciación española: concretamente el italiano. Contamos también con las definiciones de gramáticos extranjeros y con las correspondencias con el inglés y el alemán. Nebrija no define la *z*, pero considera la *ç* «propia de judíos e moros», y equivalente al hebr. *samekh*[*s*] o al *samekh* y al *tzade* [s, ŝ]. Juan de Valdés, escribiendo en Italia, dice que *ç* tiene el valor de *z* (es decir, de la *z* italiana [*s*]). La equiparación italiana aparece hecha por Christoval de las Casas (1570), Juan de Miranda (1595), Richard Peryuall (1591), que cita también hebr. *tzade*, y Doergank (1614); y Minsheu (1617) da el valor *ts*. Don Luis de Avila y Zúñiga proporciona ciertas trascripciones alemanas: *Landshut* > *Lançuet, Zwickau* > *Çuibica, Unser Vater* > *Uncerfater* (*ns* dando *nts*), pero también *Schäfermesser* > *Xefermecer* (en donde ç = ss). Oudin (1610) equipara el sonido en cuestión con *ç, s* del francés; Doergank (Colonia, 1614) con *ss;* Lewis Owen con *s* (1605). Es posible que se corresponda con un sonido más tenso que una sorda simple [*s*], pero indica desde luego el valor fricativo. En 1623 John Minsheu lo translitera como *ths: çaraguelles...çoçobra...çufre;* pronuncia: *thsaragüelles, thsosobra, thsufre*. Con ello se indica un sonido intermedio entre la dental medieval y la moderna interdental, tal vez pronunciada entre las puntas de los dientes. El sonido *z* se asemejaba a *ç*, excepto en el aspecto de que era sonoro. El ensordecimiento de *z* aparece anunciado en Antonio de Torquemada (antes de 1574), cuando dice de *ç, z* que «muchas personas no saben diferenciarlas», y por Miguel Sebastián (1619): «la consonante *zeta* componen unos de las *t* y *s*, los más de la *d* y *s;* pronúnciase en el mesmo lugar que la *ç* algo más blando». Nicolás Dávila (1631) distingue aun el sonido sordo del sonoro. Por una costumbre ortográfica, la letra *z* se usaba unicamente al final de sílaba o de palabra. En este último caso, el castellano medieval imponía su carácter sordo; en el primero, se ensordecía ante consonantes sordas, y aparecía como sonora ante sonoras por un principio de asimilación que aún actúa en las tres lenguas peninsulares. Así había numerosos casos en que *z* tenía que representar la consonante sorda, como *rafez, mezquino, alcanz, estonz, pez, Badajoz.* En inicial, ante sonora y entre vocales, *z* era una silbante sonora que comenzó a ensordecerse en el último cuarto del siglo XVI, y al final del primer tercio del XVII era sonora solamente en la lengua de una minoría. Entre tanto, *ç* y *z* habían adelantado su punto de articulación de modo que pasaban de una posdental a una interdental en Castilla, hacia 1623. Es posible que la *ts* de Minsheu (1617) se deba a imitación de otros gramáticos más antiguos; y también que *ths* representara un sonido africado. Si es así, dicha africada no pudo sobrevivir largo tiempo.

El tercer par de silbantes (*x* y *j* o *ǵ*) era palatal en español medieval. El valor de *x* era [š], como continuó siéndolo en portugués, gallego, asturiano, aragonés y catalán, y en el sistema español de transcripción del árabe. El valor de *j* es más dudoso. Su origen de latín J- Ǵ-, así como el *jîm* árabe y en inicial el *yâ*, y en franc. y prov. ant. *j, ǵ*, apuntan hacia una africada [ĵ], correlato sonoro de la sorda *ch* [ĉ]. Sin embargo, en posición débil el *jîm* árabe pudo ser pronunciado como una fricativa [ʒ], y en la fricativa hace pensar en la evolución de los grupos latinos LI̯, C'L, G'L, a través de *i, y* [j], a [ž]. Nebrija (1492) dice que el sonido es peculiar del español pero Valdés (1535) encuentra un equivalente en *gi* del italiano y del árabe, que no existe en hebreo, griego y latín. Testimonios en el mismo sentido aparecen a lo largo del siglo, mientras que otros lo identifican también con franc. *j* ([ž] desde el siglo XIII). En portugués, catalán y judeo-español, el valor de este par de consonantes es [š ž]. Datos del ensordecimiento de *j* aparecen sólo hacia finales del siglo, como en Percyuall (1591), que menciona a Andalucía como el área conservadora que mantiene *zh.* Minsheu (1623) considera el sonido equivalente del lat. *gero;* ital., *giorno;* ingl., *Geoffrey, Giles;* franc., *gisant* y *sh* (*jarro, sharro*). Y añade: «en Sevilla no lo pronuncian en los dientes, sino más bien en la garganta como *cshardin, csharro, azho*». Sin embargo, el ensordecimiento comenzó a principios del siglo XVI, pasando unicamente [š] al Nuevo Mundo en la mitad de la centuria: nahuatl, *xalo* < *jarro;* mapuche, *charu* (*kazu* es un préstamo tardío); mapuche, *ovicha, ovica, avida* < *oveja.* Esta situación se encuentra en los dialectos asturianos modernos: *xente* por *gente*. El paso ulterior de la palatal [š] a la velar [x] no es compartido por los dialectos judeo-españoles, separados ya del país de origen, pero es, en cambio, universal en Hispanoamérica gracias sin duda a las posteriores oleadas de inmigrantes. Esta [x] no tiene equivalente en mapuche, que marca el componente gutural prescindiendo del carácter fricativo al utilizar *k* en los préstamos tardíos: *Koan* < *Juan*. La conocida palabra *Quixote*, lanzada a Europa hacia 1605, fue aceptada por franceses e italianos con una palatal [š]: *Quichotte, Quisciotto*, pero Minsheu indica la existencia de la velar [x] procedente de Sevilla en 1623. Parece ser que los primeros años del siglo XVII fueron testigos de una retracción gradual de la lengua, de la cual no podemos captar más que el punto final del proceso.

El ennoblecimiento de la lengua: influencia del latín.

Bajo la influencia del humanismo, y dirigiéndose a un auditorio italiano, Juan de Valdés hacía observar que todos los hombres están obligados a ilustrar y enriquecer su propia lengua, que han bebido en el pecho materno. Tal preocupación se encuentra con frecuencia presente en sus contemporáneos, que hicieron suyo el ideal italiano de un *volgare illustre* apto para la expresión de pensamientos elevados. Y si bien es cierto que surgió una controversia sobre los méritos de las principales lenguas de civilización, lo es también que el latín, la segunda que utilizaban las personas cultas, se admitía universalmente como punto de referencia y medio de perfección. Dentro de ese espíritu, Camões afirma que el portugués es virtualmente idéntico al latín: *com pouca corrupção é a latina.* La lengua latina se aprendía mediante ejercicios y libros, mientras que la vernácula por el uso común en el hablar. Tal circunstancia hacía difícil para la reina Isabel y para una persona tan ilustrada como Juan de Valdés el comprender la utilidad de una gramática castellana como la compuesta por Nebrija, que era, según afirma el propio autor, un *Arte* del castellano. Por ello, no es de extrañar que las gramáticas castellanas se compusieran a imitación de los libros de texto latinos que existían, «contraponiendo línea por línea el romance al latín», para poner de manifiesto unas veces la aptitud de la lengua vernácula, y otras su carencia de los recursos existentes en latín. Poetas y estilistas como Juan de Mena (en el siglo XV) y Herrera (en el XVI), al comparar los recursos léxicos y sintácticos de ambas lenguas toman conciencia de los defectos existentes en la lengua vernácula, que podrían ser remediados con la adopción de nuevas palabras y moldes de expresión para la lengua culta. El objeto de quienes intentaron «ennoblecer e ilustrar» su propia lengua era adquirir para ella la plenitud y libertad del latín, con la sola limitación impuesta por el genio de la lengua vernácula. El *caveat* fue interpretado de modo diferente según los distintos innovadores y épocas. Alfonso X siguió una prudente política de neologismos en el siglo XIII, y más tarde hicieron otro tanto los humanistas en el XVI y los racionalistas del XVIII; pueden considerarse en cambio como innovaciones audaces las aceptadas por la escuela de Juan de Mena, por los gongoristas y por los «modernistas» de nuestra época. Ambos tipos de escritores se preocuparon más por enriquecer la lengua escrita que la hablada; pero mientras que algunas de sus innovaciones terminaron por influir en la lengua hablada, otras permanecieron definitivamente utilizables solamente en usos especiales de poesía y retórica.

El ennoblecimiento del romance, como programa de acción, fue establecido explícitamente por los humanistas, en los cuales ofrece una aparencia a todas luces italianizante; pero como necesidad cultural comienza ya en los principios de la literatura. Las obras de Alfonso X incluyen traducciones de autores latinos de alto estilo retórico, como Lucano, que ponen de relieve los diferentes recursos de las lenguas. Como ejemplo citaremos el pasaje de la *Farsalia* de Lucano, IV, 373 ss.:

> *O prodiga rerum*
> *luxuries, nunquam parvo contenta paratu,*
> *et quaesitorum terra palagoque ciborum*
> *ambitiosa fames, et lautae gloria mensae...*

traducido así en la primera *Crónica General*, cap. 100:

O desmesura gastadora de las cosas, et que en comer not abondas de pocas uiandas; e tu, fambre glotona, que not cumple lo que puedes fallar por mar e por tierra; et tu mesa deliciosa, llena de quantas cosas el comedor demanda...,

En dicho texto puede observarse la ausencia de *pródigo, lujuria* o *lujo, piélago, ambicioso, gloria,* que la lengua posee ahora; y también en *Farsalia* III, 297, *felix* (esp. mod., *feliz)* se traduce como *cuemo princep bienandant*. Estos y otros pasajes sirven como ejemplos de la escrupulosidad con que los fundadores de la prosa española se atenían al uso de la lengua vernácula; pero tuvo que existir necesariamente un innovador para dar nombre a las cosas para las que la lengua vernácula no disponía de palabras adecuadas: «*tirano* quiere decir *señor cruel*», «*estudio* es *ayuntamiento de maestros e escolares*», «*zodiaco,* que quere tanto decir en griego cuemo lengua que esta presto pora dar alma a cada cosa que convenga e que seia apareiada para rescebirla». Tales palabras, ya familiares en el latín de las escuelas, resultaban fáciles de aceptar en la lengua vernácula, con tal que se las diera una forma adecuada. Una tabla de equivalencias fonéticas facilitaba la trasferencia de palabras.

La necesidad de una aparencia vernácula en las palabras se sintió con más fuerza al principio, pero progresivamente se fueron tomando menos precauciones al habilitar los latinismos, de modo que en nuestros días es suficiente con que la palabra cuente con una final de tipo romance, y no comience con una *s* impura; por ejemplo -ATU = *-ado*, -ABILE = *-able*, ITATE = *-idad*, SCEPTICU = *escéptico*, SPIRITU = *espíritu*, etc. En el siglo XIII los creadores de neologismos adoptaban varias precauciones más. Las vocales átonas se limitaban a *a, e, o* del romance: *princepe, monesterio, presyon, heñir* < FINGERE. Las consonantes intervocálicas se sonorizaban: *paladino*, PALATINU. Las terminaciones se remodelaban como -ICULU: *-ejo* y ARTICULU: *artejo*. El grupo -CT- se modificaba no en palatal, pero sí en velar: ACTU, *auto;* TRACTU, *trauto*. En esta época hay que destacar el sufijo *-iguar*, -IFICARE: *santiguar, averiguar*. En algunos casos estos neologismos se creaban de una forma más estrechamente relacionada con el original latino, de acuerdo con el gusto de neologizantes posteriores: *principe, prisión, homicidio* (por *omezillo*), *verificar*. En ocasiones se llegan a producir dobleces, quedando el sentido más concreto adscrito al término más antiguo: así *artejo/artículo, santiguar/santificar, heñir/fingir, auto/acto*, etc. Particularmente notable fue la influencia de la Iglesia, en el sentido de que el uso público habitual de dos lenguas llevaba consigo la continua comparación de ciertos términos importantes. *Auto* pertenece a esta categoría de palabras; pues, como es sabido, en la Edad Media se realizaban en la iglesia las representaciones escénicas (la forma estrictamente vernácula habría sido **echo*). Y también SAECULU, que da *sieglo, siglo*, pero no **sejo;* DIABOLU y no **jablo;* FIDE, *fe* y FESTA, *fiesta* que conservan la *f inicial*, que, en cambio, se pierde en la expresión *a la he* y en el término latino INFESTU, *enhiesto*. Fue la Iglesia quien conservó el uso de DEUS, *Dios* (nominativo), mientras que el judeo-español prefirió la forma habitual de acusativo *el Dio;* y a la Iglesia hay que atribuir *cruz, mártir, virgen, sacerdote, espíritu*, etc. La administración también es responsable de otra serie, si bien menor, de latinismos, tales como *treudo* (posteriormente *tributo*), *justicia, censo, precio,* *homicidio, notario,* así como de la conservación de formas arcaicas en los topónimos, como *Córdoba, Mérida, Segovia* (no **Segueva), Cértigos, Gállego.*

En el siglo XV se produjo una notable proliferación de nuevos latinismos. La *Divina Comedia* de Dante y las obras latinas de Boccaccio y Petrarca, junto con numerosas traducciones de autores clásicos, directamente o a través del francés, crearon el gusto por un tipo de español no solo más en consonancia con su fuente originaria, el latín, sino también con el *volgare illustre* italiano. Simultaneamente, faltaba aún el sentido de la mesura y sencillez de los verdaderos humanistas. Los experimentos llevados a cabo por el Marqués de Santillana, Villena, Juan de Mena y sus partidarios se caracterizan por una mayor audacia que discreción, y muchas de las propuestas hechas por ellos no han tenido aceptación, como la de Villena; *presuposición.* Los sufijos *-al* e *-ífico* se imponen en este período: *divinal, mundanal, poetal, marçial, triunfal, magnífico.* Las terminaciones trisilábicas se utilizan por su dignidad, en contra de la tradición hispánica: *gállico, itálico, délphico, ínclito;* y se hace un gran uso de *-ción: destruyçión, restituyçión, defunçión.* Santillana, el más prudente del grupo, intenta propagar sus innovaciones asociándolas a los términos familiares: «*familiar* e servidor», «andan e *concurren*», «cenizas e *defunçiones*» «*difícil inquisición* e trabajosa pesquisa», «mesajero e *embaxador*», e incluso «*sçiençia de poesía* e gaya sçiençia». Mediante el recurso al latín crea dobleces; por ejemplo frente a CIBU, *cebo,* propone «*çibo* del alma», que la lengua ha rechazado. Su principal novedad sintáctica consiste en el intento de hacer pasar al verbo hacia el final de la frase. En Juan de Mena se da un intento sistemático de incorporar todos los recursos del estilo latino. Tuvo tanto éxito en la empresa que Nebrija pudo elegir de él ejemplos españoles de las más tradicionales figuras de la lengua, incluyendo las censurables, como la cacosindeton: *A la moderna bolviendo me rueda* por *bolviendome a la rueda moderna.* Por ese éxito en la captación de los recursos latinos,

Nebrija estima que Mena se hace acreedor al título de «el poeta» entre los castellanos, como Virgilio entre los romanos. En el terreno del vocabulario, sus neologismos contrastan con la humildad de la lengua vernácula medieval con la que se encuentran mezclados, hasta el punto de que, incluso aquellos que posteriormente han sido admitidos por la lengua, resultan un cuerpo extraño en *El Laberinto de Fortuna;* por ejemplo:

> Toda la otra vezina *planura*
> estaua çercada de *nítido* muro,
> assi *trasparente, clarífico,* puro,
> que mármol de Paro pareçe en *albura;*
> tanto que el *viso* de la criatura,
> por la *diafana claror* de los cantos,
> pudiera traer *objetos* a tantos
> quantos çealua so sí la *clausura.*

En este período se da una considerable reducción en las diferencias existentes entre las formas españolas y las latinas. Aparecen *i* y *u* átonas, e incluso la *s* «impura» *(spiritu, sçiençia);* las consonantes sordas intervocálicas se respetan; se incrementan los finales trisilábicos. El grupo latino -GN- da *-n-* en -DIGNU, *dino;* X da *s* en *esaminar,* y -PT-, -CT- dan *-t-* en *cativo, objeto;* se trata de formas utilizadas en la Edad de Oro, que no fueron puestas en tela de juicio hasta la creación de la Academia. En algunos casos se han producido dobleces o se ha conservado definitivamente la grafía antigua: *auto, acto, fruto, fructifero, luto, luctuoso.*

El siglo XVI —época de gran actividad física y mental para España— sometió la lengua a numerosas presiones innovadoras. Las relaciones con Italia se estrecharon gracias a la conquista de Nápoles por el Gran Capitán y a la política internacional de Carlos V. Castilla accedió entonces a las relaciones exteriores, que durante la Edad Media habían sido características de Aragón. La literatura italiana de Ariosto, Bembo, Tasso, Castiglione y Maquiavelo, con su carácter laico y su sentido de la mesura, sustituyó al modelo medieval del *trecento*. Los humanistas italianos y Erasmo popularizaron en España la noción de perfección de la Naturaleza, y de la lengua popular, proverbios, etc., como productos espontáneos de la misma; mientras que al propio tiempo establecían un nuevo canon de elegante perfección en el uso del latín. El carácter de «cortesano», que comportaba una especie de perfección espontánea en todos los aspectos de la vida, prescribe el ideal de *simple munditiis* también para la lengua, a la vez que elabora formas de cortesía y relaciones que dan lugar al llamado *estilo cortesano*. Un vigoroso impulso hacia la utilización de términos genuinamente españoles y capaces de ser entendidos por un auditorio más extenso, así como hacia una sintaxis más simple, corre a cargo de la prosa de Santa Teresa y San Juan de la Cruz, que evitaban toda forma de afectación por considerar que conducía al engaño y al pecado. Por otra parte, se manifestaba una intención más consciente de elevar el español a un rango intelectual parejo a su influencia en el mundo, de contrarrestar la supremacía del arte de Italia y de tomar del latín cuantos recursos necesitara la lengua. En la época de Góngora surgió un ardiente interés por el estilo de Herrera, que terminó por convertirse en una preocupación estilística obsesiva y dio lugar a extravagancias en la etapa barroca, curiosamente semejantes a las de Juan de Mena.

La *Gramática* de Nebrija (1492) asume los logros medievales como una base para ulteriores avances. El autor afirma explícitamente la conexión entre lengua e imperio. En la *Celestina* (¿1499?) tenemos un lenguaje llano, tal como se oía en la calle, junto a las maneras cortesanas de los protagonistas. Pero los sucesos del primer tercio del siglo no ofrecían facilidades a la sofisticación, y los numerosos relatos del Nuevo Mundo presentan frecuentemente una dicción coloquial. En los poemas del Garcilaso de la Vega (publicados en 1543), en el *Cortesano* de Boscán (1534) y en el *Diálogo de la Lengua* de Juan de Valdés (1535) encontramos ejemplos típicos de este siglo. Evitan las invenciones, y únicamente se proponen seleccionar lo que en la lengua hay de noble y sincero. No eluden los coloquialismos (por ejemplo, *ganar por la mano);* y Valdés siente predilección por los proverbios, que considera como puntos de referencia del purismo. Garcilaso alaba a Boscán porque huye de la afectación sin caer en la rudeza; su estilo es puro y emplea «términos muy cortesanos» admitidos por buenos jueces, ni nuevos ni desacostumbrados para el pueblo. Dentro del mismo espíritu, Valdés aplica el criterio del modo de hablar de Toledo, manifestando preferir *enemistad* a *omezillo, subir* a *puyar, un cotal* a *quillotro, fácil* a *raez* o *rece, triste* a *lóbrego* (que más tarde se reintrodujo en la lengua de la poesía); y al mismo tiempo censura algunos de los rasgos aceptados por Nebrija como peculiaridades del andaluz. Se hacía necesaria una cuidadosa política en las innovaciones, dada la existencia de nuevas ideas. Valdés recomienda la adopción de *paradoja, tiranizar, idiota, ortografía, ambición, e(x)cepción, objeto, decoro* y otras; y mientras Nebrija no conoce el superlativo sintético, en Garcilaso (1536) se lee «ilustre y *hermosísima* María». Fray Luis de León (1538) es de esta manera de pensar, y además para él la pureza del lenguage consiste en un sentido del ritmo, la gravedad y la proporción.

El intento del mayor de los místicos por evitar toda afectación, incluida esa dosis de artificio que va aneja a la selección humanística de las palabras, hizo poner el énfasis en el contenido tradicional de la lengua. Coloquialismos como *naide* por *nadie, anque* por *aunque, relisión* por *religión,* aparecen en Santa Teresa, que también —rasgo femenino— hace pleno uso de los diminutivos afectivos abundantes en español, concede al verbo un papel predominante en la frase y practica la elipsis con la libertad de la lengua tal como se hablaba en la realidad. La necesidad de precisiones psicológicas en materia de experiencias religiosas la lleva a enriquecer la lengua con sutiles distinciones, como entre *contento* y *gusto,* con frecuencia en la forma de oximoron: *gozosa pena, borrachez divina,* etc. El prestigio adquirido por sus escritos en castellano popular puede haber ayudado a expandir las preferencias fonéticas de dicha lengua, a pesar de la oposición de los primeros escritores toledanos, especialmente en lo referente a la eliminación de la *h* aspirada.

Entre tanto, en el sur, en Sevilla, Fernando de Herrera adoptaba una actitud más formalista en lo relativo a la lengua. El hecho de que se propusiera repetir en España los triunfos literarios de Italia le lleva a considerar el contenido de sus obras menos importantes que el estilo. Su pensamiento pertenece a la tradición de Petrarca; pero aún había que forjar ese estilo en España. Su política consistió, por tanto, en descubrir en el latín o en el italiano palabras y formas tales que el español fuera capaz de asimilar; es la política de un neologizante preocupado por un éxito más real que espectacular. La lírica de Garcilaso le dio la más alta medida de perfección en castellano, y su famoso *Comento* fue proyectado para exponer los méritos del poeta, corregir ciertas críticas y señalar los puntos en que era posible un ulterior ennoblecimiento. El término «*tamaño*», por ejemplo, le parecía vulgar, aunque ha logrado sobrevivir a su crítica. Favorece la creación de nuevos adjetivos en *-oso*, la repetición de epítetos y su cuidadosa elección. Entre sus latinismos prefiere los que ya han logrado imponerse en italiano. El resultado es una lengua enormemente alejada de la coloquial —que él evita sistemáticamente—, discretamente latinizada, rica en adjetivos y nombres de cualidad, adoptada más bien para uso poético que general. De una lengua así es de la que se queja Barahona Soto:

> Esplendores, celajes, rigoroso,
> selvaje, llama, líquido, candores,
> vagueza, faz, purpúreo, Cintia, ardores,
> otra vez esplendores, caluroso,

aunque su crítica va, en algunos casos, contra la frecuencia indebida de palabras de uso común.

En Herrera, el equilibrio entre el latín y el español se inclina ligeramente hacia el primero. Los grandes escritores que cultivaban el drama y la novela en Madrid —Cervantes, Lope de Vega, Tirso de Molina, Alarcón— buscaron su inspiración en múltiples fuentes, adoptando el vigor de Castilla o la erudición sevillana según el modo de ser de cada autor y las conveniencias del tema. Como quiera que se dirigían a un público muy numeroso, necesitaban utilizar una lengua, si bien no de baja condición, tampoco susceptible de no ser entendida. En cambio Góngora, para quien las exigencias populares resultaban antipáticas, acentúa la importancia de la elaboración artística y del artificio en el lenguaje, continuando los experimentos de Herrera de manera más violenta y arrancando al latín sus últimos secretos. Surgió así la *culta latiniparla* que Quevedo ridiculiza, pero de la que no consigue librarse por completo. Aparecen (según Quevedo) nuevas palabras como:

> Fulgores, arrogar, joven, presiente,
> candor, costruye, métrica, harmonía,

que recuerdan las atribuídas a Herrera, y que fueron generalmente aceptadas, al menos en poesía. Más novedoso resultó el intento de construir cláusulas al modo latino. Existían recursos suficientes de conjugación y declinación para separar el adjetivo del nombre sin que se produjera ambigüedad, aunque resultara chocante a los oídos, o para alejar al verbo de su sujeto intercalando paréntesis, oraciones subordinadas y construcciones absolutas. En efecto, es fácil identificar los grupos *pasos perdidos, peregrino errante, cuantos versos* en:

> Pasos de un peregrino son errante
> cuantos me dictó versos dulce musa:
> en soledad confusa
> perdidos unos, otros inspirados,

aunque la asociación de *versos inspirados* es tal vez menos evidente. La suspensión de la atención del lector, en cuanto que ha de dirigir su mente hacia atrás o hacia adelante en busca de la relación de las palabras, introduce en el verso español un ritmo más complejo que el de

Garcilaso o el de Lope de Vega. El nuevo estilo tendía a convertir en metáfora el elemento ordinario de la poesia por el uso sistemático de los términos en sentidos trasferidos, a través de los cuales se lograban efectos extraordinarios debidos a los desacostumbrados y felices símiles y usos metafóricos. Por este procedimiento surge un vocabulario de sentido traslaticio que invade la prosa y la poesía del siglo XVII, subordinando el sentido, cuando existe alguno, a un continuo malabarismo de metáforas vacías. *Nieve* y *plata* pasan a significar la blancura; *cristal* ocupa el lugar del agua, *tálamo* el de casamiento y matrimonio; el agua manchada de sangre es un *espumoso coral*, etc.

Las consecuencias que, para la lengua y el estilo, se derivan de la otra corriente estética del siglo XVII no son muy diferentes. Propiamente hablando, la tarea del conceptista consistía en lograr los mayores refinamientos estilísticos mediante asociaciones de ideas y ordenación de la frase, dejando, en cambio, intacta la gramática y el vocabulario. Buscaba la *agudeza,* no el culteranismo. Cultivaba el «concepto», que era, según Gracián, una hermosa correlación entre dos extremos cognoscibles, expresada por un acto del entendimiento. Se lograba la novedad mediante una serie de redefiniciones de palabras aparentemente familiares, y con la ayuda de contextos no usuales, antítesis, precisiones y juegos etimológicos. Este jugueteo con la lengua no era nuevo en modo alguno, y caracterizó sin duda toda la Edad de Oro. Lope de Vega, que rara vez actuó como gongorista, lo hizo con frecuencia como conceptista *avant la lettre;* y Castiglione, juez experto en la materia, estima la lírica cortesana de la juventud de Garcilaso demasiado sutil para traducirla al italiano. Lo que resulta nuevo en Quevedo y en Gracián es su insistencia en el «concepto», buscando en la urdimbre de las ideas la única, o al menos la más importante, virtud literaria. Pero como los «conceptos» nuevos no pueden expresarse si no es por medio de un uso especial de la lengua y de figuras, la frontera entre el gongorismo y el conceptismo queda desdibujada. Góngora, como hombre ingenioso, usa con frecuencia «conceptos», y los versos de Quevedo resultan apenas menos gongoristas que los de Calderón. La existencia de ambos movimientos hizo que la lengua se apropiara una vez más de todas las figuras contenidas en los libros de texto de retórica clásica —oximoron, antítesis, meiosis, paranomasia— con lo cual experimentó una especie de indigestión cultural.

El siglo XVIII se liberó en gran medida del empacho al proclamar las reglas de la razón y del *buen gusto*. El más joven de los Moratín escribió *La Derrota de los pedantes* y Forner *Exequias de la lengua castellana*. Se abogó por la simplicidad, en el sentido horaciano, como criterio de la lengua; los sucesores de fray Luis de León en Salamanca resucitaron su estilo en la medida que les fue posible, con lo cual se originó una tenaz resistencia a los neologismos. Las nuevas formaciones latinas que surgieron en esta época están más bien relacionadas con Francia, así como las de la época anterior hay que conectarlas con Italia. Poseían un carácter utilitario y con tendencia a las abstracciones, frecuentemente de alcance cosmopolita: *el Ser Supremo* (como rival de *Dios), infundamentalidad, incontestabilidad, coacción, radiación, superficialidad*. La represión de la fantasía fue tan excesiva que la lengua se hizo estéril; pero al menos el siglo XVIII se acerca más que ninguna otra época al objetivo de proporcionar a España un estilo de prosa adecuado para todos los usos.

Los románticos, en el XIX, aportaron a la lengua pocas innovaciones de interés, a pesar de su actitud general favorable a las novedades. Sus inmediatos sucesores se consagraron a estereotipar los epítetos y a imponer el ritmo binario. Las palabras de circulación internacional encontraron cabida en español como en todas partes: *teléfono, telégrafo, cine, radio, cazatorpedero, krausismo*, etc. No hubo, sin embargo, una política de innovaciones hasta los últimos años del pasado siglo, cuando los escritores «modernistas» (al principio, sobre todo, de origen americano) buscaron en lo nuevo y exótico la prueba del genio. Sólo han quedado como influencia permanente de sus esfuerzos pequeños residuos, aunque aún estamos demasiado próximos para emitir juicios decisivos. El ritmo dactílico logró un nuevo auge, y se obtenían mediante préstamos del griego palabras de final trisílabo, reales o imaginarias, como en la invocación de Darío a Verlaine:

Padre y maestro mágico *liróforo celeste.*

El latín le sirvió para este mismo objetivo en

Inclitas razas *ubérrimas,*
sangre de Hispania fecunda,

si bien el término *ínclito* no era nuevo, aunque sí estaba inserto en un nuevo ritmo. Los sufijos *-ismo, -ista* sirvieron para dar nombres a tendencias nuevas y a sus partidarios, como *rubeniano, rubenianismo, rubendarismo, modernista.* Términos típicos son *psiquis, biforme, homérida, panida, dionisíaco, áulico.* Son típicas de las adquisiciones de la lengua en esta época las palabras referentes a matices y colores, así como las musicales. También se resucitan palabras autóctonas caídas en desuso o de empleo raro o local, especialmente si tienen algún matiz técnico, como en el pasaje de Azorín:

«... Aquí están los *tundidores, perchadores, cargadores, arcadores, perailes;* allá, en la otra, los *correcheros, guarnicioneros, boteros, chicarreros.*»

El nuevo estilo implicaba rehusar el empleo de frases triviales aun a riesgo de resultar chocante, así como una notable atención a la musicalidad de la frase. La lengua se ha hecho más cosmopolita, pero también más rica y sutil.

Diversos cambios morfológicos, sintácticos y léxicos producidos después de 1140

a) Período medieval

En el período medieval, como hemos visto, las grandes etapas aparecen marcadas por las compilaciones en prosa de Alfonso el Sabio, la plenitud de Juan Ruiz y el estilo de Juan de Mena, quien, junto con sus contemporáneos, viene a representar tanto el esfuerzo hacia un nuevo humanismo como la bancarrota de los métodos medievales. La literatura escrita comienza en el siglo XIII y, por consiguiente, se inicia un sometimiento al control de la gramática como no había existido hasta entonces. El desarrollo incontrolado de la lengua hablada trataba cada expresión como unidad, y daba a cada una de esas unidades la forma más conveniente para la lengua. Por ese procedimiento, el *Poema de Mío Cid* presenta expresiones del tipo de *con ellos' cojo (ellos se), coio' Salon aiuso (cojóse), cabadelant, hyâuengaluon, nimbla (ni me la)*, etc., a la vez que admite *nuef* junto a *nueve, rees* como plural de *rey*, etc. La lengua del siglo XIII eliminó esas incongruencias, que son más visuales que fonéticas. Restauró la *-e* final en numerosas palabras, cuyo singular terminaba en consonante por analogía con el plural: *cort, cortes* dio *corte; noch, nochees* dio *noche*, e igualmente *siete, nueve* desplazaron totalmente a *siet, nuef*, y *rey, ley* tomaron como plural *reyes, leyes*. Sólo quedaron en posición final un número limitado de consonantes: *l, r, n, s, z, x, d*. El resultado de tales modificaciones fue detener una tendencia que habría hecho del español una lengua de ritmo yámbico, como el francés o el catalán, en vez de trocaico, como el italiano, mediante la debilitación de las vocales finales. Un caso particular de coloquialismo era el que ofrecían los pronombres enclíticos ligados al verbo, que, al no tener acento de intensidad propio, se hacían susceptibles de ser absorbidos por las palabras vecinas. La restauración de las formas plenas de estos pronombres enclíticos puede observarse en la primera *Crónica General*. La primera y segunda persona adquirieron su forma plena *me, te* (en vez de la apocopada *m, t)* antes que la tercera, que continuó todavía como *l*. Durante todo el período medieval estos pronombres se consideraban apoyados en la palabra precedente, sin que fuera necesariamente un verbo, como en el *Poema* *de Mío Cid: quandol vieron, muchol tengo por torpe,* si bien el verbo ejerce sobre ellos una fuerte atracción. En el español de la Edad de Oro y de la época moderna tales pronombres funcionan como enclíticos únicamente del verbo.

El nombre en español presenta una notable estabilidad en lo que se refiere a la categoría del número, mientras que sufre ciertas alteraciones respecto al género, que no tienen un fundamento claro en las ideas expresadas. En particular se produce una notable extensión del sufijo *-a* en los casos en que resulta útil la expresión del sexo, de manera que, por ejemplo, las formas medievales *la señor, la yffant,* se convierten en *la señora, la infanta.* El español medieval poseía (especialmente el riojano) un nominativo pronominal ejemplificado en *qui, elli, otri, nadi(e),* que ha desaparecido posteriormente. Pero el área de actividad principal fue la conjugación verbal, hacia cuya racionalización el español ha desplegado mayores esfuerzos que el francés o el italiano. Se redujo el número de verbos irregulares, pasando a veces a conjugaciones regulares. Así *exir* (pret., *ixe)* aparece en el *Poema de Mío Cid,* pero no en Juan Ruiz, quien prefiere *salir* y sólo conoce el substantivo *exido* (esp. med., *ejido).* El participio pretérito fue otro de los puntos de innovaciones; la forma propuesta por el *Auto de los Reyes Magos, veido* de *ver,* no se ha aceptado en la lengua moderna, donde aparece *visto* (pero *proveer, proveido).* De los participios pretéritos fuertes han sobrevivido muy pocos, entre ellos *dicho, hecho, visto, puesto.* En la conjugación regular, el *Poema de Mío Cid* muestra que la forma del participio en *-udo* (correspondiente a los verbos en *-er)* está ya amenazada por la forma rival en *-ido: vençudo, vençido; metudo, metido.* Juan Ruiz emplea todavía *entendudo, sabudo;* en cambio, a finales del siglo XV Nebrija admite únicamente *-ido,* junto a *-ado* (para los verbos en *-ar): amado, leído, oído.* Las terminaciones en *-udo* y los restos de los antiguos participios fuertes han adquirido carácter adjetival: *velludo, barbudo, bienquisto, provisto.* El pretérito presenta una mayor resistencia. En los verbos débiles o regulares las desinencias tienen un valor semántico definido, puesto que indican el valor de tiempo de pasado que el tema por sí sólo ya no indica, y únicamente tuvieron lugar algunos cambios analógicos de pequeña importancia, como la segunda de plural *hablasteis*, de *hablastes*, por influencia de *habláis, habléis*. En los verbos fuertes el tema de pretérito se conservó por su frecuencia, ya que solamente los verbos de uso más corriente han podido resistir la asimilación a la conjugación regular. Característico de la sintaxis de las canciones y romances es el pretérito perifrástico en *fue a*, como *tal respuesta le fue a dar*, equivalente a «tal fue la respuesta que le dio», que puede compararse con catalán *vaig anar*. Pero esta forma resultó efímera.

Se procuró subsanar algunos de los desperfectos que los cambios fonéticos habían introducido en la conjugación. En una serie como *amo, amas, ama*, y en la mayoría de las formas verbales, la presencia de una vocal ante la desinencia personal hacía que *toviés, toviesses, toviés* y *pudier, pudieres, pudier* resultaran anómalos. En esos casos la pérdida de la *-e* final tras *s, r*, se produjo normalmente en el nombre, y con el verbo ocurrió otro tanto, aunque si bien se mantuvieron así las cosas durante el siglo XIV, Nebrija, al final del XV, admite únicamente *amasse, dixiere*, etc.; no obstante, conserva todavía las formas apocopadas *amardes, leyerdes, oirdes* en la segunda persona de plural; y en San Juan de la Cruz se lee *pastores los que fuerdes*. La pérdida de la *-e* final es todavía observable en Juan Ruiz no sólo en las dos series del subjuntivo, sino en general: *diz, plaz, yaz, faz, fiz, mantien, pud, pus, quier, trax, val*, etcétera, formas para las que Nebrija escribe ya *tiene, dize*, etcétera. Por otra parte, la *-e* final es frecuente en el *Poema de Mío Cid*, de modo que el conflicto entre la tendencia fonética y la analogía de los paradigmas estuvo vigente durante todo el período medieval. En el siglo XIII se empleó el término *fallare* (o *fallar*) y *fallaro* como primera de singular de *fallares, fallar(e)*, etc. El primero se debía al perfecto de subjuntivo latino en -RIM, y el último, al futuro perfecto de indicativo en -RO, siendo el resto de las personas idéntico en ambos tiempos latinos. La desinencia *-ro* es desconocida para Per Abbat, que copió el *Poema de Mío Cid* en 1307. Otro grupo de anomalías se daba en el imperfecto de indicativo de la segunda y tercera conjugación: *tenía, tenies, tenie, teniemos, teniedes, tenien.* La razón de este cambio de vocal es obscura y contrasta con el imperfecto de la primera conjugación, que conserva la *a* en todo el paradigma: *amava, amavas, amava,* etc. Incluso en el *Poema de Mío Cid* aparecen formas analógicas alternativas: tercera de singular *auya,* tercera de plural *fazian;* por otro lado se encuentra atestiguada también en documentos una primera de singular en *e: auie, proponie.* En Juan Ruiz existen formas en *e* y *a* en evidente conflicto, pero la primera fue eliminada del uso de las personas cultas durante el siglo XIV, aunque se empleaba aún como vulgarismo en las farsas del siglo XVI.

En conjunto, la actividad medieval, en lo que concierne al paradigma verbal, se centró en la eliminación de anomalías, y el legado que transmitió a la Edad de Oro consistió en un sistema claro y preciso para expresar la persona y el tiempo. A la vez el verbo no se vio privado de ninguna de sus formas esenciales.

En la esfera del vocabulario se produce una actividad no inferior. Ya hemos estudiado el enriquecimiento de la lengua mediante los préstamos tomados del latín, a lo cual hay que añadir la influencia ejercida sobre el español medieval sobre todo por el francés, en una época de indiscutida hegemonía de dicha lengua en Europa. Numerosas palabras penetraron en el español traídas por los peregrinos a lo largo del Camino de Santiago o por los músicos que les entretenían en su viaje. Los monjes de Cluny revigorizaron la disciplina monástica; los cruzados normandos y los soldados al servicio de Francia e Inglaterra vinieron a luchar a la Península y trajeron consigo la semilla de las innovaciones en el campo de la caballería, formas sociales, organización, artes e industrias, comercio y artes culinarias. Un distintivo de la época de procedencia de dichos préstamos es el uso de *j, g* para representar una *j, g* francesa: *jardín, monje, paje, sergente*. La aspirada francesa *'h* podía encontrarse en palabras germánicas introducidas en español a través del francés, y se convirtió en España en *f* o *h*, que fue ocasionalmente ignorada: *farpa de don Tristán*, pero también *arpa; fonta*, fr., *honte*, ger., *haunitha; una fardida lança*, fran., *hardie*, encontrándose los dos últimos ejemplos en el *Cid*. A los peregrinos hay que atribuir específicamente gall. *cizallas* y *baleo*, cuyo uso en Compostela da testimonio de la densa aglomeración de extranjeros en torno al santuario. La organización eclesiástica dio lugar a *fraile* (provenzal), *monje, chantre* y (en Berceo) *enclin, baylia*. Términos caballerescos aparecen por doquier en el *Poema de Mío Cid*, como *batalla, coraje, homenaje, usaje, mensaje, mensajero* (compárese al nativo *portero*), *ardiment, doncel, garzón, linaje, palafrén, gañán*. Según Fernão Lopes, fue la expedición a Portugal del Conde de Cambridge, en 1381, la que dio lugar a *avanguarda* y *retaguarda*, ambos galicismos que reemplazaron a *delantero* y *zaga*. Del terreno de la organización y de la sociedad proceden términos como *cancillería, sumiller, ugiar, paje, doncel, dama;* la literatura introdujo *troba, trobar, trobador, balada, son, jayan* (fr., *géant*). La industria y el comercio adoptaron términos como *cofre, chapitel, chimenea, jaula* (fran., *gêole*), *cordel, mercante, bajel, virar, manjar, anís*. No todos esos términos han sobrevivido: *fanta* cedió ante el término más general *vergüenza; fantaina, sojornar, maletía, habillado*, corrientes en el siglo XV, han cedido ante *fuente, demorar, enfermedad, vestido*. A través del francés penetraron algunos términos nórdicos relacionados con la marinería, los más importantes de los cuales son los puntos cardinales: *norte, sur, este, oeste*, que coexisten con los términos de origen latino *septentrión, mediodía, oriente* o *levante, occidente* o *poniente*.

Hay que hacer observar, finalmente, la existencia de ciertas partículas en el período medieval que o murieron con él o en todo caso no sobrevivieron a la Edad de Oro. Así, UBI dio *o*, homónimo de *o* < AUT; y UNDE dio *onde*. La lengua poética conserva *do* (DE UBI), pero en prosa se impone *donde* (DE UNDE), creando a su vez *adonde, de donde*. *Otrosí* cedió ante *también; ca* ante *que* y *porqué; alguandre, otri* han desaparecido; *cras* y *otro día* han sido sustituidos por *mañana* (en el sentido de «el día siguiente»), y *mane* ha cedido también ante *mañana* (en el sentido de «la primera parte de cada día», «la mañana»); por su parte, los intentos de usar *om(n)e* como pronombre indefinido semejante al fran. *on* y de desarrollar un partitivo *(dellos, dezien)* no prosperaron. *Ansí* y *agora* desaparecieron dentro de la Edad de Oro, sustituidos por *así, ahora; tornar a hacer* fue reemplazado por *volver a hacer, catar* por *mirar, cuidar* por *pensar*, etc.

b) La Edad de Oro

La curiosidad de los extranjeros, que Nebrija había anticipado, se centró durante el Imperio en la lengua. Los judíos exiliados en ciudades como Burdeos o Amsterdam ayudaron a satisfacer este interés, siendo traducidas las obras maestras españolas al francés por Des Essarts, o al inglés por Mabbe y Shelton. Si bien es cierto que el español no logró tanta difusión como el francés o el italiano, llegó a convertirse en una de las lenguas en que un autor podía dirigirse al mundo, hasta el punto de que Melo lo empleó en lugar del portugués en su *Historia de los movimientos, separación y guerra de Cataluña*. El conocimiento del español pasó a integrar la formación de las personas educadas, a cuyo efecto se compusieron gramáticas prácticas y repertorios de conversaciones o «artes», como los de Percivall y Minsheu en Inglaterra y los de Oudin en Francia, que tienen una gran importancia como testimonios contemporáneos de los cambios fonéticos del español. En estas circunstancias dicha lengua sirvió como vía de introducción de una serie de términos procedentes de América y referentes a plantas, animales, elementos de la sociedad, etc., de manera que palabras como *canoa*, *cacique*, *barbacoa*, *quinina*, *puma* han llegado a adquirir un rango internacional. Por otra parte, son también numerosas las palabras que el español ha legado al acervo internacional. Así, *Quixotry* es una especie de tributo que el inglés rinde al genio de Cervantes; *colonel* lo pronuncian los ingleses con la *r* del español *coronel*, en testimonio de la eficacia de los *tercios* españoles; ing. *pícaro* y *picaroon* representan un aspecto de la vida española en el polo opuesto al de *grandee; pundonor* se asocia al código del honor español; *inquisición* e *inquisidor* son latinismos, que, a partir de la conocida institución española, reciben una significación particular, con la cual se impone fuera de nuestras fronteras. *Desenvoltura* da ital. *disinvoltura;* esp., *desenvuelto* da fran. *desinvolte;* esp. *esforzado* explica el significado de *sforzato* en Castiglione; esp., *sosiego* pasa en Filippo Sassetti a *sussiego;* esp. *grandioso* (derivado de esp. ant. *grandia*, esp. mod., *grandeza)* se extiende, tal vez a través del italiano, al francés, inglés y alemán. Algunas palabras expresan la admiración contemporánea por la dignidad del caballero español; pero con más frecuencia los préstamos dan prueba de recelo o desagrado (especialmente por parte francesa), bien sea por la humildad de su origen *(pícaro, matamoros;* fran., *matamore)* o mediante una degradación semántica *(bravo* en el sentido de «matón»); o esp., *bizarro*, que de «elegante, apuesto» pasa a fran. *bizarre* («extravagante»).

La primera parte de este período muestra una preocupación nacional por la conducta social, o *cortesanía*. Con frecuencia el humor de las obras de teatro españolas gira en torno a la torpeza de los aldeanos y criados para apreciar los refinamientos del lenguaje de la corte. Las fórmulas de tratamiento son muy importantes. Entre hombres y mujeres dichas fórmulas toman con frecuencia el aspecto de un continuo juego galante; entre hombre y hombre consisten en dar siempre la medida exacta de un mutuo respeto. No podríamos asegurar si es la cortesía o la autoestimación el móvil más fuerte en *El lazarillo de Tormes*. El escudero hambriendo establece con claridad los términos en los que hay que dirigirse a él. Cuando un comerciante usa la fórmula *Mantenga Dios a vuestra merced*, replica: *Vos, don villano ruin, ¿por qué no sois bien criado?*, y explica Lazarillo que había que dirigirse a los superiores mediante la expresión *Beso las manos de vuestra merced* o *Bésoos, señor, las manos*. El pronombre personal de segunda persona sufre cambios muy rápidos en este período. En un primer momento existía *tú* y *vos*. *Vos*, plural de dignidad, era más formalista, mientras que *tú* pertenecía a usos poéticos o respondía a un trato íntimo. El hecho de cambiar de *tú* a *vos* supuso un aumento de la rigidez y el formalismo, y de ahí se pasó a utilizar con valores despectivos e hirientes: entre los judeoespañoles *vos* es un insulto, mientras que *tú* dicho a un mendigo español comporta un matiz de menosprecio. En el español de América *tú* y *vos* han llegado a un notable estado de confusión que describiremos en otro capítulo. Por otra parte, se desarrollaron nuevas fórmulas de cortesía mediante un substantivo abstracto y la tercera persona de singular del verbo. La mayoría de ellas se basan en *vuestra merced*, en abreviatura v. m., que tomó formas como *vuesarcé, vuesasté, ucé, océ, usted;* y de entre todas ellas, en el período moderno se ha impuesto *usted*, que, sin embargo, ha venido a convertirse en un pronombre personal de segunda persona sin ninguna connotación especial de respeto. En español contemporáneo no es una señal de cortesía. En ciertos contextos, por ejemplo, se exige *Vuestra Señoría*, como fórmula de cortesía (que en la Edad de Oro es más bien de procedencia italiana que española, y que se abrevia como *Usía)*. En Chile *usted* posee un tono familiar, *vos* tiene matices de insulto o de condescendencia, *usía* (pronunciado *su señoría)* presenta un carácter formal, mientras que se da una tendencia a usar los títulos como prueba de respeto: *el patrón, la señora, el señor ministro*. Las formas en *vos(otros)* son, sin embargo, en poesía y lenguaje retórico, los plurales de *tú*, que conservan su valor arcaico en el más alto estilo literario.

En este período se consolidó la construcción conocida como «*a* personal». En el *Cid* era opcional indicar el carácter animado de un complemento directo del verbo mediante la anteposición de la preposición *a*, que, por lo demás, había sido en su origen la marca de dativo (complemento indirecto). Así encontramos tanto *veremos vuestra mugier* como *veran a sus esposas a don Elvira e a doña Sol*. La distinción entre el complemento directo y el indirecto es a veces demasiado sutil y depende del régimen del verbo que se utilice. Hay que observar, sin embargo, que con ciertos verbos el complemento directo (el «paciente» en vasco) se considera inerte, mientras que el complemento indirecto (dativo, o «recipiente» en vasco) actúa a su vez al menos en el sentido de «recibir». No hay ninguna dificultad lógica en imaginarse a seres animados, y en concreto a personas, como inertes en determinadas circunstancias, como en la frase «el padre pega al hijo»; sin embargo, existe una considerable dificultad psicológica para aceptar tal inercia, puesto que es imposible visualizar seres vivos sin reacciones; el hijo, por ejemplo, reaccionará de alguna manera (llorando, pataleando, etc.) ante un golpe. Por eso es por lo que ciertas lenguas, como las de todo el grupo eslavo, establecen una distinción gramatical entre el acusativo animado y el acusativo inanimado. En las lenguas eslavas tal distinción se realiza mediante el empleo de diferentes desinencias causales; en cambio, en español y en rumano se logra dicho efecto mediante preposiciones, en español con *a* y en rumano con *p(r)e*, lat., PRAE. El objeto animado o personal no se considera inerte respecto a la idea verbal, sino que se entiende como la persona que recibe o está interesada o afectada por la acción del verbo. Este uso se generaliza en la Edad de Oro. Por supuesto que las personas, en cuanto clase, no se consideran seres vivos: se dice, por consiguiente, *busco un médico,* es decir, a algún miembro de esa profesión. Por otra parte, una ciudad puede considerarse como la suma de sus habitantes, en cuyo caso se puede decir *quiero visitar a Toledo.* Las construcciones directa e indirecta son, por tanto, en cierta medida intercambiables, de modo que la *a* puede ponerse ante objetos neutros por razones de conveniencia gramatical: *el invierno sigue al otoño;* u omitirse ante un objeto personal por las mismas razones: *antepongo el Ariosto al Tasso.* Según se omita o no, la preposición sirve para personalizar o despersonalizar el objeto: *llamar a la muerte, la escuela de la guerra forma los grandes capitanes.* El uso de esta construcción se ha considerado como prueba del realismo del español; podemos aceptarlo así con tal de no considerar el período medieval, en el que tales expresiones eran más fluidas, y la época moderna, en la que ya están fosilizadas, menos realistas que la Edad de Oro, en que se acuñaron.

En relación al verbo, la Edad de Oro se mostró muy conservadora. Mantuvo la metátesis de *-dl-* en *-ld-* en la segunda de plural del imperativo seguida del pronombre personal de tercera persona *(dalde* por *dadle),* y la asimilación en *-ll-* de *-rl-* en el infinitivo *(dalle* por *darle).* En San Juan de la Cruz se encuentra la forma arcaica y sin duda coloquial *fuerdes* por *fuéredes;* y en conjunto, la lengua aún identificaba como tiempos compuestos el futuro y el condicional, para lo cual se mostraban entre el infinitivo y el verbo auxiliar los pronombres personales: *daros he,* que en español moderno aparece como *os daré.* En el *Cid* se encuentra ya tanto la expresión *direvos* como *decirvos he.* La innovación más llamativa es el haber dejado de emplear *-ra* con valor de indicativo. HABUERAM, *hubiera* es, por su origen, un pluscuamperfecto de indicativo, que tiene en español un sentido de pluscuamperfecto o pretérito en *salto diera de la cama que parece gavilán,* expresión en la que *diera* equivale a *dio.* Pero el uso de HABUERAM, tanto en la prótasis como en la apódosis de oraciones condicionales, hizo que *hubiera* adquiriese un valor condicional (*habría*) y de pluscuamperfecto o imperfecto de subjuntivo (HABUISSEM, *hubiese*). El uso como indicativo se da libremente en el período medieval, y en la época moderna los hombres de letras, especialmente los de origen gallego, lo admiten también (sobre todo como pluscuamperfecto). En gallego y portugués *-ra* conserva su valor histórico de pluscuamperfecto de indicativo. En la Edad de Oro del español, en cambio, se eclipsó dicho valor. Los verbos auxiliares experimentaron un notable desarrollo. *Haber* quedó limitado a su empleo como auxiliar, de modo que desapareció el uso medieval que se observa en la frase *tres hijuelos había el rey* (en que equivale a *tenía*). Como verdadero auxiliar, *haber* lleva un participio invariable que ya no concuerda con el complemento, como en español medieval. El uso medieval era en cierta medida fluido, de modo que en el *Cid* se encuentra tanto *la lança a quebrada* como *dexado a heredades*. En el siglo XIII y XIV la concordancia con el complemento se hace más general, pero luego cesa en la Edad de Oro. Al mismo tiempo se crean nuevos semiauxiliares, tales como *tener, llevar*, etc., con los que se da concordancia entre el participio y el complemento directo. Como HABERE es un verbo transitivo, ESSE es el auxiliar más lógico para emplearlo con verbos intransitivos, y así encontramos en la época medieval *es nacido, es muerto* (que en la Edad de Oro se convierte en *ha nacido, ha muerto*); por otra parte, se establece con precisión la distinción entre *ser* y *estar*, con lo cual desaparece la libertad de uso de dichos verbos, propia del período medieval, y se desarrollan nuevas equivalencias a partir de *quedar, resultar*, etc.

Entre los rasgos conservadores, además de los del verbo ya señalados, encontramos el uso de *quien* a la vez como singular y como plural (*amigos a quien llamo*), una gran riqueza de demostrativos (*aqueste, aquese, estotro, esotro*) y la pervivencia de palabras como *ansí, agora, mesmo, escuro, do, vido, via* (*veía*), etc.

En sus relaciones con las lenguas extranjeras, el español de esta época presenta una dependencia mucho menor respecto al francés, aunque las constantes guerras en Francia hacen que se infiltren palabras francesas a través de la jerga de los soldados: *trinchea* (ahora *trinchera*), *marchar, sorpresa, alojar, rindibú* (Tirso), junto con otras varias: *tusón, gage, jarrete, claraboya*, etc. Por otra parte, la influencia italiana tuvo mayor significado y repercutió en el arte, en el comercio y en la guerra. En términos generales, el italiano de los humanistas sirvió como precedente a los latinismos de Herrera y otros. Valdés propuso tomar de dicha lengua palabras como *facilitar, fantasía, cómodo, incómodo, entretener, discurrir, discurso, servitud, novela, pedante, asasinar*, al igual que diversos otros términos que no fueron aceptados. Préstamos directos aparecen en Garcilaso (*selvatiquez*) y en Herrera (*vagueza*, ital., *vaghezza*, «encanto, belleza»); pero los italianismos manifiestos pertenecen más bien a los tecnicismos de la guerra, el comercio y las artes. En el terreno del comercio es tal el prestigio de los banqueros genoveses que *genovés* es, desde la Edad Media, sinónimo de «banquero, usurero»; y a la misma zona del vocabulario pertenecen palabras como *banco, banca, millón, estafar, tráfico*. Soldados, marineros y viajeros fueron portadores de numerosos términos, como *bisoño, infantería, escopeta, parapeto*, junto con otros menos necesarios, como *centinela* por *vela, emboscada* por *celada, foso* por *cava*. Entre los términos navales se encuentran *piloto, proa, fragata, galeaza, góndola, brújula*. Torres Naharro mezcló el italiano y el español para divertir a su políglota auditorio de Roma, y otro soldado, Cervantes, que apenas acusa la influencia del francés, cultivó, en cambio, los italianismos (*aquistar, fracasar, testa*). Los términos técnicos de la arquitectura, música, pintura, escultura y literatura son en España, como en el resto del mundo, de procedencia italiana: *fachada, friso, grotesco, pianoforte, claroscuro, esdrújulo, terceto, soneto, novela, pedante*, etc.

Fig.

Las lenguas peninsulares y su distribución mundial

7

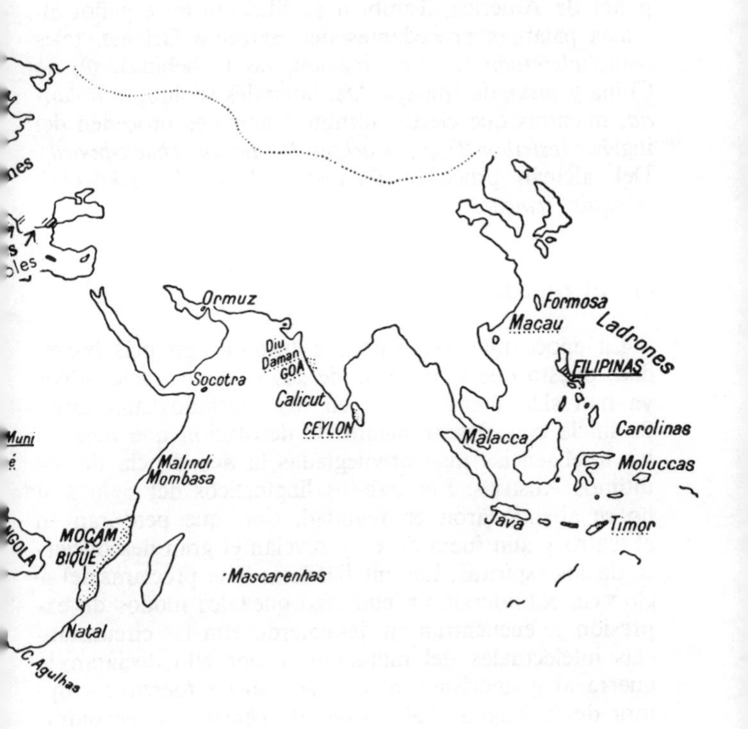

después de los grandes descubrimientos y antes de 1740

Aparte de sus hermanas las lenguas románicas, el español de esta época cuenta como fuente importante de préstamos con las lenguas del Nuevo Mundo, en donde un abundante vocabulario aravaco, nahuatl, quechua y guaraní queda absorbido dentro del uso corriente de la lengua. Pero abordaremos esa cuestión al tratar del español de América. También se filtraron en español algunas palabras procedentes del Extremo Oriente, tales como *champán* (la embarcación, no la bebida); *té*, de China y *prao*, de Malaya. Del holandés se adoptó *holanda*, mientras que ciertos términos náuticos proceden del inglés: *estribor* (ing., *starboard*), *babor* (*back-board*). Del alemán proceden *sacanete* (alem., *Landsknecht*), *trinquis*, *trincar*.

c) El período moderno

La época moderna vamos a tratarla con más brevedad, puesto que la mayoría de sus rasgos característicos ya han sido mencionados en los apartados anteriores. Se inicia con el sentimiento de desolación que deja en las inteligencias más privilegiadas la decadencia de los últimos Austrias. Los hábitos lingüísticos del siglo XVII no se abandonaron en realidad, sino que perduran en el teatro y aun fuera de él, y revelan el gran desconcierto de los espíritus. Las inteligencias más preclaras del siglo XVIII consideran, sin embargo, que tales modos de expresión se encuentran en desacuerdo con las circunstancias intelectuales del momento, y por ello declaran la guerra al gongorismo, al que acusan de fuerza corruptora de la lengua. Tal actitud de censura la encontramos en Feijóo, Forner, Luzán, Cadalso y en los dos Moratín. Su crítica se dirige no sólo contra las palabras, sino también contra las cosas expresadas; por una parte se ridiculiza la engolada dicción de los poetastros, y por otra se llama la atención sobre los logros filosóficos y culturales de Europa, que en esta época tiene en Francia su más clara luminaria: el francés se convierte en la principal influencia extranjera que interviene en la configuración de la lengua española moderna. No sólo los ilustrados de la Edad de la Razón, sino también los principales románticos de principios del siglo XIX y los modernistas más representativos del final de la misma centuria, adoptaron el francés como fuente de sus innovaciones, tanto lingüísticas como conceptuales. El siglo XVIII tomó préstamos pertenecientes al vocabulario del trato y comportamiento social: *etiqueta, sortú, laqué (lacayo), petimetre, burgués, equipaje;* y no opuso dificultad para la recepción de un vocabulario de carácter abstracto: *Ser Supremo* por *Dios, infundamentabilidad, superficialidad, infalibilidad,* que, aunque son términos tomados del latín o de fuentes españolas, dan testimonio de la influencia de los «filósofos». Cadalso tiene *jefe de obra* por *obra maestra; remarcable* aparece en el siglo XVIII en España y, tras haber caído en desuso en la Península, reaparece de nuevo en Buenos Aires. Durante todo este período se produjo una fuerte oposición a los galicismos; algunos de los citados fueron desterrados, aunque hubo que ceder ante otros. Las sucesivas ediciones del diccionario de la Academia sufrían un considerable desfase respecto al vocabulario empleado incluso por los hablantes más refinados, dejando así de incluir palabras cuyo uso distaba mucho de sentirse como extranjerismo, por ejemplo *burocracia* y *silueta,* que no aparecen recogidas por primera vez hasta 1914. Esta resistencia se agudizó más aún a raíz de las campañas de purismo emprendidas en América, y especialmente en Venezuela (*Diccionario de Galicismos* de Baralt). Por otro lado, el prestigio de la cultura francesa, superior incluso al de la española, se ha hecho sentir fuertemente en ciertas repúblicas, lo cual explica la coexistencia de ambas en el Plata y otros lugares. Y como la unidad de la lengua exige no solamente corrección sino además un cierto grado de compromiso, es de esperar que varios de esos galicismos terminen por ser oficialmente aceptados también en España.

Un rasgo característico de los galicismos de época moderna es la falta de correspondencia entre la *j* francesa y la española. La primera se ha mantenido como [ž], mientras que la segunda ha pasado a [x]. Los sonidos más aproximados existentes en español para reproducir dicho sonido francés son *ch* [ĉ] y *s* [ś]. Así tenemos *charretera* por *jarretière*, *pichón* por *pigeon*, *bisutería* por *bijouterie*, etc.

El declive del italiano, así como el incremento del prestigio anglosajón, pueden observarse en los préstamos modernos. En lo que se refiere a este último punto, el léxico no está en ciertos casos autorizado oficialmente y, por tanto, quizá sea perecedero. Se refiere sobre todo a tipos de deporte y usos industriales: *club, futbol(ista), récord, recpórter(o), mitin, túnel, vagón, tranvía, biftec, rosbif*. Muchos de estos términos aparecen en español gracias a su paso previo por el francés. El conflicto entre lenguas es más acusado en México y en la región del Plata, pero reservamos su estudio para un próximo capítulo.

Los dialectos del sur y el andaluz.

Es evidente que la historia del español testimonia la gran influencia de las dos Castillas tanto en lo que se refiere a elementos innovadores como conservadores; sin embargo, no ha sido menor la ejercida por las ciudades del valle del Guadalquivir en el habla coloquial de España y de Hispanoamérica. La más importante de esas ciudades es Sevilla, que Pedro el Cruel utilizó como capital durante gran parte de su reinado. La ciudad se prestaba a ello tanto por su riqueza y belleza como por la proximidad al reino de Granada, y su preeminencia se mantuvo durante la dinastía de los Trastamara. Desde Sevilla organizó Juan I la guerra contra Portugal a partir de 1383, y desde el Guadalquivir tanto Juan II como los Reyes Católicos dirigieron sus campañas contra Granada. Sevilla y Córdoba cobraron de nuevo capital importancia en el momento de la sublevación de los moriscos en 1568-70, y fue precisamente a Sevilla a donde regresó la victoriosa escuadra de Lepanto. Sevilla fue el centro de la administración y el comercio coloniales, y la capital de hecho del imperio de ultramar. Contó con una activa vida literaria, y fue escenario del nacimiento y de las principales obras de la escuela pictórica española anterior a Velázquez. Su papel de importante centro de influencia para el arte, la música y la literatura, continúa de algún modo vigente, a la vez que adquirió algunos otros motivos de popularidad, como su condición de capital de la fiesta de los toros y de sede de reuniones de cante.

El sur de España constituye, por consiguiente, un área de resistencia a las innovaciones castellanas, y un foco de irradiación de aquéllas que le son propias. Su extensión no es fácil de delimitar a causa de la vaguedad que con frecuencia envuelve el término de *andaluz:* por una parte, la región no ha sido sometida aún a una investigación sistemática, y por otra las convenciones de cierto teatro y de la opinión pública han incluido como rasgos del andaluz gran número de vulgarismos que son propios de toda España. Sus rasgos diferenciales son, en sentido estricto, aún desconocidos. Cabe, sin embargo, adoptar dos criterios que pueden servir, en líneas generales, para fijar los límites de estas variedades meridionales del español. El primero de ellos es de carácter negativo: la persistencia de la *h* aspirada; el segundo es, en cambio, positivo: la difusión de las dos variedades de *s*. La persistencia de *h* aspirada no es un rasgo exclusivo del sur, ya que se presenta también en los dialectos orientales de Asturias; pero en ambos casos se trata de un síntoma de resistencia a la innovación castellana. Al contrario que los dialectos orientales de Asturias, los meridionales no son variantes de la tradición común del hispanorromance, sino de su modalidad castellana, de la que se diferencian parcialmente por la lentitud con que efectúan ciertos cambios. De ahí que adoptemos el criterio de la aspiración de la *h*, pese a no ser específicamente andaluza o meridional, como medio de delimitar vagamente la línea que separa ambas variedades respecto del castellano-español.

La eliminación de la aspiración de *h* tuvo lugar en la zona oriental del territorio castellano antes que en la central y occidental. A lo largo de la frontera con Aragón, en dirección a Cuenca hasta Albacete, ambas posibilidades de *h* (aspirada y muda) se encontraban aún en conflicto en el siglo XVI; pero en el centro, en Toledo y Ciudad Real, en el curso medio del Tajo y del Guadiana, únicamente la forma aspirada estaba en uso en los últimos años del siglo mencionado. Otra área de conflicto se centró en Salamanca, al sur de León. A partir de esa época, la *h* dejó de ser aspirada en dichas regiones; en cambio, sigue aspirándose en toda Extremadura y Andalucía. Al este de estas provincias se encuentra Murcia, conquistada y ocupada por Jaume I de Aragón-Cataluña durante un breve período comprendido entre 1263 y 1266; y aunque pasó a manos de Castilla, nunca dejó de ser un objetivo de la política aragonesa. En lo que se refiere a la trasformación de lat. F, Murcia presenta una historia relacionada con la de los dialectos fronterizos de Aragón y Valencia, es decir, *f* desaparece directamente sin pasar por la etapa aspirada. Los dialectos meridionales son, pues, *extremeño, andaluz* y *murciano*.

Las variedades de *s* constituyen un medio preciso para determinar los límites dentro de este área de dialectos andaluces. Para el profano, tales dialectos parecen caracterizados por la reducción de las silbantes *s, ç, z* a un único sonido, que es normalmente [*s*] -*seseo*-, pero a veces [θ] -*ceceo*-. Las recientes investigaciones muestran que no existe tal reducción. La primera causa de la doble confusión fue un cambio en el valor asignado a *s*, que es cacuminal en Castilla, en todo el Norte, en Extremadura y en Murcia, mientras que en la frontera andaluza es coronal; es decir, que se articula levantando la punta de la lengua hasta el punto de reunión de los dientes superiores con las encías, lo cual produce una menor concavidad que la cacuminal. Ambas *s* se diferencian en que la coronal tiende hacia la silbante palatal *x* [š], y por eso Gil Vicente representa a la muchacha mora en *Cortes de Júpiter* (1519) articulando las *s* como *x*. La *s* coronal coincide con [s] en todos los aspectos, excepto en que una es fricativa y la otra africada. Cuando *ç, z* llegaron al estadio [ŝ] se hicieron susceptibles de caer en la articulación de *s* coronal, por pérdida de su aplicación, que de hecho aparece menos extendida que los límites políticos de Andalucía: la *s* castellana cubre toda la meseta central y desciende a través de Sierra Morena hasta alcanzar la llanura del Guadalquivir. Esa línea entre las tierras altas y el llano corresponde, en términos generales, a la frontera de la *s* coronal. El *seseo* se encuentra dentro de dicha frontera, pero falta en la provincia de Jaén, donde *s* y *ç* se distinguen satisfactoriamente, como también en parte de la provincia de Huelva. Se presenta fuera de esos límites en un islote lingüístico cerca de Cartagena, quizá en parte por influencia de los marineros, y en las proximidades de Badajoz, en una comarca que fue objeto de largas disputas entre España y Portugal. Como el *seseo* es más antiguo, se considera más correcto, y predomina en Sevilla, mientras que al *ceceo* se le califica de vulgarismo. Pero de hecho nos encontramos con que la mayor parte de Andalucía prefiere el *ceceo*, que se extiende por toda la línea costera desde Huelva, a través de Cádiz, Gibraltar y Málaga, hasta Almería, zonas circundantes de Sevilla, una gran parte de Granada e islotes en Guadix, Baza y cerca de Cartagena. Tal vez deba atribuirse a las peculiaridades moriscas locales de la pronunciación de arab. *sîn*. El área coincide un tanto imperfectamente con un segundo valor dado a la *s*, una *s* predorsal que se pronuncia con la punta de la lengua sobre los dientes inferiores. Esa *s* es, según los datos actuales, la que se pronuncia en la mayor parte de Hispanoamérica. Como dichos cambios giran concéntricamente en torno a Sevilla, donde la población menos culturizada practica el *ceceo*, podemos tomarlos como ejemplo del poder de difusión de ese centro lingüístico: en primer lugar, la pronunciación coronal de *s;* en segundo lugar, y dependiente del primero, el *seseo;* en tercero y cuarto lugar, el *ceceo* y la articulación predorsal de *s*, con la cooperación de Granada en lo que al *ceceo* se refiere. Hay que hacer notar que el *seseo* y la *s* predorsal se expanden desde Sevilla hacia Hispanoamérica, a donde los conquistadores llevaron solamente la *s* cacuminal; y si Minsheu quiere indicar, mediante su grafía *czh* por *j*, que la velar [x] tiene como punto de arranque Sevilla frente a la más antigua [š], resulta menos llamativo que Castilla e Hispanoamérica puedan haber efectuado el mismo cambio con aparente independencia mutua.

La hostilidad de castellanos como Valdés y otros hacia la autoridad de los andaluces Nebrija y Herrera es una prueba de que ya existía conciencia de la existencia del andaluz; pero la primera indicación explícita aparece dada en 1570 por Arias Montano a propósito del *seseo* y el *ceceo*. En 1567 el granadino Núñez Muley es a todas luces un *ceceante* (escribe *çuzedió, neçeçidad, vaçallos*, etc., por *sucedió, necesidad, vasallos*). Hasta dónde podríamos retroceder en el tiempo no resulta claro (la especie de ceceo que Ayala atribuye a Pedro el Cruel es sin duda un defecto personal de este rey, por lo demás típicamente andaluz). La base del dialecto no puede retrotraerse directamente al mozárabe de la región, sino que fue traído evidentemente de ambas Castillas por los colonos cristianos, y sus coincidencias con el castellano son tantas como sus diferencias del mozárabe; pero sin duda se produjo cierta ingerencia de los hábitos lingüísticos indígenas en el castellano importado, que contribuyeron al rechazo de la *s* cacuminal. Los comediógrafos de la escuela de Lope de Vega establecieron la hegemonía de Madrid en el uso del español, y fue en dicha capital donde incluso un andaluz como Góngora hubo de propagar sus innovaciones. Desde 1600, por consiguiente, no ha existido un andaluz *standard* «correcto», y el dialecto ha incorporado todos los vulgarismos de uso corriente y hasta elementos del léxico gitano (caló), consagrándose el tópico de que es *el lenguaje de la gracia.*

Ceceo y *seseo* son términos aplicables a la pronunciación de *s, ç, z* en principio de sílaba, que incluye en español los casos en que aparecen entre vocales. En final de sílaba dichas consonancias son normalmente aspiradas, y como tales pueden adoptar total o parcialmente las características de la consonante siguiente. Así, *mismo* se convierte en *mihmo* o *miŋmo*, y *usted* puede avanzar hasta convertirse en *uté*. Cuando una *s* final de palabra queda en posición intervocálica dentro de la cadena hablada, puede ser tratada como una *s* intervocálica o como una *s* final de sílaba: en el primer caso se conserva, pasando a articularse junto con la vocal siguiente (*lo sojoj* o *lo zojoj* son representaciones convencionales del *seseo* y *ceceo* intervocálico en *los ojos*, con final aspirada); en el segundo caso, que es más usual, la *s* se aspira, llegando en ocasiones a no impedir ni siquiera la sinalefa (*lo jamigo, vamo jayá, e jeso* por *los amigos, vamos allá, es eso*, y *tú entraráˬen, mientraˬen*). Esta *h* se representa convencionalmente por *j*, pero no es la velar [x], sino la verdadera aspirada [*h*]. La misma aspirada, también representada en tiempos modernos mediante *j*, aunque Herrera usaba *ħ*, se encuentra como descendiente de lat. F, tanto en posición inicial como en interior, así como en los casos en que el castellano-español ha conservado la *f*, es decir, ante *r* y *u* y en ciertos cultismos. Esta aspirada se encuentra en algunas palabras cedidas por el dialecto al español, como *juerga* junto a *huelga*, de *holgar, folgar*, FOLLICARE, y *jamelgo*, FAMELICU, *famélico; jaca, haca*. La aspirada resulta injustificada en ciertas palabras en que, originariamente, no existió nunca F, como en el préstamo *jándalo*, que es simplemente el nombre regional. En esas dos circunstancias se concede a la aspirada un importante papel en andaluz, papel que en cierta medida no está aun definitivamente establecido, sino sometido a cambios.

Otra característica es el *yeísmo*, es decir, la pronunciación de *ll* como *y* o sonidos derivados de *y* (que son [ž] y [ĵ]): *cabayero* y sus variantes por *caballero*. El *yeísmo* no es general en la región andaluza (no se da en ciertas partes de la provincia de Huelva), así como tampoco está limitado a Andalucía y el sur. Por el contrario es universal en español vulgar, es normal en el español de América, y existió en el pasado en la mayoría de la Península. Un cierto estadio de *yeísmo* está implicado en el paso de -CL-, -LI- a [ž] en castellano antiguo: *ojo, fijo, hijo,* OCULU, FILIU. En el caso de LL, el castellano antiguo debió conservar la pronunciación como [*l:*] durante el período en que CL, LI pasaron a [λ]. Así, el *yeísmo* andaluz es simplemente un cambio congruente con la tendencia general de la lengua española. Parece que el poeta del *Cid,* un mozárabe de Medinaceli, no dominaba el *yeísmo* castellano del siglo XII y resultó traicionado por las grafías *Gujera* y *Castejón* por *Cullera* y *Castellón.* En mozárabe se lee *y* por *ll* que representa L- inicial en *yengua,* LINGUA. El paso de *ll* a *y* tiene lugar fuera de la Península, y concretamente en Francia: *fille* se pronuncia [*fiy:*], y *Bastille* es una ultracorrección de *Bastie.*

Otros rasgos del andaluz son también comunes a todo el español vulgar, y se deben al intercambio de ciertos sonidos y a la pérdida de otros. Entre los más notables se encuentran *bue=hue=gü* y *bu=gu,* junto con *l=r=n=d;* entre las pérdidas principales hay que mencionar la de *d, g, r* intervocálicas. Gracias a la primera ecuación encontramos *güeno* por *bueno, güevo* por *huevo* (también *buevo), güérfano* por *huérfano, güey* por *buey,* así como *abuja* por *aguja, guñuelo* por *buñuelo,* etc. Con ello produce un aumento de *g,* que es el sonido que sale beneficiado en estas ecuaciones, y que puede además aplicarse analógicamente a los casos en que no existe justificación fonética alguna en la lengua *standard:* así, de *huele* se pasa a *güele,* y de ahí *goler* por el infinitivo *oler.* El segundo grupo de equivalencias provoca un cierto número de intercambios entre *l, r, n, d.* En estas series la *r* no es la vibrante del español *standard,* sino una fricativa relajada, de lo cual resulta que los cuatro sonidos son fricativas dentales con el mismo punto de articulación. Encontramos *l* por *r, d* en *pical-*

día, alvertío, perfilia, jacel por *picardía, advertido, perfidia, hacer; r* por *l* en *artura, gorpe, er, tar,* por *altura, golpe, el, tal; r* por *d* en *seguiriya, soleares,* por *seguidilla, soledades; n* por *r* en *mejón,* por *mejor.* Un caso especial es el de *l* combinada con oclusiva, que pasa a *r* como en leonés y portugués: *branco, prata,* por *blanco, plata.* La desaparición de las fricativas intervocálicas se ejemplifica con el caso de *miaja* por *migaja;* para *d* podemos aducir el ejemplo de *soleares, esnúo* por *soledades, desnudo;* para *r paeres* por *paredes* y *paese* por *parece; -d* y *-r* finales normalmente desaparecen, cuando no se convierten en otros sonidos, y la *d-* inicial es susceptible de perderse bien sea por confusión entre los prefijos *des- es-* como en *esnúo,* o por efectos de la fonética sintática cuando esa *d-* queda en posición intervocálica, así *ice, eja* por *dice, deja.* El mismo efecto resulta especialmente probable para *e (de).* Por otro lado, una *d-* inicial puede aparecer indebidamente, como en *dir, dentrar* por *ir, entrar.* Tales substituciones se dan en todo el español vulgar y no son en modo alguno peculiaridades del andaluz. Pueden encontrarse con la misma frecuencia en Madrid.

Los conocimientos que tenemos respecto a las particularidades del vocabulario andaluz son escasos. Contiene lo que puede considerarse arcaísmos debidos a la conservación de palabras llevadas por los colonos originarios, y la probabilidad de tal trasplante aumenta cuando se encuentra la misma palabra: *babero (pinafore)* en aragonés o asturleonés: *ansias* por *náuseas, fiemo* (cat., *fem)* por *estiércol, dengún* por *ningún,* etc. Los gitanos españoles fueron tolerados por las autoridades eclesiásticas, que, a juzgar por el testimonio de Calderón, consideraban remediable la falta de religión pero estimaban peligrosa las diferencias en materia religiosa. Por otro lado, su vida irregular y su fama de ladrones llevó a las autoridades civiles a clasificarlos como malhechores. Para su propio uso a los gitanos les resultaba útil sustituir ciertas palabras españolas por otras caló dentro de frases por lo demás españolas. Por otra parte, su libertad, sus hábitos tribales y su pericia con el ganado equino contribuyeron a que se granjearan la admiración de no pocos, que llegó a tener incluso un tinte romántico por su habitual situación conflictiva con las autoridades. Lo cierto es que recibieron la atención de los «aficionados», quienes cultivaron las actitudes gitanas con más fuerza que los propios gitanos. Los *cantes flamencos* no son pura invención gitana ni reliquias de una tradición tribal; deben considerarse como fundamentalmente españoles, hasta el punto de que los gitanos no son más que sus intérpretes. En esos *cantes* se emplea una considerable cantidad de palabras *caló,* como *parné, gachí, abelar* o *abillar, chai, penar, plaloró, querelar,* etc.; y en las canciones que presentan un aspecto totalmente caló, con frecuencia más recientes que las versiones españolas, es fácil identificar la mano del «aficionado» no gitano.

El dialecto andaluz cuenta con una abundante literatura, que incluye colecciones de canciones populares, tradiciones, novelas regionales y ensayos de colorido local, como los de «Fernán Caballero» y Estébanez Calderón, mientras que los hermanos Quintero suelen ser considerados en su teatro como los autores más representativos de la gracia de la región. Casos de literatura en murciano son los *Aires Murcianos* de Vicente Medina (1899), y de dialecto extremeño las *Extremeñas* de Gabriel y Galán (1902), que poseen los elementos que ya hemos definido como «andaluces», aunque distinguen las silbantes como en castellano. El extremeño posee una fuerte aspiración para *f h,* y emplea *i u* por *e o* en posición final; por otra parte, modifica en formas varias las vocales interiores átonas, cosa que también hace el andaluz. Se trata de una región cuya escasa densidad de población se debe a varias razones: fue muy desgastada por la emigración a América, depende en gran medida de la ganadería, que requiere espacio, y, finalmente, algunas de sus zonas son insanas. En consecuencia, Extremadura está bastante atrasada y la lengua presenta también curiosos arcaísmos. Al norte de Cáceres, en Plasencia, Coria y Garrovillas, la distinción medieval entre la sonora *z* y la sorda *ç* continúa siendo perceptible. Cada uno de esos sonidos ha evolucionado sin llegar a confundirse con el otro, hasta alcanzar una posición interdental que se representa mediante *c* o *z* [θ] y *d* [ð]: *jadel, idil, podu, adeite,* por *hacer, decir, pozo, aceite,* esp. ant., *hazer, decir, pozo azeite.* A causa del *ceceo,* esa *d* aparece en lugar de *-s-* sonora del esp. ant.: *Pladencia, codah* por *Plasencia, cosas.* En otros aspectos, el extremeño representa una especie de transición entre el andaluz y los modos de hablar en el sur de León.

Aragonés y asturiano-leonés.

Queda aún por mencionar el hecho de la existencia ininterrumpida de unos antiguos dialectos hispanorromances que ocupan la zona que va desde la frontera de Galicia hasta los dominios del catalán. Son una fuente esencial para el conocimiento del leonés y del aragonés medieval, y el arcaísmo de sus formas constituye para el español una especie de antigüedad contemporánea, en el sentido de que es posible oír y utilizar formas lingüísticas hace tiempo desaparecidas de la lengua *standard.* Además, como su separación del castellano-español se retrotrae al hispanorromance mismo, cuentan con más rasgos distintivos y con una mayor tenacidad en su conservación que otros dialectos de nueva planta, como el andaluz. Sus diferencias internas menores son también numerosas, de modo que, en comparación con ellos, el resto del área hispanohablante parece homogénea y mínimamente diferenciada. He aquí las razones por las que diversos valiosos investigadores dirigen su atención a dichos dialectos, y especialmente al leonés. Para nuestro propósito, que tiene carácter histórico, el lugar adecuado a la exposición del aragonés y el leonés es la primera parte de la obra, donde tratamos del conflicto entre los dialectos que terminó con la imposición de la supremacía del castellano. Cubierto ya dicho objetivo, ahora bastará con un breve resumen.

El área de los dialectos españoles no castellanos se ha visto alterado desde la Edad Media por la tendencia expansiva del castellano, que en su difusión hacia el sur cortó el eslabón entre el leonés y el aragonés que suponía el mozárabe, y que en su avance hacia el norte y el este ensanchó la brecha hasta el punto de que casi toda la frontera vasca quedó ocupada por la lengua *standard*, Por el lado de España, el vasco irrumpe abruptamente dentro del castellano-español, mientras que hacia el norte se diluye con facilidad en los *parlers* gascones de Francia. A su paso por el este y el oeste, el castellano llegó a ocupar las grandes ciudades y todas las tierras llanas, los alrededores de León y Salamanca y el valle del alto Ebro. Como consecuencia, los dialectos se replegaron a las tierras altas, a lugares alejados de Madrid donde las comunicaciones son difíciles y la sociedad sencilla y tradicional. El leonés occidental se encuentra alrededor de las montañas de León y cuenta con el apoyo del gallego, hacia el que efectúa la transición a partir del español; el dialecto asturiano *(bable)* se habla en los valles situados en la línea cantábrica; y los restos del aragonés en los valles pirenaicos.

Como en la época medieval, hay aún ciertos aspectos en que el asturiano y el aragonés presentan las mismas diferencias respecto al castellano. Diptongan Ĕ Ŏ átonas incluso ante palatal: arag., *viengo, tiengo;* NOCTE, leon., *nueite,* arag., *nueite, nuet;* FOLIA, leon. y arag., *fueya,* donde el español tiene *vengo, tengo, noche, hoja*. Utilizan *y* entre vocales para evitar la crasis: *seyer,* esp. *ser*. Entre las consonantes, los rasgos más importantes son los referentes a F y J, Ǵ, iniciales, junto con -C'L-, -G'L-, -LI-, -CT-, -ULT. En castellano-español la F terminó por ser eliminada; los dialectos conservan bien su *f* nativa (en leonés occidental, Asturias de Oviedo y Aragón) o la primitiva innovación *h* (aspirada): FOLIA, *fueya*. La aspirada se pronuncia en el este de la región asturiana, cuya capital es Santander: la Montaña es más accesible desde la Meseta Central. La J inicial se perdió tempranamente en castellano, pero se conservó en leonés y aragonés, en los que da [ž] [ĵ] según las circunstancias. Ambos dialectos han ensordecido dicha palatal, sin duda a lo largo del siglo XVI; el asturiano-leonés ha ensordecido la fricativa [ž], de donde resulta *x* [š]: *xineru, xelar*, esp., *enero, helar*, JANUARI, GELARE; mientras que el aragonés ha ensordecido la africada [ĵ] dando origen a *ch* [ĉ] en *chinebro, chirman*, esp., *enebro, hermano*, JUNIPERU, GERMANU. Estos cambios afectan a todas las *j*: asturiano-leonés *xente, xudiu*, arag., *choben*, esp. *gente, judío, joven*. Los grupos interiores -C'L, -LI- dan *ll* o *y* en ambos dialectos: leon., *muyer;* arag., *mullé;* esp., *mujer;* leon., *oreya;* arag., *agulla;* esp., *oreja, aguja*, de MULIERE, EURACULA, ACUCULA. El grupo interior -CT- da *-iti-* en ambos dialectos, que posteriormente acaba por reducirse a *-t-* en aragonés: FACTU, leon. arag., *feito* (arag., *feit, fet, feto)*, esp., *hecho;* y lo mismo ocurre en leon. arag., *muito*, esp., *mucho* MULTU. Coinciden también en utilizar formas tónicas del verbo «ser», llegando a los diptongos de *yes, ye, yera*, etc., y en el empleo de *-oron* como tercera de plural del pretérito, por analogía con la tercera de singular en *-ó*.

Hay algunos rasgos que resultan específicos del aragonés. En cuanto a las vocales, este dialecto propende a eliminar la *-e* final, lo cual lleva a cabo invariablemente en los adverbios en *-ment;* también tiende a suprimir *-o: breu* (esp., *breve), finalment están* (esp., *estando)*. Como resultado de dicho cambio, el signo de plural *s* va directamente unido a una consonante, como *biens*, esp., *bienes*, y en el verbo *tiens, tenez* (de *tenets)* por *tienes, tenéis*. Como la *r* final no se pronuncia, tenemos *mullé, mullés, lugá, lugás*, por *mujer(es), lugar(es)*. En lo que se refiere a las consonantes, aparte de la *ch* en *choben* y otras palabras semejantes, la principal peculiaridad del aragonés es su conservación de PL-, CL-: *¿cómo te clamas?* En la zona oriental de este área, en Ribagorza, hay una fuerte tendencia a palatalizar la *l* cuando aparece sola o en combinación con otros sonidos, al principio de sílaba, dando así no sólo *pll- cll-* sino también *bll-*. Existe en aragonés un uso característico del género, consistente en pasar los adjetivos en *-e* al tipo en *-o -a*, para expresar el sexo: *tristo, trista; cualo, cuala; grando, granda*. Los pronombres ofrecen ciertas novedades: el disyuntivo es *yo, tú*, no *mí, ti; le(s)* dativo se distingue de una forma consistente de *lo(s);* hay un artículo masculino en *lo*, y en algunas localidades en *o*, y la tercera de plural del posesivo en *lur(es)*. Los adverbios pronominales arcaicos *en* y *aún* sobreviven. El verbo tiende a formar el gerundio y el participio pretérito siguiendo el tema de pretérito y no el de presente: *supiendo, sopiendo* de *saber*. A su vez el aragonés se esfuerza en regularizar los verbos irregulares: *sabiese, dase, decié, facié*, por *supiese, diese, dije, hice* de *saber, dar, decir, hacer*. En muchos de estos rasgos, así como en el vocabulario, el aragonés marca la transición entre el castellano y el catalán. La región de Ribagorza ofrece un interés especial, ya que de hecho se produce en ella dicha transición hasta el punto de que el habla local tiene un carácter ambiguo entre el español y el catalán. En Enguera, en Valencia, existe un dialecto arcaico que conserva aún la distinción medieval entre las silbantes sordas y las sonoras *s, ç, z* como [θ,ð,s,z]; y cerca de Viella, en el valle de Arán, tenemos el único ejemplo de un dialecto francés en suelo español.

Los dialectos asturiano-leoneses se encuentran en un mejor estado de conservación que el aragonés, y presentan una mayor variedad. Hay tres divisiones principales. En el este, la Montaña de Santander es la fuente de la lengua local (cf. las famosas novelas de Pereda). En esta región la *h* aspirada ocupa el lugar de F. La región central, Asturias de Oviedo, cuenta con el ya mencionado dialecto *bable*. En él, aparte de los rasgos comunes con el aragonés a los que hemos hecho alusión, encontramos que la L- inicial se palataliza (*lluna, llana, llamber, llingua*); -ORIU da *-oiru* (*retortoiru, cobertoira*); la *-o* final da *-u;* la preposición *con* se asimila al artículo (*cola piedra* o *cuna piedra* por *con la, con una*); DEDIT, -ILLI es *dio- lle, dioye, dioi;* las formas en *-ra* son todavía pluscuamperfecto de indicativo, y el sufijo *-ín* tiene un gran empleo *(vecín, sobrín, molín)*. Cerca de Oviedo, como peculiaridad local, *-as, -an* da *-es, -en*, como *casa, cases, canta, canten*. El leonés occidental acentúa los rasgos asturianos con una considerable mezcla de formas emparentadas con el gallego. Las más importantes son la conservación de los diptongos *ei, ou*, como en *cantey, matey, caldeiro, cousa, pouca, cantou*. Igualmente *muitu* como en gallego *feito*. Existe una notable variación en el tratamiento de CL-, PL-, FL-. En la época medieval daban [š] en *Xainiz, xosa*. Las soluciones del leonés occidental son [ĉ] (como en gallego): *cheiro, chombo, chanicu* de FLAGRU, PLUMBU, PLANU, y [ŝ], como en *tsabe*, CLAVE. El sonido *ts-* puede surgir también de una L- inicial palatalizada como en *tsuna, tseite*, por *luna, leche*, casos en los que el asturiano central tiene *ll*. Tales soluciones coexisten con las formas invasoras del castellano que se establecen primero en palabras aisladas de uso muy frecuent, como FLAMMA, *llama* en San Ciprián de Sanabria y *llena*, que dan a veces lugar a incongruencias como CLAVES, *chaves*, pero *ez liaves*, esp., *las llaves*. El dialecto leonés cuenta con una literatura popular de cuentos y canciones que se ha pretendido convertir en una especie de literatura regional; a este propósito la variedad más importante ha sido el *sayagués*, que fue el dialecto rústico convencional de la época clásica española. Juan del Encina imitó, para deleite del duque de Alba, el dialecto de los campesinos de los alrededores de Salamanca y Alba de Tormes, que se denomina propiamente *charuno;* una identificación incorrecta con Sagayo, localidad cercana a Zamora, fue la causa de que se le aplicara el nombre inexacto de *sayagués*. En Miranda do Douro, ciudad perteneciente en tiempos al obispado de Astorga, y ahora a Portugal, se habla un dialecto leonés.

7

LA EXTENSION DEL ESPAÑOL A AMERICA

La expansión del español en ultramar es el legado de la gran época de los descubrimientos y las conquistas, y su distribución responde a los límites del mundo conocido antes de que surgiera el segundo Imperio británico. De una manera esquemática podemos considerar el año 1740, en que el inglés Anson circunnavegó Sudamérica, como un hito que marca el final de los esfuerzos expansionistas de los marinos, conquistadores y misioneros españoles que habían llevado su lengua a tan vastas porciones del globo. En 1494 el tratado de Tordesillas había reservado a Portugal el litoral africano, las costas meridionales de Asia —donde tenía ciertas factorías y dominaba una franja costera— y también un área de la costa de Brasil situada ligeramente a occidente de la ruta marítima en torno a Africa, área que posteriormente se vería incrementada hasta abarcar el subcontinente brasileño. El resto del mundo se consideraba objeto de legítima conquista por parte de Castilla, y comprendía no sólo América, sino también el océano Pacífico: España se estableció en las Filipinas, Portugal en Macau y las Molucas suscitaron disputas entre ambas. Los primeros pasos en el descubrimiento y conquista habían sido rápidos. Tras la llegada al Nuevo Mundo en 1492 y la fundación del primer establecimiento español, en los veinte años siguientes quedaron ocupadas Cuba y la Hispaniola, se creó una factoría en Darién, se cruzo el istmo de Panamá y se descubrió el Pacífico. En las décadas posteriores Magallanes circunnavegó el globo y llevó los estandartes de Castilla hasta el lejano Oriente; mientras, Cortés y Pizarro aniquilaban los imperios de Moctezuma y Atahualpa. Las costas, las zonas más habitadas y los grandes ríos fueron ocupados, o cuanto menos recorridos; pero la tarea de colonización interior resultó muy lenta, acelerándose sólo en el siglo XIX con las independencias, el aflujo de capitales y la llegada de inmigrantes europeos. Hasta el año 1740, que como hemos visto señala la máxima expansión territorial de la lengua española, la penetración hacia el interior había sido obra fundamentalmente de misioneros —los jesuitas en Paraguay, fray Junípero Serra en California—, cuyo propósito era, además de la evangelización, construir comunidades de nativos que preservaran sus costumbres, lengua y economía. Por este procedimiento el español llegó a cubrir una gran extensión —desde el norte de Río Grande hasta el cabo de Hornos, además de las islas Filipinas— como lengua de la administración, la Iglesia y —como consecuencia de la destrucción de las civilizaciones maya-azteca e incaica— la cultura; pero al mismo tiempo millones de mejicanos, peruanos, guaraníes, etc. continuaron —y algunos todavía continúan— empleando sus lenguas tradicionales en mercados y ferias, y practicando sus costumbres en el ámbito social y, con ciertas modificaciones, también en el religioso. En el norte, la frontera política entre México y la baja California se halla bien definida, pero el español se habla más allá de este límite, en los estados suroccidentales de Estados Unidos, y los topónimos son españoles en el interior de una curva parabólica que desciende desde el estrecho de San Juan de Fuca hasta Florida, y que abarca el sur de California, Arizona, Nuevo México y Texas.

El español y el portugués, gracias a esta vasta expansión territorial —que hace de ambos unos casos únicos entre las lenguas neolatinas, sólo comparables a los del inglés y el ruso—, han acumulado una experiencia del más alto interés para los estudiosos de la lingüística. Del mismo modo que la lengua de una minúscula parte de Italia fue impuesta a germanos, celtas, ligures, etruscos, iberos, bereberes, etc., el que había sido dialecto de Burgos se convirtió en la lengua de aztecas, zapotecas, aimarás, quechuas, guaraníes y tagalos. Por tanto, el problema de los sustratos étnicos se plantea en ambas ocasiones; si bien con la diferencia de que los hábitos lingüísticos de celtas o iberos constituyen simple objeto de conjetura, mientras que los de aztecas o quechuas pueden ser conocidos con precisión. Tanto el latín como el español se difundieron en muy dilatadas áreas territoriales, pero las circunstancias de la difusión del español se conservan gracias a las crónicas, relaciones de emigrantes y otros documentos. En América han operado, y continúan operando, fuerzas que tienden a hacer del español no una lengua, sino una verdadera familia lingüística, semejante a la familia románica: con el mismo aislamiento, ignorancia o presión de otras lenguas. Pero, a su vez, existen otras fuerzas de sentido contrario: educación, gusto por una misma y común literatura, comunicaciones cada vez más rápidas. Sin duda, algunas de ellas resultan inaplicables a la historia del latín y de su descomposición, y así no todas las conclusiones válidas para el español de América pueden ser adoptadas por el estudioso de la familia románica. Pero el lingüista no tendrá ya necesidad de elucubrar en abstracto sobre las condiciones generales y los problemas inherentes al asentamiento y evolución de las lenguas, sino que, con los datos obtenidos por la experiencia del español, podrá contar con una base real.

Aparte del interés teórico del español de América, este constituye un registro, además, de apasionantes experiencias sociales e históricas. En el español se encuentra grabada la experiencia de intercambios con una gran variedad de tribus y naciones, en un grado que no se conoció en el mundo antiguo; y a través del español se ha filtrado a las lenguas europeas el conocimiento de los hábitos, organización y pensamiento de esos pueblos. Igualmente ha acumulado la experiencia de conquistadores y colonos que lucharon contra dificultades sin precedentes. El español, que posee una gran variedad en sí mismo, ha llegado a múltiples tipos de compromiso con hablantes de otras lenguas. Esta expansión ha supuesto también una modificación del español de España, que en tiempos recientes ha visto incluso alterado el ritmo de su prosa, aunque resiste al proceso de cambio gracias a los esfuerzos que se realizan por mantener su identidad.

Las lenguas aborígenes.

Los primeros hombres llegaron al Nuevo Mundo en una época relativamente tardía, cuando ya se habían realizado varios de los más importantes descubrimientos primitivos, aunque antes del invento de la rueda y de que fueran domesticados los animales. La fecha puede situarse hacia el año 15000 a. C. Ciertos rasgos físicos de estos pobladores apuntan hacia su parentesco con pueblos de raza mongólica, que habrían utilizado el puente de las Aleutianas para pasar a América, descendiendo después por la cadena montañosa que recorre los dos hemisferios; hipótesis apoyada por diversos mitos sobre el tema de la migración y por los datos que proporciona la difusión de utensilios arcaicos. Pudieron darse también infiltraciones desde Polinesia, que se halla a una distancia asequible de la costa sudamericana. Existe una cultura arcaica americana, ampliamente difundida, que es la misma, en esencia, al norte y al sur del istmo de Panamá; en cambio, las semicivilizaciones de mayas y aztecas, al norte, y de los incas al sur, son recíprocamente independientes; cada una es única y sin rival en su propia esfera.

Fig. 8

Razas y lenguas aborígenes del continente americano

Frente a la uniformidad cultural contrasta, de manera desconcertante, la diversidad lingüística de América. En Eurasia y Africa la mayoría del territorio está cubierto por las grandes familias lingüísticas, como la indoeuropea, la semítica, la chino-tibetana o la bantú, y en diversos puntos se han modelado y desarrollado grandes lenguas nacionales e internacionales. En el Nuevo Mundo todos estos pasos han sido débiles y restringidos, hasta el punto que se calculan 123 familias lingüísticas sin aparente relación unas con otras: 26 al norte de Río Grande, 20 en América central y 77 en la del sur. La reacción producida por esta diversidad ha sido reducida. En el norte, los mayas crearon sin duda las culturas existentes, pero en cambio su lengua, el quiche, no pasó del ámbito local. Los toltecas y los aztecas, que lograron establecer una difusa confederación guerrera en México, no tenían inconveniente en el empleo de cualquiera de las cuatro lenguas reconocidas: el nahuatl, el mixteca, el zapoteca y el otomí o hia-hiu. Cada una de esas lenguas es todavía característica de las distintas ferias y mercados. En el sur, los monarcas peruanos insistieron en el quechua como parte de la tradición de los príncipes vasallos, con el resultado de que su uso oficial se extendió a lo largo de la línea de los Andes desde Quito hasta Tucumán. Su influencia en el español de América sería por tanto amplia, aunque no logró eliminar o dominar las lenguas locales, e incluso en Bolivia tiene que repartirse el terreno con el aimará, lengua de las tribus colla. Por lo que respecta a la *koiné*, la *lingoa geral*, que surgió del grupo lingüístico tupi-guaraní, hay que decir que fue obra de los misioneros después de la conquista.

Entre las causas de tal diversidad debemos incluir ciertamente la debilidad política y la escasez de población. Los cálculos exagerados acerca de los desmanes cometidos por los españoles en las Antillas mayores, y del poderío de Moctezuma o de Atahualpa, han tendido a ocultar el hecho de que los dos hemisferios eran inmensos espacios apenas habitados. Si partimos del supuesto de que la acción represiva de los conquistadores fue suficiente para contrarrestar el ritmo natural de crecimiento (cosa que probablemente es poco razonable) y añadimos las cifras que se aducen para las Antillas, y si además procedemos a un generoso cálculo de los indios de las praderas aniquilados en Estados Unidos y Canadá, todavía resultará dudoso que la población precolombina de ambos hemisferios llegase a exceder a la actual de Francia. En todo caso, una buena parte de esta población estaba concentrada en México y Guatemala, por un lado, y en las llanuras bolivianas y los valles del Perú, por otro, representando quizá la mitad del total. La falta de escritura y de una educación basada en la literatura favoreció la tendencia a las variaciones locales. Los incas no habían avanzado en el camino de la escritura más allá de sus famosos *quipus*, o cuerdas anudadas que debieron servir como recurso mnemotécnico; los mayas grababan jeroglíficos en piedra; los aztecas utilizaron también unos jeroglíficos muy ambiguos y en forma rompecabezas casi incomprensibles. Pero no se dio una total ausencia de la literatura hablada. En México el genio melancólico de Nezahualcoyotl hizo nacer una lírica que posteriormente serviría de inspiración a J. J. Pesario; en Perú el culto al sol inspiró nobles himnos, y del inca Pachacutec es un cuerpo de proverbios. Pero todo ello suma menos que la literatura producida por los imperios preclásicos en los albores de la historia.

Estas lenguas han resultado importantes para el desarrollo del español de América bien por la fecha de su descubrimiento, bien por su importancia en la administración. El primer viaje de Colón supuso el contacto exclusivo con los aravacos, y como consecuencia el nombre de las principales novedades americanas es de origen aravaco. El núcleo de la familia lingüística aravaca fue probablemente una región situada al norte del Amazonas, entre el Japura y el Negro; pero un grupo considerable se encuentra más al sur, en el curso alto del Madeira y el Ucayali, lo que puede deberse al avance de una cuña de katukinas hasta el valle del gran río. Una rama derivada cruzó el Desaguadero de Bolivia hasta el norte de Chile; otra emigró hacia el norte a través de las llanuras del Orinoco, y de allí, por mar, llegó hasta las Antillas mayores. Fue esta última ramificación de la nación de los aravacos la que encontraron los españoles en el primer viaje, y la que suministró los primeros préstamos de vocabulario. En el segundo viaje Colón entró en contacto con los pueblos caribes; eran caníbales, feroces guerreros e intrépidos marinos. La frecuente búsqueda de mujeres aravacas por parte de los caribes había dado origen a una curiosa simbiosis de ambas lenguas: una para hombres, otra para mujeres. Los caribes, concentrados originariamente en Xingú, formaron una agrupación secundaria en el Negro, desde donde irradiaron a las Guayanas, cuenca del Orinoco y Antillas menores.

En su cuarto viaje Colón conoció la compleja situación lingüística de Honduras. Allí cada poblado tenía su propia lengua, y los exploradores juzgaban que eran tan distintas unas de otras como el árabe del español. Esta profusión no debió resultar cómoda a los invasores, puesto que no volverían a adoptar libremente préstamos hasta su llegada a México, donde encontraron una elevada cultura y una situación lingüística clarificada. La semicivilización de los aztecas les ofrecía numerosos objetos que no habían conocido en las Antillas, y junto con ello también el hecho de una región distinta en flora y fauna; todo lo cual hizo que los españoles tuvieran que aprender numerosos nombres de animales y plantas. En los mercados de la altiplanicie mexicana se utilizaban cuatro lenguas principales: nahuatl, zapoteca, mixteca y hia-hiu. Todas han contribuido al vocabulario español, pero ninguna en tan gran medida como el nahuatl, de los aztecas. Tanto la lengua como la nación aztecas procedían del norte. Los sosones de Montana e Idaho, los pueblos de Colorado, los toltecas y aztecas de México y las ramificaciones guatemaltecas marcan la línea seguida por los uto-aztecas en su marcha hacia el gran foco de la civilización maya. La conquista de Yucatán y Guatemala se efectuó desde México, con la consecuencia de que los nombres tomados en préstamo para designar los objetos comunes a toda esa región sean de origen mexicano.

El primer gran paso hacia la sumisión de América del Sur, si dejamos aparte la fundación por Balboa de la turbulenta colonia de Darién, fue la destrucción del gran imperio inca por Pizarro. Aunque en esta época no era ya necesario aprender nuevos nombres para designar muchos de los objetos peculiares de América, sin embargo, la flora, la fauna y la administración del Perú deparaban unas novedades que determinaron la entrada de nuevas palabras en el vocabulario español. Al mismo tiempo el prestigio del quechua en el ámbito administrativo hacía que las palabras tomadas en préstamo fueran válidas en un extenso territorio, incluso más allá de las fronteras de esta lengua; así, los préstamos de vocabulario más meridionales son los quechua. De hecho, los conquistadores y misioneros españoles contribuyeron a darle una extensión aún mayor de la que tenía con los incas (y también difundieron, por lo demás, las palabras del aravaco y del caribe con tal rapidez que posteriormente serían tomadas como indígenas en diferentes partes). Asociado con el quechua se encuentra el aimará. El nombre designaba en su origen a una tribu quechua que vivía en la frontera de la nación colla, a la que indebidamente se había integrado. El aimará, que contaba tal vez con un número de hablantes mayor que el quechua en tiempos de los incas, es hoy la lengua predominante entre los indios de Bolivia.

Las otras familias lingüísticas de Sudamérica han contribuido menos al español. En Colombia se tomaron unas pocas palabras de los chibchas, que habían alcanzado un cierto grado de civilización, y en Chile la larga guerra contra los araucanos hizo que su lengua, el mapuche, adquiriera alguna relevancia. Este contacto con el mapuche resulta el más interesante para los lingüistas por el hecho de que la lengua misma ha sido descrita con una precisión no usual, y que Lenz ha investigado científicamente sus relaciones con la de los invasores; pero el papel del mapuche es, sin embargo, estrictamente suplementario del quechua. En el este, entre los ríos Paraguay y Paraná, encontramos el núcleo primitivo de los tupi-guaraníes, los «fenicios» de América que proporcionan la lengua de los mercados paraguayos y el vocabulario de las llanuras del gran río. Ciertas ramificaciones de esta lengua ascendieron a lo largo del Paraguay, y el tupí avanzó hasta el interior de la cuenca del Amazonas, alcanzando la costa del Brasil, donde dejó numerosos asentamientos. Las oleadas de invasores pasaron en torno al escollo que suponían las tribus ze, establecidas a mitad de camino entre San Francisco y Xingú, junto al Araguaya y el Tocatín, tributarios del Amazonas. Estas extensiones guaraníes, conocidas con el nombre de tupí, han suministrado la mayor parte de los términos indígenas adoptados por el portugués de Brasil; términos que a su vez hubieron de ser empleados por el español al aludir a temas brasileños. Su coincidencia constituiría la base de la *lingoa geral*, formada y fomentada por los misioneros portugueses para servir como *koiné* de la cuenca del Amazonas. En cuanto al extremo sur del continente, el alakaluf, el choni y el yahgan no ofrecen especial interés para el hispanista, aunque la lingüística general debe tomar nota de ellas a propósito de su estadio de desarrollo notablemente primitivo.

Como hemos visto, no es posible hablar de lenguas americanas, salvo en sentido geográfico; pero existen rasgos lingüísticos que tienden a repetirse en diversos grupos del Nuevo Mundo. Los antiguos lingüistas dividían las lenguas en polisintéticas, incorporantes, aglutinantes y aislantes. De estos grupos, que no son válidos para la clasificación de las lenguas, sin embargo existen ejemplos tanto en América del Norte como del Sur. El número de lenguas polisintéticas —es decir, de las que incluyen en el elemento verbal varias o muchas de las demás partes de la oración, y en las que la palabra no existe, por tanto, como unidad independiente, sino únicamente en combinaciones— es considerablemente elevado. Un ejemplo extremo es el esquimal: *Takusariartorumagaluarnerpa?* = «Piensas que realmente él intenta ir y discutir por esto?», expresión compuesta de elementos significativos más que de palabras. No puede, por ejemplo, decirse *iartor-* aisladamente, sino que es necesaria la ayuda de otro elemento, como en *iartorpoq*, «está yendo a». En nahuatl tenemos un ejemplo típico de una lengua incorporante, en la que se incluyen en el verbo no sólo los pronombres, sino también los nombres-objetos: *ka*, «comer»; *ni-k-ka*, «yo lo como»; *ni-naka-ka*, «yo como carne» (*nakatl*, «carne»); *nipetlaciwa*, «yo hago esteras» *(petlatl*, esp., *petate)*. El quechua tiene muchos rasgos aglutinantes; para formar el plural, por ejemplo, recurre a sufijos que son semiindependientes con relación al nombre que modifican. El hia-hiu, lengua de los indios otomí de México, es un ejemplo sorprendente de lengua aislante, totalmente diferente de las de sus vecinos y tan inexplicable como el caso del vasco. Y en medio de tan vasto número de experiencias lingüísticas encontramos rarezas como la presencia de una cuarta persona gramatical en conexión con los verbos mapuche, o la carencia de verdadero plural en quechua, etc. Pero dichas peculiaridades no han pasado al español de América. Lejos de conservar sus propios hábitos mentales independientemente de aceptar un nuevo vocabulario, los mestizos americanos abandonaron sus viejas estructuras lingüísticas, aunque llevaron consigo un cierto número de palabras necesarias para designar cosas y costumbres nuevas. Ni siquiera hay influencia sintáctica alguna de cualquiera de esas lenguas sobre el español, aparte del dudoso ejemplo del sufijo quechua *-y* en la región argentina de Tucumán: en el lenguaje infantil de Tucumán, cuando las criadas son indias los niños dicen *mamay (mamitay)* por *mamá mía* (*mamita mía*), en donde se daría el sufijo posesivo quechua; palabras, sin embargo, que no cuentan con un uso general fuera de este contexto, e incluso dentro de él pudieran ser más bien términos de encarecimiento que de posesión. Tampoco han pasado sonidos indígenas al español, tales como el click lateral *tl* o la *cc* enfática del quechua; y la influencia fonética no ha ido nunca más allá de intervenir en la opción cuando la evolución del español ofrecía una elección de posibilidades. La influencia de los substratos americanos, en resumen, no ha hecho más que suministrar los nombres de ciertos objetos exóticos, de los que no todos gozan de una amplia difusión, estando muchos en peligro de ser reemplazados por nuevos términos europeos.

En sentido contrario, no hay que olvidar que el impacto del español sobre esas lenguas fue tremendo. Un amplio vocabulario europeo hubo de ser adoptado para designar las cosas no conocidas hasta entonces en América: *caballo, señora, jarro, sombrero,* etc., constituyen, en las lenguas amerindias, necesidades irreemplazables. El español ha contribuido a una mezcla general al llevar *canoa* del aravaco o *quinina* del quechua a todas las lenguas americanas, así como a todas las del mundo. Ha forzado además a la adquisición de nuevos sonidos, como *r* en nahuatl de Nuevo México, donde solamente contaban con *l*: así, los préstamos más antiguos, como *señora,* daban *xenola;* en cambio los más recientes, como *manera,* se conservan igual *(manera).* Se han dado interferencias con las estructuras más profundas de la lengua, en virtud de las cuales diversos nombres, verbos, adjetivos, partículas y frases españolas se han utilizado como si se tratara de verdaderos temas nahuatl: *ti*-desear-*oa,* «tú quieres»; *oqui*-formar-*oque,* «lo transforman»; etc. Pero, por encima de todo, el español eclipsó el prestigio de las lenguas y dialectos aborígenes, ninguno de los cuales ha podido servir ya para expresar ideas complejas. «El estado del quechua —escribe J. J. von Tschudi— es tan ruinoso por la cantidad de palabras extranjeras que ha incorporado, por su mezcla con otras lenguas indias y por su avanzado estado de descomposición fonética (debida al español), que si no es inmediatamente recobrado por los estudiosos conocerá un negro porvenir.»

El intérprete de Cristóbal Colón, Lucayo, era un nativo de Guanahani, en las Bahamas, y por tanto un aravaco. El aravaco era la lengua de las pacíficas comunidades que comerciaban continuamente por medio de canoas entre las islas que componen las Bahamas, y también a lo largo de las costas de Cuba y La Hispaniola; pero en las proximidades de la Martinica predominaban ya los belicosos caribes. El territorio aravaco pertenece a una región natural de flora y fauna que incluye las costas septentrionales de Sudamérica, pero completamente diferenciada de México; en consecuencia, los nuevos objetos conocidos por los primeros colonos recibieron, en la mayoría de los casos, nombres aravacos, completados en ocasiones por palabras caribes y de la lengua de los indios cueva. El principal punto de partida de los préstamos fue la tribu tayno, de Haití, exterminada irresponsablemente como consecuencia de las exacciones de los colonos. Esta temprana aniquilación impidió que el caribe de los taynos ejerciera la influencia del nahuatl o del quechua, pero habida cuenta de que las más antiguas autoridades confunden a veces aravaco con caribe, es mejor hablar, en el conjunto de todos los préstamos, del caribe. El más antiguo de entre ellos, mencionado por Nebrija, es *canoa,* palabra caribe que ya había sido adoptada por los aravacos. En un primer momento aparece en diferentes formas que sugieren variedades dialectales, y que garantizan, hasta cierto punto, la fidelidad de los que tomaron el préstamo: *canoa, canaoa, canaua, canahua, canagua,* etc. La palabra se extendió inmediatamente por ambos hemisferios, desde los indios chapote-utah, en el norte, hasta los fueguinos, en el sur. La canoa, modificada mediante la colocación de algunas tablas, se llamó también *piragua,* posiblemente una palabra caribe de tierra firme (aunque no debe descartarse que fuese aravaca). La canoa hecha de corteza de árbol es conocida entre los brasileños como *ubá,* término tupí.

La política elemental de los nativos suministró el término *cacique*, «jefe de tribu», que más tarde desplazó en Perú al quechua *curaca*, y que en español ha recibido unos matices que se hacen evidentes en el derivado *caciquismo*. El grano que constituía el alimento básico de todas las comunidades del Nuevo Mundo recibió el nombre aravaco de *maíz* (con el derivado *maizal)*, sin que influyera en el nombre el interés primordial de los mayas por dicho cereal. Al cabo de los treinta años encontramos que Pigafetta da cuenta de esta palabra como si fuera de origen brasileño, y vemos que en Perú, gracias a los conquistadores españoles, *maíz* desplaza al quechua *zara*. La cabaña de los aravacos, construida sobre el suelo, *bohío* (también *boio, boyo, bochio, buhio, buio, bujío, buhiyo, buihio, boa)*, se aceptó como adecuada para designar a todas las chozas indígenas; las chozas redondas se denominaron con un término igualmente aravaco, *caney*. *Huracán* es caribe, probablemente tomada de los aravacos de las Antillas, y también lo son *sabana, ceiba, maguey, henequén, guacamayo, nigua, batata, barbacoa, iguana, tabaco*. La extensión de estas palabras fue gradual. Mientras que Nebrija acepta *canoa*, Las Casas nos dice que *ají* (clase de pimienta), *cazabí* y *yuca*, aunque corrientes en las islas, eran desconocidas en España en 1512. Entre esos términos se introdujeron algunos de origen oriental, llevados a América por los marineros, si bien recibían con frecuencia un nuevo significado: *azagaya* (árabe y esp. medieval); *almadia* (árabe y portugués), *prao* (Polinesia), *ñame o iñame* (de Africa), *anta* o *adanta* (árabe *lamṭ)*, que para Zurara significa una especie de antílope, pero que fue aplicado al tapir *(tigres tantas*, también *vaca* y *vaca montés)* y asimismo al alce, mosa y wapiti (gran ciervo de América del Norte). Orellana, el descubridor del Amazonas, vio una *vaca danta* que era un tapir o un manatí; y *tapir* es tupí-guaraní *(tapiruçu, tapireté, tapihire)*. Estas palabras arraigaron pronto en las Antillas y con frecuencia se incluyen entre los americanismos primitivos del español. Junto con las tomadas del aravaco y del caribe, forman el conjunto de préstamos mejor y más firmemente establecidos.

La conquista de México tuvo lugar cuando este primitivo vocabulario de las islas había ya arraigado en el uso español. Sin embargo, se necesitaban nuevas palabras para designar los animales y las plantas desconocidas en las islas: *tomate* (nah., *tomatl), aguacate, cacahuete, camote* (correspondiente a la *batata* de las Antillas), llamado también *camote apicho* (quechua, *apichu*), *hule, nopal,* etc., junto con *ocelote, zopilote* (nah., *tzopilotl), sinsonte* y *quetzale.* Nuevos alimentos existentes en la región: *cacao* (nah., *cacahuatl), chocolate* y *jícara (xicara,* nah., *xicalli),* en donde se bebe *tamale, mezcal,* etc. La palabra *pulque* (de donde *pulquería)* es de origen inseguro, y probablemente insular. La civilización de la altiplanicie mexicana, a la sazón con un nivel superior a las demás, proporcionó al español un cierto número de términos culturales, entre los cuales el más llamativo es *teocalli,* nombre de los templos con pirámides en los que se celebraban sacrificios humanos. México era un importante centro comercial, circunstancia que explica el interés de préstamos, como *tiangue,* «plaza de mercado», con sus derivados *india tianguera* y *tameme,* «portador, mandadero». Los grandes jardines flotantes de los lagos centrales se llamaban *chinampas,* nombre que se hizo extensivo a las ciudades lacustres de los alrededores. Los cuarteles indios *(galpón,* nah., *calpulli,* en Nicaragua *galpón),* la estera *(petate,* nat., *petatl),* el almirez y la muela para el grano *(metlapil, metate)* recibieron por primera vez nombre en esta región; y *nagual* nos ofrece un claro ejemplo de contribución en la esfera intelectual, basado en nah. *naualli, nauallotl,* designa una especie de *demon* que, sometido al control humano, es capaz de liberarse de los embrujos; de ahí alemán *Nagualismus,* para designar la superstición que conecta las almas de los hombres con ciertos animales.

Constituye una especie de tributo al genio del Inca Garcilaso de la Vega el hecho de que España y el mundo hayan sentido tan vivo interés por la organización política y social del antiguo Perú. Los incas, aunque no alcanzaron el dominio de las matemáticas, la arquitectura, la escritura jeroglífica u otras artes que lograron los mayas y los aztecas de Centroamérica, estuvieron libres, en cambio, de las atrocidades, sobre todo de los sacrificios humanos masivos que se daban en las otras culturas; por lo demás, su sistema despótico estaba constituido por una especie de primitiva utopía que consideraba innecesaria la propiedad privada, en virtud del carácter paternalista del gobierno. Tal es la brillante descripción que ofrece Garcilaso en sus *Comentarios Reales*, y que reproduce con ciertas reservas Prescott. El sistema tenía como centro al *Inca* o *Inga* (adj., *incástico*) y la *coya* («reina»). A la familia real se la consideraba descendiente del sol, al que se adoraba, y en cuyo honor se ofrecían las vírgenes vestales llamadas *mamacona* (que es simplemente el plural de «mujer»). Las tradiciones del Estado eran mantenidas por unos sabios o poetas, que recibían el nombre de *amautas*. Las órdenes del inca se transmitían por medio de mensajeros (*chasquí*) de un puesto a otro (*tambo*) dentro de un gran sistema de postas. El pueblo libre estaba organizado en tribus (*ayllo*) bajo el mando de los *curacas*, palabra que sólo se utilizaba en empleos técnicos, ya que en general se prefirió el término insular *cacique*. Se recurría a colonias militares (*mitimaes*) para retener y civilizar las tierras conquistadas. Las tierras de las clases dominantes eran trabajadas por siervos (*yanaconas*). Los característicos enterramientos han dado a la arqueología el término *huaca;* y *chacra, chácara, charca,* etc., sirven para designar una zona de terreno cultivado.

El quechua sirvió para dar nombre a las novedades más importantes de la flora y fauna sudamericanas. Esta lengua presenta un gran intercambio con el aimará de las tribus colla de Bolivia, y su contribución respectiva, en cuanto a los préstamos, no puede precisarse con claridad (*chinchilla* se atribuye específicamente al aimará). La lengua oficial del imperio inca era válida, hacia el norte, hasta Quito, y de ahí logró penetrar en el interior de Colombia; en el sur se extendía por el desierto de Atacama hasta alcanzar las tribus araucanas de Chile. En dirección sudeste el quechua sirvió como segunda lengua para los habitantes del noroeste argentino: Tucumán, Salta, Jujuy, etc., áreas que se contaban como las de más antiguo asentamiento realizado en ese territorio; de donde la profunda influencia de las palabras quechuas entre las que el español debe a las lenguas aborígenes. Estas palabras son de uso general, al menos en Sudamérica, mientras que las de sus rivales tupi-guaraníes poseen un carácter estrictamente local. De ahí igualmente que la *pampa* se llame con un nombre quechua, así como la *puna* o el *pongo*, y que el nombre de la calabaza *(mate)*, en la que se bebe el té paraguayo (guar. *caá*), se utilice para designar la bebida misma *(mate* o *yerba mate)*. El quechua tenía además sobre su rival la ventaja de que contenía pocos rasgos fonéticos no familiares al oído español. Entre los principales animales llamados con nombres quechua se encuentran el *cóndor*, el *puma*, la *llama*, la *alpaca*, la *vicuña*, la *viscacha*, y entre las plantas, la *quina* y la *coca*. También el quechua ha suministrado la palabra de uso más general para designar a la mujer nativa *(china)*, uno de los nombres preferidos para el niño *(guagua)*, el del tasajo *(charqui)* y el de una canción indígena *(yaraví)*, así como *guano* y *guaso* (en Chile, *peón, roto*).

La lengua tupi-guaraní ocupaba la gran cuenca fluvial de Sudamérica, donde llegó a adquirir un uso intertribal. Sirvió para dar nombre a los animales y plantas de Brasil, y ejerció una gran influencia sobre el portugués de ese territorio. En el área hispanohablante es aún la lengua normal de Paraguay, donde Cabeza de Vaca realizó los primeros asentamientos españoles, junto con Irala y otros. Estos indios eran abiertamente polígamos, y de su contacto con los españoles surgió una amplia población mixta hablante de ambas lenguas. Garay, en 1580, descendió desde Asunción para fundar Buenos Aires, ocupando así el este argentino para la Corona de Castilla. Los indios charrua de esta región, sin embargo, resultaron ser poco sumisos, circunstancia que originó una guerra cruel que terminaría con la destrucción de todos ellos. Al oeste, las tribus araucanas, también insumisas, ocupaban los Andes. Así, pues, los principales préstamos adoptados en Argentina son de origen guaraní (aunque los términos quechua tienen prioridad) y sirvieron para designar animales *(aí, capibara, coatí, tamanduá, tucano, paca, ñandú, tapir* o *tapireté, jaguar* o *yaguareté, agutí, urubú, urutaú, quincayú*, etc.) y plantas *(mandioca, tapioca, ipecacuana, ananás, caá, curare)*. *Bagual* y *catinga* completan la lista de estos términos comunes.

Las otras lenguas americanas proporcionaron al español pocos elementos que hayan contado con una aceptación general. Algunas palabras especializadas se tomaron de los chibchas de Colombia, y la lengua mapuche de los araucanos proporcionó algunos términos suplementarios, tales como *gaucho, poncho, maloca* o *malón*. Por supuesto, esta lengua sirvió para dar en Chile nombre a los objetos que no lo habían recibido del aravaco, el nahuatl, el quechua o el guaraní.

Lo que hemos hecho hasta aquí es proporcionar una selección de las palabras de origen indio que cuentan con mayor aceptación. Ahora bien, resultaría difícil establecer en qué medida cada una de ellas puede ser considerada «española», puesto que los diccionarios admiten bastantes menos que las que acepta incluso el mismo español de España. El español de América utiliza, sin lugar a dudas, muchas más que las habituales en la Península, porque se presenta con mayor frecuencia la ocasión de mencionar los objetos por ellas designados; pero hasta en América hay considerables diferencias de uso que amenazan la existencia de varias de esas palabras. Los misioneros propagaron el aravaco, el quechua y el nahuatl, junto con la *lingoa geral*, más allá de las fronteras históricas de dichas lenguas, relegando a todas sus rivales a un ámbito estrictamente local; pero en México, Perú y la región del Plata se emplean todavía numerosos términos de las lenguas indias locales que no son entendidos en todas partes. El buitre, por ejemplo, es *zopilote* en México, *zamuro* en Venezuela, *urubú* en el Plata, pero *gallinazo* (derivado de *gallina, gallo)* en Colombia; y es dudoso que cualquiera de tales palabras pueda competir con *buitre* en cuanto a utilidad general. *Maíz* compite igualmente con quechua *zara* y tupiguaraní *abatí; canoa* con tupí *ubá; bohio* con *oca,* etcétera. Ligadas a las cosas, dichas palabras desaparecen al desaparecer las cosas mismas, y son incapaces de ampliar su campo. Así, la palabra *tambo* o *tambillo* se usa en la República Argentina para designar las lecherías, aunque sólo las de tipo antiguo; las lecherías electrificadas han recurrido al término europeo *lechería.* El crecimiento de la población urbana, no familiarizada con animales y plantas, amenaza con restringir drásticamente la circulación de muchos nombres indígenas a favor de su sustitución por otros, si existen formas adecuadas

Por otro lado, tanto el número como la exactitud de los préstamos resulta notable. Ciertamente hay motivos de queja respecto a que las lenguas nativas aparecen a veces falseada en esos préstamos; por ejemplo, existe una profunda diferencia entre *Ahuilzapan* y *Orizaba,* y el nombre de los *collas* corresponde realmente al de una tribu *aimará.* Pero si bien ha habido una hispanización de las palabras en su estructura, no es frecuente que se llegue a los extremos del inglés (en relación con las lenguas de América del Norte), donde términos como *wigwam, mugwump, chipmunk,* etc., resultan imposibles de relacionar con sus originales. Y esto se debe a diversos aspectos del esfuerzo colonizador español. Por iniciativa real, gobernadores como Fernández de Oviedo indagaron cuidadosamente los recursos de sus territorios, y estudiosos como Pedro Martir de Anglería registraron los datos de los recursos lingüísticos; misioneros como el padre Las Casas aprendieron y practicaron las lenguas nativas para convertir y proteger a las tribus indias. Unos y otros estaban siempre dispuestos a criticar diversos aspectos, entre otros el lingüístico, de la actuación de las autoridades. Por otro lado, los soldados que se asentaban sin sus mujeres se casaban con indias, en abierta poligamia, y generaban descendencia bilingüe, especialmente en territorio portugués; y aunque se mantuvo la supremacía de los blancos, sobre todo después de la inmigración de mujeres europeas, no llegó a producirse una segregación racial comparable a la de las áreas anglófonas. Pues en la América española y portuguesa, al contrario que en los territorios de Canadá y Estados Unidos, los indios han sobrevivido. Hoy continúan hablando sus lenguas ancestrales amplias comunidades que sólo tienen un conocimiento oficial del español y el portugués.

Las lenguas amerindias y la evolución del español

Un importante servicio que el contacto entre el español y las diversas lenguas amerindias ha prestado al lingüista es el de poder fechar los cambios lingüísticos. Ciertamente, cuando los españoles llegaron a Chile en el segundo tercio del siglo XVI poseían aún una oclusiva *b* derivada del latín P. Los indios araucanos, que sólo tenían oclusivas de la serie sorda, aceptaron esta oclusiva como *p*, y la fricativa *b* como *f* [ɸ] (bilabial fricativa sorda), *hu, ghu* [*w*]: *napur, capra, etipu* o *irtipu*, por *nabos, cabra, estribo;* y *huaca, aghuas, llahuy, cahuallu*, por *vaca, habas, llave, caballo*, ejemplo este último que recibe la confirmación en nah. *cahuayo*. Igualmente es evidente que la *s* llevada por los conquistadores era cacuminal, como en Castilla, y no dorsal, como en Andalucía: nah. *xenola* por *señora*, map. *chumpiru* por *sombrero* y *chiñura* por *señora;* tanto [š] como [ĉ] son palatales. Por otro lado, *ç* y *z* eran casi idénticas antes de la conquista de Perú, y *x* y *j, ǵ* habían coincidido en *x* [š]: nah., *xalo* por *jarro*. El paso de esta *x* [š] a la moderna *j* [x] se ve comparando nah. *xalo* con el préstamo más tardío *jáquima*. En mapuche el primer sonido aparece representado por una palatal *ch* [ĉ] como más cercano equivalente, y el segundo por una velar *k: ovicha* (también *ovisa, ovida)* por *oveja, achur* por *ajos, chalma* por *enjalma,* pero *Koan* por *Juan.* Ya en época de Nebrija *f* se había convertido en una aspirada con tendencia a desaparecer: map. *aghuas* o *ahuas* por *habas,* FABAS. Se mantenía únicamente cuando estaba protegida por *u* o *r;* y en español de América, como en andaluz, la aspirada generalmente se ha conservado.

Peculiaridades del español de América

Existen perceptibles divergencias entre el español tal como se habla en el continente americano y el hablado en la Península, de la misma manera que no son iguales el inglés de Inglaterra y el de Estados Unidos; en ambos casos encontramos idéntica dificultad en definir las diferencias, más enraizadas en el sentimiento popular que basadas en datos científicos: un actor encuentra menos dificultad en reproducir el «acento americano», tanto del norte como del sur, que un especialista en demostrar que existe esa diferencia. Sin embargo, dos presupuestos de la creencia popular resultan inexactos: la suposición de una uniformidad lingüística en América y la comparación con la lengua «correcta» de España. El «español correcto», como se sabe, es la lengua de una minoría incluso en España; minoría influyente, culta, que habla con una precisión buscada. Estas mismas personas se apartan en cierta medida de la mencionada norma de corrección cuando hablan coloquialmente (por ejemplo, reduciendo *-ado* a *-ao* o *-au,* u omitiendo *-d* final), e incluso pueden aceptar vulgarismos para lograr ciertos efectos cómicos u otros (por ejemplo, *¿pa qué?,* por *¿para qué?).* En tal caso utilizan una lengua de la que no participan bastante más de la mitad de sus propios conciudadanos; pues aparte de las personas que tienen al leonés, aragonés o gallego como lengua materna, hay varios millones de hablantes de modalidades dialectales del sur. La pronunciación de *c, z* como *s* y de *ll* como *y* se da en la mayoría de los habitantes de la Península, imponiéndose la fuerza del número en la aceptación de tales rasgos como correctos. Sin embargo, cuando se compara el español hablado por un americano con el peninsular, se aprecia una notable coincidencia y homogeneidad dentro de este último; y si comparamos esta relativa uniformidad, que, descontados los vulgarismos, llega casi a la identidad, resulta más evidente la falta de uniformidad de América. La lengua que se habla en Perú y Colombia está mucho más cerca del español, incluso del español «correcto», que la de Argentina o Chile; y cuando peruanos y colombianos se dirigen a un amplio auditorio, al menos por escrito, adoptan una lengua que difícilmente se distingue de la norma de corrección. La diferencia tal vez es esta: mientras que el español «correcto» es una lengua hablada, de hecho, por una minoría selecta de españoles peninsulares, en cambio esa otra lengua «correcta» no puede ser utilizada por un hispanoamericano sin que tenga la sensación de apartarse de su habla coloquial. Para los hispanoamericanos el español correcto es una lengua aprendida, y por ello, sin duda, los grandes preceptistas del español han sido hispanoamericanos: Bello, Baralt, Caro, Cuervo.

Pero no sería justo valorar el español de América por sus diferencias con el de España. El español es algo más que la lengua de España: a cada palabra y frase utilizados en el español de América hay que reconocerles carta de naturaleza, y admitirlas como elementos de pleno derecho del español de América. Las imperfecciones y tendencias restrictivas de los diccionarios, que representan básicamente el uso de los hombres de letras peninsulares, han dado con frecuencia la impresión de que la lengua española es mucho más pobre de lo que es en realidad. En los diccionarios faltan centenares de palabras cuya genealogía es correcta, y que son normales en Hispanoamérica; pero faltan, además, palabras usadas en España. La «lengua de Cervantes» pertenece con igual derecho a los americanos y a los españoles: sobre ella, a modo de cimiento, cada cual ha construido su lengua moderna, generalmente en el mismo plano; de modo que todas sus variedades legítimas son español. Como, sin embargo, hemos considerado ya la evolución de la lengua moderna con especial referencia a Europa, vamos a tratar ahora de las variantes americanas bajo el prisma de sus divergencias con aquella, aunque siempre teniendo en cuenta que tal examen es parcial.

«Hispanoamericano» no designa un dialecto o lengua, ni siquiera un grupo de dialectos o lenguas; es un término abstracto encubridor de variadas tendencias que se ejemplifican en América, y en una pequeña parte de las cuales se dan coincidencias válidas para todo el continente e, incluso, en cierta medida, para España. Rasgos de esas coincidencias son el *seseo* y el *yeísmo* ya mencionados, casi universales en América y con amplia difusión en España; pero hay también rasgos que tienen una pequeña difusión en América, tales como los préstamos de lenguas indias locales, la jerga de los muelles de Buenos Aires *(lunfardo)* o la de los peones chilenos. Sin embargo, todas estas tendencias poseen un denominador común: son formas de la modalidad castellana del español, y no presentan divergencias tan fundamentales como las del leonés, los dialectos asturianos o el aragonés. La presencia de dialectalismos peninsulares aparece raramente; así, la preferencia de cat. y arag. *pesebre* sobre cast., *belén* para designar la representación navideña, o de gall. *saraviados* por cast. *pintado* (color de pájaros). Los numerosos inmigrantes vascos y gallegos de los siglos XVIII y XIX no implantaron sus lenguas, sino que se vieron forzados a someterse a las exigencias de una koiné castellana; base castellana que, por lo demás, es más reciente que la que sirvió para el judeoespañol en los Balcanes y Africa, puesto que los conquistadores llevaban ya consigo varias de las innovaciones fonéticas del siglo XVI. Como ya hemos visto, *ç*, *z* habían confluido en un solo sonido, que en términos generales ha dado la *s* moderna, y *x*, [*š*]. Los primeros escritores del Nuevo Mundo aun seguían las fórmulas medievales y desconocían la prosodia italianizante, pero las colonias españolas experimentaron después la influencia de la gran literatura de la Edad de Oro, a cuya gloria contribuyeron con diversas obras. El español de América, junto con su lengua madre, ha experimentado un notable enriquecimiento, mientras que el español de los Balcanes no ha hecho otra cosa que empobrecerse. Y de la misma manera que términos y libros cruzaban el Atlántico, lo hacían también las tendencias evolutivas, especialmente las originadas en el sur de la Península. La *s* cacuminal de los conquistadores se convierte en la dorsoalveolar corriente en América y Andalucía; la *ll* pasa generalmente a *y;* la *x* altera su punto de articulación de palatal [š] a velar [χ], con preferencia por la escritura *j,* que Bello generaliza en Chile mientras que en España se sigue utilizando *g* ante *e, i.* La reintroducción, por parte de la Academia, del valor latino de *x* [*ks*] ha pasado también a América, dando lugar a confusiones cuando *x* sobrevive en la ortografía; por ejemplo, *México,* esp., *Méjico.* Y es dentro de esos límites de un estadio relativamente reciente del español *standard* donde tienen lugar todas las modalidades lingüísticas de América.

Una hipótesis sugestiva es la que intenta hacer responsable de las variedades del español de América al substrato de las lenguas indias. El conocimiento de esas lenguas es tan infrecuente entre los romanistas que ha pasado desapercibida una dificultad tan evidente como la ausencia de uniformidad de ese substrato, lo cual resulta contradictorio con la notable homogeneidad de importantes rasgos del español de América. Pues cabría esperar profundas divergencias si, efectivamente, éste reprodujera los hábitos mentales de las lenguas nativas: ciertos rasgos incorporantes, el desarrollo de algunos sufijos aglutinantes, determinados fonemas peculiares. Pero, de hecho, nada de este tipo se produce; todas las variaciones pueden explicarse dentro de lo que la lengua española permite explicar como fenómeno espontáneo. El acento quechua, que recae invariablemente en la penúltima sílaba, puede haber contribuido a la producción de la específica modulación del español andino, pero solo por coincidir con el frecuente acento en la antepenúltima del español peninsular. Las vocales oxitonas del tupi-gûaraní *(yaguareté, tamanduá, urutaú*, etc.) se parecen al acento a partir del árabe en el sufijo *-i*. La propensión que se da en Argentina a la acentuación de ciertas enclíticas *(vamonós, digaló)*, quizá deba admitirse como influencia guaraní, pero solo porque tales enclíticas llevan un acento secundario en español, que esporádicamente se convierte en acento principal, sobre todo en verso. Al suministrar el nombre de animales y plantas, las lenguas indias han influido en el español de una manera semejante, aunque más intensa, a la del francés, el inglés o el alemán; aunque tales préstamos se han aceptado solamente tras su adaptación a la lengua que los recibe. Una palabra como *mbaracayá* «ocelote», de origen argentino, con el grupo *mb-* inexistente en español, puede contabilizarse como un verdadero término extranjero; y otro tanto cabe decir de una gran parte de ese vocabulario indio que nos resulta tan poco familiar. Por otra parte, dicho elemento del vocabulario está en franco retroceso y no es de esperar que en él se produzcan ya incrementos y refuerzos.

No ha faltado algún experimento de mezclar el español con las lenguas indias. Los capitanes españoles de las tropas aztecas y zapotecas recurrieron a una especie de jerga híbrida que consistía fundamentalmente en un español en el que, cuando la ocasión lo requería, se introducían ciertas palabras clave indígenas; mediante esas palabras y la entonación, el hablante comunicaba sus intenciones, pero la armazón gramatical continuaba siendo española: se trataba de una mera sustitución de términos, de resultado esencialmente inestable. Esos indianismos no pasaban a la lengua de los españoles residentes en México, y se eliminaban cuando los correspondientes términos del español de España eran aprendidos por los indios. Del mismo tipo son las frases híbridas hispano-quechuas empleadas por Lugones o Rojas para caracterizar a las comunidades semiindias de la Pampa occidental: *Dios yaya, Dios churi,* constituyen simples sustituciones de *Dios padre, Dios hijo.*

Una investigación que, en este sentido, se ha hecho clásica, es la de Lenz, con su estudio de la lengua de los peones *(huasos, guasos)* del sur de Chile y del mapuche de los araucanos. Se trata del único caso en que el conocimiento completo de las dos lenguas ha acompañado al quehacer del lingüista. Lenz llegó a la conclusión de que la teoría del substrato podía considerarse probada en lo que se refiere al sur de Chile, en el sentido de que la lengua de los huasos era un español modificado por el mapuche; pero investigadores posteriores han rechazado una tal interpretación de sus resultados. Las vocales mapuche son *a, e, i, o, u* y *uu.* La última mencionada, una *u* sin redondeamiento, no pasó a la lengua de los huasos, y aún menos a la lengua general de Chile; en cuanto a las demás, todo lo que se produce es una cierta vacilación en el valor de las vocales próximas, como es el caso, espontáneo, también en España. En lo que se refiere a las consonantes, hay una *t* palatal [ť] que se acerca a la articulación del grupo *tr,* y se da en la pronunciación chilena de palabras como *otro;* pero el motivo no es el aducido por Lenz. En contraste con las vibrantes tensas *r, rr,* del español *standard*, se presenta por doquier en América una fricativa relajada esporádica [ɹ ɹ̱], como la *r* inglesa, en la que la punta de la lengua toca la parte alta del paladar. Dicha fricativa palatal relajada palataliza la *t* precedente desde México hacia el sur, lo cual sucede igualmente en el español de Navarra, de La Rioja y de alguna otra zona. Una fricativa labial sorda [ɸ] existente en mapuche se da en la lengua de Chile, pero también la encontramos en toda Andalucía, así como en las variantes del español de América; por tanto, no sería exacto atribuirla a un substrato araucano. También hay en mapuche una palatal lateral *ll* que se presenta en los distritos de Llanquinhué y Chiloé, mientras que en el centro de Chile se utiliza *y;* aquí los hábitos lingüísticos locales pueden haber influido en la conservación de un sonido español que era susceptible de sufrir cambio. La misma función subalterna puede haber cumplido el quechua al preservar *ll* en las áreas montañosas del Perú; sin embargo en Atotonilco, México, también ha sobrevivido *ll* sin que exista tal sonido en ninguna de las lenguas nativas, que solo presentan una *l* larga, como en italiano, y un click *tl*. Algunos de los préstamos mapuches en Chile son, en realidad, quechuas de origen, y poseen por cierto rango internacional. Así, pues, la lista de Lenz, aún revisada, si bien es amplia contiene pocas palabras cuyo carácter exclusivamente chileno resulte incontrovertible.

La comparación entre el mapuche de los araucanos y el español de sus descendientes, los huasos del sur de Chile, no ofrece una base válida para explicar el español del país. Este último es, por supuesto, la lengua de la capital, e incluso, en cierta medida, la de la sociedad culta de Santiago y Valparaíso, y posiblemente el dialecto de los huasos no sea otra cosa que un estadio intermedio en el aprendizaje de esa lengua. La misma falta de base aquí observable ha viciado otras investigaciones acerca del español de América, tales como el dialecto de la ciudad de México o la poesía gaucha argentina. En el Nuevo Continente la lengua del pueblo iletrado presenta ciertamente un elevado grado de desviación respecto al español «correcto», pero no se trata de un fenómeno específicamente americano: una investigación sobre los dialectos de Madrid llevada a cabo en ciertos barrios monstraría que existen divergencias igualmente amplias con respecto a la lengua «correcta», y numerosos ejemplos depararían sorprendentes coincidencias con América. Varios diccionarios de «argentinismos», «cubanismos», etc., ponen de manifiesto un conjunto de arcaísmos. vulgarismos, neologismos, cambios de sentido o términos extranjeros (indios, franceses, ingleses) de los que muy pocos resultan ser estrictamente locales; y muchos podrían desecharse simplemente como no perteneciente a la lengua de las personas cultas y aún menos a la de los escritores. Todos estos términos forman parte de un fluido e inestable vocabulario aún no *standa-*

rizado. Ahora bien, en los casos en que se ha producido la *standardización* en suelo americano, sus resultados son escasamente diferentes del español «correcto». Las coincidencias entre los diversos países hispanoamericanos se centran en una común herencia, la lengua de España, y bajo la égida de una misma tradición literaria. No obstante, pueden producirse variantes de ese modelo, y admitirlas cuando estén justificadas por la necesidad o por alguna tradición olvidada. En ese sentido trabajaron dos clasicistas colombianos: Miguel Antonio Caro como jefe de escuela, y Rufino José Cuervo como portavoz. Incluso el advenimiento del Modernismo, movimiento que tomó la novedad por virtud, dejó intacto el español correcto de Colombia en la obra de Silva y Valencia. En Ecuador, Montalvo proporcionó una norma de español incluso más correcta que la de España. En Chile, la famosa gramática de Bello viene constituyendo un poderoso instrumento de disciplina de la lengua: en cincuenta años ese libro de texto ha eliminado de todo el país el uso familiar incorrecto de la segunda persona, que algunos escritores argentinos consideran imposible de desarraigar en su patria. Se dan, pues, poderosas tendencias favorables a la reunificación de toda la lengua española sobre la base peninsular. La comunicación entre Europa y América, y, aún más, entre las diferentes partes de América, se ha hecho fácil y rápida. Los viajes aéreos y automovilísticos completan los recorridos de buques y ferrocarriles, eliminando poco a poco los obstáculos locales que venían dificultando la mutua comprensión. Una actitud transigente por parte de la Academia española, en el sentido de reconocer los usos establecidos, puede ser suficiente para lograr una nueva nivelación de las diferencias surgidas como consecuencia de la experiencia colonizadora. Pero no cabe duda que los diversos «argentinismos», «chilenismos», etc., son susceptibles de cambiar la situación si llegan a aceptarse como normas de la lengua. Por consiguiente, o el español resurge como una lengua única, aunque más rica y variada de lo que actualmente se le permite ser, o una serie de derrumbamientos romperán su cohesión. Lo que no se producirá es el lento, imperceptible, desvío de una herencia común, tal como se supone que ocurrió con la desmembración de las lenguas romances.

Además han surgido, especialmente en Argentina, exigencias nacionalistas: las cosas americanas necesitan nombres americanos; las ideas americanas requieren moldes americanos. Sin embargo, los intentos de los escritores de expresar este sentido de la nacionalidad han dado lugar en general a un lenguage no americano, sino técnico. Esto ocurre con el conocido poema de Gregorio Gutiérrez sobre el cultivo del maíz en el valle de Antioquía, que para entenderlo incluso los colombianos necesitan recurrir a un glosario. El famoso verso de Guido Spano que dice:

> ¡Llora, llora, *urutaú*
> en las ramas del *yatay;*
> ya no existe el Paraguay,
> donde nací como tú!
> ¡Llora, llora, *urutaú!*

constituye asimismo un ejemplo de esta lengua técnica, puesta aquí en boca de una joven paraguaya que lamenta la ruina de su país con palabras del guaraní. El *Martín Fierro* de José Hernández, el más celebrado de los poemas gauchos, utiliza una lengua deliberadamente plebeya, cuyo atractivo se basa en el contraste que ofrece con la de los lectores de la capital. Pues bien, esta lengua no serviría como fundamento de un idioma nacional argentino no sólo porque habría de ser artificialmente aprendida por los argentinos más cultos, sino porque se encuentra ligada a la peculiar circunstancia vital de los vaqueros de las grandes Pampas —la cual, además, ya se ha extinguido en su forma tradicional.

La reivindicación del español de Argentina la hizo por vez primera un conocido hombre de Estado, Domingo Faustino Sarmiento, durante su exilio en Chile. Allí entró en conflicto con las reformas de Bello, caracterizadas por su respeto a la herencia tradicional(a pesar de que el mismo Bello había proporcionado excelentes modelos de una poesía realmente adecuada a la experiencia americana). Sarmiento, carente de una preparación suficiente aunque dotado de gran inteligencia natural, insistió en que experiencias nuevas exigen nuevas lenguas, punto en el que lo apoyaba el pensador Alberdi. La proposición, en principio correcta a todas luces, fue desarrollada por J. . Gutiérrez, cuyos estudios de historia de la literatura de su país lo llevaron a creer en la posibilidad de una verdadera lengua argentina. Pero ¿en qué consistía esa lengua? Un intento de definición de Lucien Abeille en 1900 llamaba la atención sobre las diferencias del argentino con el castellano *standard*. Pero su libro, en lugar de codificar la «lengua nacional» lo que produjo fue una violenta reacción: las diferencias con el castellano resultaban de «mal gusto», y Buenos Aires se sentía horrorizada al verse identificada con la jerga de sus estibadores. Los críticos no anduvieron remisos en reprochar a Abeille el desconocimiento tanto de la lengua de Argentina como de la ciencia lingüística; y Paul Groussac y Ernesto Quesada comenzaron a pregonar la vuelta al español *standard* como un deber nacional. En la actualidad la tendencia vigente es en favor de la unificación, y puede triunfar. El argentino que vive fuera de su país, sin embargo, es consciente de la diferencia existente entre sus hábitos lingüísticos y los que se le proponen como modelo; y si permanece ausente durante algunos años, siente la molesta impresión de que una oleada de nuevos coloquialismos ha anegado la lengua que conocía. La situación del español en Argentina es, pues, fluida.

Superficialmente, todo el español de América está caracterizado por rasgos de tipo andaluz. El *seseo* y el *yeísmo*, la supervivencia de *h* aspirada y la aspiración o desaparición de *s* en final de sílaba, son rasgos tan convincentes que «el oído puede llegar a confundir a un hispanoamericano con un extremeño o un andaluz, pero no con un asturiano, un castellano o un aragonés». «La conversación de una persona culta de Hispanoamérica es, en sus aspectos fundamentales, la propia de un andaluz culto mezclada con ciertos vulgarismos ocasionales». ¿De dónde procede tal situación? La causa ha de buscarse en la época de los primeros asentamientos, puesto que la inmigración posterior, generalmente oriunda de la España septentrional e integrada principalmente por vascos y gallegos, no logró imponer las variedades del español del norte en las repúblicas americanas: estos inmigrantes asimilaron la lengua de su nueva residencia. La conquista se había llevado adelante desde el sur de España: Cortés y Pizarro eran extremeños; en Sevilla se fijó el centro de la administración y el comercio de las colonias; los marineros de Colón se habían reclutado en Palos, etc. Son varios los intentos realizados para determinar estadísticamente la procedencia de los colonos. Los que se basan en crónicas, tanto en prosa como rimadas, arrojan un alto porcentaje de andaluces y extremeños. También Barros Aranda establece que en Chile la mayoría de los inmigrantes de los siglos XVI y XVII eran extremeños. En cambio Thayer Ojeda reduce el componente andaluz a un 25 %, frente a un 40 % de castellanos y leoneses; incluso considerando como sur toda una mitad de España, no estima una superioridad meridional mayor de 1,6 %. En lo que a la Argentina se refiere, Miguel de Toro cuenta 60 andaluces y 20 extremeños como componentes del primitivo núcleo de 124 colonos de la región del Plata. Por otro lado, los elaborados cálculos de Henríquez Ureña otorgan un margen mínimo de superioridad al componente meridional, aún considerando como «meridionales» los elementos procedentes de la zona sur de una línea divisoria situada bastante al norte, y pese a tomar como base las nóminas de marineros. Concretamente, en la realidad debió haber una minoría de colonos practicantes del *seseo*. Pensamos que quizá los cómputos de este tipo tendrían que confeccionarse tomando como referencia los jefes y las personas influyentes: los hábitos lingüísticos de los hombres sobresalientes son más susceptibles de ser admirados e imitados, especialmente en circunstancias que permiten y favorecen el despliegue del heroísmo individual. En cuanto al uso de términos marítimos (*amarrar, flete*), no debe atribuirse al número de colonos de origen marinero, sino a la admiración que los marinos producen en los hombres de tierra. Y una cierta «pose» de tosquedad y rudeza, practicada por los colonos, explica sin duda los frecuentes vulgarismos del español de América.

Sea cual sea la interpretación correcta de esas estadísticas, nada se gana con negar la evidente similitud entre el español de América y el de Andalucía; pero esta semejanza se cruza, sin embargo, con otras líneas de infuencia. Existe, por ejemplo, una amplia diferencia entre la lengua de las tierras altas americanas —meseta mexicana, Bogotá y Popayán, Quito, altiplanos de Bolivia y Perú— y la de las tierras bajas —Chile, Argentina, Uruguay, costa mexicana, etc.—. Pues bien, los rasgos andaluces son más acentuados en estas últimas. La teoría climatológica enunciada para dar cuenta de estas diferencias, aunque sugestiva resulta incapaz de proporcionar verdaderas pruebas: las tierras altas del Trópico reproducirían ciertas condiciones más adecuadas a los colonos europeos, sobre todo a los acostumbrados a vivir en la Meseta castellana; pero no se dispone de datos que apunten hacia esa preferencia regional por parte de los colonizadores del Nuevo Mundo. Las tierras altas fueron las primeras ocupadas por los conquistadores, y desde ellas extendieron los tentáculos de su gobierno; por añadidura, esas tierras albergaban la mayor masa de indios: unos 4.500.000 en México y unos 3.500.000 en Perú y Bolivia. En cambio, los charrúas del Plata fueron exterminados, y los araucanos de Chile tuvieron que replegarse hacia el sur como consecuencia de interminables guerras. La presencia de grandes masas extrañas condujo al español a adoptar un tono aristocratista y gubernamental en las tierras altas, mientras que en Argentina y Chile, sin esas masas, practicó normas más democráticas. También en Colombia el aislamiento ha dado lugar a núcleos aristocráticos cerrados, que son los que probablemente explican el arraigo del español clásico en esa región. Pero fueron sin duda las ciudades de México y Lima las que trasmitieron la influencia de la capital de España durante toda la época colonial; entre tanto, los pueblos de Chile y los ranchos argentinos quedaban en la periferia de la cultura. De esta manera fueron operando las diversas influencias, hasta conseguir que el español de América, dentro de su indiscutible carácter andaluz, no pueda ya quedar sometido a la aplicación de unas normas simplistas.

Rasgos del español de América

Los rasgos que vamos a enumerar a continuación se encuentran entre los que se han aducido como peculiares del español de América. Pero ni son exclusivos de América, ni generales a toda ella.

Rasgos fonéticos y fonológicos.—Las dos principales características del español de América son el *seseo* y el *yeísmo*. Por *seseo* entendemos la confusión de *ç z* en un solo sonido [*s*]. Se dá en toda América, con la excepción, quizá, de ciertos indios de Perú que generalizan la pronunciación [θ]. En el sur de España el *seseo* es general, aunque cuenta con el paralelo del cambio contrario, el *ceceo*. El *yeísmo*, pronunciación de *ll* como *y*, no está ampliamente extendido en América. El distrito de Atotonilco, en México, conserva el sonido original, que encontramos también en la meseta de Colombia, en Perú, en el norte y sur de Chile, y en la provincia argentina de Corrientes. En algunos casos la existencia en quechua y mapuche de *ll* puede haber contribuido a conservar este sonido español. Indudablemente lo llevaron a América los conquistadores como pronunciación normal, pero acompañado ya, probablemente, de *y* atestiguada desde época mozárabe, y que debe suponerse constituyó un estadio en el desarrollo de C'L, LI > cast. ant., *j* [ž]. Este ulterior estadio ha sido alcanzado en Argentina, donde *ll* ha pasado a *y* (provincia de Cuyo, Córdoba, etc.) y de ahí a [ž ĵ] (Buenos Aires y en general). Como el estadio final coincide con la *g* italiana, podemos representar convencionalmente la transformación como *calle, cuyo,* en *cage, cugio.* El resultado de estos dos cambios es reducir cuatro sonidos españoles representados por cinco letras *(c, z, s; ll, y)* a dos en América, produciendo así un desajuste permanente entre pronunciación y escritura. De ahí proceden diversos errores gráficos por ultracorrección, tales como «*Popallán*» por *Popayán,* «*Guallaquil*» por *Guayaquil* (en documentos antiguos), e incluso «*enzallando*» por *ensayando.*

La *s* llevada a América fue, sin duda, una cacuminal silbante sorda [ś], atestiguada en los préstamos del mapuche y nahuatl en cada extremidad del área (nah. *xenola* por *señora,* map. *chumpiru* por *sombrero).* Esa consonante era confundida con facilidad, incluso por los hablantes españoles, con las palatales que le están próximas, sobre todo con *j* [ž]. De ahí esp. *tijeras* y *tiseras* lat. TONSORIA (FERRAMENTA); proceso que sigue su curso en los vulgarismos encontrados en América del tipo *frijoles* por *frisoles.* Inversamente hay ejemplos de *s* por *j,* como *relós* (también *reló)* por *reloj; almofrés* por *almofrej.* Pero la *s* que actualmente se registra como normal en América es, como en andaluz, la dorsoalveolar pronunciada con la punta de la lengua en los dientes inferiores sin elevarse hacia el paladar; esta posición de la lengua es la que hace posible la fusión de *s* con *c z,* en las que también permanece la punta de la lengua cerca de los dientes inferiores. En final de sílaba, la *s* pasa habitualmente a una aspiración débil *h,* que cambia con facilidad a sonora ante una consonante sonora, y puede desaparecer finalmente. Se representa convencionalmente como *h* o *j: no maj; ma (más); vamoh a quejar; loh enamorao (los enamorados); le tréyamoh papah, señorita* (Chile) por *le traíamos papas.* La conservación de la *-s* caracteriza el español de las mesetas en México, Colombia y Perú, mientras que se ha convertido en una aspirada en las regiones costeras de esos países, y asimismo en Chile y Argentina. Cuando desaparece, ni siquiera se conserva el hiato, como en *está‿escribiendo* (por *estás*), y se producen contracciones como *ontá mi tío* (por *dónde está mi tío)* en Chile. En conexión con estos hechos observamos ejemplos de confusión producidos por la reintroducción del valor [*ks*] de *x*, en palabras que contienen ese valor latino de *x* tratadas como si contuvieran la *x* [*š*] vernácula, fuente de moderna *j*: de ahí *plejo* por *plexo, ortodojo* por *ortodoxo, jilología* por *xilología.*

En la época de la conquista, la F latina aparecía ya universalmente reemplazable por la aspirada castellana *h*, como atestigua la gramática de Nebrija. Esta aspirada se ha conservado en América así como en Andalucía, mientras que el español *standard* ha eliminado la aspiración; aspiración que se representa convencionalmente mediante *j*, aunque no es la velar [χ]. De ahí *jarto* por *harto*, FARTU; *jijo*, por *hijo*, FILIU. Además esta aspirada se da incluso en conexión con *r* y *u* (como en *ojrecer, ajuera*, por *ofrecer, afuera)*, y allí donde nunca hubo F *(jirme* por *irme)*, o cuando la palabra es un latinismo reciente del español *(jácil* por *fácil)*.

En América también ocurren con frecuencia ciertos intercambios de consonantes y omisiones esporádicas, como sucede en andaluz y entre los hablantes «barriobajeros» de Madrid. La ecuación *bue* = *hue* da lugar a *buevo* = *güevo* = *huevo;* y *güele* = *huele*, de donde *goler* por *oler*. Las consonantes *l, r, d*, pertenecen a la región dentoalveolar y se intercambian en el lenguaje vulgar: *repué (después), ran (dan), rise (dice), eturio (estudio)*, y *culandrero* por *curandero, candilato* por *candidato, ardil* por *ardid*. En posición intervocálica *-d-*, *-g-*, *-r-* tienden a ser eliminadas: *ehpeasa* por *despedaza, hería* por *herida, miaja* por *migaja, pa* por *para* y *pal* por *para él, pasque* o *paez que* por *parece que, señá* por *señora;* la *-r* final se pierde en *señor*, etc. La *d-* inicial se pierde a veces por confusión entre los prefijos *des-* y *es-*, mientras que otras veces desaparece por quedar entre vocales dentro de la cadena hablada: *ehpeasa* por *despedaza, etráh* por *detrás, ilaten* por *dilaten.* Un caso característico de estas pérdidas por fonética sintáctica es *sombrero é paja* por *sombrero de paja.*

En relación con la acentuación, la reducción de vocales en hiato es un rasgo característico del español de América, no siendo, por lo demás, sino una prologación de la tendencia común a todo el romance: *páis, bául, atáud,* por *país, baúl, ataúd.* Existe en la lengua vulgar (e incluso en español académico) una cierta vacilación en la acentuación de palabras griegas en *-ia,* como *academia,* y palabras cultas de falso final trisílabico, como *méndigo, intérvalo,* por *mendigo, intervalo.* Es notable la acentuación de las enclíticas en español de Argentina: *vamonós, dijolé.*

Morfología y sintaxis.—La declinación de los nombres en español es tan sencilla que permite pocos errores. A veces en la lengua vulgar se dan plurales dobles: *pieses* por *pies, ajises* por *ajíes;* o se aplican formas de plural a palabras que no lo admiten: *tomo mis onces, inclusives* y *exclusives* (adverbios). La idea que subyace al género gramatical es confusa, y el español de América ha sacado partido del procedimiento de cambios de género: de *cabra* ha derivado *cabro,* esp., *cabrón;* de *oveja, ovejo,* esp., *carnero;* de *testigo* y *reo, testiga, rea;* de *tigre, tigra* (que se da también en esp. ant.); así como *serviciala, seglara,* etc. El femenino sugiere las ideas de un menor tamaño y de formas más suaves y delicadas, aunque esas nociones pueden llevar a resultados contradictorios: la *lora* no solo es más delicada, sino también más grande que el *loro. La maunifica* por el *Magnificat* es un desarrollo popular de Bogotá.

Los pronombres han sufrido ciertas modificaciones. Por analogía con *me, nos* se convierte con frecuencia en *mos,* y *nosotros* en *mosotros;* en Nuevo México una ulterior confusión da lugar a *lohotroh,* como *la casa de lohotroh* («nuestra casa»). El reflexivo *se* tiende a convertirse en un pronombre impersonal *(cuando se es poeta* por *uno es),* y a utilizarlo en el lugar de los otros reflexivos; mientras que el dativo *le* se utiliza a modo de referencia vaga: *le dice adiós a las garzas que pasan* (por *les*). El adjetivo relativo *cuyo* tiende a desaparecer, en parte por influencia francesa. Los pronombres de cortesía han sufrido considerables cambios. La tendencia a evitar el uso de la primera persona lleva a absurdos, como el de cierto senador, mencionado por Cuervo, que en un discurso dijo *el infrascrito dice*. El pronombre familiar de segunda persona *tú* en nominativo es reemplazado por *vos*, mientras que el acusativo y dativo es *te;* el plural, incluso familiar, es *ustedes*. En el verbo el singular *-as, -es, -es* y *-a, -e* (imperativo) se ha confundido con los plurales *-ás, -és* (formas alternativas de *-áis, -éis*) *-ís* y *-á* (por *-ad*) *-é-í*. Así tenemos: *Dios te bendecirá y serán felices; ofrecerles un porvenir a vos y tu hijo; váyanse* (a los perros); *sentáte*, etc. Esta confusión se considera imposible de desarraigar en Argentina, pero en cambio ha sido eliminada en Chile mediante cincuenta años de utilización de la gramática de Bello. En Uruguay, debido a la proximidad de Brasil, se tiende a considerar *usted* demasiado familiar y a sustituirlo por un nombre; por ejemplo, *el señor doctor viene* (por *usted viene)*. Entre otros curiosos empleos del pronombre se encuentra la colocación de los morfemas de plural en *hágamen* por *háganme, sientensen* por *siéntese;* el orden *me se, te se* por *se me, se te; lo que* usado como una conjunción temporal, y *lo* ante un nombre de persona en el sentido de «en casa de».

El verbo presenta numerosas irregularidades. De entre los verbos que desarrollan un diptongo a partir de vocal acentuada *(forzar, fuerzo)* unos pueden aparecer sin ese diptongo *(yo no forzo a nadie)* mientras que otros lo presentan; el paso de *-y-* a *-ig-*, en esp. *caiga*, se extiende a *haiga, leiga (lea), huiga, creiga*, etc. El pretérito *amasteis* pasa a *amaisteis* por analogía con *amais*, y *andar* da *andáramos* por *anduviéramos*. El futuro sintético se encuentra amenazado por la perífrasis de futuro inmediato, y en Argentina hay una tendencia a tratar ese rasgo como una especie de chibolete nacional (junto con la pronunciación [ĵ] de *ll); daré* está amenazado por *voy a dar,* y al mismo tiempo en Bogotá se tiende a sustituir *va a llover* por *va y llueve,* mientras que en el presente continuo hay un curioso uso pleonástico de *ir: voy ir cogiendo = voy cogiendo.* El subjuntivo es inestable. El futuro en *-re* da paso a un presente de indicativo o subjuntivo, según las circunstancias, en español coloquial; pero ha dejado huellas en ciertos usos erróneos de *-se* como *si ella obedeciese al entusiasmo que hoy domina la nación, no hay duda que decretará la República.* El pretérito de subjuntivo en *-se* se utiliza menos que su rival *-ra.* El imperativo se conjuga sobre modelo de *ama, amá,* o solamente *amá;* y el gerundio desarrolla falsos usos participiales, probablemente por influencia del francés: *la ley concediendo* (por *que concede), la tienda está bajando la plaza (debajo de la plaza).* Al dotar a los verbos impersonales de formas de plural *(hubieron temores de guerra)* el español vulgar ha procedido a emplear una construcción *ad sensum,* similar a la del inglés «there is, there are». En *hubimos muchos heridos,* el impersonal *hubieron* se cruza con el personal *tuvimos,* o mejor con *estuvimos.*

Por influencia francesa se da una fuerte tendencia a formular las preguntas mediante la fórmula *es...que,* así como el uso del mismo expediente para hacer afirmaciones enfáticas: *fue en el siglo XV que se descubrió América = se descubrió América en el siglo XV.* Cuando introduce una oración el significado de *es que* equivale a *el hecho es que (ello es que);* confundido con *diz que* da lugar a *i que,* que se utiliza para introducir una anécdota. Formas especiales de elipsis han dado lugar a *yo fui fué mar* o *lo soy es Pérez* o *lo hablaba era usted.*

Varias partículas han desarrollado usos especiales en el Nuevo Mundo: *cada, nada, recién, hasta, entre, donde. Cada, nada* significan «nadería, tontería», de donde *hasta cada rato* «hasta dentro de poco»; *él no viene nada,* fr. *il ne vient point. Recién* se encuentra como adverbio en español en *recién casados,* ante un adjetivo o participio, mientras que en otros casos aparece *recientemente.* En América *recién* equivale a esp. *apenas, no bien,* en frases como *recién que llegó. Hasta* implica un sentido negativo en *hasta ayer comencé a trabajar (por hasta ayer no comencé a trabajar); entre más* tiene el sentido de *mientras más* en *entre más bebe más sed le da. Donde* posee en Chile el sentido de *en casa de: en donde mi tío;* junto con *está* da *ontá,* con un tiempo pasado *ontava.*

Vocabulario.—Con mucho, las diferencias más importantes y constantes entre la lengua de un español y la de un hispanoamericano se presentan en el campo del léxico. El hispanoamericano se ve en la necesidad de dar nombre a una serie de cosas ajenas a la experiencia del europeo, o que presentan diferencias de importancia. Para ello hace uso de un amplio vocabulario de términos nativos indios que han sido parcialmente asimilados por la lengua. Ya hemos mencionado esos términos; pero aclaremos ahora que no es la única fuente de palabras nuevas. No resulta infrecuente que ciertas semejanzas llevaran a los colonos a dar nombres españoles a objetos americanos, con el resultado de que *gallinaza, gorrión, jilguero, níspero, piña, ciruela, madroño,* etc., posean sentidos diferentes en España y América. Por este procedimiento, el invierno, que en Europa no solo es frío sino también lluvioso, da nombre a la estación de las lluvias en América aun cuando esta tenga lugar en verano. Los diminutivos han dado lugar a que los nombres se multipliquen, y, como consecuencia, el grupo de los que tienen carácter afectivo se ha visto seriamente reducido.

El español de América, aparte de sus variantes, no presenta las diferencias dialectales de la Península Ibérica, en concreto las que se observan en el extremeño y el andaluz respecto al castellano. Hay, sin embargo, numerosos arcaísmos: *entrar a* (esp. mod., *en*); *es muerto, es nacido* (esp. mod., *ha muerto, ha nacido); truje* (esp. mod., *traje); vido* (esp mod., *vio); pararse* (esp. mod., *levantarse),* como en *párese y camine* que resulta una contradicción en Europa; *dende* como *desde; topar (encontrar); mercar; duce (dulce); recordar* (*despertar*). En *entierro* (en el sentido de «tesoro») tenemos no sólo una supervivencia arcaica de la época anterior a la expansión de la banca, en que el tesoro era normalmente enterrado, sino también una reminiscencia de las costumbres de la conquista, del mismo tipo que *desecho, desecha* (huella, vestigio). Cuando los exploradores encontraban una mina debían decir con frecuencia *echemos por aquí*, y cuando disminuía o desaparecía la veta usarían el verbo *desechar*. Los términos *camino, paso, atajo* en Colombia se convierten en *desecho;* pero también en *desecha* por influencia de *senda, vereda, trocha*. Como los colonos eran transportados por mar en un largo viaje, captaban el argot de los marineros: de ahí *amarrar* en *amarra una corbata; flete* (caballo); *caramanchel; trincar; vientos*, etc. Las huellas de los vehículos en los caminos son *canjilones*, recuerdo de las curvas y revueltas de las golas usadas en el siglo XVI. La especial ocupación de los colonos en la cría de ganado aumentó los nombres del espectro de colores, diferente en las distintas partes de América, y sirvió en principio para distinguir caballos, pero también vacas: *cisne, moro*, etc.

Se hicieron necesarios desarrollos semánticos independientes y hubo frecuentes formaciones de nuevas palabras. *Irreverencia* sirvió de modelo para *irrespeto;* una *contradicción*, un *contrasentido*, dio lugar a una *contracaridad; sangriligero, sangripesado*, se utilizaron para significar *agradable* y *desagradable*. La transferencia de *páramo* de la meseta castellana a la andina es natural. Esta última se ve azotada por la nieve y la lluvia, de modo que *páramo* adquiere el sentido de llovizna, de donde *paramar* y *emparamarse (arrecirse)*. El volcán no sólo vomita fuego, sino que también provoca a su alrededor grandes trastornos, de donde *volcar* > *desvolcanarse; temperar* adquiere fácilmente el sentido de *mudar aires; olear* significa en España «administrar la extrema unción» y en América «bautizar». En el caso de *barranca* y sus congéneres, según el punto de vista sea desde arriba o desde abajo, se convierte en una *hondonada* o en una *escarpada*, como lo era para Cervantes en *despeñar a uno de una barranca* (esp. mod., *en una barranca*).

La aplicación de los términos *niño, niña, ña,* a personas mayores es una extensión propia de la lengua de los servidores en la relación con sus señores. Como se ha perdido la distinción entre *c, s* se ha creado *cocinar,* para evitar la homonimia *cocer, coser; ceba* sustituye a *cebo,* frente a *sebo; cacería* por *caza* frente a *casa.* Las nuevas circunstancias han sido con frecuencia objeto de admirables metáforas: *echar pólvora en gallinazos, a la pampa, ver gatos ensillados, achicar a uno, macheteur* (esp., *porfiar).* La etimología popular da lugar a *vagamundo* (aunque coexiste con *vagabundo),* y *arremueco* junto a *arrumaco (mueca). Comendante* procede de *comandante* y *comendar.* Los prefijos *des-* y *es-* son susceptibles de confusión como en español vulgar; los sufijos *-ear* y *-ecer* se usan sin discriminación *(florear* y *florecer),* y por otra parte *-ear* se mezcla con *-iar* por el mismo cambio que hace a *peor* pasar a *pior.*

La influencia del Modernismo.—El principio básico de las *Apuntaciones sobre el lenguaje bogotano,* de R. J. Cuervo, que resulta ser la mejor introducción general a las variantes del español de América, resulta de tipo conservador: hay que admitir lo que esté justificado por la tradición solvente o por la ineludible necesidad, mientras que deben eliminarse las desviaciones inútiles o descuidadas de la herencia común española. También defendía esta posición el gran preceptor literario Miguel A. Caro, que se complació en pensar que Bogotá era como «la Atenas de América»: sede de la elegancia clásica. Los modernistas (miembros del movimiento que tuvo su apogeo entre 1896 y 1916), y en cierta medida sus sucesores, consideraron la innovación como una virtud: buscaban la novedad no por necesidad, sino como signo de refinamiento. Contando entre sus filas con un gran poeta como Rubén Darío, junto con otras figuras de menor categoría, los modernistas ejercieron una gran influencia en el sentido contrario a la de Cuervo. Dejaron sin alterar la lengua coloquial y sin cambios considerables la prosa; en cambio, hicieron sentir el peso de su influencia en la lengua de la poesía, alterándola sustancialmente y mejorándola en la mayoría de los casos. Las largas frases se recortaron. Pusieron especial atención en el ritmo; incluso en el de la prosa y en los trisilábicos, descuidados, del verso. Los fastidiosos pares de adjetivos del estilo clásico desaparecieron. Predicando la rareza como virtud, emplearon un vocabulario repleto de palabras exóticas, pseudogriegas o pseudo-orientales vía París, a veces sin ningún sentido etimológico. De ahí *bulbul, ronronear, bandó, palimpsesto* (=*¡literatura!*). Los finales trisilábicos fueron considerados de nuevo por Rubén Darío especialmente aptos para su poesía, como lo habían sido para la de los contemporáneos de Góngora:

que *púberes canéforas* te ofrenden el acanto;

Los sufijos pseudo-griegos suministraron una fácil colección de *-istas* e *-ismos: verleniano, poeniano, murillesco, prerrafaelista, neoyorkino, hamlético;* palabra esta última que constituye un buen ejemplo de la base artificial y literaria de este vocabulario. Es, pues, un vocabulario perecedero, y no quedará mucho de él; sólo cuentan con mejores perspectivas los rehabilitados arcaísmos del español antiguo.

El elemento exótico ha sufrido la presión de la doctrina del «americanismo», que exige que la literatura y la lengua de América se adapten a la vida americana. Para que así sea habrá que eliminar lo exótico y sacar menos partido del elemento indio y más de la corriente de coloquialismos castizos, que no han sido suficientemente explotados desde Santa Teresa. Aunque no resulta claro que las actuales tendencias literarias favorezcan el cambio, la línea que en su momomento siguió el movimiento modernista sugiere que las transformaciones se impondrán lentamente en el interior de la lengua, y que la jerga de los centros cosmopolitas, aunque efervescente, dejará pocas huellas permanentes, especialmente por no gozar del prestigio y la capacidad de fijación de la literatura.

La frontera norte

La frontera política de la América hispana discurre a lo largo del río Grande, entre Tejas y México; pero el imperio colonial alcanzó una línea, no muy bien definida, situada más al norte. La frontera lingüística se encuentra, por tanto, más al norte que la política. Florida fue descubierta antes que México, y durante diez años Alvar Núñez Cabeza de Vaca descendió la costa del golfo de México y descubrió el gran Mississippi, hasta que se encontró con las guarniciones fronterizas de Hernán Cortés y se enteró de la caída de Moctezuma. En esta región surgirían posteriormente ciertas complicaciones debido a la ocupación francesa de la Luisiana y a la herencia de lengua y literatura francesas en Nueva Orleáns y sus alrededores. Al norte y noroeste de la frontera mexicana se organizaron expediciones con el señuelo de «las siete ciudades de Cíbola». La baja California fue descubierta pronto, y se le dio el nombre de una isla que aparece en el Amadís de Gaula. En 1540 Coronado remontó ligeramente el río Colorado; Juan de Oñate realizó un asentamiento en Nuevo México en 1598, pero la colonia sería aniquilada por una terrible sublevación india en 1680 y hubo de ser repoblada en 1692. Los misioneros, entre los que el más ilustre es fray Junípero Serra, se establecieron en California, y dejaron tras de sí, en el sudoeste, el estilo misional de arquitectura, que contrasta con el estilo colonial del este. Gracias a todas estas influencias, la toponimia del sudoeste del territorio estadounidense es predominantemente española: *California, Nevada, Colorado, Nuevo México, Texas, Florida,* entre los estados; *Sierra Nevada, San Juan, Sangre de Cristo, Sacramento, San Andreas,* entre las cadenas de montañas; las palabras *mesa* y *cañón (canyon); Sacramento, San Joaquín, Colorado,*

Brazos, Nueces, etc., entre los ríos; *San Francisco, Los Angeles, Sacramento, San Diego, Monterrey, Palo Alto, Alburquerque, Amarillo, San Angelo*, etc., entre las ciudades. Los viajes de los marinos llevaron los nombres españoles a cabos, bahías, estrechos, etc., situados todavía más al norte, especialmente a lo largo de la costa occidental, donde el estrecho de *San Juan de Fuca* separa Washington de Vancouver. No hay que suponer que estos nombres demuestren una ocupación efectiva: la mayor parte del territorio estaba ligado a la Corona poco más que nominalmente, y era escaso el grupo de colonos que ocupaban la tierra y aún más escaso el número de puestos de misión. En consecuencia, el área cayó fácimente bajo la política expansionista de los Estados Unidos cuando Napoleón dejó el camino libre con la venta de la Luisiana en 1803. La transferencia de Florida tuvo lugar en 1819; Tejas, que nominalmente era una república independiente, quedó añadida en 1845; la posesión de Nuevo México fue la manzana de la discordia en la guerra de 1845-48; y Utah, Nevada, Arizona y California resultaron asimiladas con la fiebre del oro de 1849-50.

La lengua oficial de esos territorios es ahora el inglés, pero la tradición ha conservado el uso del español, especialmente en Nuevo México. Las particularidades que nos ofrece tienen un doble interés: por un lado presentan una acción retardada en la evolución del español, por encontrarse alejado de la sede del virreinato de México, y, por otro, ejemplifican en un grado elevado el conflicto entre las dos grandes lenguas americanas, el español y el inglés, conflicto que se da también, aunque menos violentamente, en otros lugares. Si la preponderancia material y política de los Estados Unidos afecta al vocabulario coloquial de las ciudades de México o Buenos Aires, en ambas se considera al inglés como un elemento extranjero que es rechazado o circunscrito; en Nuevo México, en cambio, invade y desintegra al español local en tanto que lengua oficial.

Nuevo México forma parte de la región uto-azteca, y cuenta con el mismo vocabulario aborigen que el español de México tanto por esta razón como por lo que se refiere a los numerosos arcaísmos y vulgarismos de una lengua popular no controlada por la acción de la literatura. Así, podemos enumerar una serie de palabras o pronunciaciones típicas: *agora, ansí, ansina, naiden, anque, pus, comigo, escrebir, mesmo, dende, quese (que es de), escuro, traidrá, lamber, extensión, vide (vi), vía (veía), mucho, traír (traer), pais, eclise, indino, esaito (exacto), cáusula (cápsula),* etc. El seseo es general, mientras que el yeísmo varía. En la ciudad de México y en la costa, *ll* tiene el valor de *y;* en Atotonilco es, en cambio, *ll,* y en Puebla [ž]. En Nuevo México tiene el valor de [ẑ] o [ĵ] en posición inicial, como *lluvia* [ĵuƀi̯a o žuƀi̯a], mientras que en posición inicial puede desaparecer, como *allá, ayá, aá, á.* Sabemos que los colonos llevaron consigo [š] como pronunciación de *x, j, ġ,* e hicieron evolucionar este sonido a [χ], pero esto tuvo lugar con mayor lentitud, y en el norte de Nuevo México simplemente no tuvo lugar. Así, nah. *xocolt* da aún *šocoque,* frente a mex. *jocote.* Igualmente el nahuatl no tiene *r,* pero se ha visto obligado a aceptar ese sonido del español y usarlo en los préstamos tardíos; posee *l* y *ll* con valor de [*l:*], mientras que *tl* es una especie de click. Los sonidos laterales no ofrecen un paralelo para esp. *ll* [λ], y al principio nah. *l* sirvió también para recoger esp. *r, rr: xenola, xalo,* por *señora, jarro; Malinche* por *Marina.* Hay todavía ciertas vacilaciones en lo referente al valor de *l, r: carsetín* por *calcetín.*

El conflicto entre el español y la lengua inglesa en Nuevo México ha sido objeto de estudios sugestivos. De las 1.400 formas dialectales conocidas, alrededor de 1.000 son españolas, 300 inglesas, 75 nahuatl y 10 procedentes de lenguas indias locales. Como no existe más literatura que algunas canciones populares, no resulta posible prever una reacción contra este tipo de vocabulario ni cabe establecer una diferencia entre las palabras que han sido asimiladas y las que continúan considerándose como extranjeras. La situación es tal que cualquier expresión inglesa puede ser adaptada al uso de los hablantes mediante un simple cambio de pronunciación. El acento inglés tiene libertad para ocupar cualquier sílaba, pero tiende a estar en principio de palabra; posee cierto valor significativo para indicar la idea de la raíz. En los préstamos, el acento es de tipo español, no presta importancia al significado y con frecuencia aparece en final de palabra mediante la conversión de un acento secundario en primario: *fíremàn* da *fayamán; hóld ón* da *jolón; hígh-tòned* da *jaitón*. A veces facilita el paso de una lengua a otra la utilización de un sufijo español: *shooter* da *šutiador; switchman* da *suichero*. Se ha realizado una simplificación de las vocales inglesas: *ī* es *ai*, *u* es *a*, *o*, la *ə* es *a: fayamán; flaya* por *flier; lonchi* por *lunch; jamachi* por *how much; šarape* por *shut up; guasa* por *washer*. A la *s* «impura» se la dota de una *e* precedente *(escrepa* por *scraper)*, y a las consonantes que no aparecen en posición final en español se las hace seguir igualmente de una *e (estaile* por *style, esmarte* por *smart, šope* por *shop, cute* por *coat;* tras palatales, en cambio, aparece *i* como en *lonchi* por *lunch)*. *W* se toma como *gu: Guayomén, Güile* por *Wyoming, Willie*.

El sistema consonántico inglés requiere menos modificaciones para pasar al español de Nuevo México. Aunque el sonido [*š*] no se encuentra en palabras españolas, su supervivencia en palabras nahuatl lo hace disponible para aceptar la *sh* inglesa: *šope* por *shop*. Un cierto sentido de la equivalencia entre *f* y *h, j* [*x*], permite dobletes como *ful, jul,* por *fool; telefón, telejón,* por *telephone* (esp., *teléfono)*. Como la fricativa *r* se intercambia a veces con *d* en la lengua coloquial, *how do you do* da *jarirú; goodbye, gurbái; drink, rinque*. La *ǵ* inglesa se acepta como la correspondiente palatal sorda africada [ĉ]: *Chochis* por *George*. Los grupos consonánticos que no resultan familiares se simplifican *(parna* por *partener, cuara* por *quarter, sangüichi* por *sandwich)*, y la final *-er* se representa por la vocal *-a*.

Los préstamos rebasan con mucho lo que sería indispensable o útil, y su diferencia con el español nativo indudablemente desintegra la lengua. *Jamachi* por *how much*, *jaló* por *hello* (al teléfono), *guerop* o *guirape* por *get up*, *fone felo* o *jone jelo* por *funny fellow*, son miembros de un vocabulario inglés que se adopta sin traducir, junto con numerosos nombres comunes de uso frecuente: *saiguoque* por *side-walk*, *bisnes* por *business*, *puši* por *push*, *laya* por *liar*, *besbol* por *base-ball*, *šotegón* por *shot-gun*, *rapa* por *wrapper*. El inglés de Nuevo México es, por supuesto, el de Estados Unidos, y algunos préstamos proceden del argot: *broquis* por *broke*, *šante* por *shanty*, *guiangue* por *gang*, *nicle* por *nickel*, *cranque* por *cranky*. La libertad con que tales palabras toman sufijos españoles, tanto adjetivales como verbales, es un signo de su profunda penetración: *cuitiar* por *to quit*, *fuliar* por *to fool*, *šutiador* por *shooter*. Tales tratamientos suponen que dichas palabras se han establecido de una manera permanente en el vocabulario.

Cosmópolis

En su frontera sur, el español de América está implicado en otra área de conflicto entre lenguas universales, aunque la situación es aquí, en diversos aspectos, diferente de la de Nuevo México. La región del Plata se encuentra en una relación íntima con Europa debido a sus grandes puertos y a su abundante inmigración. Las gentes de todos los países que afluyen a Buenos Aires para configurar la Argentina del futuro establecen puntos de contacto entre el español y sus respectivas lenguas. El problema de la construcción de una nación es arduo, e igualmente lo es el de la fijación de la lengua correspondiente. Son esfuerzos de crecimiento, no angustias de desintegración. Hemos visto ya cómo diversos próceres de esta república exigían un «idioma nacional argentino», aunque la exigencia resultara prematura. Para elevar las particularidades coloquiales al rango de normas nacionales —la pronunciación [ĵ] de *ll*, el uso peculiar de *vos*, el futuro *voy a decir*— hay que tener cuidado con los vulgarismos que no constituyen rasgos peculiares argentinos, así como con la posibilidad de empobrecer la lengua eliminando distinciones útiles. El elemento indio no ofrece aquí una base satisfactoria para tales desarrollos. El exaltar las palabras guaraní a costa de las quechua es perder la posibilidad de comunicación con otras modalidades del español de América, e incluso, a veces, con otras modalidades argentinas; sin embargo, el vocabulario quechua no es en modo alguno nacional. Además, todo ese vocabulario es estático y disminuye ante la prosperidad material de las ciudades. Las grandes ciudades utilizan ya formas que no son corrientes en Córdoba, Tucumán o los núcleos urbanos del interior, que tienen un modo más tradicional de vida. Hay, por tanto, diferencias dentro del español de Argentina que no se han investigado a fondo.

Aparte del «idioma nacional», persiste cierto sentimiento respecto a la insuficiencia de recursos del español para expresar la experiencia argentina. Como ocurría ya en el planteamiento de Sarmiento y Alberdi, esta queja denota sin duda ignorancia de los recursos disponibles en la lengua madre, que son mucho mayores que los de cualquier hablante, sea peninsular o americano. No es posible negar que el francés cuenta con expresiones más exactas que el español por lo que se refiere al lenguaje de la vida social y cultural de nuestros días, ni que los ingleses son más versados en el de los deportes o las artes del hogar, ni que los norteamericanos disponen de amplia superioridad en el relativo al desarrollo material; razones todas que hacen que el español, incluso en España, tome préstamos del francés, el inglés, el alemán u otras lenguas. Y en la región del Plata existe mayor facilidad para adoptar neologismos de este tipo sin molestarse en considerar si serían suficientes los recursos ya existentes en la lengua: el continuo contacto con extranjeros —comerciantes, financieros, profesores, intelectuales, inmigrantes— introduce un permanente fermento lingüístico en esta región, la más cosmopolita de América.

Hay que observar, en primer lugar, que la proximidad de Brasil no ha afectado grandemente a la lengua del Plata; donde su influencia se deja sentir fundamentalmente es en Uruguay, que fue durante un período parte del Imperio del Brasil. La variante *brasileiro* por *brasileño* (port., *brasileiro), saudade* por esp. *añoranza* (cat., *anyorança),* así como la tendencia a usar perífrasis como *el señor doctor* por *usted,* constituyen la contribución de la lengua de Brasil a esa zona. También existe una lengua mixta, estadio intermedio en el aprendizaje del español por los brasileños, cuya expresión precaria es parodiada a veces en las revistas humorísticas de Montevideo.

Aparte de los derivados de esta vecindad, los principales elementos extranjeros que se encuentran en la región del Plata son ingleses, franceses, italianos, alemanes y polacos; este último elemento no ejerce influencia lingüística alguna, y el del alemán es escasa. Hay que analizar, por tanto, la influencia del inglés, el francés y el italiano. El inglés actúa sobre todo en la esfera de la técnica y las finanzas del país: los ingleses han proporcionado capitales, construido ferrocarriles, suministrado maquinaria, contribuido a desarrollar la industria cárnica, etc. Para estos fines les ha bastado con un pequeño número de inmigrantes, alrededor de un 5 % del total, que hablan inglés entre sí, emplean el español en los negocios, tienen su propia vida bien organizada y no se preocupan del proselitismo lingüístico o cultural. Los norteamericanos presentan casi las mismas características; son más recientes, no obstante, como inversores. Tienen menos deseo de arraigar, pero monopolizan la industria del motor, del cine, etc. Los alemanes están implicados en los negocios y el comercio, y se asimilan rápidamente al conjunto de la nación, de la que constituyen el 1 por 100. Los franceses son también financieros y viven en las ciudades, si bien contribuyen con algunos individuos a las profesiones liberales. Su arraigo en Argentina es consecuencia del golpe de Estado de Luis Napoleón, tras el cual numerosos liberales de la clase media cruzaron el Atlántico y pasaron a ser los formadores de la juventud argentina. Adoptaron el modelo de la cultura y la lengua francesas, inculcando en sus pupilos el deseo de concluir su educación con una visita a París; establecieron librerías francesas en el Plata (Ollendorf, Garnier, etc.) e hicieron de Francia la inevitable intermediaria entre cualquier logro europeo e Hispanoamerica. Una prueba llamativa de esta influencia es el hecho de que, aunque el ejército argentino fue reorganizado por los alemanes, los términos adoptados fueron franceses: *abatir, conscripto* (esp., *quinto), edecán, reclutar*. Pese a que el elemento francés no suma más que el 2,5 por 100 de la población total, ejerce una influencia desproporcionada por medio de su influjo intelectual. Los italianos pertenecen a clases sociales más modestas. Representan el 25 por 100 del total de la población, y, aparte los establecidos en las ciudades, suelen marchar al campo, donde trabajan con ahínco para ahorrar lo suficiente y volver a Italia a llevar una vida de prosperidad en su pueblo. Desde el punto de vista cultural, nada tienen que ofrecer, y su influencia en la lengua es exigua. Los préstamos procedentes del italiano que se refieren a la música, la arquitectura, la pintura y la escultura, son los mismos que han penetrado en el vocabulario de todas las lenguas europeas; junto a ellos hay palabras del campo de la milicia y las finanzas tomadas por el español en el siglo XVI.

El gran número de inmigrantes italianos exige que prestemos cierta atención al dialecto mixto italo-español, llamado *cocoliche*. A primera vista parece una mezcla entre ambas lenguas que podría llegar a dar nacimiento a una tercera; pero, de hecho, el *cocoliche* no supone una amenaza para la pureza del español. Esa jerga se imita a veces en la prensa popular; he aquí, como muestra, el comienzo de un «poema»:

Amico Dun vieco Panchos:
Usté, per yenar papiel,
han hechos in gran pastel
que nun lo come ne il canchos, etc.

Los inmigrantes, cuando llegan, son generalmente incultos y carecen de cualquier conocimiento del español. Se ven en la imperiosa necesidad de aprenderlo, y lo hacen de oído, sin entender lo que oyen, manteniendo sus prejuicios lingüísticos; y ello produce una serie de formas totalmente fortuitas. Por ejemplo, como no tienen *-s* de plural, toman la *-s* al azar para los singulares; como no tienen [x], la sustituyen por [*k*] en *vieco*. Son incapaces de admitir una verdadera *o* átona, y se sirven de las partículas italianas *per*, *il*, *ne*, etc. Pero esta lengua se encuentra siempre en estado fluido y va aumentando su componente español a medida que la estancia se prolonga; a la vez, la forma exacta de la mezcla es puramente personal y no constituye un medio de comunicación con otros miembros de su clase. Los hijos del inmigrado, si su estancia se prolonga lo suficiente, aprenden cuidadosamente el argentino coloquial y se esfuerzan en corregir la lengua de los padres. En una palabra, el *cocoliche* no es más que el español mal aprendido.

La influencia francesa es muy fuerte en las esferas intelectuales. Los periódicos propagan nuevas palabras pertenecientes al campo político y social, y el argot del *Quartier Latin* o de Montparnasse se utiliza para dar nombre a las novedades literarias y artísticas. Esas palabras se imponen incluso cuando el español cuenta con términos equivalentes y satisfactorios.

El vocabulario inglés se reduce a nombres. Sólo un verbo resulta de uso común: *linchar*. La vida de club, el deporte y el comercio son las principales fuentes de ese vocabulario: *club*, *clubman* (por *socio)*, *jockey*, *high-life*, *flirteo*, *fiveoclock* (el acostumbrado té) y *Palace Hotel* (con el orden inglés), junto con *fútbol*, *boxeo*, *lockout*, *selfmademan*, *pioneer*, *snob*, *repórter*, *bluff* (y *bluffman)*, etc. Una situación curiosa se da con las carreras de caballos, que por una parte es un viejo deporte argentino y por otra un costoso entretenimiento importado de Europa. El primer tipo *(carreras criollas* o *del país)* tiene lugar *el día de reunión* en una *cancha*, y se hacen *apuestas;* la salida la da el *abanderado*, y los *corredores* empujan a sus caballos hacia *el lazo de llegada* o *raya*. El segundo tipo tiene lugar, en cambio, en el *meeting*, en medio del *betting*, en el *hipódromo;* la señal de salida la da el *starter*, y los *jockeys* se lanzan hacia el *winningpost* o *meta*. Los términos más generales son franceses; los más técnicos, ingleses.

El conjunto de este vocabulario es poco firme, particularmente cuando se desciende a detalles y se adoptan modalidades fonéticas extrañas al español. Consta de neologismos y extranjerismos: son neologismos los que se han adaptado a la fonética del español; los otros son, evidentemente, extranjerismos. El neologismo es, por consiguiente, el que goza de mayor facilidad para pasar desapercibido en la cadena hablada y para sobrevivir; en cambio, la conciencia nacional se subleva contra las expresiones extranjeras que no han adquirido carta de naturaleza. La adaptación a las normas del español supone un delicado proceso, que resulta más especialmente frecuente en los préstamos culturales, que son, como hemos visto, de origen francés. Las palabras francesas admiten en general una fácil adaptación al español por su común origen latino; las inglesas, por el contrario, cuesta más adaptarlas, y por otro lado no pertenecen a esferas que hagan de su permanencia algo necesario o deseable, de modo que suelen mantenerse en pequeño número y sin modificar, y, por consiguiente, bajo la continua amenaza de la eliminación. Existe en los argentinos un sentido verdaderamente agudo de la lengua, acentuado además en todos los individuos de ascendencia española: sin ser capaces de definir qué es español, tienen una gran facilidad para sentir lo que es extranjero. Este sentido especial se advierte en la manera de dar nombre a los extranjeros: todos son *grin-*

gos, pero especialmente los italianos; los españoles son *godos;* los franceses, *franchutes* o *gabachos;* los ingleses, *yonis*. Para que una palabra sea definitivamente admitida hay que proporcionarle una forma adecuada, y a veces sobreviene antes una traducción: *durmiente* por *sleeper* (ferrocarril); *estrella* por *star* (cine). Las palabras extranjeras, que a veces se malinterpretan humorísticamente *(sietemetógrado* por *cinematógrafo)*, se ven excluidas de las páginas literarias de los periódicos. Las páginas deportivas se escriben, en cambio, en una extraña jerga, de la que presentamos una muestra:

«El *referee* al finalizar el primer *half-time* concedió a los húngaros un *penalty-kick*». «Inmediatamente se produjo un *clinch...*, siguió un *upper-cut*, luego un *hook* de derecha... La lucha prosiguió en *out-fighting*... Un hombre de fuerte *punch...*»

Estos ejemplos de Grossmann, entre otros, dan razón a su observación de que mientras no pudo encontrar ni un solo neologismo o palabra extranjera en la página editorial de *La Nación* de un total de 2.500 líneas, se presentaban 250 neologismos y 500 palabras extranjeras en un número igual de líneas de las secciones de fútbol y boxeo. Pese a la aparente efervescencia de los continuos experimentos, lo esencial de la lengua cambia con lentitud casi geológica; y no obstante los intentos de diferenciación, el español de Argentina no abandona sus tradiciones, sino que incluso aumenta su carácter español. Se ha convertido en un principio nacional el conservar ese patrimonio.

8

EL GALLEGO-PORTUGUES

Camões, que tituló a su poema épico *Os Lusiadas*, considera como una de las primeras hazañas nacionales la resistencia de Viriato a las legiones romanas; sin embargo, no hay duda de que tanto el reino como la lengua se originaron en el norte. En el sur y centro de Portugal, hasta la línea del Duero, se hablaba un dialecto mozárabe, cuyos puntos de irradiación eran la capital romana de Mérida y la sede árabe de Badajoz. La Lusitania romana se extendía hacia el interior de España hasta incluir Avila. Ese dialecto era eminentemente conservador; y no se registran innovaciones que tengan como punto de partida el sudoeste. Las vocales tónicas Ĕ Ŏ no diptongaban (*Mérida*, EMĔRITA; *Caçela*, CASTELLA), y los proparoxitonos resultaban anómalamente tolerables. En dichos aspectos Badajoz y el Algarve se parecen a las zonas más conservadoras de Granada. La *-n-* entre vocales se conservó en *Odiana*, ANAS, *Fontanas; Al-Ašbûna* (fran., *Lisbonne;* ingl., *Lisbon;* español ant., *Lisbona);* igualmente se conserva la *-l-* intervocálica en *Mértola*, MYRTILIS, *Ròliça* y, probablemente, *Baselgas*, BASÍLICAS. *Caçela* presenta la evolución mozárabe del grupo -ST- > *ç* como en *Çaragoça* (*Zaragoza*) y *Ecija;* y moz. *a* por -E aparece en *Lisboa*, *Mér-*

tola. Se encuentran nombres mozárabes en documentos como *Cidi Adaredici, Zidi presbyter, Torsario Daviz, Arias Salamoniz*. Desde el Duero hacia el sur no se corresponden las fronteras políticas y lingüísticas, y así las diferencias más acusadas se deben a las primitivas líneas de demarcación (por ejemplo, el portugués hablado en Olivenza, en la región de Badajoz); no hay, pues, transición entre el portugués y el español, como ocurre en el norte. Las zonas del sur y centro de Portugal fueron invadidas por los dialectos del norte, que resultan parecidos a los hablados en aquéllas por su carácter conservador.

El área gallego-portuguesa del noroeste es una de las subdivisiones mejor definidas de la Península ibérica. La angosta franja de los montes cantábricos tiene menor elevación en esta extremidad occidental, y la línea más alta se pliega en una curva en dirección sur y sudoccidental a lo largo de los montes de León hasta el nudo de Peña Trevinca, respaldada por una segunda línea formada por las sierras de Picos, Caurel y Queija. En Portugal, la cadena montañosa ocupa las provincias de Tras-os-Montes y la mitad oriental de Entre-Douro-e-Minho. Dicha cordillera mantiene su dirección originaria este-oeste y se proyecta hacia el mar en sucesivos salientes, entre los que se encuentran las rías gallegas; por otra parte, hay dos cuencas fluviales, la del alto Miño, que tiene a Lugo por capital, y la del Sar, a Santiago de Compostela. Como consecuencia de estas formaciones montañosas, Galicia queda aislada de la Meseta, y la zona costera portuguesa protegida por líneas paralelas de montañas. La región está vuelta así hacia su propio centro, a la vez que sus rías y valles son capaces de albergar una considerable población. Las fronteras administrativas no han coincidido con esos bastiones naturales, aunque se tendió a adoptar las líneas trazadas por los ríos. El Duero sirve admirablemente como divisoria en la que comienza el área central de Portugal, ya que hasta su desembocadura en el mar discurre más por un cauce de trazado uniforme que a través de un sistema de valles. En relación con España, se ha adoptado varias veces a lo largo de la historia la línea del Esla, que discurre aproximadamente paralela a los montes de León, como frontera eclesiástica y de otros tipos. Sin embargo, ambas orillas del mencionado río pertenecen cultural y geográficamente a una meseta que se extiende al menos hasta Orbigo. Por todo ello, las montañas propiamente dichas sirven menos como barrera que como zona de transición hacia la región gallega que se encuentra en medio de ellas. En una gran medida, Galicia es el producto del Miño. Aunque se encuentra bordeando el mar, la zona gallega no tiene el carácter mercantil de la cuenca del Tajo; carece de un entorno adecuado y está falta de unidad entre sus centros de población, cada uno de los cuales se halla establecido en una depresión entre montañas.

Las divisiones étnicas y políticas han agudizado la semiindependencia de la región. Una frontera que se retrotrae a épocas remotas es la existente entre astures y cántabros en Asturias, y más al sur los primeros contaban con el río Astur (Esla), que les separaba de los vacceos. Dentro del territorio astur, en el León occidental, se encontraban otras tribus, entre las cuales la más influyente era la de los *gallaeci*. El nombre tiene un ligero parecido con el pueblo céltico de los *galatae*, aunque resulta menos claro en la grafía de Estrabón *Kallaïkoi*. Igualmente el nombre de los *arotrebae* se parece al de la tribu celta de los *atrebates*, pero también esta semejanza puede ser engañosa. Sólo sabemos que había *celtici*, que habitaban en el promontorio de Nerium, entre Coruña y Finisterre, y que existe una proporción considerable de fortalezas y asentamientos con nombres célticos en Galicia y Portugal. Sin embargo, ello no es prueba suficiente de un predominio céltico en el noroeste, pues nada sabemos en definitiva sobre las tribus circundantes. Como la fuerza expansiva de la invasión «ibera», que se supone procedente de Africa, parece haberse extendido sobre la Meseta Central, es verosímil que la proporción de «iberos» en Galicia fuera notoriamente escasa. Esas tribus circundantes se han considerado como componentes del conjunto «ligur», nombre al que tal vez no corresponde una realidad definida, y solamente debe interpretarse en el sentido de «no-iberas».

En época histórica encontramos ya a Galicia, norte de Portugal y León occidental formando una unidad administrativa del Imperio romano que, en tiempos de Augusto, constituye la España citerior. En el período visigodo esa línea se mantuvo para separar la archidiócesis de Bracara (Braga) de la Carthaginensis, Tarraconensis y Lusitania. La diócesis de Astorga, baluarte oriental de la región gallega, cubría aproximadamente el área del leonés occidental, e incluía originariamente la ciudad de Miranda do Douro, ahora perteneciente a la administración portuguesa aunque de habla leonesa. En esa época, el impacto de la invasión visigoda concentró en Galicia a sus enemigos, los suevos (germanos occidentales), que no fueron sometidos hasta el siglo VI. En los primeros años del VIII la monarquía visigoda fue aniquilada por Târiq y Mûṣâ, y los supervivientes visigodos corrieron a refugiarse en los valles cantábricos y en los Pirineos, zonas que presentaban pocas perspectivas para el establecimiento sólido de un nuevo estado. Sin embargo, las cuencas fluviales de Galicia ofrecían medios de mantener un número considerable de hombres que podrían al menos quedar al abrigo de la invasión. Allí organizó Alfonso I su reino cristiano, que incluso se extendió hasta ocupar las llanuras de León, antes de que sus vasallos se vieran obligados de nuevo a refugiarse y concentrarse en el interior de las montañas. Los topónimos nos dan testimonio de esta época de asentamientos de germanos: *Godos, Gude, Aldegode, Valgode, Goda, Gudín, Gudiña, Godón,* o *Sabín, Sabrigo, Jabariz, Saboy, Sabegode,* que revelan establecimientos godos o suevos, o bien el nombre de sus correspondientes jefes. Que el proceso de asentamiento tuvo una cierta duración lo demuestran los cambios ocurridos en la sintaxis y en el vocabulario: por ejemplo, el genitivo latino en *Vilagude* frente al *de* romance en

Casal de Goda, los diminutivos en *-iño* y los aumentativos en *-aço,* o el árab. *alde-,* «ciudad».

El siglo X nos presenta una nueva situación: el poder ha pasado a gravitar sobre las llanuras de León; sin embargo, Galicia continúa su proceso de conquista en el valle del Mondego. Las campañas de Alfonso III hubieron de ser libradas de nuevo en el siglo XI por Fernando I, quien estableció al conde mozárabe Sisnando en Coímbra (1064). Alfonso VI, al repartir la región entre Ramón y Enrique de Borgoña, dio origen a la separación entre Galicia y Portugal. El hijo de Enrique, Alfonso, intentó conseguir por la fuerza de Alfonso VII, en 1143, el título de rey, pretensión injustificada de no haberse apoderado de la gran ciudad mozárabe de Lisboa con la ayuda de un ejército cruzado en 1147. Este hecho comenzó a perfilar y dar concreción a Portugal, ya que imprimió una dirección totalmente nueva a la política del área. Su futuro pasaría a ser controlado no desde el macizo de donde procedían los conquistadores, sino desde el anfiteatro del curso bajo del Tajo, de cara al océano, y mediante unas relaciones amistosas y comerciales con sus vecinos atlánticos. La falta de participación por parte de Galicia fue la causa de que el Miño se convirtiera en frontera y de su consiguiente separación de Portugal, a pesar de la comunidad de historia y lengua. La zona comprendida entre el Miño y el Duero quedó unida a Portugal, a pesar de su mayor vinculación con Galicia tanto en sus dialectos como en sus intereses. Los monarcas portugueses no utilizaron inmediatamente Lisboa como capital, sino que fijaron su residencia en Coimbra y Leiria hasta que la amenaza musulmana se alejó hacia el sur. Portugal alcanzó su total extensión territorial en 1250. En 1383, a consecuencia de los disturbios surgidos al extinguirse la línea legítima de la casa de Borgoña, Lisboa adquiere preponderancia como garantía de la independencia portuguesa, y los monarcas de la casa de Aviz residen ya en la ciudad o en sus inmediatas proximidades (Cintra). Los sucesivos estadios del avance cristiano están marcados por diferencias dialectales dentro del portugués.

Gallego-portugués y español

En sus primeros estadios el gallego-portugués fue una lengua de acusado carácter ibero-romance. Su parecido con el español salta a los ojos al comparar los escritos, sobre todo si se hace caso omiso de la diferencia gráfica entre port. *lh, nh,* frente a gall. y esp. *ll, ñ.* Al oído el parecido es ya menos evidente, pero un oyente atento se dará pronto cuenta de que ambas lenguas utilizan en general los mismos esquemas fonéticos. El ritmo es trocaico, debido a la conservación en ambas lenguas de las vocales finales y a la eliminación de la penúltima vocal átona. El portugués conserva aún más vocales finales que el español, por ejemplo *-e* tras *d* en *parede, verdade, estae* por *estade,* así como la *-ĕ* final, que se oye con frecuencia en los infinitivos (como ocurre en cierta medida en leonés). También es más tolerante el portugués con las finales trisilábicas: port., *dúvida, dívida, bêbado;* esp., *duda, deuda, beodo.* En sus series vocálicas, ni el portugués ni el español cuentan con esas vocales mixtas que caracterizan al francés (y œ ø), aunque el acento de intensidad altera no sólo el timbre, sino también la tensión de las vocales portuguesas, mientras que en español únicamente la tensión. La rica serie de vocales nasalizadas del portugués es de desarrollo relativamente reciente; y a todos los efectos tienen poco en común con las vocales nasalizadas francesas, que requieren una posición considerablemente baja de la úvula. En lo que atañe a las consonantes, encontramos tanto en portugués como en español el paso característico de *b, d, g* oclusivas a fricativas; dicho paso se debe igualmente, con frecuencia, a la sonorización de -P-, -T-, -K- intervocálicas. Como el origen de este proceso se inició en el occidente de la Península, ha tenido un desarrollo más sistemático en portugués, por ejemplo, port., *liber-*

dade; esp., *libertad*. Ambas lenguas emplean la misma vibrante fuerte *rr*, capaz de desarrollar antes o después de ella una vocal de tránsito. Port., *perto, preto* es un doblete con el valor fonético de [p$^{\breve{e}}$rétụ̆ pɛ́r$^{\breve{e}}$tụ̆], debido a las mismas causas que dieron en esp. ant. *perlado* junto a *prelado*. En morfología, el portugués ha perdido, al igual que el español, todo resto del sistema de dos casos que actúa en francés antiguo. Tanto el portugués como el español forman sus plurales en *-(e)s* y han eliminado los neutros de plural en -A. La comparación se expresa mediante MAGIS, no PLUS. En el paradigma verbal ambas lenguas han prescindido de la conjugación en -ĔRE, identificándola con la en -ĒRE; y ambas favorecen la terminación en *-ir* a expensas de *-er*, aunque el portugués con menos frecuencia que el español: *dizer*, frente a esp. *decir*, DICĔRE. Ambas han conservado *-ra*, antigua forma de pluscuamperfecto de indicativo, aunque el español lo emplea como condicional o imperfecto de subjuntivo. El futuro perfecto de indicativo y el perfecto de subjuntivo se han unido para dar un futuro de subjuntivo, port. *-r*, esp. *-re*. Se ha producido, tanto en portugués como en español, una considerable simplificación de los pretéritos y participios de pretérito, que se han conformado en general al tema de presente; y han desarrollado igualmente una característica multiplicidad de formas auxiliares. En este punto el portugués ha ido aún más lejos que el español al hacer de *ter* (esp., *tener)* su auxiliar habitual, con lo cual *haver* queda limitado a los usos impersonales, excepto en estilo literario. Ambas lenguas utilizan el sufijo incoativo latino -ĔSCERE para formar verbos nuevos a partir de sustantivos, sin que tengan necesariamente valor incoativo. En cuestión de vocabulario, tanto el portugués como el español han llevado a cabo las mismas elecciones entre las expresiones alternativas del latín *(querer, quedar, calar, falar, chegar, dexar,* etc.); presentan los mismos iberismos, aunque en menor número el portugués; los mismos celtismos y germanismos, y básicamente los mismos arabismos. En lo que a este último punto se refiere, el portugués, como el leonés antiguo dentro del español, ha conservado palabras desaparecidas del castellano-español: *alfageme, alfayate,* etc.

Las comparaciones hasta ahora establecidas muestran la gran similitud entre ambas lenguas literarias, que aumenta más aún si se compara el portugués con la koiné española. Algunas de las diferencias existentes se deben a desarrollos particulares del gallego-portugués, pero la mayoría hay que atribuirlas a la peculiaridad de los rasgos castellanos en medio de los dialectos españoles medievales y a los cambios ocurridos en el siglo XVI. El portugués coincide en general con el leonés o el mozárabe frente al castellano, y como dichos dialectos representan estadios a través de los cuales se han producido las innovaciones castellanas, resulta que el portugués posee un cierto aire de español arcaico. Su conservadurismo se pone de manifiesto en el hecho de que las vocales Ĕ, Ŏ no diptongan en ninguna circunstancia; pasan a [ɛ] [ɔ], y difieren en el timbre de [e] [o], resultantes de Ē Ō. Hay, por consiguiente, siete vocales tónicas en portugués, al igual que en catalán, mientras que el castellano solamente tiene cinco; sin embargo, a la serie castellana habría que añadir los diptongos *ie, ue,* resultando así las siete características de la Península. Son diptongos indivisibles, diferentes de otros cuya pronunciación es opcional (por ejemplo, *suave* o *su-ave).* En el área hispanohablante ciertos dialectos mozárabes tampoco diptongaron Ĕ Ŏ, especialmente los de Granada y Lusitania; en León el proceso fue lento y vacilante. La exacta correspondencia entre lat. Ĕ Ŏ, y port., [ɛ] [ɔ], se ve alterada por el principio de la metafonía, según el cual los finales *-a, -os, -as* provocan la apertura de *e, o* tónicas en el nombre, mientras que *-e* hace otro tanto en el verbo: *ôvo, óvos, óva, óvas; mórtos, mórta, mórtas; dêvo, dêva, déve* de *dever.* La metafonía da lugar a complicados desarrollos en portugués, pero al menos el principio no es exclusivo de dicha lengua. En Mieres y Lena, en el área central de los dialectos asturianos, encontramos *bubu, bobos, boba, bobas* y *güetu, gata, diniru, timpu, puirtu,* como ejemplo de la influencia de [*u*] en el cierre de *e, o* tónicas precedentes. Así, aunque la metafonía y la ausencia de los diptongos *ie, ue* son circunstancias que diferencian al portugués del español literario, no son rasgos que sirvan para trazar una tajante línea divisoria entre el portugués y el conjunto del español. Las conexiones con el español dialectal se hacen aún más evidentes en el caso de *ei, ou* resultantes de AI, AU en portugués, pronunciadas eņ portugués antiguo [ei̯ ou̯], y en moderno, como [ɐi̯ ọ], cuando este último sonido no se disimula en *oi:* ALTARIU, CAUSA, SALTU, JANUARIU, IBAIKA, AURU, *outeiro, cousa - coisa, souto, janeiro, veiga, ouro - oiro;* esp., *otero, cosa, soto, enero, vega, oro.* Como el mozárabe tiene *ai, ei, au, ou,* y el leonés normalmente *ei, ou,* las formas gallego-portuguesas están claramente relacionadas con la evolución panibérica.

La mayor diferencia entre el español y el gallego-portugués se da en lo referente a las consonantes. Sin embargo, debemos en primer lugar prescindir de los cambios fonéticos ocurridos dentro de la historia literaria del español, y devolver a *-ss-, -s-, ç, z, x, j* su valor antiguo de [ś ź ŝ ẑ š ž]. Esos fueron primitivamente también los valores respectivos en portugués, y en lo que se refiere a [ś ź] se mantienen todavía distintos de *ç, z* [*s, z*] en la región de Bragança; sin embargo, en el resto del territorio el portugués ha reducido *-ss-, ç* a [*s*], y *-s-, z* a [*z*], mientras que *x, j* se mantienen como [š ž]. La primera simplificación caracteriza a Andalucía y a la mayor parte de Hispanoamérica. Igualmente hemos de restituir al español, para nuestros propósitos de comparación con el portugués, a la situación anterior a los cambios peculiares del castellano: paso de F a *h,* caída de J, Ǵ, iniciales, evolución de -CT- a *ch* y MULTU a *mucho,* y de -C'L, -LI- a *j* (port., *forno, filho, feito, janeiro, olho, mulher, muito* son formas exactamente paralelas a las correspondientes leonesas, mozárabes, aragonesas e incluso catalanas, derivadas de FURNU, FILIU, FACTU, JANUARIU, OCULU, MULIERE, MULTU. El portugués se diferencia del español en el tratamiento de -LL-, -NN-, que da *l- n: cavalo, dano;* esp., *caballo, daño;* cat., *cavall, dany,* CABÁLLU, DAMNU>DANNU. Pero eso indica únicamente que el paso de *ll, nn* a [λ ɲ] fue más tardío que el de LL, C'L, NI, GN, y que el portugués, por arcaísmo, no acompañó a las otras lenguas peninsulares. El cambio de la pronunciación dental a la palatal fue relativamente posterior, como demuestran ciertos casos en español, en que *ll, nn* surgieron de la asimilación de alveolares (*echallo,* de *echarlo; conno,* de *con lo),* puesto que originariamente implican [l: n:]. No se puede excluir la posibilidad de que en Gonzalo de Berceo y en sus contemporáneos fuesen todavía alveolares tensas, y no palatales. En relación con *ch,* su actual pronunciación [š] en port. del s. data únicamente del siglo XVIII; anteriormente, como en port. del n., gall., esp. y cat., era [ĉ], razón por la que chino *ca* dio port. *cha:* «te».

De los tres principales rasgos que diferencian el gallego-portugués del español, el más antiguo, al menos en sus fases iniciales, pertenece a un período en que la unidad peninsular se mantenía aún, es decir, antes del comienzo del siglo VIII. Se trata de la característica que opone port. *ch* a esp. *ll*<PL-, CL-, FL-: port., *chorar, chover, cheio, chão, chaga, chegar; chamar, chave, chousa, chama;* esp., *llorar, llover, lleno, llano, llaga, llegar; llamar, llave, llosa, llama* - FLAMA. Tal desarrollo no tuvo lugar en los dialectos mozárabes del centro y sur, ni en el navarro-aragonés del este. La parte afectada fue únicamente el noroeste de la Península, y dentro de esa región la variedad leonesa del español estuvo asociada al gallego-portugués, dando una palatal fricativa *x* [š]. Los diferentes grupos consonánticos implicados en dicho cambio tienen una fuerza expansiva desigual; concretamente, el paso de FL- a *ll-* sólo está apoyado en español por un ejemplo (*llama*) en posición inicial (al que hay que añadir *hallar* de *FAFLARE, AFLARE en posición interior), datos que resultan escasos para establecer una ley. FLAMMULA (nombre de persona) dio *Llambla* y *Lambra,* mientras que FLAVINU dio *Lain,* y FLACCIDU *lacio,* que presentan un paso de FL a *l;* y hay una serie de *fl-* ini-

ciales que pueden difícilmente atribuirse a influencia culta: *flaco, flanco, flecha, fleje, flojo, flor, flujo.* Tales cambios muestran una oleada innovadora que perdió fuerza al penetrar en territorio castellano. En portugués se encuentra una serie más completa de FL- > *ch-: cheirar,* FLAGRARE; *Chámoa,* FLAMMULA; port. ant., *chor,* FLORE; *chorudo* *FLORUTU, etc., junto con una serie de casos en que el cambio ha quedado impedido por disimilación previa de la *l* en *r:* PLATEA, *praça,* PLANTA; portugués ant., *pranta* y *chanta;* CLAMARE, port. ant., *cramar* y *chamar;* FLORE, port. ant., *frol* y *chor;* port. mod., *flor.* Parece poco verosímil que estas palabras se deban a influencia latina; es más obvio interpretarlas como posibilidades alternativas del tratamiento de los tres grupos. El valor de *ch* en portugués moderno es [š], si bien dicha pronunciación se menciona por vez primera en 1671, y en 1739 se considera todavía como peculiar de Lisboa. La pronunciación antigua era [ĉ], palatal africada, como en el norte de Portugal y Galicia. En leonés medieval, *Xainiz xosa* (FLAVINU+ICI, CLAUSA) revelan [š], palatal fricativa, como resultado normal. En leonés occidental moderno el fonema que representa esos grupos es [ŝ] (escrito *ṭs),* dental africada, que se emplea también en el lugar de *ll-* procedente de *L-: tsabe, tseiti,* CLAVE, LACTE; esp., *llave, leche;* port., *chave, leite.*

Resulta claro, a partir de los anteriores ejemplos, que en el área noroccidental de la Península tanto el leonés como el gallego-portugués presentaban una gran actividad en relación con el tratamiento de esos grupos iniciales, mientras que el castellano quedaba en la zona marginal donde dichas oleadas de innovación iban a morir. Tales desarrollos, cuyo comienzo tiene lugar en el período de la unidad peninsular, habían alcanzado ya sus límites máximos antes de que se iniciara el siglo XII: *chaman* aparece por vez primera en un documento portugués de 1192; CLAUSA, *xosa* se escribe con grafía defectuosa, como *faisa y plosa* en 1034 y 1084, y *x* [š] aparece en *Xainiz* (1101, 1171) y *xosa* (1123). El primer paso fue el alargamiento, y a continuación la palatalización de *l* tras *p, c, f* iniciales, lo cual se produce en ribagorzano actual como un desarrollo moderno; y quizá en *Hllantada* (Berceo) se conserva un recuerdo borroso de una consonante inicial. Los supuestos grupos *pll-, cll-, fll-* dieron esp. *ll* mediante un proceso en el que la palatal lateral cobra importancia a expensas de la consonante inicial. No es verosímil que los dialectos occidentales pasaran por el estadio *ll-*, puesto que ese fue el resultado de la palatalización de L- en leonés: *lloco, lliueram* (908), *llauore* (1082), que no evolucionó ulteriormente a *x*. El hecho de que aparezca en leonés occidental moderno *ts* tanto en lugar de PL-, CL-, FL- como de L-, es el resultado de una confluencia moderna.

Por consiguiente, la base de las evoluciones occidentales es probablemente *pll-, cll-, fll-*, y es posible que se produjera una deslateralización de [λ] hasta dar *y*, como en italiano literario *piano, chiamare, fiamma;* posteriormente esa *y* pudo pasar a una fricativa palatal (cf. en Somana, Italia, *pšan, pšega, psănta,* de PL-) o a una palatal africada (cf. en Bellinzona, Italia, *pĉü*, PLUS); más tarde, al cobrar importancia la [š] o la [ĉ] a expensas de la consonante inicial (cf. en Génova, *ĉau*, *ĉan* de CLAVE, PLANU, *šu* de FLORE) se obtendría como resultado leon. ant., *x;* gall.-port., *ch.* Si es correcta esta interpretación de los hechos, resultaría que el leonés, el gallego y el castellano tuvieron una primera evolución común a *pll-*, etc., de donde partiría el castellano *ll-*, separándose de los demás grupos; el gallego y el leonés continuarían en común dando *py-*, etc., y más tarde *pĉ-* o *pš*, después de lo cual cada uno alcanzaría su propia solución: *ch* y *x*. El portugués moderno *standard* ha perdido el elemento africado de *ch* en la pronunciación [š]; en cambio, el leonés occidental moderno ha hecho evolucionar la africada palatal [ĉ] —sin duda en competencia con *x*— hasta la africada dental [ŝ]. El triunfo final de *ll* en español literario se debe a la hegemonía del castellano entre los dialectos españoles, que eclipsó el prestigio originario del gallego y del leonés. La fuerte personalidad lingüística de la zona noroccidental conduce a la creación de innovaciones características de esa área, aunque no supone la pérdida del contacto con los demás dialectos peninsulares entre los siglos VIII y X.

En el curso del siglo X la pérdida de *-l-* y *-n-* intervocálicas rompió la conexión entre las lenguas iberorrománicas, introduciendo una clara línea divisoria. La primera de estas pérdidas puede datarse comparando *artigulo, paadulibus, auellanales* (883), *portugalense, mollinarum* (907) con *Fáfia*, FAFILA; *Fiiz*, FELICE (995), *Vááasco* (1092), *O Castro* por *lo* (1161). La pérdida de *-l-* tuvo lugar a lo largo del siglo X; el mecanismo que la produjo sólo es objeto de conjeturas. La causa que se suele sugerir es que la *l* había quedado articulada en la misma sílaba de la vocal precedente *(Fáfil-a* en vez de *Fáfi-la)*, adoptando un timbre velar [ɫ] que la hace semejante a *u*, y que después se asimiló totalmente a la vocal precedente. Sin embargo, resulta extraño que tal *l* velar no haya comunicado un timbre velar a la vocal, como sucede cuando una L cierra sílaba (SALTU, que da *salto*, de donde *souto)*.

La pérdida de *-n-* fue sin duda contemporánea de la de *-l-*, en tanto que la consonante nasal se convirtió en una nasalización de la vocal precedente. En 907 tenemos *resona*, pero en 1092 *padroadigo* *PATRONATICU, *eenúú* IN UNU; *particoens*, PARTITIONES. Hasta el siglo XVI las vocales nasalizadas se escriben frecuentemente dobles *(mañão*, MANU*)*, como las que quedan en hiato por la pérdida de *-l-*, aunque el uso no es rígido, y el signo de nasalización se coloca sobre cualquiera de los signos vocálicos y frecuentemente sobre el último *(maaõ)*.

Esas grafías sugieren que, durante algún tiempo, tras la caída de la consonante, tales vocales sonaban más largas que las demás, y el último segmento era el único que podía tener un carácter nasalizador [maãu̯]. La evolución, en conjunto, es un proceso de desnasalización. En primer lugar, la consonante nasal se reemplaza por una resonancia del mismo timbre de la vocal; después, en ciertos casos, desaparece incluso la resonancia nasal. Ello ocurre principalmente en las combinaciones *e-o*, *e-a, o-a*, port. mod. *veio**, VENIUT; *veia*, VENA; *Lisboa*, OLISPONE; *boa*, BONA; sin embargo, en el siglo XVI se conservaba la resonancia nasal (*boõa*, etc.). En otros casos, las vocales nasalizadas se mantienen ya como simples vocales, ya como diptongos, marcados por el signo ˜ o por *m, n* (puesto que todas las nasales finales de sílaba se vocalizan): LANA, *lã;* BENE, *bem;* FINE, *fim;* BONU, *bom;* COMMUNE, *comum;* CANES, *cães;* ORPHANU, *órfão;* PARTITIONES, *partições*.

Los efectos combinados de la pérdida de esas dos consonantes han dado al gallego-portugués su carácter vocálico, distinto del equilibrio del español y de la condición consonántica del catalán. La pérdida de *l* intervocálica se extiende al artículo determinado y a los pronombres enclíticos: *o, a, os, as*, que, junto con otras partículas vocálicas, hacen que las palabras portuguesas se unan mediante vocales, siempre aptas para entrar en sinalefa con inicial o final vocálicas de otras palabras contiguas. El artículo indeterminado es también vocálico: *um* [ũ] pero fem. *uma*. Ha surgido un grupo de vocales nasalizadas junto a la serie normal; unas y otras se dan tanto en posición tónica como átona (posición esta última en la que las vocales *a, e, o* se reducen a los sonidos relajados [ɐ ə i u]). Se produce así un complejo sistema de sinalefas en portugués (*se o eu ouvisse, tenho visto uma ave* con las secuencias *e-o-eu-ou* y *o-ũa-a*), y la posibilidad de sutiles cadencias en el verso. La lengua ha llegado a poseer una esencial aptitud para la lírica, así como la sonoridad hace al castellano adecuado para la oratoria, mientras que el catalán se muestra severo y conciso. De la misma manera que las lenguas resultan diferentes, los logros literarios de sus respectivos pueblos no son intercambiables, especialmente en lo que a la poesía se refiere. Los intentos de catalanes y portugueses de escribir poesía castellana han sido numerosos, pero sólo han alcanzado su verdadera talla escribiendo en sus lenguas respectivas, tan sutilmente distintas del español.

A pesar de que las características peculiares del gallego-portugués datan del siglo X, *l*, *n* aparecen esporádicamente hasta el siglo XVI en la lírica popular. Así encontramos en los *Cancioneiros* del siglo XIV: *sedia la fremosa seu sirgo torcendo; eu al rio me vou banhar; louçana; levad' amigo que dormides as manhanas frias!;* y en Gil Vicente: *vi venir serrana gentil, graciosa; donde vindes, filha branca e colorida; un amigo que eu havia mançanas d'ouro m'envia.* Parece que sólo después de casi seis siglos se logró vencer la resistencia del carácter conservador del lenguaje rústico.

Entre los caracteres primitivos del gallego-portugués debemos mencionar aquí también la peculiaridad sintáctica del infinitivo «personal». En los casos en que resulta útil indicar la persona con un infinitivo, o cuando hay un cambio de persona entre el verbo principal y el subordinado en infinitivo, o cuando de otra forma no habría ningún indicio de la persona gramatical, el español emplea un pronombre personal en nominativo *(a ser yo tal)*, mientras que el gallego-portugués añade desinencias personales al infinitivo, y en ese sentido conjuga el infinitivo (1-2 *es*, 3-4 *mos*, 5 *des*, 6 *em)*. Este uso data de la época de unidad gallego-portuguesa y es frecuente en los *Cancioneiros* y en las *Cantigas de Santa María* de Alfonso X: *ben per está a os reis de amaren Santa María.*

La diferenciación entre el gallego y el portugués

Gracias a las innovaciones mencionadas, pero aún más a la decidida evolución del español —acelerada por la influencia de la superioridad del castellano sobre el leonés—, el gallego-portugués se convirtió en una lengua independiente en los comienzos del siglo XI. Los acontecimientos políticos de esa misma época reafirmaron dicha independencia. Los reinados de Fernando I, Sancho II y Alfonso VI conocieron el desplazamiento del centro de gravedad político hacia Castilla, y el último de estos reyes, después de confirmar la supremacía castellana al convertir la conquista de Toledo en una hazaña de dicho reino, puso la primera piedra al regionalismo de Galicia y a la independencia de Portugal nombrando condes de dichos territorios a dos hermanos: Raimundo y Enrique de Borgoña, respectivamente casado cada uno de ellos con una de sus hijas. De ambos era Portugal el feudo menos prometedor, por ser una porción de terreno, comprendida entre el Miño y el Mondego, abierta a las devastaciones de la guerra con los moros; pero quizá en razón de este peligro aspiró más firmemente a la independencia. El forcejeo para evadirse de la dependencia de Castilla duró a lo largo de la vida de Enrique de Borgoña, de su esposa, Teresa, y de su hijo Alfonso Henriques. El tercero se ganó el título de rey con la conquista de Lisboa, una de las más importantes capitales mozárabes, en 1147. Tras ese triunfo, el centro de gravitación del poder portugués se desplazó hacia el sur, alejándose de Galicia. El Miño se consolida cada vez más como una verdadera frontera; y, especialmente, tras la prosperidad comercial de Lisboa, comienza a alcanzar perspectivas marítimas la política de Portugal —por ejemplo, la amistad con Inglaterra y Flandes, sus más cercanos vecinos marítimos— completamente distinta de los intereses de Galicia, más bien continentales. Los primeros reyes de la casa de Borgoña residieron con frecuencia al norte del Tajo, si bien en los reinados de los dos últimos (Pedro I y Fernando) se produjo un rápido auge económico de Lisboa. Tal desarrollo tuvo su contrapartida en la lengua, en la cual se produjo una evidente ruptura con el gallego alrededor de 1350; después de 1383, la lucha contra Juan I de Castilla, que reclamaba la corona de Portugal para su mujer, heredera de Fernando, los triunfos militares de la patriótica casa de Avis, las aventuras atlánticas que culminaron con el viaje de Vasco da Gama, junto con el florecimiento de una vigorosa literatura en prosa, contribuyeron a la expansión de Portugal, mientras que Galicia, por el contrario, entraba en un período de decadencia regional. Hacia mediados del siglo XIV ambas lenguas iniciaban su período medio de desarrollo, caracterizado por la disolución de su primitiva unidad y conducente al establecimiento del humanismo en el siglo XVI.

La antigua lengua común la encontramos en documentos de distintos tipos, y especialmente bajo un ropaje de convencionalismos aptos para la lírica cortesana. Los autores que aportan su contribución a esta lírica no son solamente gallegos y portugueses, sino también leoneses, castellanos y andaluces, e incluso italianos. Sus patrocinadores fueron tanto Alfonso X de Castilla como Dinís de Portugal. Sin duda en Castilla no faltaban tampoco las canciones de tipo lírico, que cantaban sobre todo segadores, peregrinos y otras personas ocupadas en actividades comunales. Sería absurdo suponer que Castilla no tuviera su propia lírica y que estuviera entregada exclusivamente al cultivo de la épica y la prosa. Por otra parte, resulta innegable que la lírica gallega gozó de una más alta reputación, así como de la protección de la corte, y que es la única conservada por escrito. Prueba de ello es que se conocen los nombres de los poetas, desde el primitivo Palla, en la corte de Alfonso X, hasta el conde Pedro de Barcelos, supuesto compilador de los *Cancioneiros* y supuesto autor, también, de la obra en prosa *Livros de Linhagens*. Los *Cancioneiros* contienen la lírica secular, amorosa o satírica; las *Cantigas de Santa María* de Alfonso X constituyen su contrapartida religiosa. Este monarca, padre de la prosa castellana, fue el más prolífero autor de poesía gallego-portuguesa y su protector más representativo; su coetáneo Dinís, impulsor de la prosperidad agrícola portuguesa, le seguía en inspiración y mecenazgo. Airas Nunes, de Compostela, y Martín Codax, de Vigo, representan la más alta inspiración poética en la composición de los *cossantes* (como llama Bell a este tipo de composiciones), consideradas las más aptas para los cantos de amor de las mujeres. Tales composiciones representan la fuente autóctona del cancionero, y sin duda reside en ellas la razón, inconfesada, del prestigio de la lírica gallega; sin embargo, la mayor parte de la lírica conservada se había visto constreñida a adoptar las formas importadas de los trovadores provenzales —y tanto Alfonso X como Dinís veían en el triunfo de ese artificio la base de su extendida fama.

La unidad del gallego y el portugués no llega a adquirir una verdadera identidad ni siquiera en esta lengua convencional. Aparte de ciertas diferencias puramente gráficas, como *ll*, *nn* (más tarde *ñ)* en gallego (al igual que en castellano), frente a portugués *lh*, *nh*, de influencia provenzal, el gallego prefirió *n* y el portugués *m* para indicar una vocal nasal sobre la que además inscribía una tilde (˜). Sin embargo, los *Cancioneiros* frecuentemente emplean *n* en los poemas de autores portugueses, como ocurre en la lírica primitiva: *como vivo en gran cuidado*. En ortografía, una *h* sirvió también para añadir un elemento palatal a *m: mha senhor* «mi señora»; *mh'a mentido*, «me ha mentido». En morfología, la tercera de singular de los pretéritos en los verbos fuertes termina en gallego (al igual que en español) en *-o (fezo, quiso, disso, tevo, poso)*, mientras que en portugués termina en *-e* (*fez(e)*, *quis(e)*, *diss(e)*, *teve*, *pos*). En los poemas de Dinís se utilizan las formas portuguesas, excepto cuando hay una razón métrica para preferir las gallegas; tiene así 55 casos de *fez* frente a 3 de *fezo*, 24 *quis*, 2 *quiso*, 11 *disse* o *diss'* o *disso*, 1 *teve* o *tevo*, 7 *pos* o *poso*. Los verbos débiles de la conjugación en *-ir* forman su tercera de singular del pretérito: gallego *-eo;* port., *-iu;* gall., *ouueo;* port., *ouviu*. Encontramos también la oposición gall. *oydes, diamos;* port., *ouvís, demos*. Es característico del gallego el dativo del pronombre personal de segunda persona *che;* aparece una vez en portugués en la prosa de una ley de Alfonso III *(estas son as palavras per que a demanda he contestada por negaçon: non ch'o deuo, non ch'o conhosco)*, donde puede tratarse de un arcaísmo formulario legal , y otra vez en un texto de 1262 *(chu = ch'o)*. Dinís utiliza exclusivamente *te*.

Tras la compilación de los *Cancioneiros* en Portugal, la lírica gallega continuó en boga hasta principios del siglo XV en la corte de Castilla. La situación se modificó durante la vida de Alfonso Alvarez de Villasandino, el último trovador, y de Juan Alfonso de Baena, editor del *Cancionero de Baena* (1445). Si el marqués de Santillana tiene una canción gallega, su abuelo había sido un notable poeta en esa lengua. En prosa, ningún convencionalismo fue capaz de evitar la división entre el gallego y el portugués, y así encontramos por parte portuguesa los *Livros de Linhagens, Livro da Montaria, Leal Conselheiro, Demanda do Santo Graal* y las grandes crónicas de Fenão Lopes y Zurara, que suponen un notable conjunto de diferencias con relación a obras gallegas tales como la *Crónica Troyana* y *Crónica General*, de 1404 (parcialmente en castellano). La última obra mencionada tiene formas como *moy(to), froyto, çibdade, gãando, régeo* (gall. mod., *rejo), igllesia* (gall. mod., *ilesia), obispo* (un castellanismo); *-s* en *Roys, Gomes, Peres; -eu* en *saeu, departeu, oyeu; -o* en *fezo, teuo, disso*, y *che*, frente a port. *mui(to), fruito, cidade, gado, rijo, igreja, bispo, Roiz, Ruiz, Gómez, Pérez, saíu, departiu, ouviu, fez, teve, disse, te*. Tales diferencias, aunque pequeñas, demuestran que hacia el siglo XV el gallego y el portugués inauguraban ya una vida independiente.

El portugués moderno

Los años comprendidos entre 1500 y 1550 conocieron, tanto en Portugal como en España, la transformación de las condiciones lingüísticas de la Edad Media, dando paso a una lengua adulta e imperial. Fueron años de una actividad física y mental intensa. Las pacientes exploraciones emprendidas por Enrique el Navegante hacia el sur, a lo largo de la costa africana, alcanzaron su recompensa cuando Bartolomeu Días circunnavegó Africa, y se vieron felizmente coronadas por la llegada de Vasco de Gama a Calicut en 1498. En los cincuenta años siguientes llegó a establecerse una situación de dominio sobre el océano Indico gracias a los esfuerzos de Almeida y Alburquerque, apoyados en las bases de Ormuz, Diu, Goa, Cochin y Malaca. Las costas africanas formaban parte de este esquema en la medida en que podían servir de escala a las tropas en tránsito. Situado más allá de los estrechos de Malaca, Macau abría la puerta de China desde el sur; Japón llegó a ser alcanzado por San Francisco Javier y Mendes Pinto; por su parte, Ternate, Amboina, Java y el archipiélago de las Especias constituían, en su conjunto, una deslumbrante fuente de riqueza para Portugal. El éxito logrado se les subió a la cabeza a los habitantes de la metrópoli, aunque también sirvió de acicate a las inteligencias más despiertas. Gil Vicente, el más agudo observador de la época, habla de los *fumos da India,* y se lamenta del empobrecimiento del campo en contraste con el auge y enriquecimiento de la corte y de la capital. Hacia el final del siglo XVI la talasocracia portuguesa sufrió la rivalidad de Holanda, que había concebido el proyecto de navegar hasta las islas de las Especias. La lucha de este país con Inglaterra se sostuvo a lo largo de la primera mitad del siglo XVII, mientras que Portugal era unido al carro del Imperio español; pero la entrada en escena de Inglaterra en Bombay y en el comercio con la India resolvió la situación. Portugal quedó en posesión de la mayoría de sus colonias, mientras que sus vagas pretensiones sobre Africa continuarían en estado latente hasta que se concretasen en las colonias de Angola y Mozambique ya durante el siglo XIX.

El descubrimiento de Brasil, tanto si fue accidental como deliberado, debe considerarse como un subproducto de los viajes a la India. Desde la fecha del viaje de Cabral, en 1500, y durante todo el siglo XVI, dicha colonia mereció poca atención. Sin embargo, su crecimiento fue sólido y los colonos lograron expulsar a los holandeses de Pernambuco en 1654. Desde ese momento Brasil comenzó a compensar a Portugal de sus pérdidas en la India, y su importancia se fue consolidando sobre la base de una serie de riquezas como la caoba, el azúcar, los diamantes, el caucho y el café. En 1808, cuando Junot ocupó Lisboa, la familia real se trasladó a esta inmensa colonia, y la elevó a la categoría de reino. Tanto João VI como Pedro II se mostraron remisos en volver a la madre patria, menos rica. Brasil se convirtió en un imperio (1822) antes de establecerse como república (1882) siguiendo el ejemplo de otros Estados americanos.

Las direcciones y fechas en que se produjo la expansión portuguesa han tenido como consecuencia el limitar su influencia en la historia de la lengua. Sus primeras empresas se ciñeron al Viejo Mundo, cuyas plantas y animales, en líneas generales, resultaban familiares a los portugueses. Los mercaderes portugueses, a su llegada al continente asiático, desplazaron a los árabes, sus tradicionales enemigos desde la invasión de la Península ibérica. Las contribuciones de las lenguas de Asia al portugués resultan, por consiguiente, de un interés limitado: *cha* y *chavena* están tomados directamente del chino mandarín (*ĉa*, *ĉa wan*), *azagaia* se tomó de nuevo del árabe para designar las armas utilizadas por las tribus africanas, e *inhame* es otro término que puede aducirse como testigo de esos viajes; *samorim*, *naire*, *sabaio* son nombres de jefes y oficiales indios, de un alcance meramente local. Para los principales elementos del nuevo comercio —*cravo, pimenta, especiarias, marfim*— existían ya nombres antiguos bien arraigados. Por otro lado, el lento desarrollo del Brasil permitió una neta prioridad al español para dar nombre a las plantas, los animales y las instituciones del Nuevo Mundo. Los nombres aravacos, caribes, nahuatl y quechuas se utilizaron para designar los objetos que llamaban la atención de los europeos, mientras que las lenguas tupi del Brasil sólo sirvieron como complemento de las de sus rivales. La contribución tupi-guaraní a la lengua del Brasil es de suma importancia, aunque el portugués de Europa se contenta prácticamente con incluir los términos que adoptó el español: *jaguar, capibara, aï, mandioca, tapioca,* etc.

Las actividades intelectuales del período comprendido entre 1500 y 1550 estuvieron en conexión con el renacimiento humanístico y con la creación de una literatura que culminó en Camões (*Os Lusiadas*, 1557; *Rimas*, 1559). La naturaleza de esa influencia la hemos indicado ya al considerar el desarrollo del español en la misma etapa. En lugar de los préstamos tomados del francés o del provenzal que caracterizan el período medieval (fran.: *achatar, dayan, Denis, Diniz, mester, rua, jardim*, etc.; prov.: *assaz, freire, manjar, trobar*, etc.), es el italiano el que se constituye en fuente de los términos artísticos, militares y comerciales, tomados también por el español como ya hemos visto. La corriente de galicismos surgiría de nuevo bajo la casa de Braganza, como ocurriría en España bajo la de Borbón.

Esta época conoció una renovación del elemento latino del vocabulario, como en español, pero la ortografía «etimológica» experimentó un empuje aún mayor en Portugal. Encontramos con frecuencia, en textos portugueses de este período, las grafías *sc-, sp-* (*scientia, spirto*), así como también la introducción helenizante de *ph, th, ch*, en el siglo XV, que se mantendría hasta épocas recientes. Los neologismos latinos se admitían con precaución, hasta el punto de que una crítica hostil a tales innovaciones no fue capaz de encontrar en Camões más de 118. Los logros modélicos de la prosa y de la poesía portuguesa se llevaron a cabo cuando los que intentaban enriquecer la lengua practicaron una política de sobriedad clásica. Después de la muerte de Camões se infiltraron en Portugal las extravagancias gongorinas; pero fueron identificadas como propias de una lengua extranjera y de unos escritores portugueses que habían abandonado el uso de su propia lengua. Como reacción inevitable, en el siglo XVIII se volvió a exaltar la sobriedad del período comprendido aproximadamente entre 1550 y 1580, hasta el punto de que un poeta de la categoría de Bocage llegó a modelar su propia poesía sobre los cánones de Camões.

La gran tradición de las crónicas medievales concluyó a principios de la época renacentista. Las crónicas de Fernão Lopes, que fueron cuidadosamente copiadas por los escribas de la corte del rey Manuel, muestran el terreno conquistado por el portugués, así como su desarrollo lingüístico y ortográfico en los umbrales de la Edad de Oro. El *Cancioneiro* de García de Rezende (1516), que ofrece una perspectiva totalmente medieval, es un fiel espejo de la corte. El rey Manuel el Afortunado, preocupado por la alianza con España y empeñado en una política matrimonial, marca el cenit de la época castellanizante, que amenazó con reducir el portugués a la situación de un dialecto. La hegemonía castellana se deja percibir en los primeros poemas de Gil Vicente, que ejerció su actividad dramática entre 1502 y 1536, años realmente fructíferos en cambios lingüísticos: en sus primeras obras los personajes serios hablan castellano —un castellano en cierta medida aportuguesado— y en las últimas utilizan el portugués. El castellano es la lengua que emplea para dramatizar el material literario tomado de Castilla, así como para todas sus canciones. En la lengua que utiliza, al igual que en su técnica literaria, Gil Vicente continúa siendo medieval; es el último que busca inspiración en los *cossantes,* y después de él la improvisación popular adopta el nuevo cuarteto que perdurará hasta nuestros días. Es especialmente sensible a las distintas variantes del portugués: distingue cuidadosamente entre hombre de campo y de ciudad, cristiano y judío, negro y gitano. Sus campesinos emplean la lengua arcaizante de la provincia de Beira, con *er, semos* por *somos, dixe* por *disse, aito* por *auto, som* por *sou, quige,* o *fige* por *quis* o *fiz, catar* por *mirar, casuso, omagen* por *imagen,* segunda de plural en *-ad*(*s*), *-ede*(*s*), *-ide*(*s*) por *-ae*(*s*), etc. Características populares son también las interjecciones arcaicas *(bofá, aramá, samicas, dá ó demo),* y las formas vulgares de los nombres propios. Los judíos prefieren *oi* a *ou* (*doitor, coisa, moiros, poica*); las diosas griegas acusan en su pronunciación el rasgo que João de Barros llama *o çeçear çigano de Sevilha;* un negro habla el portugués característico de Guinea (*a mi falla Guiné*) con una morfología y una sintaxis desastrosas; un moro cambia *x* por *s*. El joven Sá de Miranda se orienta hacia una poesía italianizante y humanística, aunque su mejor obra esté compuesta en metros tradicionales; reivindica la excelencia literaria del portugués, aunque también cultivó el castellano. Antonio Ferreira, el autor de *A Castro* (1567), es el único poeta de alto rango que rechazó todo coqueteo con el castellano. Sus versos conducirán al pleno desarrollo de la lengua en Camões, Diogo Bernardes, Agostinho da Cruz, así como Barros, Castanheda, Couto y otros. Duarte Nunes do Liâo nos proporciona una descripción de este estadio lingüístico en su *Orthographia da lingoa portuguesa* (1576) y en su *Origem da lingoa portuguesa* (primera edición en 1606, pero escrita antes de 1601). Entre los autores postclásicos quizá el más interesante desde un punto de vista estilístico sea Francisco Manuel de Melo, un conceptista convencido y uno de los mejores prosistas tanto del español como del portugués; representa, sin embargo, una tendencia que no fue continuada por los contemporáneos de Bocage. Bocage trae de nuevo consigo la influencia del francés, que aumentará con el romanticismo (Almeida Garret, Herculano), el realismo (Eça de Queiroz), el parnasianismo, el simbolismo y otras escuelas literarias posteriores.

Los cambios producidos en la época a que nos estamos refiriendo afectan al vocabulario, a los sonidos y formas de la lengua y al orden y combinación de las palabras en la frase. Ya hemos mencionado algunas de las consecuencias producidas en el vocabulario por las experiencias de la época. A ello hay que añadir ciertos ejemplos del uso y desgaste de la lengua: palabras que desaparecieron, como FINIRE, *fĩir, fiir*, sustituida por *acabar; catar; mãer, maer*, MANERE, reemplazada por *fincar;*

términos que son solamente dialectales, como RADERE, *raer, rer;* BASÍLICAS, *Baselgas;* y palabras que continúan en uso en la lengua *standard,* aunque muy transformadas, como FENESTRA, *fẽestra, feestra, freesta, fresta.*

La ecuación *oi* = *ou* es anterior a la Edad de Oro, y ejerce aún su influencia sobre el portugués hablado. *Ou* surge del latín AU (*cousa, pouca,* CAUSA, PAUCA) y AL + + consonante (*souto, outro, outeiro,* SALTU, ALTERU, ALTARIU); *oi* surge por metátesis de -ORIU (*Doiro, coiro,* DURIU, CORIU) o por palatalización de -CT- (*noite,* NOCTE). Pero por disimilación *ou* da *oi* (*coisa, ouro, oiro,* AURU), e inversamente -ORIU, -URIU, *-oiro, -ouro* (*Douro*). En los semicultismos -CT- da *ut,* como en español: *auto, doutor* (más tardíamente da *t* precedida por una vocal abierta: *dòtor,* escrito *doctor*). De ahí que en palabras antiguas, como *noite,* se introduzca la alternativa *noute.* El uso varía. En términos generales, las formas literarias de lenguaje emplean *ou,* mientras que las coloquiarias *oi;* la *Rua do Ouro* se pronuncia generalmente en Lisboa [d'oi̯ru]. Pero mientras que *coisa* es habitual, *oitro* se utiliza solamente en la lengua vulgar de los «saloios», cercanos a Lisboa, y Gil Vicente atribuye *doitor, poica,* etcétera, a los judíos, sin duda por su condición de inveterados habitantes de ciudad, de clase social baja. *Ou* es un verdadero diptongo en Galicia y norte de Portugal [ou], mientras que en Lisboa y en portugués *standard* es una vocal [o], al igual que en español.

La lengua medieval se caracteriza por los numerosos casos de vocales en hiato. La desaparición de *-l-* o *-n-* dejó en contacto a vocales que no se contrajeron en un primer momento, y lo mismo ocurrió con la pérdida de otras consonantes: POPULU, *poboo:* port. mod., *povo;* GENERALE, *geeral:* port. mod., *geral;* MEDIETATE, *meatade:* port. mod., *metade;* TENERE, *tẽer:* port. mod., *têr;* PERSONA, *pessõa:* port. mod., *pessoa.* Incluso en los *Cancioneiros,* que representan la lengua del siglo XIII y principios del XIV, estas vocales no siempre se mantienen diferenciadas; así encontramos *fe ben seer* como monosílabos, junto con las vocales normales en hiato de *creede,* *loor, seer, rijir, veer, doo, tẽedes,* etc. La tradición ortográfica duró sin duda más que el hiato, y se mantuvo por la conciencia de longitud (como en gallego moderno) y apertura vocálica. Así el manuscrito 20.946 del Museo Británico, de Fernão Lopes, de finales del siglo XV, conserva con regularidad las dos letras cuando la vocal procede de hiato; por ej.: *beesta* y *beesteiro,* «ballestero», no se confunde con *besta,* BESTIA. En el *Cancioneiro de Rezende* (1516) *moor, fee, beems* son monosílabos; *alguum,* bisílabo; *geeraçam,* trisílabo. En la copia de Fernão Lopes de Alvaro de Couto de Vasconcelos realizada en 1538, la geminación de vocales es ya arbitraria (por ej., *Braaguaa* por *Bragaa,* BRACARA), lo que demuestra que el copista no era ya consciente de ninguna razón válida para mantener la longitud vocálica; y lo mismo ocurre con los autores originales de la misma época. Estas vocales largas tienden también a pronunciarse abiertas, y resisten la tendencia a oscurecer las vocales átonas. Tal pronunciación, indicada por un acento grave, es todavía corriente en una serie de palabras: *pàdeiro,* «panadero»; *càveira,* «calavera», CALVARIA; *gèração,* «generación»; *crèdor,* «acreedor»; *Càmões, bèsteiros, còrado,* «colorado». Las contracciones iban acompañadas de desnasalización, por lo cual port. ant., *viir, viinr* dio *vir; teer* evolucionó hasta *ter; boõa, bõa* dio *boa,* etc. En los casos de *éo, éa,* Gil Vicente mantenía todavía las formas medievales *alheo, meo,* y Nunes do Lião se empeña en 1576 en que sólo estas formas son las correctas; pero Camões normalmente emplea las formas modernas *-eio, -eia* (*arreceio, rodeio, alheio, freio, cheio),* aunque permitiéndose la licencia de formas más antiguas en las rimas, por ej., para los latinismos *Cyterea Dea* admite *arrecea,* para *Amalthea, rodea.*

La terminación *-ã* representa -ANA, pero el port. mod. *-ão* es el resultado de varios sufijos antiguos, así como su origen etimológico -ANU: LANA, *lãa, lã,* «lana»; ROMANU, *Romão.* -ONE dio en port. ant. *-om:* RATIONE, *razom,* y *razaom* no empieza a aparecer hasta el siglo XIV. La tradición manuscrita mantiene *-om* en el ms. 20946

(Fernão Lopes), frente al que el manuscrito de la Torre do Tombo presenta regularmente *-ão*. El *Leal Conselheiro* del rey Duarte (1428-28) tiene *irmaão*, GERMANU, y *carvom*, CARBONE; pero su *orfom*, ORPHANU demuestra que este *-om* no sonaba diferente al oído que *-ão*. -ONU *-om*, como en BONU, *boom*, *bom*, sonaba de una manera perceptiblemente diferente de -ONE *-om*, sin duda menos abierto; y esta situación ha persistido hasta hoy. La tercera persona de plural de los verbos (-UNT) dio también *-om*, que sigue la misma historia que -ONE *-om*. El sufijo -ITUDINE en port. ant. aparece como *-idue*, pero ya en los textos más antiguos se ha asimilado a -ONE en las formas *-õe*, *-õ*: MULTITUDINE, *multidõe*, *multidõ*, *multidom*, y acompañó a ONE cuando éste se asimiló a -ANU *-ão* a lo largo del siglo XV. Finalmente, -ANE aparece primero como *-ã-am*: CANE *cã*, *can*, *cam*, «perro»; PANE, *pã*, *pam*, y en el siglo XIV se distingue de la *-ãa* de -ANA y del *-ão* de -ANU; pero en la última parte de dicho siglo acabó coincidiendo con este último: *cão*, *pão*. En el plural continúan observándose las distinciones originales: *lã*, *lãs*; *irmão*, *irmãos*; *coração*, *corações*; *certidão*, *certidões*; *pão*, *pães*; *bom*, *bons*; *jejum*, *jejuns*; *bem*, *bens*. *El Cancioneiro de Rezende* ofrece *-om* y *-ão* rimando juntos en los casos mencionados más arriba, de manera que el primero, hacia 1516, era a lo sumo un dialectismo y una tradición escriturística.

Como en español, este período fue testigo de un progreso consciente en la evolución de las silbantes, si bien el portugués no pasó de la serie sonora a la sorda. El portugués poseía, al comienzo del siglo XVI, siete silbantes: *s-*, *(-ss-)*, *-s-*, *ç z*, *x*, *j*,*ǵ*, *ch* pronunciadas [ś, ź, *s*, *z*, *š*, ž,ĉ]; *ç* y *z* tenían originariamente el valor de africadas [ś ź], pero ya en 1277 aparece en el Algarve *susesores* = *successores* y *synqy* = *cinque*, en Lisboa (1296). La transcripción árabe *sîn* demuestra que los sonidos no eran africados en posición débil, sino más bien en posición dorsoalveolar [s, z]. En los dialectos de Tras-os-Montes y Entre-Douro-e-Minho se distingue todavía la *s* de *ç*, *z*; allí es cacuminal, como en español, es decir, pronunciada levantando la junta de la lengua hacia el cielo de la boca, de manera que el lugar de mayor contracción de la cavidad bucal corresponde a la junta de la lengua, no a la parte delantera de su base. Esta [ŝ ẑ], se confundía fácilmente con [š ž], tanto por parte de los mozárabes (*ximio, xarope, enxofre,* SULPHUR) como de los norteños (port. ant., *xe, xi,* SIBI; port. ant., *pugi, quigi,* POSUI, QUAESI; port. ant., *prijom;* port. mod., *prisão).* Es evidente que [ś ź] eran los sonidos atribuidos a *ss, s* en la corte del rey Don Manuel, si se tiene en cuenta que Gil Vicente hace a su *Moura Taes* (1519) cambiar todas sus *esses* en *exxes.* El mismo hecho demuestra que la pronunciación dorsal de *ss s* era, en esa época, típica del Algarve y del sur, y de hecho se continuaba con la *s* dorsal del español de Andalucía. La adopción de este vulgarismo por parte de Lisboa condujo a su aceptación como norma de pronunciación. D. Luis Caetano de Lima (*Orthographia,* 1736), lisboeta de nacimiento, no notaba diferencia entre *s* y *ç;* como tampoco C. A. du Bruillar en 1700; sin embargo, dicha diferencia se percibirá en Bragança en 1739. *X j* poseen todavía sus antiguos valores de [š ž], aunque ésta última ha perdido por completo su carácter [ĵ]. *Ch* era africada [ĉ] en portugués hasta el siglo XVIII (en 1739 aproximadamente), en que pasó a [š]. Parece probable, pues, que para Camões las silbantes fueran todavía [ś ź s z š ž ĉ], aunque las pronunciaciones meridionales de *s* iban ganando terreno.

En la conjugación y declinación se produjeron cambios entre 1500 y 1550 que desembocaron en las formas modernas empleadas por Camões. La tercera persona de plural -UNT había dado ya *-ão.* La segunda persona de plural -TIS -TE siguió siendo *-des -de* hasta mediados del siglo XV. En el *Leal Conselheiro* del rey Duarte (1428-38) aparece *podedes, diredes, achades, notade, consiirade, façades, parade,* pero también *dizee, filhay, louvees, queiraes, ponhaaes, avisaae.* Las cancillerías continuaron empleando formas en *d* (*façades* 1462, *sabede* 1483) y Gil Vicente las pone en boca de personajes plebeyos, mientras que los de buena sociedad emplean palabras como *passeae, andae, esperae*. Todavía se conservan en portugués formas en *-des*, bien cuando siguen a una nasal *(vindes, tendes)* u otra consonante (*pôrdes, puderdes*), bien en la conjugación de verbos monosilábicos *(ide, ides, credes, vede)*. El participio pasado en *-udo* se mantuvo hasta entrado el siglo XV, en que dio paso a *-ido*, y concertaba con el objeto en género y número hasta muy avanzado el siglo XVI. Se conservan *teúdo, manteúdo, conteúdo, temudo*, pero sin valor participial alguno. El participio de presente en *-nte* no aparece hasta 1563, en que Garcia da Orta escribe *estante em Goa*, y después cede ante el gerundio en *-ndo (estando em Goa)*. Entre la conjugación medieval y la moderna existen las siguientes diferencias: la pérdida de la *-i* en la primera persona del singular del pretérito indefinido *(pugi, puge, quige*, gall. mod., *pujen, quijen;* port. mod., *pus, quis)*; la sustitución analógica de *fizeste, ardo, sinto, quereria* por *fezeste, arço, senço, querria;* en los verbos «ser» y «estar»: *sou, seja, esteja* por *som, sam, sia, esté;* el uso restringido de *haver*, salvo en sentidos impersonales. Barros en su *Clarimundo* (1520) pudo escribir todavía *como todas estas cousas houverão fim*.

Otra serie de cambios menores afectaron a los nombres y a las partes más pequeñas de la oración. Los adjetivos en *-êe -nte -or*, referidos frecuentemente a personas, continuaron usándose tanto para el masculino como para el femenino en la Edad de Oro del portugués; los terminados en *-ez -es* átonos añaden una *-es* ulterior en el plural: *ourívezes*, port. mod., *ourives*. La lengua medieval disponía de una serie de pronombres posesivos (como *mha, ta, sa, irmãa)*, que se perdió antes de que alcanzase su madurez; y tanto entonces como en la Edad de Oro era posible prefijar *aqu-* a *este ese* como ocurría en *aquele*.

El galego.

A partir de la escisión del gallego-portugués, hacia mediados del siglo XIV, el dialecto gallego *(galego)* siguió su curso regional por separado. Desde 1350 a 1500 aproximadamente, esta lengua conservó su carácter oficial en los documentos de la región, así como sus rasgos de gran conservadurismo, si bien estuvo expuesta cada vez más a la intrusión del castellano. El *galego* era la lengua convencional de la lírica cortesana no sólo en Galicia, sino también en Castilla, hasta el año 1400 aproximadamente, y asimismo fue utilizada para la redacción de algunas obras en prosa, de las cuales la más importante es la traducción del castellano de la *Crónica Troyana;* no eran, sin embargo, lo suficientemente numerosas como para constituir una literatura en prosa. Entre tanto el prestigio del castellano iba en aumento no sólo como lengua oficial, sino como portador de una cultura más amplia. En un documento escrito en Santa María de Monferro el 12 de octubre de 1501 encontramos castellanismos tales como *uno lo lamamento (llamamiento), fijos, nyetos, camino, año.* La lengua se hundió hasta quedar en situación de mero dialecto, y en tal sentido, durante los siglos XVI, XVII y XVIII raramente se la consideraba apropiada para documentos legales, y no poseía literatura propia. Continuó sirviendo, en forma más o menos corrompida, para las relaciones familiares y para el trato general dentro de la región; pero se consideró inapropiada otros para empleos, como se puede ilustrar por una práctica moderna en Ferreiros (Orense), en donde los sermones e incluso las oraciones privadas se hacen sólo en español. Ligado a la órbita de España, el gallego se vio privado de las adquisiciones culturales del portugués en su Edad de Oro, pero recibió, un tanto pasivamente, las palabras añadidas al español, particularmente los nombres de cosas nuevas como los italianismos *centinela, escopeta, piloto,* y los americanismos *chocolate, petate, cacique, tabaco, furacán, tomate, canoa.* En los dialectos que han renunciado a pretensiones culturales existen menos motivos para adoptar desarrollos cualitativos; así, pues, fue inundado por una oleada de castellanismos que desplazaron a palabras nativas perfectamente adecuadas: *llano* por *chao, conejo* por *coello, güeco* por *oco, güeso* por *oso, cual* por *cal, ostede* por *vostede,* etc. Lo característico de dichos préstamos es su inutilidad y, en algunos casos, pecan hasta de vulgares *(güeso, güeco* frente a *hueso, hueco* en habla correcta española). La invasión persiste todavía. El ferrocarril ha acercado la región a Madrid, y con ello se ha aumentado la demanda de una lengua de mayor utilidad que la local. Las ciudades más grandes (Vigo, La Coruña, Santiago, Lugo) son centros de castellanización, aparte de albergar a pequeños grupos dedicados al culto de la lengua local; y la enseñanza es en español. Los gallegos tratan de realizar en Madrid su carrera literaria o política, o emigran en busca de otros medios de vida a diversas tierras europeas y americanas. Notables escritores españoles son gallegos de origen: Rosalía de Castro, la condesa de Pardo Bazán, don Ramón del Valle Inclán. Incluso han ejercido una influencia en el castellano, como el reempleo de las formas verbales en *-ra* con valor de indicativo, o de *aquillotrar*. Por otra parte no sólo entran en Galicia palabras castellanas, sino también la pronunciación, como la interdental de la *z*.

En el siglo XVIII se inició un renacimiento del interés por el gallego. Era una época de investigación de lo antiguo. El padre Sarmiento confeccionó un glosario de palabras oídas en la provincia de Pontevedra. En 1708 tuvo lugar un debate poético en *galego,* y el cura de Fruime publicó en sus obras (1778-81) varios poemas en dicha lengua. La fuente de resistencia del gallego era la práctica de improvisación poética a cargo de mujeres, que al parecer había seguido un curso ininterrumpido desde las más remotas épocas. Sin embargo, se había operado una diferencia de forma: mientras que los antiguos *cossantes* eran en dísticos, las improvisaciones modernas son, de un modo característico, en cuartetos. No obstante, en la poesía popular moderna de Galicia no sólo se han empleado cuartetos octosilábicos, sino también otros tipos de metros: los más influyentes han sido los tercetos y los endecasílabos de ritmo ternario. Además de la adhesión del campesino a su lengua materna, y precisamente por ello, el gallego ha gozado del apoyo de un caudal considerable de poesía espontánea, a veces socarrona, patética otras, de valor estético variable, pero siempre de carácter íntimo. El resurgir literario del gallego en el siglo XIX se basó en este tipo de poesía, parcialmente influido, además, por las teorías federalistas con respecto al Estado español y por el renacimiento catalán. Una poetisa de feliz espontaneidad (Rosalía de Castro) escribió con una frescura de estilo que contrastaba con el formalismo académico de sus contemporáneos de Madrid. Eduardo Pondal explotó la inspiración local en algunos versos afortunados, y Curros Enríquez intentó emplear la lengua y técnica locales en temas de interés humano general. La poesía en gallego sigue vigente, existe una academia que protege los estudios regionales y no han faltado intentos serios de crear una literatura en prosa.

El área gallega carece, no obstante, de unidad completa, tanto en la época moderna como en la antigua, y uno de los obstáculos para un renacimiento de la lengua es su propia fragmentación dialectal. Se habla en cuatro dialectos, correspondientes a las provincias de Coruña, Lugo, Orense y Pontevedra. Sin embargo, la situación es mucho más complicada de lo que supone una estimación de este tipo; pero por lo menos los nombres de estas ciudades indican otros tantos centros de irradiación de ciertas formas. Así, la oposición *chan* frente a *chao* (PLANU) ocurre principalmente entre Pontevedra por una parte y Coruña y Lugo por otra, aunque existen excepciones recíprocas; *tu* es la forma pronominal de Lugo y gran parte de Orense, frente a *ti* en Coruña y Pontevedra; la tercera persona de plural del pretérito en *-ano* se oye principalmente en las zonas septentrionales de La Coruña; formas analógicas *faguer, figuen, tanguer,* por *facer, fijen, tanger* pertenecen sobre todo a Orense, y la *z* interdental irradia principalmente desde Pontevedra.

El sistema fonológico gallego es, comparado con el portugués, notablemente arcaico, aparte de su tendencia a desaparecer por la presión del castellano, la cual se deja sentir tanto en el habla como en la ortografía. En lo que al habla se refiere, la [θ] castellana, como hemos visto, tiende a asimilarse a *ç, z*. Desde el punto de vista ortográfico, el hecho de que el castellano no emplee tildes con las vocales hace que las vocales nasales del gallego se indiquen mediante vocales simples o por *n*. Tales enmiendas ortográficas influyen en la pronunciación de dos maneras: o se desnasalizan las vocales gallegas o se reconsonantiza el elemento nasal. De aquí gall., *homes, virges, quintás, patrós, negús, irmao(s), chao(s)*; port., *homens, virgens, quintans, patrões, nenhuns, irmão(s), chão(s)*; y gall., *gando, monllo, painzo;* port., *gado, molho,* pero *painço*. La *l* gallega no es velar ante otra consonante, como en portugués, sino que tiende a adquirir una resonancia nasal. En los plurales se nota a veces la influencia castellana: gall., *iguás, criminás, papés, aqués, fusís, mos, azús* (por asimilación de formas más antiguas de plural en *-aes, -áas,* etc.) o *catedrals, vals, vales, mortales, papeles, aqueles, fusiles, moles, azuls*.

Las vocales gallegas que resultan de la contracción de vocales que han quedado en contacto por pérdida de *-l-, -n-*, son todavía más largas y más abiertas que las vocales no procedentes de contracción, aunque no siempre se ha conservado el recuerdo de este proceso. Tal diferencia de cantidad ya no se percibe en portugués, donde sólo se conserva una mayor abertura en algunas palabras. De modo análogo, aunque las vocales finales son mucho más relajadas en gallego, no pierden completamente su timbre como ocurre en portugués. Al portugués *ui* corresponde en gall. *oi* en *moito, coito, froita, coitelo;* port., *muito, cuito, fruita, cuitelo*. En el sistema consonántico, el gallego comparte isoglosas con el castellano en dos casos importantes: *b, v* son idénticas [b], como en portugués del norte, pero no en portugués *standard;* las silbantes se han simplificado en una única serie sorda. Lo primero no sólo afecta al castellano, sino también a una gran parte del dominio catalán; lo segundo se extiende más allá del castellano, al valenciano. Así *z* > *c* en *decer, facer, viciño,* y *s* representan tanto el grupo antiguo *-ss- (paso)* como *-s-* (*casa*). Existen casos de pronunciación cacuminal de la *s* [ś] como aquellos en que pasa a palatal; por ejemplo, en NASU, *najo,* «nariz»; *registir, quijen,* QUAESI, etc. Esta *j* se pronuncia como una africada palatal sorda, y equivale así a *ch* [ĉ], pero hay casos en los que ha sido identificada con la fricativa *x* [š]; y en algunos lugares se conserva la pronunciación sonora (como en *Ferreiros; cruzes, jardĩs, janeiro, jolho*). El paso de *-st* a *ch* es característico del gallego, tanto antiguo como moderno, aunque tuvo lugar también en el portugués más antiguo: FECISTI, *fijeche, figueche;* QUAESISTI, *quijeche.* Así, la segunda persona singular del pretérito indefinido es *-che* en gallego y *-stes* en portugués. Un cambio local y relativamente moderno del gallego es el que consiste en convertir la *g* inicial (ante *a, o, u)* en una aspirada [*h*], que se identifica, aunque no correctamente, con esp. *j* [x].

El sistema verbal gallego cuenta con el infinitivo personal característico de todo el grupo gallego-portugués, y también en la metafonía de las vocales tónicas. En cuanto a desinencias personales, dicha lengua conserva todavía rastros de *-d-* en la segunda persona de plural, usa *-ch-* en vez de *-st-* en el indefinido (segunda de singular y a veces también de plural), y nasaliza la vocal final de la primera persona de singular del indefinido ya como *-in* (port. ant. y gall. *-i)* o *-en.* Así, para los tiempos formados sobre el tema de presente, las desinencias personales son *-s-, -mos, (d)es, -n* y para el indefinido *-en (-i, -in), -che* (*-ches, -ste, -stes*), *-mos, -stedes,* (*-chedes*), *-ron (-no).* La acentuación de la primera y segunda persona del imperfecto de indicativo y de subjuntivo es como en latín *(cantabámos, falasémos,* etc.) y no se retrotrae a la primera sílaba del sufijo como en español y portugués (*cantábamos, falásemos*). La segunda persona de plural del imperativo tiene varias formas: *ama-*

de, amá, amai, amaide. Los verbos en *-ir* en gall. ant. formaban la tercera presona de singular del indefinido en *-eo,* port., *-in.* Los verbos fuertes muestran en gallego formas analógicas, que no se reencuentran en portugués, debido a la falta de norma y enseñanza escrita de la lengua materna. DICERE da, por ejemplo, *dicir, decir, dicer, decer,* y FACERE, *facer, far, fayer, faguer,* con un pretérito *fijen, figuen;* en el imperfecto del indicativo, *ir,* da *iba, ia, iña,* y el pretérito es *fum, fuche* (*foche*), *foi,* etcétera. Los pronombres y otras palabras pequeñas de uso frecuente ofrecen una serie de formas que difieren del portugués, como gall. *unha, duas* (así como *dous*), *ise, il, miño* (así como *meu*), *mia, miña, ña, cal, alguén, ul, dulo,* etc.; port., *uma, dous, ese, ele, meu, minha, qual, alguem;* esp. *en dónde está él, de dónde viene él.* Resalta mucho en gall. moderno el dativo *che* (esp., port., *te*) por su amplio uso como dativo de interés, para dar vivacidad a la conversación, incluyendo constantemente en ella al oyente como parte interesada: *s'un rayo che fende de súpeto a barca,* «si un rayo rompe la barca súbitamente». El acusativo es *te,* pero a veces se encuentra *che.*

Dialectos portugueses.

Un aspecto de las diferencias entre los dialectos arcaizantes del norte y la lengua *standard* de la capital, de Lisboa, aparece ya a comienzos del siglo XVI en las piezas de Gil Vicente, cuyos campesinos usan coloquialismos de la provincia de Beira; el primer gramático portugués, Fernão de Oliveira, los recoge ya en su *Grammatica da linguagem portuguesa* (1536), y más tarde otros gramáticos, como João de Barros (1540) y Duarte Núnes do Lião en obras compuestas en el primer cuarto del siglo XVI. Estos autores citan peculiarmente del dialecto «minhoto»: el uso de *b* por *v,* la conservación del antiguo *-om* y la inserción de *y* como sonido de transición cuando se presenta la secuencia de *aa:* citan *fizerom, amarom, taballion, cidadom; bida, bos, bossa; ay alma,* *ay agua*, por *fizeram, amarão, tabalião, cidadão, vida, vos, vossa, a alma, a agua*. Tales rasgos, propios del norte de Portugal, son comunes al gallego y representan la transición gradual de esta lengua —como lengua más próxima— hacía el portugués de Lisboa. Su situación presente e ininterrumpida data de los comienzos de la Reconquista, cuando el Duero quedó como frontera frente al Islam; con las consecuencias de que en esta región existe todavía hoy una diferencia dialectal mayor con respecto al resto de Portugal, y de que en ella la frontera lingüística con España no puede establecerse con precisión. En Miranda, ya en suelo portugués, se habla leonés, aunque naturalmente en forma muy portuguesa, y, por el contrario, se habla portugués en Ermisinde; hay, además, curiosas formas de dialectos de transición en Riodonor (pueblos gemelos, uno español y otro portugués), en Guadramil y en Sendim. En el sur éstos no franquean la frontera excepto en Olivenza, cerca de Badajoz, donde el portugués mantiene todavía hoy una demarcación política más antigua que la situada al este de la línea fronteriza existente. Dada la autonomía de cada municipio dentro de su área, sólo nos es posible describir a grandes rasgos los dialectos del norte. Para un tratamiento más a fondo se haría necesario trazar el área que ocupa cada uno de los fenómenos lingüísticos, señalando su centro de difusión, sus fronteras y, en ciertos puntos, sus islas de resistencia.

En términos generales, pues, podemos afirmar que en el norte de Portugal, entre el Duero y el Miño, existen varias hablas locales de transición entre el gallego y el portugués, que pueden dividirse en dos grandes grupos: el de Tras-os-Montes y el de Entre-Douro-e-Minho. El primero nos lleva, por el oriente, a los dialectos leoneses; el segundo grupo de dialectos se denomina comúnmente «minhoto», del nombre coloquial de la provincia (*Minho*). Sin embargo, quizá convenga más reservar este nombre para los dialectos que se hablan en el Miño mismo, tanto en su curso alto como en el bajo. Se emplea el latinismo *dialectos interamnenses* (con sus subdialectos: *minhoto alto e baixo* y *duriense alto e baixo*) para cubrir todo el área y para diferenciarlos así de los *dialectos transmontanos* (de los cuales los *dialectos raianos* son la variante subdialectal de la frontera). Si cruzamos dicha frontera —como ocurrió en tiempos de la Reconquista— nos encontramos con la montañosa provincia de Beira, cuyo dialecto, el *beirão,* en su desarrollo histórico perdió sus peculiaridades norteñas y conservó las del sur. En el sur nos encontramos con Extremadura, Alemtejo y el Algarve; el dialecto del Algarve es la lengua *standard* del Portugal meridional, que en esta zona adquiere características dialectales muy marcadas, debido a que los rasgos locales de articulación se desarrollaron más allá del área de influencia de Lisboa.

La pronunciación bilabial de *v* como *b,* normal en Galicia, se extiende por todo el área norte y central —Entre-Douro-e-Minho, Tras-os-Montes y Beira— poniendo así al portugués en conexión con uno de los rasgos lingüísticos más típicos de la Península, que no comparten ni Lisboa ni los dialectos del sur de Portugal, y sí en cambio los dialectos catalanes. De extensión similar es la pronunciación de *ch* como africada [ĉ], fonema que en Lisboa y en los dialectos del sur se articula como fricativa [*š*] desde, aproximadamente, 1700. La distinción antigua entre *s* [ṡ] y *ç* [*s*] se mantiene a lo largo de las fronteras de Entre-Douro-e-Minho y Tras-os-Montes y parcialmente en Beira; pero en otros lugares de estas provincias ha desaparecido dicha distinción, como en el partugués literario y en el que se habla en el sur. La conservación del antiguo -ONE- *-om* tiene lugar en la ribera baja del Miño y del Duero, y también en el territorio de Beira contiguo a esa región. Se atribuye, a veces, dicha terminación a palabras donde no tiene justificación histórica, como en CANE, *cõu,* port., *cão.* En el distrito del Miño encontramos también desarrollos característicos de origen meramente local, como, por ejemplo, la nasalización de la *-m* final *(birge, foro,* port., *virgem, foram),* el cambio de *l* + consonante en *ur (aurma, siurba, úrtemo,* port., *alma, silva, último,* «alma, selva, último») y los diptongos que se forman de *ê*, *ô* en contacto con labial (*piêra, tiêmpo, puôco, fuônte*, port., *pêra, tempo, pouco, fonte* («pera, tiempo, poco, fuente»). Lisboa posee algunas características locales, como, por ejemplo, el uso de *r- grasseyé* [ʀ], tan típica del francés, y la realización de [i̯a] del diptongo *ei*, con el correspondiente diptongo nasal. Es característica típica de los dialectos del sur (alemtejano, algarvío) la tendencia a reducir los diptongos a vocales simples, como, por ejemplo, *eu* a *ê* y *ou* a *ô*. Esta última reducción es de uso común en el portugués *standard*, en los casos en que *ou* no se reemplaza por *oi* (o se pronuncia de manera contraria a la ortografía): *cousa* por ejemplo se pronuncia [kǫzɐ]. Los dialectos del sur, por el contrario, no poseen simplemente *côsa*, sino también *Dês, morrê-lhe*, port., *Deus, morreu-lhe*. Estas particularidades ascienden desde Beira a ciertas regiones de Tras-os-Montes. De manera similar, el diptongo *ei*, en Moncorvo y en Tras-os-Montes, en la baja Beira y en todo el sur sin excepción, se convierte en el monoptongo *ê* (*madêra*, port., *madeira*); en el norte se articula como [ɛi̯], pero en Lisboa, sin embargo, [ɐi̯]. En algunos casos *ai* se puede reducir a *a* en el sur, como por ejemplo *vas* por *vais*. Tanto *u* como *o* son fonemas que, en el sur, cambian su base de articulación de algún modo; la *o* se convierte en *ö* en el diptongo *öu* por *ou*.

La gran riqueza de expresiones arcaicas y obsoletas que han sobrevivido en los dialectos al norte del Duero hacen del *minhoto* y del *transmontano* unas reservas lingüísticas incomparables del portugués genuino, del cual dimana la lengua literaria *.

El portugués insular.

Las islas de Madeira y las Azores (port., *açor*, «azor») aparecen ya en un mapa catalán de 1351, basado en los

* Esta sección, y todo lo que sigue, está basada en el libro de J. Leite de Vasconcellos, *Esquise d'une dialectologie portugaise*

viajes que previamente habían realizado mercaderes árabes y cristianos; estas islas fueron ocupadas por los portugueses en la primera mitad del siglo XV. Sobre Madeira se cuenta una romántica leyenda de amantes fugitivos, Robert Machin y Anne d'Afert, y se dice de ellos que, en su travesía de Inglaterra a Francia, una tormenta los llevó hasta dicha isla, entonces deshabitada. Por datos históricamente comprobados sabemos que un tal João Gonçalves o *Zarco* («el de ojos azules») fue enviado a Madeira desde el Algarve por el príncipe Enrique el Navegante en 1420; Zarco ya antes, en 1418, había arribado a Porto Santo. La ocupación de las Azores ocurrió más tardíamente; fue llevada a cabo por Gonçalo Cabral en 1432-57. Pero este viaje debe considerarse como un incidente más en el vasto plan que había trazado Enrique el Navegante desde su centro de estudios marítimos en Sagres (Algarve).

El portugués que se habla en ambas islas es, como el español de las Canarias, esencialmente europeo, y reproduce sobre todo los rasgos fonéticos de los dialectos del sur de Portugal. La simplificación de los diptongos y la presencia de las formas modificadas *o, u* son signos de su parentesco inmediato con el portugués de la metrópoli. En estas islas *ô* se convierte en *u* en *flur, amur*, port., *flor, amor* («flor, amor»). En las Azores se simplifica *ão* en *ã* (*mã* por *mão* «mano), y en Madeira *cousa* se pronuncia como un diptongo especial que se aproxima a *a* (*coasa*); y el valor fonológico de *lh* es muy similar al de la *l* del portugués *standard*.

9

LA LENGUA PORTUGUESA EN ULTRAMAR

Africa.

Los marinos portugueses llegaron al territorio del Senegal el año 1445. Este acontecimiento despertó un vivo interés en Portugal, ya que realizaba el sueño de lograr, por fin, poderosas alianzas con pueblos situados a espaldas de Marruecos. Gomes de Zurara, en su *Conquista da Guiné*, registra este acontecimiento histórico. Incluso cuando ya otras exploraciones posteriores habían eclipsado el hecho, y la esperanza política inicial de cercar a Marruecos se había desvanecido, de esta costa de Guinea precisamente llegaron a la metrópoli vastos contingentes de riqueza, y también de esclavos. Estos, que podían verse con frecuencia en las calles de Lisboa, formaban, a comienzos del siglo XVI, un tipo humano extraordinariamente interesante. En la *Fragoa d'Amor* (1525), de Gil Vicente, aparece un negro «falando guiné», o «lingua de preto», que constituye un divertimento para la corte del rey Manuel, tanto en portugués como en español. Y aun cuando, en cierta medida, esta «lingua de preto» es convencional, el portugués del negro vicentino posee algunos de los rasgos del actual portugués de Guinea.

En esta variante del portugués cae la *s* en el plural de los sustantivos *(por quatro día)*, se confunden las personas del verbo *(das* por *dais)*, se emplea un pronombre posesivo en vez del personal correspondiente (*bosso* por *vos)*, se articula mal *lh* (*abêia*, *oio*), se rompen los grupos de consonantes laterales *l*, *r*, se simplifica el diptongo *ou* a la manera de los dialectos del sur de la metrópoli *(matô* por *matou)*, se confunden los géneros (*bosso, roupa*), etc. De hecho, el portugués de este tipo —que es la misma lengua insular con ciertas modificaciones gramaticales y fonéticas— la encontramos en S. Tomé, Príncipe y Annobon, donde se la conoce con el nombre de *fá d'Ambú* = *fala d'Anobom*, y asimismo en el golfo de Guinea y en los diversos asentamientos portugueses de la costa africana. Antiguamente se hablaba también en la isla de Santa Elena, que fue una más de las escalas portuguesas en la ruta de la India; actualmente se sigue hablando en las islas de Cabo Verde.

La situación del portugués en los grandes territorios coloniales de Angola y Mozambique es, por el contrario, muy diferente. Dadas las características de la expansión marítima portuguesa de los siglos XV y XVI, estas costas se mantuvieron marginadas, y la ocupación total no se llevó a cabo, de manera definitiva, hasta finales del XIX. El portugués de ambas colonias no difiere de la lengua de la metrópoli, aun cuando los nativos, naturalmente, hablan sus propios dialectos, muy influidos, por otro lado, por el portugués oficial. La influencia contraria —la de las lenguas aborígenes— apenas existe.

También hay núcleos hablantes de portugués en la costa nororiental africana, en Zanzíbar.

El indo-portugués

En el siglo XVI la presión mayor de la talasocracia portuguesa se ejerció en la franja occidental del subcontinente indio, estableciendo su capital en Goa. Portugal mantenía su presencia no siempre mediante tropas y colonos europeos, sino también a través de los euroasiáticos, que, deliberadamente, reforzaban la política del gran Alfonso de Alburquerque. Gracias a ellos el uso del portugués ha sobrevivido al Imperio en varios lugares, de modo que todavía hay ex colonias francessa o inglesas que siguen expresándose en portugués. Los lugares que los portugueses eligieron para la ocupación fueron justamente aquellos que poseían una defensa fácil frente a imperios más potentes, y con una especial preponderancia escogieron las islas (como, por ejemplo, Diu, Goa, Bombay, Ceilán); y así el portugués no llegó a penetrar en el interior. En Goa y en Ceilán se ha empleado un portugués con formas alteradas, naturalmente, según las diversas regiones, y en él se han escrito un gran número de obras literarias de contenido religioso. Diu y Damão han sido los asentamientos comerciales situados más al norte de entre todos los dominios del antiguo Imperio portugués; ligeramente al sur se encuentra el área del dialecto *norteiro* o de los *norteiros*, hablado en Bombay, Salssette, Bassein, etc., región que Portugal cedió a Inglaterra como parte de la dote de Catarina de Bragança; y al sur de Bombay se sitúa el punto central de la línea costera del antiguo dominio portugués: Goa. En la costa de Malabar, los cristianos de Mangalor, Gananor y Cochin —antiguo territorio inglés— se sirven de la lengua portuguesa, e igualmente los de Mahe, en la costa ex francesa; en Pondicherry (ex posesión francesa), Tranquebar, Cuddalore y Karikal se habla el portugués entre los cristianos de la costa de Coromandel.

La isla de Ceilán fue descubierta por los portugueses en 1503, pero su total sumisión a Portugal no tendría lugar hasta finales del siglo XVI; muchos de sus aborígenes se convirtieron al cristianismo y adoptaron además la lengua portuguesa. Pero aproximadamente hacia mediados de la centuria siguiente los holandeses desplazaron a los portugueses, y crearon así un foco de erradicación de la lengua portuguesa, que se había establecido de una manera tan firme que uno de los gobernantes nativos hablaba portugués «extraordinariamente bien». Más tarde, a finales del siglo XVIII, el inglés desplazó al holandés; sin embargo, el portugués se sigue aún usando entre ciertas clases, y lo encontramos en textos de literatura preponderantemente religiosa (cánticos, devocionarios, etc.).

Los problemas referentes al indo-portugués deben ser estudiados más bien por los especialistas de lenguas mixtas (o «criollas»), y no nos afectan en tanto que romanistas; hay que mencionar, sin embargo, cuando menos, una o dos peculiaridades. Entre éstas figura, en primer lugar, la prolongación de los dialectos portugueses del sur, y la coincidencia mucho mayor con el portugués insular de las Azores y Madeira. Se reducen los diptongos a una simple vocal, o se pronuncian con una semivocal debilitada *(azête, ôtro, pôco, fe*^{i}*to)*. Como la ocupación de Goa data del siglo XVI, la articulación del fonema *ch* es fricativa, y aún hoy sigue siéndolo. La L tiende a convertirse en *lh* en el dialecto *norteiro* —como en Madeira—, y el plural de *oficial* es *oficials* (portugués, *oficiais)*, rasgo que puede compararse con *azul, azules*, de las Azores. En Ceilán *lh* se convierte en *y* *(oyá, foya;* port., *olhar, folha,* «mirada», «hoja»); la *r* deja de ser un fonema vibrante, y desaparece en posición final; y la *j* tiene ocasionalmente la pronunciación africada del inglés *j* [ĵ].

A estas características debemos añadir, y muy especialmente en morfología y sintaxis, unos rasgos específicamente «criollos». Las concordancias de género y número desaparecen en el uso corriente conversacional, y una sola marca morfológica resulta suficiente para todos los componentes de una expresión *(bonito orta,* «jardín hermoso»; *três animal,* «tres animales»). Hay también, sin embargo, plurales reduplicados, lo que muestra un intento de simplificación de la idea de plural (norteiro: *fi-fi* = *filhos,* «hijos»; Diu: *cão-cão,* «perros»). Las reglas de colocación de los pronombres personales con referencia al verbo son, como en Brasil, incorrectas; y en Ceilán las preposiciones se colocan en anástrofe tras el sustantivo que rigen, por influencia, muy probablemente, de las lenguas dravídicas. Queda alterado también el paradigma verbal, generalmente en sentido analítico (por ejemplo, preferencia por el perfecto frente al pretérito indefinido, o con *já,* «ya»).

Un rasgo fonético dominante en todo este área es la pérdida de todas las vocales finales: *dinheir, minh filh, ru, navi = dinheiro, meu filho (minh<minho,* cf., *minha), rua, navío,* «dinero», «mi hijo», «calle», «navío».

Macau y Malaya

Macau, situado en la desembocadura del Si-kiang, junto a Hong-Kong, fue ocupado en 1557 y es aún hoy colonia portuguesa. Su lengua presenta interesantes analogías con las variantes del portugués de la India y de Ceilán; por ejemplo, la simplificación de *ei, ou,* en *ê, ô;* la pronunciación africada de *ch, j* [ĉ ĵ], excepto cuando este último fonema se transforma en *z (ĵardim),* pero *greza = igreja,* «iglesia»); la pérdida de la vibración de *r.* Los adjetivos mantienen invariablemente la forma masculina, y son frecuentes los plurales reduplicados *(porco-porco,* «cerdos»; *nhônhônda* y *nhônda-nhônda,* plurales de *nhôna (senhora),* «muchacha, señorita». El pasado de los verbos se indica con ayuda de un advérbio *(eu já vesti).*

El portugués se habla también en Java, con mezclas de las lenguas malayas, así como en Malaca (conquistada por Alburquerque en 1511), en el dialecto llamado *malaqueiro,* y por algunos colonos malaqueses establecidos en Singapur. Es igualmente la lengua de la isla de Timor. Aquí no se trata propiamente de un dialecto «criollo», sino que, debido al contacto con Macau, se usa en parte el *crioulo macaísta,* traído por los inmigrados chinos. Representa para ellos un estadio intermedio en la adquisición del portugués correcto.

El portugués de Brasil (brasileiro)

La evolución del portugués en Brasil presenta algunos rasgos comunes a los dialectos portugueses «criollos» del Medio y Extremo Oriente, a los que hay que añadir determinados particularismos americanos; pero difiere de esos dialectos «criollos» sobre todo porque el brasileño aspira a convertirse en la lengua nacional de un vasto país con grandes aspiraciones culturales. Esta demanda brasileña de una lengua propia ha surgido de los mismos condicionamientos —políticos, sociales, económicos— que en Argentina determinaron la pretensión de un «idioma nacional argentino». Los escritores brasileños son conscientes del gran abismo que separa a la expresión literaria de la expresión espontánea de sus pensamientos; y se quejan —empleando un perfecto portugués— de las dificultades con que tropiezan al verter sus ideas en un molde que resulta inadecuado para la conversación cuidada y elegante. «Nuestra gramática —dice el profesor J. Ribeiro en *A lingua nacional*— no puede ser exactamente igual a la del portugués. Las diferencias regionales exigen una diferencia de estilo y de método. El hecho es que cuando tratamos de corregir y pulir nuestra lengua nos arriesgamos a mutilar las ideas y sentimientos, que son nuestra contribución personal a la cultura. No tenemos que depurar nuestra lengua; se trata de que nos vemos forzados a sujetar nuestro espíritu y nuestra mentalidad a una inexplicable servidumbre.» Se ha publicado un gran número de gramáticas y tratados de estilística para tender un puente sobre este abismo, y definir así el uso literario; pero como la autoridad para esto último la ejerce la literatura clásica portuguesa, formalizada y *standarizada*, la lengua del Brasil no es ni propiamente portugués, ni tampoco brasileño, sino una tercera lengua que Mario de Alencar llamó «o idioma da seita gramatical». Una situación así no resulta, naturalmente, satisfactoria, y el remedio no es sencillo. Varias personalidades se han visto envueltas en los violentos ataques —individuales o colectivos— contra la lengua de los escritores portugueses; pero no se pueden sostener dichos ataques sin comprometer los usos lingüísticos de la alta sociedad brasileña. Por otro lado, más importantes que las diferencias lingüísticas entre Portugal y Brasil son las afinidades: *a língua portuguesa será eternamente a língua do Brasil.* Es absurdo, por ejemplo, proscribir *Os Lusiadas* de las escuelas brasileñas —como sugiere uno de los lingüistas patriotas— pura y simplemente porque Camões sólo dedica al descubrimiento de Brasil un par de versos. La conservación de la unidad lingüística luso-brasileña es condición necesaria para mantener la importancia internacional de la lengua, de modo que la situación actual tendrá que desembocar en un repliegue de las posiciones nacionalistas de ambos lados —de Portugal y de Brasil—. Los portugueses deberán aceptar como «correctos» ciertos rasgos sintácticos y fonéticos que consideran, con actitud purista, como «provincianos» o «inadecuados»; y los brasileños, por su parte, habrán de rechazar aquellas alteraciones que modifican profundamente la estructura de la lengua portuguesa. Esta solución la aceptan, en sus rasgos esenciales, los estilistas responsables, y la concesión mayor —que recae sobre los brasileños— se ha realizado ya en general.

El problema de la «lingua nacional» o «dialecto luso-brasileiro» radica, fundamentalmente, en el uso que se hace de la herencia portuguesa; pero la base más obvia para crearlo viene dado por la nueva experiencia que ofrece América, y que conduce al *nativismo* o *indianismo* literarios. Para expresar esta experiencia el brasileño ha recurrido a las lenguas amerindias, y muy especialmente al tupi-guaraní, con adiciones al léxico (que se han asimilado también en el portugués de la antigua metrópoli) siempre que los escritores hacen referencia a animales o plantas, o a aspectos del paisaje brasileño. En tal sentido, la diferencia entre las dos lenguas consiste en la muy superior proporción de dichas palabras en brasileño. Debido a la ocupación relativamente tardía del Brasil, muchas palabras americanas que forman parte del acervo común de americanismos fueron tomadas en las Antillas, en el Perú o en México por los conquistadores españoles, y de ellos pasaron luego al portugués. En tales casos existen en brasileño préstamos del tupí con sentido más exactamente local. Así, además de *canoa* encontramos en tupí *iga* y *ubá;* en lugar de *bohío,* «cabaña, casa», encontramos en tupí *oca;* y en vez de maíz, corriente en Portugal, encontramos en tupí y en brasileño *ubatim.* En otros casos, cuando el objeto que da lugar al préstamo se encontró por primera vez en territorio tupí-guaraní, su nombre tiene igual uso en español (en toda la región argentina del Plata) y en brasileño-portugués: por ejemplo, *banana, curare, mandioca, tapioca,* y los animales *jaguar, tapir, aï, tucão.* Los tipos de palabras tomados en préstamo son fundamentalmente nombres de cosas, y especialmente de animales y plantas típicas de esta región. De dicho tipo son, por ejemplo, *capibara, coatí, maantí* (tupí?), *piranha, tamandúa, yacaré,* y *cajú, cajoeira, ipecacuanha.* Aspectos típicos del paisaje brasileño exigen naturalmente, con suma frecuencia, nombres especiales: *sertão,* «lugar no ocupado, tierra interior», es de origen europeo, pero no *catinga,* «maleza blanquecina de Campos»; *capão* (en español del Plata, *capón*), «arbusto selvático de Campos»; *capoeira,* «tierra parcialmente clara en una región de vegetación abundante»; *igapó,* «florestas junto a los ríos del norte de Brasil».

Son términos necesariamente locales. Pero en estos préstamos apenas existen los que hacen referencia a la vida de los aborígenes de la región, ya que, en punto a cultura, poco era lo que podían ofrecer comparado con las grandes civilizaciones precolombinas de México y Perú. *Tupán* indica vagamente el dios sobrenatural, el rayo; *tapuya* (no tupí), significa «enemigo»; *sarbacana* es una «cerbatana»; *tucapú,* un tipo de camisa. Se emplean junto a las palabras que designan la cabaña y la canoa, que acabamos de citar.

La literatura brasileña muestra considerable diversidad en el uso que hace de la herencia europea. El portugués implacablemente académico y purista o el portugués con brasileñismos sólo involuntarios son una característica de muchos de los mejores autores. Portugués regional lo encontramos en las obras de José de Alencar, autor de *Iracema, O Guaraní* y otras novelas «nativistas», adelantado del movimiento que trata de liberar y emancipar a la literatura brasileña. Su lengua emplea el orden brasileño de los pronombres, la forma afirmativa en las oraciones interrogativas, gran número de indianismos; no obstante, la estructura gramatical de la lengua portuguesa queda intacta. Los *Poemas bravíos* del bardo popular Catulo Cearense son un intento típico de escribir en el *idioma brasileiro,* al tratar de expresarse a base de formas vernáculas y locales. Estas formas, sin embargo, incluyen gran cantidad de vulgarismos que no usan, ni siquiera en los aspectos más coloquiales, las personas cultas y educadas, y representan más bien regionalismos muy específicos. Se admite corrientemente que para poder alcanzar el portugués académico los brasileños cultos deben de someter su variante lingüística portuguesa a criterios muy formalistas. Y así sucede que, por tanto, en Brasil podemos observar la misma oscilación entre los dos extremos —lengua escrita y lengua hablada— que hemos estudiado páginas atrás en el español de América.

El paralelismo establecido entre el español y el portugués de América podemos hacerlo extensible también, en general, a los puntos de discrepancia con sus respectivas lenguas europeas de la antigua metrópoli. Si dejamos a un lado el vocabulario amerindio al que acabamos de aludir —el del tupí-guaraní, que se extiende también parcialmente al español de Paraguay y del Plata—, el brasileño difiere del portugués de Portugal en muchos aspectos: estructura más arcaica, evolución independiente, vulgarismos, dialectalismos y, sobre todo, criollismos. El portugués brasileño está basado en el portugués del Algarve, y se acerca así, por tanto, muy próximamente al portugués insular; y hay cambios fonéticos y morfológicos que lo conectan con los dialectos criollos de la costa africana. En un subcontinente tan inmenso como Brasil no debemos esperar, naturalmente, encontrar una lengua uniforme en todos sus aspectos, pero curiosamente las diferencias regionales, sin embargo, no ofrecen la rica diversidad dialectal que encontramos en el norte de Portugal. Estos dialectos proceden, como ya sabemos, de la época de la romanización de la Península Ibérica y de las condiciones que moldearon los primeros momentos de la Reconquista; ahora bien, el brasileño, por el contrario, no tiene más antigüedad que la época de la corte del rey Manuel, lo que hace que los portugueses llevasen a Brasil una lengua ya muy homogeneizada, y que, por tanto, dicho país no presente grandes fisuras dialectales.

El sistema vocálico del portugués hablado en Brasil se distingue fácilmente, y con toda claridad, por la gran nitidez de las vocales átonas que, como en Galicia, no pierden su timbre [*e*, *o*]. Un rasgo arcaico es el mantenimiento de la [ɛ] en el diptongo *ei* y en el diptongo nasal *em*. En Lisboa este elemento ha pasado a una *a* muy oscura [ɐ], pero el uso brasileño está corroborado por los dialectos norteños. La desnasalización de un diptongo nasal en posición final la encontramos también en el norte de Portugal, y lleva en el Brasil a pronunciaciones como *capitá, fazia, vivia,* en vez de *capitão, fazião, vivião*. La *a* final tiende, recíprocamente, a convertirse en un diptongo nasal *(papãi̯, mamãi̯ = papá, mamá)*, y la *ê* final (a veces debido a la pérdida de una *-s* final) diptonga en *-ei (fêi, trêi, francêi = fêz, três, francês)*. Rasgos de origen en dialectos del sur son, por ejemplo, las vocales que surgen de los diptongos *ou, ei, eu,* y la debilidad de la *yod* en *ai: pôco, andô, madêra, cuiê = pouco, andou, madeira, colheu*, y *caⁱxa* (con una i̯ muy relajada). Tiende a perderse la *yod* en posición final *(consciênça, matera, negoço, palaço = = consciência, matéria, negócio, palácio)*. En hiato las vocales también se reducen *(mió,* procedente de *melhor)* y una *a* relajada [ɐ] se oye frecuentemente entre *l* o *r* iniciales, o entre consonantes en un grupo inicial (*arres-*

pirar, alembrar, falô, Caláudio = respirar, lembrar, flôr, Claudio). Las pronunciaciones que indicamos arriba son imitativas, y no se usan sino para indicar formas coloquiales. La ortografía *standard* ignora la pronunciación efectiva y real, e incluso llega a identificarse con el significado.

La *s'* brasileña difiere en parte, en su timbre, de la *s* portuguesa, ya que se suele clasificar como *s* menos palatal; no se distingue entre la *s* y la *c* ni tampoco entre la *z* y el fonema sonoro correspondiente a la *s*. En este aspecto, el brasileño mantiene una estrecha relación de parentesco con el portugués del sur y con el portugués *standard*, pero no transforma la *s* y sus alófonos en [š, ž] al final de sílaba ante consonante. Al final de palabra, mientras que el portugués usa únicamente la *s* sorda [š], el brasileño pierde con frecuencia la *-s* final *(cinco dia, trez ano, nós tudo, uns negoço,* en vez de *dias, anos, tôdos, negócios,* etc.) o la sustitución con *i̯ (trei̯, fei = três, fêz).* Esta pérdida de la *-s* final afecta al plural de los sustantivos y adjetivos, mientras que el signo de plural se añade a un solo miembro del grupo *(duas galinha,* «dos gallinas»). En el verbo la segunda persona del singular pierde igualmente su *-s* final, y la tercera del plural se desnasaliza; mientras que una combinación de ambos procesos puede llevar a la primera persona del plural a la misma forma. Así, de este modo, *come* puede ser *comes, comem, comemos; nós tudo fazia = nós tôdos faziamos.* Encontramos también formas plenas de la primera persona del plural, como *nós havemo de andá = nós havemos de andar,* «debemos irnos»; y la desinencia de la tercera persona del plural de la primera conjugación puede ser la forma arcaica *-om* en *dero = derom = deram.* Fenómeno paralelo a la pérdida de esta *-s* final es la pérdida de *-r* final, que afecta especialmente al infinitivo, juntamente con el intercambio de *l, r,* que lleva a veces como consecuencia a la desaparición también de la *-l* final. Así *salvado, lealdade* se convierte en *sarvado, léardade* (con la pronunciación abierta de la *e* átona usual en Brasil), y *mel, fel* se convierte en *mê, fê,* mientras que recíprocamente *animal* da *animar.* Se puede ejemplificar la pérdida de la *-r* final en los infinitivos *andá, sê, tá* = *andar, sêr, estar,* en el futuro de subjuntivo *quizé* = *quizer* y en *muié, doutó, mió, faló* = *nulher, doutor, melhor, flor.* La *r* cae también en grupos, como en *sempe, dento* = = *sempre, dentro.* La metátesis de *er, re* es corriente como en el español y en portugués vulgar: *perzidente* = = *presidente.* La palatal lateral *lh* se conserva de manera muy imperfecta; se ha transformado en *l* (como en Madeira) en la pronunciación de algunos hablantes *(aleio* por *alheio),* pero normalmente la *lh* se ha convertido en *y: muié, cuiê, véio, oio, parêia* = *molher, colher, velho, olho, parelha.* Esta evolución fonética se encuentra en el portugués europeo únicamente en Olivenza, en tierra española, donde se debe muy probablemente a la influencia de los españoles; pero tiene lugar también en la mayoría de los dialectos criollos, empezando con los de las islas de Cabo Verde. La deslateralización de la *lh* tiene lugar, sin duda, de manera espontánea en cada región. La *-d-* en posición media puede caer también: *tou* = *tôdo.* La deformación de la pronunciación portuguesa es en esencia de tipo vulgar en Brasil, e incluso cuando uno u otro de los cambios fonéticos a que acabamos de hacer referencia lo realiza una persona en la conversación diaria, se siente, sin embargo, inclinado a «restaurar» la pronunciación *standard* cuando lee poesía o pronuncia un discurso.

Hay ciertas diferencias notables entre la sintaxis coloquial del brasileño y del portugués, y pasa incluso a la literatura en autores de tendencias nacionalistas o regionalistas. Lo que más llama la atención en este aspecto es las faltas que se cometen en la agrupación de pronombres y verbo, diferentes en Portugal y Brasil. En portugués —como en español antiguo— los pronombres personales átonos *(me, te, se,* etc.) son enclíticos, con fuerte tendencia a gravitar sobre la primera palabra tónica de la frase. No pueden, por tanto, colocarse a comienzo de frase *(tenho-o,* «lo tengo»; *não-me lembro,* «no me acuerdo»; *assim se exprime*, «así se expresa»; *o homen que-me viu*, «el hombre que me vio», y, sin embargo, no pueden apoyarse sobre un sustantivo (*o vizinho deu-lhe uma maçã*, «el vecino le dio una manzana»), ni tampoco sobre una conjunción coordinada, como *e, mas, porem, contudo, todavia*. En brasileño, al igual que en español moderno, los pronombres pueden ser enclíticos o proclíticos, y se unen únicamente al verbo (*a pobrezinha se cansou*, «la pobrecilla se cansó»), o se colocan tras el verbo cuando una partícula precedente posibilita la enclisis (*não lembrome*, «no me acuerdo»). Hay igualmente una tendencia a evitar estos pronombres átonos por medio del uso de series disyuntivas (*vi êle, encontrei êla = vi-o, encontrei-a*, «la vi, me encontré con ella»). Hay en Brasil también una tendencia a formular preguntas en la forma afirmativa (*qual das bonecas tu amas?*, «¿cuál de las muñecas te gusta?»; *quando eu hei-de ter uma rôla?*, «¿cuándo tendré yo una paloma?»). El imperativo se usa tanto en forma negativa como positiva (*não faz isto*, «no hagas esto») y hay una clarísima extensión del uso del infinitivo personal que hace el papel de verbo subordinado que difiere del verbo principal en la persona —un caso en el que el portugués usa frases subordinadas con verbo finito—. Así, «él trajo esto para que yo lo viese» es: *trouxe isto para mim ver* (frente al port. *para eu ver*); «hizo que todos se sentasen» es *fez todos sentarem*. La asociación de preposiciones con ciertos verbos difiere del uso portugués, frecuentemente debido a un arcaísmo: *olvidar de tudo, subir num galho, parecer com, passar uma lição no filho* (frente al port. *dar uma lição ao filho*).

Si pasamos a estudiar el vocabulario coloquial brasileño, observaremos muchas peculiaridades. Entre las partículas encontramos *ansim* en vez de *assim* (cf. español. ant., *ansi, ansina*, corriente todavía en Hispanoamérica), la forma dialectal *munto* frente a *muito, di si* por *de se, inté* por *até*, el uso de *a* en vez de *para*, y las contracciones vulgares *prá, pró, prú = para a, para o. Gin-*

tem aparece a veces por *vintem* (una moneda), *passo* por *pássaro*, «pájaro», y palabras comunes, como *doce*, «azúcar», port., *açucar*, *queimada*; *montaria*, «canoa»; *sitio*, «lugar de labranza»; *manteiga*, «aceite», tienen a veces sentidos especiales. En ocasiones el brasileño ha elegido entre distintas formas alternantes de manera diferente que el portugués: «tren», bras., *trem* (cf. español, *tren*), frente al port., *combóio*. En aspectos de menor importancia los dos países exhiben preferencias diferentes: bras., *minha senhora*; port., *minha mulher*, «mi mujer»; bras., *descarrilhou*, port., *descarrilou*, «se descarriló»; bras., *uma casa mobiliada*, port., *mobilada*, «una casa amueblada». Algo más notable es el gran número de diminutivos en brasileño, debido, sin duda, a la misma causa (niñeras nativas) que lleva a la conservación de términos de crianza de niños en el español de Hispanoamérica: *sinhàzinha* (procedente de *sinhá* = *senhora*); o (con gerundio) *dormindinho*, «dormidillo, ligeramente dormido».

Fonología

Latín	Romance	Dialectos esp.	Esp.	Port.	Cat.	Ejemplos
VOCALES TONICAS						
AE Ĕ	ę	e ia a ie	ie	ę	ę	Moz. *ben Alporchel Gudiel Cazalla šaḥamialla*. Leon. *siellas Penialla ya*. Arag. *tene kįen*. Esp. *viene tierra viento cielo*, but *lecho* (antes de palatal) Ptg. *vem terra vento céu leito*. Cat. *vé terra vent cel*, pero *llit* (antes de palatal)
Ŏ	ǫ	o uo ua ue	ue	ǫ	ǫ	Moz. *bono noḥte Ferreirola welyo porco puerco*. Leon. *tuorto vortos duano puablo Quoencha poesta Valbuena*. Arag. *malluolo Uosca Fuanti Lascuarre Pueio Aragüés*. Esp. *bueno luego majuelo puente*, pero *ojo noche* (antes de palatal) Ptg. *bom logo forte noite olho*. Cat. *bó lloc fort*, pero *nit ull* (antes de palatal)
OE Ē Ĭ	ẹ	e	e	ẹ	ẹ	Esp. Ptg. *mesa verde vez ameno*. Cat. *mesa vert*
Ō Ŭ	ọ	o	o	ọ	ọ	Esp. Ptg. *sol monte lodo*. Cat. *sol mont llot*
A	a	a	a	a	a	Esp. Ptg. *andar*. Cat. *anar*
Ī	i	i	i	i	i	Esp. Ptg. *cinco*. Cat. *cinc*
Ū	u	u	u	u	u	Esp. *luna*. Ptg. *lua*. Cat. *lluna*
Palatalizaciones						
AI (ARIU ASI̯ A+C>*ai*)	ai	ai ei e	e	ei	e	Moz. *baika atarey pandair yanair carreyra Ferreira plantayn bega*. Leon. *baica ueika ueca ferrajne ferreynes ferrenes molineiras*. Arag. *terzero uerdateros Veila peitet Reimon Remon*. Esp. *vega ataré pandero llantén herrero pechar*. Ptg. *veiga feito beijo cavaleiro*, pero *chantagem*. Cat. *vega fet bes ferrer*, pero *ferratge*
AGINE		ain ein en	en	agem	atge	
E+*yod*						Esp. *tibio vidrio cirio*. Ptg. *tibio vidro círio*. Cat. *tebi vidre ciri*
O+*yod*						Esp. *lluvia rubio sucio*. Ptg. *chuva ruivo sujo*. Cat. *pluja roig*

Latín	Romance	Dialectos esp.	Esp.	Port.	Cat.	Ejemplos
ORIU URIU		oiro uero	uero	oiro ouro	uri	Leon. *teriturio cobertoira Doyro Boisone Bueso* Esp. *cuero Duero agüero cobertera.* Ptg. *coiro Douro agouro agoiro.* Cat. *auguri*
Ē + Ī						Esp. *hice vino.* Ptg. *fiz vim.* Cat. *fiu*
Velarizaciones						
AU AL + cons.	au al	au ou o au ou o al	o o al	ou oi ou al	o o al	Moz. *lauša.* Leon. *sauto souto ouro xosa.* Esp. *losa cosa soto salto oro.* Ptg. *lousa cousa souto salto ouro oiro.* Cat. *cosa altre*
A + U		ou o u	u	ou		Esp. a. *sope ove.* Esp. m. *supe hube.* Ptg. *soube ouve*
Hiato						
Ẹ Ọ			i u			Esp. *mío mía judío tua sua.* Ptg. *meu minha judeu judia teu tua*
ATONAS NO FINALES						
A	a	a	a	a	a	Esp. Ptg. Cat. *amar*
Ĭ Ē Ĕ AE	e	e	e	e	e	Esp. Ptg. Cat. *mesura*
Ī	i	i	i	i	i	Esp. Ptg. Cat. *mirar*
Ŭ Ō Ŏ	o	o	o	o	o	Esp. *orgullo.* Ptg. *orgulho.* Cat. *orgull*
AU	au	au ou o	o	ou	o	Moz. *Laujar Mourqât.* Leon. *auteiro otero auctorigare obtorigare.* Esp. *otero otorgar posar.* Ptg. *outeiro outorgar pousar.* Cat. *posar otorgar*
Ū	u	u	u	u	u	Esp. Ptg. Cat. *mudar*
VOCALES FINALES						
A	a	a	a	a	a	Esp. Ptg. Cat. *mesa*
I E AE	e	e -	e -	e -	-	Esp. *pared ved ven sol mar cortés paz noche rey hace nueve Lope* (Esp. a. *nog faz nuef Lop*). Ptg. *parede vem sol mar noite rei faze nove.* Cat. *nou ben set rei ve sol mar*
O U	o u	o - u o -	o o	o o	- -	} Moz. *pandair yenair Gudiel bono.* Esp. *bueno enero Gudillo.* Ptg. *bom* (*bõo*) *janeiro castelo.* Cat. *bo ou.* Glos. Sil. *kematu aflitos*

Latín	Romance	Dialectos esp.	Esp.	Port.	Cat.	Ejemplos
VOCAL DE APOYO					e	Cat. *pare pere*
INTERTONICAS						Esp. *huérfano limpio duda deuda yerno sesenta castigar tilde prólogo.* Ptg. *órfão dúvida dívida genro sessenta til.* Cat. *orfe dubte gendre títol prólec*
CONSONANTES						
(Posición fuerte se da al principio de palabra o de sílaba, tras otra consonante; la débil se da entre vocales, o entre una vocal y r, l.)						
L						
Inicial	l	ll y l š	l	l	ll	Moz. *lauša Laujar yengua.* Ast. *lluna tsuna.* Esp. *luna losa lengua.* Ptg. *lua lousa língoa.* Cat. *lluna llengua*
Fuerte	l	l	l	l	l	Esp. *hablar*. Ptg. *falar*. Cat. *faula*
Débil	l	l	l	-	l	Esp. *cielo salir.* Cat. *cel.* Ptg. *céu sair*
Final	l	l	l	ł	ł	Esp. Ptg. Cat. *mal*
Geminada	ll	ll y ž -l	ll -l	l	ll	Esp. *caballo* [kab̄áλo -jo -žo] *mil.* Ptg. *cavalo mil.* Cat. *cavall mill*
N						
Fuerte	n	n	n	n	n	Esp. Ptg. Cat. *ni*
Débil	n	n	n	-	n	Esp. *lana mano.* Ptg. *lã mão ter vir.* Cat. *tenir*
Final	n	n	n	m	-	Esp. *bien.* Ptg. *bem.* Cat. *bé mà vé orfe* (*bens*, etc.)
Geminada	nn	ñ -n	ñ -n	n	ny	Esp. *año paño.* Ptg. *ano pano.* Cat. *any pany*
M						
Fuerte-débil	m	m	m	m	m	Esp. *cama llama.* Ptg. *cama chama.* Cat. *om flama*
Geminada	mm					
Final	m	n	n	m	m	Esp. *harén.* Ptg. *harem.* Cat. *Guillem*
R						
Fuerte geminada	r rr	(r)r	(r)r	(r)r	(r)r	Esp. Ptg. *rosa garra.* Cat. *rosa esquerra*
Débil	r	r	r	r	r	Esp. Ptg. Cat. *pero*
Final	r	r -	r	r	-(r)	Esp. *mujer.* Ptg. *molher.* Cat. *mulle(r).* Arag. *mullé mullés*

Latín	Romance	Dialectos esp.	Esp.	Port.	Cat.	Ejemplos
S						
Fuerte	s	s	s	s	s	Esp. *soy*. Ptg. *sou*. Cat. *soc*
«Impura»	is	es	es	es	es	Esp. *estoy*. Ptg. *estou*. Cat. *estic*
Débil	[z]	s [z]	s	s [z]	s [z] -	Esp. Ptg. Cat. *rosa* (Esp. a. Ptg. Cat. [z]; Esp. m. [s]) (Cat. *veíble*)
Final	s	s h -	s	s [š]	s	Esp. *más*. Andal. *mihmo ma'*. Ptg. *mais*. Cat. *més*
Geminada	ss	ss	s	ss	ss	Esp. a. Ptg. Cat. *passar*. Esp. m. *pasar*
P T C [k]						
Fuerte	p t c	p t c	p t c	p t c	p t c	Esp. *pasar tener castigar queso* (*qu*=[k] before *e*, *i*). Ptg. *passar ter castigar queijo*. Cat. *passar tenir casa quiet*
Débil	b d g	p t c b d g	b d g	b d g	p t c b d g	Moz. *boyâṭa merkatal*. Arag. *marito capeza cocote*. Leon. *baséliga tidulare La Sagra*. Esp. *mercado marido cabo cogote conde* (Esp. a. [b d g] Esp. m. [ƀ đ ǥ]). Ptg. *caber saiba cada lago liberdade*. Cat. *llibertat comte vegada naba*
Final	t c	-	-	-	-	Esp. *ama sí aquí*. Ptg. *ama sim aquí*. Cat. *ama si açí així*
Geminada	p t c	p t c	p t c	p t c	p t c	Esp. Ptg. Cat. *copa*. Esp. *hasta*. Ptg. *até*. Esp. *pequeño*. Ptg. *pequeno*. Cat. *petit*. Esp. Ptg. Cat. *vaca*
B D G						
Fuerte	b d g	b d g	b d g	b d g	b d g	Esp. *buey dar gozo*. Ptg. *boi dar gozo*. Cat. *bou donar goig*
Débil [ƀ đ ǥ]	b	b v u	b v u -	b v u -	b v u -	Esp. *cabo beber cautivo*. Ptg. *bébedo beudo cavalo*. Cat. *haver heure beure cavall faula paor*
	d	d -	d -	d -	- u	Esp. *nudo nido frío*. Ptg. *desnudo ninho nú*. Cat. *cru veure*
	g	g	g	g	g	Esp. *negro llaga jugo migaja*. Andal. *miaja*. Ptg. *negro chaga*. Cat. *negre plaga*
Final	d				u	Cat. *peu creu*

Latín	Romance	Dialectos esp.	Esp.	Port.	Cat	Ejemplos
F						
Fuerte	f	f h	h - fr fu	f	f	Moz. Leon. Arag. *fillo*. Andal. *jamelgo*. Extrem. *jechu*. Cast. *hijo hecho frente fuente*. Ptg. *feito filho*. Cat. *fet fill*
Débil		v -	v -	v	f v	Moz. *prouectura*. Esp. *provecho dehesa*. Ptg. *proveito deveza*. Cat. *profit provecte*
V=B						
Final					u	Cat. *breu*
W						
Alemán		g	g	g	gu g	Esp. *ganar guerra*. Ptg. *ganhar guerra*. Cat. *guany guerra*
Arabe		w	gu	gu o	gu	Esp. Ptg. Cat. *guad-*. Ptg. *Odiana*
H						
Latín	-	-	-	-	-	Ortografía en esp. *haber*. Ptg. *haver*. Cat. *heure*
Alemán		- h f	- h f	- f	-	Esp. *arpa farpa fardido fonta yelmo Alhambra*. Ptg. *farpa Alfama forro alfageme*. Cat. a. *alforro*
Arabe		- h f	- h f	- f	- f	
Ć						
Fuerte	c	c [s]	c [θ]	c [s]	c [s]	Esp. Ptg. *cinco*. Cat. *cinc*
Débil	z	z [s]	c [θ] ‹z	z [z]	z [z]	Esp. *hizo diciembre*. Ptg. *feze dezembro vizinho*. Cat. *desembre veí*
Final		z [s]	z [θ]	z [š]	u	Esp. *paz diez*. Ptg. *paz dez*. Cat. *pau deu*
J Ǵ DI̯						
Fuerte	j ǵ	j g y x	j g -	j g	j g	Moz. *Junqueira yenair*. Leon. *Yeluira Junco*. Astur. *xente*. Gal. *xente*, etc. Esp. *enero hermano junco jornal Elvira gente* (de *yente* con *ye* de Ĕ). Ptg. *janeiro irmão junco jornal gente* (original con *g*) *junho*. Cat. *gener germà gent junc jorn joc*
Débil		- y			t j	Esp. *rey saeta vaina reina treinta peor*. Ptg. *rei rainha trinta peior*. Cat. *rei trinta veina pitjor*

Latín	Romance	Dialectos esp.	Esp.	Port.	Cat.	Ejemplos
Grupo de consonantes						
PL CL FL Inicial	pl cl fl	pl cl fl pll, etc. x ts ch y	ll ll l	ch	pl cl fl	PL: Moz. *plantain plâna*. Ribagorza *pllorar pllaza*. Arag. *plorar*. Leon. *xano*. Esp. *chopo* (préstamo occ.) Esp. *llorar llantén llano* pero *placer*. Ptg. *chão chantagem* pero *prazer*. Cat. *pla plantatge* CL: Rib. *cllaro*. Arag. *claro*. Leon. *xamado xosa*. Astur. *tsabe*. Esp. *llamar llave* pero *clavo claro*. Ptg. *chamar chave* pero *cravar cravo*. Cat. *clamar* FL: Rib. *fllama*. Arag. *flama*. Leon. *Xainiz*. Esp. *llama hallar Llambla* pero *Lambra Laínez lacio* y *flor flaco flojo*. Ptg. *chama achar Chaves cheiro* pero Ptg. a *frol* Ptg. m. *flor frouxo*. Cat. *flama*
Tras *m n* Interior			ch ll	ch ch	pl cl fl	Esp. *ancho hinchar henchir*. Ptg. *encher*. Cat. *omplir*. Esp. *resollar allegar*. Ptg. *achegar*. Cat. *aplegar*
BL GL Inicial	bl	bl	bl	br	bl	Esp. *blando blanco*. Ptg. *brando branco*. Cat. *blanc*
	gl	gl l	gl l	gr	gl	Esp. *landre lirón latir* pero *gloria*. Ptg. a. *grolia*
Débil	bl	bll bl	ll	br	ul	Rib. *dobllar*. Esp. *trillar chillar* pero *hablar*. Ptg. *obrigado* pero *falar*. Cat. *faula*
TL CL GL	tl cl gl	ll y	j	lh	ll	Moz. *welyo*. Leon. Arag. *uello viello*. Esp. *ojo oreja conejo viejo hinojo teja reja* pero *siglo*. Ptg. *olho relha rolha serralha velho governalho coalha abelha*. Cat. *ull abella rella*
QU	qu c		cu c	qu c	qu c	Esp. *cuando cuarenta cuajar ca catorce quedo quien*. Ptg. *quando quarenta quedo quem*. Cat. *quan quiet catorze*

Latín	Romance	Dialectos esp.	Esp.	Port.	Cat.	Ejemplos
CT ULT	ct lt	ct χt ht it	ch	it	it lt	Moz. *noχte truḥta laḥtairuela leiterola*. Arag. *feito peito muito mucho*. Leon. *confaita leito feichu muito*. Esp. *noche trucha lecho pechar mucho ocho lechuga hecho*. Ptg. *feito leito leite muito*. Cat. *fet nit llit vuit* pero *molt*
X CS PS ULS			x>j s	ix is	(i)x s ls	Esp. *dejar mejilla cojo seis fresno caja pujar soso*. Ptg. *deixar eixo frouxo coixa seis puxar ensôsso*. Cat. *cuixa sis caixa pols*
Inicial			s	s	s	Esp. *salterio*. Ortografía *ps=s*
SĆ		ç	ç	sç x	ç ix	Esp. *ciencia centella mecer peces*. Ptg. *sciência mexer peixes*. Cat. *centella peixes pèixer*.
ST		ç	z			Moz. Esp. *Zaragoza Écija mozárabe*
Yod	bi̯		bi	bi	ig	Esp. *rubio*. Cat. *roig*
	api̯		ep	aib		Esp. *sepa quepa*. Ptg. *saiba caiba*
	ci̯ ti̯		z>[θ]	ç	- ss	Esp. *razón pozo pereza*. Ptg. *razão juizo Galiza*. Cat. *raó perea menassa*
	after cons.		ç>z	ç	ç	Esp. *fuerza verguenza cazar tercero*. Ptg. *força caçar terceiro*. Cat. *força calça tercer*
	di̯ gi		y -	i	j tj ig	Esp. *rayo poyo correa*. Ptg. *raio meio corrêia*. Cat. *raig mig puig major corretja*
	after cons.		ç			Esp. a. *orçuelo berça goço*. Esp. m. *z* [θ]
	li̯	li ll y	j	lh	ll	Moz. Leon. Arag. *fillo muller*. Esp. *hija mujer ijada paja majuelo hoja mejor*. Ptg. *filho folha melhor palha molher*. Cat. *fil muller*
	mni̯ ni̯ ndi̯		ñ	nh	ny	Esp. *caloña señor*. Ptg. *senhor Espanha aranha vergonha*. Cat. *senyor vergonya*
	ari̯	air eir er	er	eir	er	Véase en vocales
	eri̯	eir er				Esp. *madera*. Ptg. *madeira*
	ori̯	oir	uer	oir our	ur(i)	Véase en vocales

Latín	Romance	Dialectos esp.	Esp.	Port.	Cat.	Ejemplos
Yod	asi̯		es	eij	es	Esp. *besar beso*. Ptg. *beijar*. Cat. *bes*
	ssi̯	x	x>j	ix	(i)x	Esp. *bajar rojo*. Ptg. *baixar roxo*. Cat. *baixar*
	sci̯ sti̯	x	ç	x	x	Moz. *faša*. Leon. Arag. *faxa*. Ptg. *faixa enxada*. Cat. *axada faixa*. Esp. *hacinas haza azada mozo*. Esp. a. *uço*
NǴ	ng		nz ñ	ng nh	nz ny	Esp. *uncir reñir lueñe*. Ptg. *renhida longe*. Cat. *senzill renyir*
MB ND	mb nd	mb m nd	n m nd	mb nd	m n	Leon. *palomba lombo*. Arag. *paloma lomo demanar*. Esp. *paloma lomo demandar andar*. Ptg. *pomba lombo demandar andar*. Cat. *coloma llom demanar anar ona*
MN	mn	ñ	ñ	n	ny	Esp. *daño dueño otoño*. Ptg. *dano outono*. Cat. *dany*
GN	gn	ñ	ñ	nh	ny	Esp. *tamaño leña*. Ptg. *tamanho lenha conhecer*. Cat. *leny*
NGL	ngl	ñ	ñ	nh	ngl	Esp. *uña*. Esp. a. *seños*. Esp. m. *sendos*. Ptg. *unha senhos sendos*. Cat. *ungla sengles*
NF	ff		ff nf	ff nf	nf	Esp. a. Ptg. a. *iffante*. Esp. m. Ptg. m. *infante*
NS	s		s	s	s	Esp. Ptg. Cat. *mes mesa*. Cat. *Anfos*
TR DR GR Débil			dr gr r	dr gr ir	dr gr i	Esp. *padre negro entero pereza cadera*. Ptg. *padre negro enteiro cadeira*. Cat. *pare Pere pedra enter cadera*
RS	ss	ss	s	ss	ss	Esp. *oso suso coso tieso quiés* (popular). Ptg. *pêssego travessia almoço*. Cat. *dos bossa mossegar colors* (pron. *s*)

	Ejemplos
ml mr a y esp. *mr* <*mn*	Esp. *hombre hembra hombro cohombro rambla semblar.* Ptg. *homem femea cogombro ombro semblagem.* Cat. *om femella cambra semblar*
nr ñr lr	Esp. *tierno viernes tendrá pondré* (Esp. a. *porné verrá*) *prenda saldré valdré.* Ptg. *tenro terei prenda sairei valerei.* Cat. *tendre gendre pondré saldré*
rl sl sn nl	En infinitivo: Esp. a. *rogalle.* Esp. m. *rogar-le.* Ptg. *enviâ-lo.* In finite verb: Sp. *vámonos.* Ptg. *procuramo-lo.* Preposiciones: Leon. Cast. a. *eno cono pelo.* Ptg. *no pelo.* Ptg. *todolos*
nm	Esp. Ptg. *alma*
tl dl tn dn	Esp. *tilde espalda cabildo rienda candado.* Español antigüo y clás. Esp. *dalde dandos.* Esp. m. *dadle dadnos.* Cat. *títol espatlla motlle*
bd	Leon. *dulda belda.* Esp. *deudo.* Ptg. *beudo bébado*
dg	Leon. *julgar -algo.* Esp. *juzgar -azgo*
çt çd	Esp. a. *aztor.* Esp. *azor amistad rezar.* Ptg. *amizade rezar praço*
str	Esp. popular *nueso.* Ptg. *nosso*
Epéntesis	Esp. *manzana ponzoña comenzar mensajero mancilla monzón renglón.* Esp. a. *alguandre -mientre*

INDICES ANALITICOS

I. RERUM

D

E

F

G

H

R

S

T

U

V

Y

Z

II. NOMINUM

B

C

D

E

F

G

N

O

P

Q

R

S

U

V

W

X

Y

Z

III. Verborum

a) *Español, portugués y catalán*

B

C

CH

D

E

F

G

H

I

J

K

L

LL

N

Ñ

O

P

Q

R

T

U

V

(b) *Vasco*